北京外国语大学中国海外汉学研究中心
张西平 主编
INTERNATIONAL SINOLOGY

国际汉学

第二十辑

大象出版社

图书在版编目(CIP)数据

国际汉学. 第二十辑/张西平主编. —郑州:大象出版社,2010.11
ISBN 978-7-5347-5928-4

Ⅰ. 国… Ⅱ. 张… Ⅲ. 汉学—研究—世界—文集 Ⅳ. K207.8-53

中国版本图书馆 CIP 数据核字(2010)第 178241 号

责任编辑	李光洁
责任校对	毛 路 杨 杰
封面设计	王翠云 美 霖
版式设计	王 敏
出版发行	大象出版社(郑州市开元路9号 邮政编码450044)
	发行科 0371-63863551 总编室 0371-63863572
网 址	www.daxiang.cn
印 刷	河南新华印刷集团有限公司
版 次	2010年11月第1版 2010年11月第1次印刷
开 本	787×1092 1/16
印 张	20
字 数	410千字
定 价	28.00元

若发现印、装质量问题,影响阅读,请与承印厂联系调换。
印厂地址 郑州市经五路12号
邮政编码 450002 电话 (0371)65957860-351

汉学是中西文化交流的一座桥梁，
汉学是西方人了解中国文化的一个窗口，
汉学是中国人反观自身文化的一面镜子。

祝贺《国际汉学》创刊十五周年

汤一介 庚寅年夏

国际汉学

编辑委员会

学术指导委员会	饶宗颐　李亦园　郝　平　汤一介　李学勤
	乐黛云　谭　中　杜维明
主　　编	张西平
副 主 编	李雪涛　任大援
编　　委	陈　来　陈平原　高建平　耿　昇　耿相新　顾　钧
	何培忠　侯且岸　黄俊杰　金　莉　李明辉　李明滨
	李　申　李晟文　李文潮　李卓然　柳若梅　刘　东
	孟　华　钱林森　荣新江　沈国威　沈卫荣　苏　精
	汤开建　陶德民　王邦维　王　健　王向华　汪前进
	魏崇新　温儒敏　吴志良　徐一平　薛　华　严绍璗
	阎纯德　杨保筠　杨煦生　詹福瑞　张国刚　周振鹤
	卓新平　朱政惠
外籍编委	安乐哲（Roger T. Ames）　　巴斯蒂夫人（M. Bastid-Bruguiére）
	杜德桥（Glen Dudridge）　　何莫邪（Christoph Harbsmeier）
	高马士（Josef Kolmas）　　顾彬（Wolfgang Kubin）
	郎宓谢（Michael Lackner）　　罗多弼（Torbjorn Lodén）
	李福清（B. L. Riftin）　　马西尼（Federico Masini）
	米亚斯尼科夫（V. S. Mjasnikov）　　弥维礼（Wilhelm R. K. Müller）
	孟德卫（David E. Mungello）　　全寅初（Jun In Cho）
	萨巴蒂尼（Mario Sabattini）　　施寒微（Helwig Schmidt-Glintzer）
	竹内实（Takeuchi Minoru）　　魏丕信（Pierre-Etienne Will）
	魏查理（Charles Willemen）　　谢和耐（Jacques Gernet）
	兴膳宏（Kozen Hiroshi）　　内田庆市（Uchida Keiichi）
	莫汉迪（Manoranjan Mohanty）
主办单位	北京外国语大学中国海外汉学研究中心
执行编辑	叶向阳
编　　务	姜丹　戴月
地　　址	北京西三环北路2号（100089）
电子邮件	guojihanxue@gmail.com

郑重声明

《国际汉学》版权归大象出版社所有，所刊载的文章未经正式书面许可，不得翻印、转载、转编。

目 录

(第二十辑)

汉 学 一 家 言	我对国际中国学研究的再思考 ………… 严绍璗(1)	
汉学家访谈录	研穷省细微　精神入画图	
	——汉学家康达维访谈录 ………… 蒋文燕(13)	
	何碧玉教授访谈录 ……………………… 唐利群(23)	
	野村浩一访谈录	
	……………… [日]村田雄二郎　撰　纪晓晶　译(28)	
汉 学 史 研 究	巴黎外方传教士笔下的"寮龙王国"	
	——以相关信件为例 ……………… 何岩巍(48)	
	19世纪上半叶活跃在澳门的葡籍汉学家——江沙维神父	
	…………………………………………… 叶 农(56)	
	东洋史学京都学派 ……………………… 刘 正(68)	
	普实克的潜在力量	
	…… [捷克]奥特日赫·施瓦尔尼　著　李 梅 译(79)	
20世纪中国古代文化	《易经》在西方的第一次介绍和翻译	
经典在域外的传播与	……………………… [法]梅谦立　著　陈 岗 译(84)	
影响	试析卫礼贤对《易经》的解读 ………… 蒋 锐(97)	
	两个世界之间的文化桥梁	
	——卫礼贤和迪德里希斯出版社 ……… 张东书(114)	
	中国哲学、宗教著作的匈牙利语翻译	
	…………………………… [匈]郝清新　绍莱特(129)	
	论道	
	…… [罗马尼亚]鲁齐安·布拉加　著　丁 超 译(134)	
	殷铎泽西译《中庸》小议 ……………… 罗 莹(149)	
	历久弥新：《论语》在日本 ……………… 赵 坚(156)

中外文化交流

法显《佛国记》与中外文明交流
　　——标志中国与印度陆、海两通的千古巨碑
　　　　　　　　　　　　　　　　　　陈信雄（176）
让"朝圣精神"永远照耀中印关系
　　——纪念谭云山入印 80 周年 …………… 谭　中（192）
东方文明的气质与中印研究的灵魂 ………… 谭　中（198）

文献与书目

康熙朝欧洲天文学的回归
　　………………………［比］南怀仁　著　余三乐　译（206）
卡罗·瓦兰齐亚尼收藏的汉学研究的词典及图书
　　…………［意］玛丽娜·巴达里尼　著　邹雅艳　译（221）
1867 年以前中籍西译要目
　　………………………［英］伟烈亚力　著　马军　译（235）

书评与书介

《1579—1724 年耶稣会士中国传教团的东方之旅》简评
　　………………………［美］约翰·德鲁尔　著　观鑫　译（258）
味—淡—味
　　——试论法国汉学家弗朗索瓦·于连《淡之赞》中的
　　　中国诗歌思想 ………………………… 李　璞（261）
鸦片、帝国与近代历史
　　………………………［美］何伟亚　著　管永前　译（267）
《远西奇器图说录最》的当代国际化研究 ……… 戴吾三（284）

机构与动态

中美对峙时期中国研究机构的兴建 ………… 吴原元（293）
延续传统　加固心桥
　　——俄罗斯圣彼得堡 2008 年"远东文学研究"
　　　国际学术讨论会散记 ………………… 李逸津（304）

后记……………………………………………………… 张西平（310）

International Sinology
CONTENTS

Various Views on Sinology
My Reflection on the Research of the International China Studies   **Yan Shaodang**

Interviews with Sinologists
An Interview with David R. Knechtges   **Jiang Wenyan**
An Interview with Isabelle Rabut   **Tang Liqun**
An Interview with Kōichi Nomura   **Yujiro Murata**   **Trans. Ji Xiaojing**

Studies in the History of Sinology
The Tsa-rong Kingdom under the penmanship of the Missionaries of the Societé des Missions Étrangères   **He Yanwei**
On Joaquim Afonso Gonçalves, the famous Portuguese sinologist in Macao during the first half of nineteenth century   **Ye Nong**
An Introduction to the Kyoto School of Japanese historiography   **Liu Zheng**
The Potential Power of Jaroslav Prusek   **Svarny Oldrich**   **Trans. Li Mei**

The Overseas Introduction and Research of the Chinese Classics
The Earliest Introduction and Translation of *Yijing* in the West   **Thierry Meynard**   **Trans. Chen Gang**
Analyses of Richard Wilhelm's Explanation of *I Ging*   **Jiang Rui**
A Cultural Bridge Between Two Worlds: Richard Wilhelm and Eugen Diederichs Publishing House   **Zhang Dongshu**
The Hungarian Translation of the Chinese Philosophical and Religious Works   **Imre Hamar**   **Gergely Salat**
A Textual Study of Translation of *Sinarum Scientia Politico-Moralis*   **Luo Ying**
On *Tao*   **Lucian Blaga**   **Trans. Ding Chao**

An Everlasting Classic: *The Analects of Confucius* in Japan　　　　　　　　**Zhao Jian**

Studies of Sino-Foreign Cultural Exchanges

A Record of the Buddhist Kingdoms by Fahsien and the Interchange Between Chinese and Indian Civilizations　　　　　　　　**Chen Xinxiong**

May the Pilgrimage Spirit Shine Over the Chindia Relations—In Commemoration of the 80th Anniversary of Tan Yunshan's Entry of India　　　　　　　　**Tan Zhong**

The Qualities of Oriental Civilization and Soul of Sino-Indian Research　　**Tan Zhong**

Literature and Bibliographies

The Return of European Astronomy in the Reign of Kangxi
　　　　　　　　Ferdinand Verbiest, S. J.　Trans. Yu Sanle

Sinological Dictionaries and Books in the Private Collection of Carlo Valenziani
　　　　　　　　Marina Battaglini　Trans. Zhou Yayan

Translations of Chinese Works Into European Languages Before 1867
　　　　　　　　Alexander Wylie　Trans. Ma Jun

Book Reviews

Review of *Journey to the East: The Jesuit Mission to China: 1579-1724*
　　　　　　　　John Delury　Trans. Guan Xin

On Insipidity　　　　　　　　**Li Pu**

Opium, Empire and Early Modern History　　**James Hevia　Trans. Guan Yongqian**

Contemporary International Researches on *Qi Qi Tu Shuo*　　**Dai Wusan**

Organizations and Recent Developments

The Founding of the China Studies Institutions during the Sino-US Confrontation Period
　　　　　　　　Wu Yuanyuan

Extend the Tradition and Solidify the Soul-Bridge
　—Report of the 2008 International Symposium on Far East Literature Studies Held in St. Petersburg, Russia　　　　　　　　**Li Yijin**

Afterwords　　　　　　　　**Zhang Xiping**

我对国际中国学研究的再思考*

□ 严绍璗

对我们中国学术界来说,国际中国学研究正在成为一门引人注目的学术。从 20 世纪 70 年代中期以来,我们在这一学术的基础性资料的编纂和整体性研究方面,以及在研究机构的建设和研究人才培养的系统性方面,事实上已经超越了这一学术在世界各国的运行状态。

这意味着我国学术界对中国文化所具有的世界历史性意义的认识愈来愈深化;也意味着我国学术界愈来愈多的人士意识到,中国文化作为世界人类的共同的精神财富,作为世界文明的重大存在,在世界文明互动的历史进程中,对它的认知和研究具有世界性。我国人文学者不仅在自身的学术研究中在不同的层面上已经能够自觉地运用这一极为丰厚的国际学术资源,而且以我们自身的智慧对广泛的国际研究做出了积极的回应。或许可以说,这是自上世纪 70 年代中期以来的 30 余年间,中国人文科学的学术观念的最重要的转变,也是最重大的提升的标志之一。它在一个广泛又深刻的层面上显示了我国经典人文学术正在走向世界学术之林。

以我个人对于"国际中国学"研究的实践与思考,想就四个层面的体会向各位请教。

---

* 本文是 2009 年 9 月 8 日作者在"国家图书馆建馆百周年纪念暨海外中国学文献研究与服务学术研讨会"上的主题演讲。——编者注

一、究竟应该使用什么样的学术概念来规范"国际中国文化研究"

本学科从上世纪70年代"复兴"以来,尽管成果丰厚,但学术界在汉语文化中如何定义这一学科,在范畴与概念的表述上,很不一致。我个人从1980年出版《日本中国学家》和1991年出版《日本中国学史》以来,一直使用"中国学"的概念,今天在座的刘东教授主编了数十卷的"海外中国学研究丛书",也称这一学术为"中国学",采用的英文名称为"sinology"。复旦大学出版的一种不定期的学术集刊,也称之为"中国学"。上世纪70年代后期,中国社会科学院出版的我国第一种关于这一学科研究的刊物称为《中国研究》,编辑"中国研究丛书"系列,采用的英文名称为"Chinese Studies"。目前,我国学术界关于这一学科研究的著名的刊物,例如《世界汉学》、《国际汉学》和《汉学研究》,都把这一学术称为"汉学",而国内多数相关研究机构和相应的学术会议也皆以"汉学"命名。使用的英文名称为"sinology"或"Chinese Studies",并不一致,而百度网站则又把"sinology"译为"汉学"、"东方学"等,而把"Chinese Studies"译为"中国学"①。

学术概念表述的差异,意味着我们对这一学科本质的理解与把握还存在着相当大的分歧,而这样的分歧,又表现出我们的研究在学术史的层次上还存在相当大的争议和不够清晰的层面,从而在与国际学术界的对话中,还存在着不同学术概念的混乱、差异和讹误。

学术概念的建立与研究内核的确认,来源于学术史本身。这是一个庞大的课题,不可能在这里表述我的完整的理解。但我必须说明的是,学术史上关于"国际中国文化研究"所表述的学术内涵,是具有历史进程的时间性特征的,由此决定了研究的内含的价值观念具有不同的趋向性,以及研究内容的能动的增容性特征。"国际中国文化研究"在世界不同国家与在同一国家的不同历史阶段中,其研究状态并不是凝固的,而是处在能动的多形态的变异之中。确立这一学术的研究概念

---

① 有学者认为,"sino"作为组合词的前缀,译为"汉"符合"典雅"之意,而"China"、"Chine"则可以明白地表示"中国"。关于"sino"的起源,学界众说不一,有说源自后期拉丁语(中国人),有说源自阿拉伯语(中国),有说可能源自希腊语"Sinai",与法语里"Chine"和德语里"China"前头都发类似于"xi"的音,它们的共同语源应当是梵语中的"cinah",后者来自Qin(秦)。事实上现代政治活动与社会活动中仍然使用"sino"表述"中国"。例如《中英联合声明》,英文本名称为"Sino-British Joint Declaration";"中美共同防务条约",英文本名称为"Sino-American Mutual Defense Treaty"。乃至在社会商业中,"中国石化"简称为"sinopec";"中国外运"简称为"sinotrans",等等。把"sinology"译为"中国学"在多层面上应该是可以认可的。至于表述为"东方学",则易造成多重歧义。

与范畴,我以为应该充分认识到这种能动性所表现的价值内涵。

例如,欧洲主要国家和亚洲的日本、朝鲜与越南,在近代文明建立之前,他们意念中的"中国文化"就是"华夏"以儒学为核心的"汉文化",这是他们研究中国文化的基本的,甚至是唯一对象内容。在一个相当长的时间中——例如在19世纪中期之前的日本学界,以及在18世纪欧洲思想革命之前与革命中的欧洲学界,包括传教士们,他们对中国"汉文化"研究所呈现的最经典的特征,就是研究的主流话语不仅把"汉文化"作为客体研究对象,而且不管是有意识的,还是无意识的,他们还把以"汉文化"为代表的中国文化作为"主体"意识形态的相关材料而变异到主体之中。我以为,具有这样的基本文化特征的国际中国文化研究,可以界定为"汉学"与"汉学研究"。

在欧洲,随着启蒙运动的推进,欧洲汉学中把对中国文化的研究从构筑自我意识形态的材料中"剥离"的趋势愈益明显。从孟德斯鸠、卢梭到亚当·斯密以及德国古典哲学家们,一直到卡尔·马克思,对他们而言,以"汉民族文化"为代表的"中国文化"只是或主要是作为世界文化的一个类型而存在,即只是作为研究的"客体"而存在,在近代文化的"国别文化"研究中,同时并存的还有"印度学"、"埃及学"乃至"日本学",等等。研究者并不把自己的研究对象作为意识形态的材料吸收,而是在学理上作为认识与理解世界文化的一种学术,并进而利用这样的学术来构建自己本身学术的文化话语。与此同时,由于"大航海时代"的推进,"文化人类学"的萌生与发展,以及"欧洲殖民主义"的扩张,欧洲对中国的认识和研究开始从单一的"汉族"与"汉文化"扩展为多元状态,在多种"探险"与"考古"的推动下,在对"中国"的研究中出现了例如对"蒙古文化"、"满洲文化"、"藏族文化"的研究等,这一研究价值取向的转移与研究内容的增容性多元化,始发于18世纪的欧洲,日本在19世纪中后期开始也呈现了这样的趋势。面对国际中国文化研究状态此种近代性变异,继续使用"汉学"的范畴显然已经不能容纳这样的学术内涵,并且已经产生了学术的歧义与误解。

例如,国际上对中华文化中的"古文字研究",除了甲骨文外,他们还研究彝族同胞的彝文。彝文起源于公元前8000年前后,与甲骨文、苏美尔文、埃及文、哈拉巴文、玛雅文,共称为"世界六大古文字"。中国现有56个民族,目前知道的存在36种文字,它们的源头各不一样,藏文的"根本字母"和"元音字母"与梵文有相当的关联,蒙文中的一种叫"察哈台文"的古文字,作为一种"音素文字",与阿拉伯文又密切关联等。对它们的研究,只有在"中国学"的范畴中可以包容,"汉学"的范畴就显得文不对题了。学科的正名,关系到对学科内核的理解、把握与阐释。孔子在立言行事中首先注重的就是正名。"名不正,则言不顺;言不顺,则事不成",只有确认了事物的概念,才能有正确的语言表述,从而才能达到期望的境界。

在这样的学术状态下,我以为使用"中国学"的概念与范畴应该说是合适的。我们应该确立"中国学"的概念与范畴,把它作为世界近代文化中"对中国文化研究"的核心与统摄。"汉学"是它的历史承传,而诸如现在进行的"蒙古学"、"满洲学"、"西藏学"(即"藏学")、"西域学"、"西夏学"乃至"渤海学"等,都是它的"分支层学科"。

二、中国研究者应该怎样为"国际中国学"学术价值定位

我国学界常常喜欢使用"他山之石,可以攻玉"来评价"国际中国学"的学术价值,这是一个很形象的比喻。但是,依据我个人粗浅的理解,把"国际中国学"定位为一种"学术性的工具",而这样的"工具论"定位大多数又是建立在以对我国人文"特定学术价值"的"自我认定"为中心评价标准的基础上的,这在事实上可能对"国际中国学"作为一门具有世界性意义的"学术的本体"即对它的真正的"学术内涵"忽视了,或失去了更有效的和更深刻的理解与相应的把握,从而使我们的研究者在这一学术的阐释和表述中,有时就难免显得薄弱、片面,甚至出现若干虚拟的幻影。

以我们对"日本中国学"的研究为例。在这个领域中,我们既有已经获得国内外学界评定的非常丰厚的业绩,也有急需静下心来深刻反思的问题。

当我们把"中国学"作为"他山之石"的时候,我们在学术观念上一般把它作为这是"中国学术研究"在域外的延伸。这本身没有什么不对,但如果仅仅只是这样的认识,那我们就多少忽略了对"中国学"作为一门跨文化跨学科的"文化语境"的把握,因而也就对这一学术无论是作为"学派"群体,还是作为"学者"个人,在种种学术阐述背后支持这些学术观念的"文化语境"未能有足够的认知,也就未能进行相应的、恰当的研讨和评价。就"日本中国学"研究而言,大多数的研讨,我以为正是对他们的学术表述的内涵缺失了隐秘的精神特征的解析。

日本中国学首先是日本近代文化构成中的一个层面,是日本在近代国民国家形成和发展中构筑起的"国民文化"的一种表述形态,它首先是日本文化的一个类型。

比如,在我们习惯上称之为传统的"东京学派"的内部,事实上存在着对中国文化很不相同的阐述表现,而我们尚未有对它们的差异性的本质的思想史的研讨。

从19世纪80年代一直到战后,从第一代主持东京大学"中国哲学讲座"的井上哲次郎开始,大约20年或25年相传一代,经过服部宇之吉,到宇野哲人等,构成了"日本中国学"中关于儒学阐述的最具有社会影响的体系。19世纪90年代初期,井上哲次郎最先把儒学所主张的"孝、悌、忠、信"阐释为极具现代性价值的"爱

国主义",从而使明治天皇颁发的《教育敕语》能够获得最广泛的"受众面"。20世纪20年代到40年代,服部宇之吉创导"儒学原教旨主义",即主张对儒学应该"在新时代注入新的生命","将对儒学(各派)的崇敬转向对孔子的崇敬",从而树立"以伦理为核心的孔子教在新时代的权威",并强调"孔子的真精神只存在于日本"。到上世纪50年代,宇野哲人则又重点阐发"孔子教"的核心在于"确立'大义名分'的权威主义"。

他们用70年的时间构建了日本中国学中对儒学阐述的主流话语。我们如果从20世纪国际中国学对儒学的研究考察,日本中国学中这一学派,强调开启儒学在新时代的新价值,他们的一系列阐述或许可以看做是世界范围内新儒学的先驱。

但几乎在相同的历史时期中,东京学派内也形成了以白鸟库吉、津田左右吉等为首的对以儒学为核心的中国古代史与古代文化的强烈的批判主义潮流。先期有白鸟库吉等人高举"尧舜禹三代抹煞论",扩展为对中国上古文献的全面的怀疑,继而有津田左右吉以《周易研究》、《论语研究》、《左传研究》、《老子研究》四部巨著,评价中国古代文化是一种"把帝王放置于崇拜中心的人事文化",是一种"物质性欲求的文化",是一种"权力阶级的文化,也是保护权力阶级权威的文化",是一种"尚古主义的文化"。从而把数千年来作为东亚文明的主体,特别是在两千年间滋养了日本文明的中华文化一笔勾销。

研究者在运用这些学术资源的时候,由于过度地从以自我认定的学术价值出发,往往只选取了其中一些片面性的结论,做出这样和那样的评述,似乎没有注意到造成他们对于中国文化这样和那样表述的基本的文化语境,即他们是为适应日本近代国家的国民精神建设的需要,而提供了一种学术性产品。他们对于中国文化的阐述,与中国文化本体的本源性意义并不处在同一层面,他们只是依据他们的需要来理解和阐发中国文化。或许可以反过来说,中国文化在相应的层面中只是他们阐发在自己生存的文化语境中形成的某种潜在性意识的学术性材料。这些潜在性意识,才是日本中国学内蕴的基本价值观念。两种看似对立的观念,都具有极为深刻的同时代"日本文化语境"的本质特征②。

依据我个人粗浅的认识,所有这些扑朔迷离的与中国文化相关联的现象,都是与日本社会总体的文化语境相关联的,它时时提醒研究者,在日本文化中被表述的、被阐释的中国文化,已经不是本源性意义上的中国文化了。日本中国学中的新儒学,一般而言,是以特定的"亚细亚主义"为其发生的文化语境的;而作为新儒学对立面的激进批判主义,又是以特定的"脱亚入欧论"为其文化语境的。无论是"亚细亚主义"还是"脱亚入欧论",130余年来一直是构成日本近代社会主流话语的最基本的意识形态层面。两个几乎完全对立的中国学学派,在总体上却源于同一文化语境的两个侧翼,这或许是意想不到的。

三、在我们审视和接纳日本中国学的学术成果的过程中,我们应该把日本对中国文化的研究,放置在相关的世界性文化视野中考察

世界近代进程的一个显著特征,便是文化的世界性网络的形成,国际中国文化研究本身就是一门世界性的学科,那么,我们只有在逐步把握各国中国学之间的相互的精神渗透的过程中,才能更加准确与清晰地把握对象国中国学的本质特征,日本中国学毫不例外,也许我们只有在理解它与世界文化的关系中才能更加确切地把握这一资源的价值。

19世纪中期之前的"日本汉学"时代,学者们的治学之道,几乎完全依靠从中国传入的文献,他们伏案读书,皓首穷经,偶有所得,则撰写成篇。他们之中几乎没

---

② 否则,我们无法解释1906年12月为宣告日本军队在中日甲午战争和日俄战争中的胜利,当时的日本陆军元帅兼海军大将伊东佑亨(1843—1914)召集曾参与这两次战争的日本现役军人的最高层在东京北部的足利举行盛大的祭孔典礼,他们以向中国孔子致意的形式,庆祝日本已经取得东亚海域的制控权。这个伊东佑亨,在中日甲午战争时期,担任日本联合舰队司令官,在黄海战役中,直接指挥日本海军进击了我国的威海卫。参加祭孔的还有时任日本海军大将、陆军元帅的东乡平八郎(1847—1934)。此人在中日甲午战争期间,担任日本战舰"浪速号"舰长,在黄海海域,他直接指挥击沉清朝海军"高升号",打响了近代史上日本军队侵略中国的第一仗。我想,长眠在山东曲阜的孔子的灵魂,当年一定是听到了黄海上的隆隆的炮声。炮声停止后,这一群进攻中国的战争狂人却以向中国孔子致敬的形式宣告了他们的胜利。自此之后,日本在东京汤岛开始了将近40年的"年度祭孔",在九一八事变、七七事变之后,中国已经成为日本军国主义全面掠夺的对象,而祭孔则持续不断,直到日本全面溃败前夕,在美军的轰炸中于1944年作了最后一次"告慰仪式"。这样的事例或许已经超出了日本中国学的范畴,但事实上,它们与新儒学的形成与阐述有着内在的密切的关联,否则,被称为"日本法西斯思想魔王"的北一辉,为什么会把自己的工作室命名为"孔孟社"呢?北一辉就在这个"孔孟社"里撰写了著名的《日本列岛改造法案》,成为日本法西斯主义的理论纲领。

有人到过中国,更遑论其他。其视野所及就是中国文献所提供的文化框架,再融入以神道为核心的本土文化,依凭个人的积累与智慧,自成一家之说。

日本中国学作为日本近代研究世界文化的一部分,从这个学科形成之初,它的主要的、重要的学者相应地都逐步养成了把自己对中国文化的认知和研究与世界构成融通的习惯。

日本中国学体系中某些主要观念与方法论的形成,不仅取决于日本本土文化语境,而且也是他们接受欧美文化,特别是欧洲文化而变异的结果。

例如,我们体察到一个可以思考的线索,日本中国学中新儒家学派的主要学者,几乎都在德国学习和研究过,他们几乎都热衷于德国俾斯麦、斯坦因(Loreng ron Stein)、盖乃斯德(Heinirich Rudolf Hat-mann Friedrich Geneist)等的国家集权主义学说。而白鸟库吉的"尧舜禹三代抹煞论"则与他接受法国哲学家皮埃尔·拉菲特(Pierre Laffitte)关于"人类文化进程三阶段"的理论密切相关。

皮埃尔·拉菲特是法国实证主义哲学家,孔德(Auguste Comte, 1798—1857)指定的学派第一继承人,他认为,人类起始的文化是"物神偶像崇拜(fetishism)"文化,其特点是创造偶像。由此进化到"神学理论(theologism)阶段",这一时期的文化便是社会开始具备"抽象性的观念"。文明社会的文化则是"实证主义(Positivism)"文化,人类能使外界的经验与内心的经验达到统一,出现高度和谐。

白鸟库吉从拉菲特这样的文化史观中,获得了他批判儒学的近代性话语。他把中国古史和儒学定位为人类文化的第一阶段,即物神偶像崇拜阶段。他认为,尧舜禹崇拜所表现出来的偶像性的观察是显著发达的,"尧舜禹崇拜"缺乏有价值的抽象理论,这是文化蒙昧的必然结果。

白鸟库吉的中国古代史观具有特定时代的近代文化所具有的批判性——这种批判性,使白鸟库吉重新审视了传统的"儒学的史学"的观念,试图重新看待中国历史和评价中国文化。但是,"白鸟史学"从一开始就以日本国粹主义的精神状态表现出对中国文化的冷漠和蔑视,从而夸大中国文化的滞后性。这一观念从法国皮埃尔·拉菲特的社会学理论中获得了表述的话语逻辑,构成白鸟库吉的中国文化观,并被遗传而成为日本东洋史学的一支强有力的学派,在相当的层面上影响日本中国学对中国文化的表述。研究者不仅应该从白鸟库吉所处的本土文化语境中探求其意识根源,也应该注意到它与欧洲理论话语,例如与"欧洲文化中心论"的关联。或许这样能够比较确切地认识和把握日本中国学中批判主义学派的本质特征。

我国有学者在阐释日本中国学中的传统的"京都学派"的"实证主义"特征的时候,认为这一学派由于注重考据实证,是清代考据学与江户时代"日本汉学"中"古义学派"的合作体,用方法论解释京都"实证主义"本质,甚至把狩野直喜、青木正儿、吉川幸次郎三代学者看成是"汉学余孽",认为只有到了竹内好的中国文学研究会,日本中国学作为学术才得以出现,这与学术史真相有很大的距离。

在对中国文化的研究中,阐明经典本义,不务空泛的"理气之辩",这确实是日本传统汉学中伊藤仁斋"古义学派"的主张。这一"实证",根基于回归儒学古典的趋势。当年"古义学派"为了摆脱关于朱子学与阳明学对立的困惑,从而倡导直接从儒学古典孔子原义中研究中国文化。这样的观念其实是与新儒学中的"孔子原教旨主义"比较接近。"京都实证主义学派"与此很不相同,它首先是或者说它在相当的层面中是在欧洲孔德学说的浸染下萌芽的③。

我相信在国际中国学研究中,把握各国研究的世界性文化联络,不仅对研究日本中国学具有意义,而且在总体的国际中国文化研究中也必然具有积极的意义。

四、在国际中国学研究中,研究者应该重视作为研究的文本问题,特别是重视文本的原典性问题

在当代多种传播媒介手段出现之前,世界文明史上文化的传递主要是依靠人种的迁徙、物质的流动与文献典籍的传播,其中,文献典籍无疑是文化沟通的主要载体,它们构成国际中国文化研究的"源材料"即基本材料。国际上对中国文化研究的优秀学者,几乎都是在本行内的中国文献学专家。

---

③ 孔德实证主义首先成为法国自然主义文学的哲学基础,它们于19世纪80年代左右开始风靡日本文坛,出现了像国木田独步、田山花袋等一批日本自然主义文学运动的实践家。当时正在从旧"汉学"中挣脱出来的日本中国学的一些先行学者,从孔德创导的这一"实证主义哲学"中理会到一种逻辑思维的形式和方法论特征。日本中国学的创始者之一狩野直喜率先在对中国传统文化的研究中,引进实证主义观念,并且使它与中国清代考据学结合,从而构架了从传统汉学到近代中国学的一座桥梁。实证主义学派推崇清代顾炎武、戴震、钱大昕等的学术,尽力在研究中体现"实证"的精华——互相参证、整理排比、严密考订,但同时,他们强化"文本批评"(即原典批评);他们试图在事实的基础上,从哲学的范畴出发,摆脱烦琐之弊,在文明的批评与社会改造的见地的基础上,表明独立的见解。

"日本京都实证主义"不仅主张文献的实证,而且更主张研究文献的人在经验上的实证。他们认为,中国文化作为一种异国文化,仅在日本国内研究中国文献典籍,是远远不完全的,研究家必须具有关于中国文化的实际经验。并且应该"广纳欧美学者的见地"。据我所知,属于早期"实证主义学派"的学者,比如狩野直喜(1868—1947)对于 Herbert Spencer(赫伯特·斯宾塞,1820—1903),内藤湖南(1866—1934)对于 Hegel Georg Wilhelm Friedrich(黑格尔,1770—1831),小岛祐马(1881—1966)对于 François Quesnay(魁奈,1694—1774)和 Emile Durkheim(迪尔凯姆,1858—1917)等,大多有相当深的认识。可以说,日本中国学中的"实证主义学派"具备作为近代学术的基本要素,对这一学派的误解,可能是没有确切把握日本中国学的"国际文化语境"。

国际中国学研究的实践经验提示，无论就国别而言，还是以研究者个人的表述而言，从本质上考察，他们的学术都是在接受中国文化而营造的自我氛围中形成的，因而，在追根溯源的意义上说，探讨他们学术形成的轨迹，就应该十分重视研究相关文本的传递和呈现的多种文化形态。

我个人体验，重视把握与研究文本原典的诸问题，至少应有三个基本的学术视点。

第一个文献学术视点是，研究者要非常重视我国文化典籍在对象国各个层面中流布的轨迹与形态。在文明史的总体进程中，中国文献典籍在世界的流布，构成中国文化在世界传播的多重形态，其影响所及，有时超越我们研究者的想象。我们现在迫切需要的是尽力厘清中国文献典籍在各国文化中的"流布事实"与发生的多形态的"文化变异"。我国国家图书馆名誉馆长、我的老师任继愈先生一直教导我说，"一个好的研究者的思想，一定来源于对事实的理性思考"。他对我说："你研究日本中国学，不仅要明白他们说什么，还要明白他们为什么要这样说。为什么要这样说就复杂了，原因一定很多，但他们读什么书，接触什么样的中国和外国的文献，甚至和什么人交往，这是十分重要的。你看看内藤湖南，就明白这个道理了。"数十年来我一直牢记任老的教诲。上世纪90年代中期，他知道我正在编著《日本藏汉籍善本书录》，十分高兴地为本书撰写序言。2007年11月7日北京特别冷，北京大学举行《日本藏汉籍善本书录》的座谈，任老冒寒到北大，他说："我92岁了，参加不动各种会了，但这本书的座谈会我是一定要来的！"这是他对我国学界的一种殷切的期望，期望人文研究不要信口胡言，一定要以"文献实证"为基础，创造出新的学术业绩来。日本学界则称《日藏汉籍善本书录》与10个世纪之前日本编纂的《本朝见在书目录》一起，共同构成了研究日本文化的二轮车上的两个轮子。2008年3月26日日本文部科学省直属国际日本文化研究中心特别举行该书的出版纪念，日本东方学会会长户川芳郎教授说："今后100年到200年之间，我们日本人不可能再编纂出这样的基础性材料了。"关于中国典籍在越南的流布，已经有清华大学学者提供了较为详细的报告，关于中国典籍在韩国的流布，已有南京大学的学者以"集刊"的形式发表了不少研究。遗憾的是我国国际中国学研究者，对于中国典籍在欧美与其他地区的流布，尚缺少较具整体性的调查与研究，在"整体朦胧"中，有些学者还热衷于使用国民高额税金，以收购典籍回国为本务，我个人以为，这并不是学术的正路。中华文献典籍留在他们那里，才能使他们的子孙有可能继续阅读中华原典，才能继续使他们在这样的文化光辉中领悟中华文化的价值。使人感到很高兴的是，中国国家教育部2008年设立了"20世纪中国古代文化经典在域外的传播与影响"的国家级研究项目，已经由北京外国语大学承担，张西平教授领衔。这一项目得到中国国家图书馆的大力支持。它的完成将有可能为国际中国学研究呈现整个20世纪中国经典文献在世界30余种语言文字国家和地区中的流布状态，从而进一步推动我国国际中国学的发展。假如有一天，我们中国人真的把全世界典藏的中华文献全部收购为"中国国有"了，我可以断言，国际中国学就会在顷刻之间魂飞魄散。爱国主义必须具有为维护民族利益和文明进步的最根本的观念，必须具有推进世界文化发展的大视野，文化人不要呈一时之亢奋，做在文明史上没有真正价值的而能蛊惑大众的勾当。

我在此还要呼吁，国际中国学研究者应该与图书馆学家、传统的目录学者联合起来，摒除学术的门户之见，以跨文化的国际视域，推进这一基础性的学术工程。

第二个文献学术视点是，研究者也要非常重视研究对象国对于中国文化典籍的世界性收集。

国际中国文化研究既然是一门世界性的综合学术，各国学者在关于中国文献典籍的收集与处理层面上，也具有与世界融通的特征。各国中国学在关于中国典籍的世界融通，与研究者的学术状态与表述具有相应的内在联系，也给我国的人文研究者提供了学术的新渠道。

以日本中国学为实例。日本中国学在20世纪初期开始建立起了追寻中华原典文献的世界性观念，这也是日本中国学区别于传统汉学的一个重要特征。

20世纪初期，在中国敦煌文籍披露于世不久，1910年2月，东洋史学者黑板胜美从欧洲带回了关于西方诸国在中亚探险中所获各种成果的讯息。第一次报告了英国伦敦大英博物馆收藏有斯坦因在敦煌的发掘品，其中有唐咸通九年（868年）的《金刚经》刻本——当时认为是世界上最早的刻本。继后，1912年到1916年狩野直喜在欧洲追踪敦煌文献4年有余，他第一次提出从欧洲追踪到的敦煌发现的"佛经故事"的残本（后来才被称为"变文"）的文体，并断言，中国俗文学之萌芽，已显现于唐末五代，至宋而渐推广，至元更获一大发展。由此推进了日本中国学在世界范围内追踪相关中国古文献的热潮，包括流散的敦煌文籍、甲骨文残片、我国西北地区古代部族遗物文献，等等，使流散的中华文明的物化材料和文字载体在一定程度上被"整体化"和"学术化"，从而奠定日本中国学中"实证主义学派"的基础。

20世纪60年代，日本中国学开始第二次对中国研究原典的收集，他们主要利用美国福特基金会和亚洲基金会提供日本与中国台湾联合研究中国近代史的基金，在南欧的西班牙、葡萄牙、意大利等国家收集17世纪以来由早期传教士带回的中国朝廷的诏令、各级衙门的告示、各类官司的判词、各类人物的生日贺笺、墓志铭，还有各种买卖土地、房屋、妇女、儿童等的文契，典当的当票，等等，有近20个门类的上千件文籍，虽然大部分为照相件，但毕竟集中和系统整理了散流在南欧为我国学者所少见和未见的关于中国社会文化研究的丰厚资料。

第三次在世界上追寻汉籍文典,则起始于上世纪90年代末,直到现在仍然在进行中,规模虽然较前小了许多,但人文价值的意义我认为将是杰出的。这是调查至今保存在梵蒂冈图书馆等处的由几个世纪中在中国和日本布教的传教士们主要是使用汉文,间有日文编纂和著作的文籍,大多是传教士们阅读汉籍文献的体会心得,编纂的各地方言与他们母语对照的语音、词汇的各种工具书。据正在进行编目的日本教授说,传教士们读的书,从儒学经典到野史笔记,五花八门,他们很认真地写有札记。这部分文籍,估计有两千种左右。如果能够使用这部分文籍,我们对基督教在东亚的活动,中国文化对基督教传教士世界观的影响,以及中华文化在欧洲的传布等的认识,必将会有很新的修正和很大的提升。

我国学者对日本中国学学者一直在世界各处追踪中国研究的原典文籍的价值上,尽管有像张西平教授这样现在已经介入梵蒂冈资料的编目调查,但在整体上似乎还缺失相应的认识,在运用层面上还有待切实地开发。

第三个文献学术视点是,研究者要非常重视研究文本的翻译。

我们所有的对中国学研究,都是依据各国研究者的论著文本进行的。而所有的文本的原典都是某一种外文的。对不少的研究者来说,目前仍主要是依据翻译本来进行工作的,于是就产生了阐释中的问题。

文本翻译是比较文学学术中"译介学"的主题话语,我不是这个领域的专家。我觉得需要提出的有两个层面的问题:

第一个问题是,一个成熟的国际中国学研究者,是不应该使用外文汉译本来从事研究的。20余年前我曾经提出过此建议,被批评为"霸权主义话语","试图垄断研究领地",那么,今天中国学界的总体外文状态已经有了飞跃性的进步,重提国际文化研究的基本条件,应该是学界的共识。从"原典实证"的观念和方法论层面上讲,如果不能使用对象国研究的原典,你其实是做不了这个学科的研究的。不要以为稍微知道中国文化,就能是国际中国学的研究者了。这是两个既有连接又有分离的学术层面,推进本学科的发展,必须具有学科的严肃性。

这一学识修养的要求,基于文化传递中的一个基本的文化事实,即一种文本进入翻译状态,就意味着通过语言转换而将产生语义的转换,这就是文本的翻译,一旦文本的翻译完成,源文本就成为翻译的文本,翻译的文本就是源文本的变异体,它可以提供一个文化信息渠道,但不能成为研究者的研究资源。中国学研究中由于使用译本,国际中国学研究最终变成了研究者与翻译者的对话,就成为我们自编自演的"学术喜剧"了。

第二个问题是,我再次呼吁,学术文本的翻译是极为严肃的"学术本体",现在在许多大学可以看见许多出版单位招募"外文翻译者"的广告,一些研究生导师也把外文文本拆开分发给自己的学生作为作业或任务,这种对学术的亵渎,把学术作为钱财的奴婢,在我们国际中国学领域中应该立即停止并受到谴责。再次呼吁国外有价值的中国学论著,应该由同行业的有一定资质的研究者动手翻译。我以为,以我国现在已经具备的雄厚的人文学资源,这样的愿望是可以实现的。

45年前我在北京大学中文系古典文献专业五年级念书,顾颉刚先生教授我们"经学史",他对我们说,你们有什么心得,可以记录下来,每年读几遍,经过20多年的修正,可以发表了,或许你就可以成一家之言了。如果我们在原典文本的细读与国际中国学文本的译本制作中能取顾先生教导的十分之一,实事求是、精益求精,则我们的研究或许就会更加造福于学术了。

国际中国学集中了研究与阐述我国人文学术的世界性智慧,它是我国人文学术走向世界的不可或缺的重大资源库。我今天就这一学术的范畴与概念、价值意义、它的世界性联系与文本的原典性观念表述了自己粗浅的想法。

这一学科具有广阔的阐释空间。当我们共同思索,肩负着21世纪人类新文明的精神建设这一重大历史任务的时刻,一个人文学者究竟应该怎样来推进和构建我们的学术研究?我想,在我们这一次设定的主题中,以我们所取得的成果和积累的经验,以及曾经面临的教训,如果能够在相对广泛的学术层面中以理性的精神审视我们的学术业绩,反思我们的学术观念,调整我们的学术视角,规范我们的学术方法,只要研究者放远眼光,凝聚自己的智慧,保持学术的操守,唯学术自重,我们是一定能够在对国际中国学的研究中创造出属于我们自己的广阔天地来的。

(作者单位:北京大学中文系)

研穷省细微　精神入画图
——汉学家康达维访谈录

□采访人：蒋文燕

2007年10月8日，在西雅图华盛顿大学秋色怡人的校园里，我如约见到了亚洲语言文学系资深教授，世界著名汉学家、翻译家，美国人文科学院院士康达维（David R. Knechtges）先生。康教授朴素的衣着、和缓的语速和儒雅的笑容，在一瞬间，使我甚至感觉邂逅了一位中国古代儒生，不同的只是高鼻、碧眼。

康达维教授1960年进入西雅图华盛顿大学远东学系，1964年毕业后到哈佛大学，受业于著名汉学家海陶玮（James Robert Hightower）门下，仅用一年时间就取得了硕士学位。同年返回华盛顿大学，师从著名德籍汉学家卫德明（Hellmut Wilhelm）教授，25岁时就获得了博士学位，其博士论文题目为"扬雄辞赋与汉代修辞研究"。之后他继续勤奋治学，将传统汉学的考据训诂与西方的科学分析精神相结合，再加上通晓德、法、日、拉丁文等多种语言，学术视野非常开阔，著文众多，成为当代西方汉赋和六朝文学研究的权威学者，曾担任过华盛顿大学亚洲语言文学系主任、美国东方学会主席等职务。

康教授从1970年开始还致力于附有详细注解的《文选》英译本的翻译工作，这是西方汉学界第一次系统地用英文对《文选》进行翻译，预计共六册。从1983年至今，已由普林斯顿大学出版了前三册。学术界对此项工作及康达维教授的汉赋研究都给予了非常高的评价，有学者称："最近，读到哥伦比亚大学华裔教授夏志清某文，谈道：从今往后，无论中国、日本以及海内外学人，假若要在研究《昭明文选》时搞出点名堂来，都非要细读西雅图华盛顿大学大卫·康达维教授关于《汉赋》的专著不可。因为他毕生数十年的研究功力,集中了古今中外对《昭明文选》的研究之大成,其成就早已超越了当代中、日有关专门学者。"①

蒋文燕(以下简称"蒋"):康达维教授,我首先要谢谢您接受我的访问。我很想知道是一个什么样的机缘让您对中文发生兴趣,给我们讲一讲当年的故事,好吗?

康达维(以下简称"康"):说起我的家庭背景实在跟汉学没有任何关系。我的父亲是蒙大拿州的工人,母亲是护士学校毕业的护士。我的父亲生性风趣幽默,是个说故事能手,说起故事来,总是令大家目瞪口呆、废寝忘食。可惜在我4岁时父亲就去世了,但直到今天,我仍能清晰地记得父亲的言谈举止。9岁时我随母亲徙居西雅图,我上小学的同时,也进了音乐学校练习手风琴,参加过无数次的比赛,不曾叫母亲失望过。直到高中我对音乐都有着浓厚的兴趣,想将来做个音乐家。但是我也喜欢钓鱼捉虾,我也想将来做个渔业专家。但是高四那年在上过 Harry Wray 先生的"远东历史"课后,特别是听过华盛顿大学施友忠教授、卫德明教授有关中国的演讲后,我的兴趣整个都改变了。我向往中国这个文化古国,我也着实好奇这个泱泱大国的文化能延续数千年而不衰。所以高中毕业的时候,我就决定学习中文和政治学。

蒋:您是在进入华盛顿大学之后,开始正式学习中文的吗?

康:上了大学,我开始念远东历史,同时也选修政治学,但是政治学的教授上课时总是讨论政治学到底是不是一门科学,所以我对政治学再也不感兴趣了。这时候我开始意识到如果想真正学习中国历史,非先学习中国语言文字不可。但当时我对中文到底是怎样的语言并没有半点认识,我以为也跟法文、西班牙文一样容易。现在想想,当初是多么幼稚和肤浅啊。

蒋:您的第一位中文老师是谁?

康:是李方桂教授。大学二年级,我上李方桂教授的"一年级中文速成班"(intensive course),班上有三十多个人。李教授的课严格风趣,他毫不马虎,头一天指定的作业第二天必须交上,而且李教授坚持"重质不重量"的原则。每次考试总要"当"掉不少学生,一年下来,全班只剩下五六个学生,很侥幸地,我是其中之一。我记得那个时候,我一天要花上十几个小时念中文,除了念中文外,真是百事俱废。

蒋:那您是从什么时候开始接触中国文学的呢?

康:大三的时候,我上严倚云教授的"高级中文",我们念《水浒传》、《红楼

---

① 苏炜:《有感于美国的中国学研究》,《读书》1987年第2期,第130页。

梦》,等等。这是我第一次接触中国古典小说,借助严教授的精彩讲述,我对中国文学的兴趣也就在这个时候引发了。这时我也上卫德明教授的"中国历史"。还有一点值得一提,就是卫教授的父亲卫礼贤(Richard Wilhelm)教授是德国汉学界的先驱,他是第一位将《易经》、《吕氏春秋》、《庄子》、《列子》、《大戴礼记》等书译成德文的德国汉学家。我清楚地记得卫德明教授对我说过:"在西方想治汉学,德文也是必备的读书工具之一。"于是到了三年级的暑假,我一个人闭门念德文,我拿 Von Zach(注:奥地利汉学家赞克)的德文《昭明文选》翻译本和中文《文选》对照阅读,数月闭门造车的结果,我也粗略看得懂德文了,同时对这本了不起的中国文学选集发生了浓厚的兴趣。现在我从事《文选》的英文翻译,可以说是那个时候打下的基础。大学四年级,我选修卫教授的"中国文学史"。我的兴趣虽然主要在中国历史方面,但是我明白想通中国历史必先研究中国文学,因为中国人过去的观念素来是"文史不分"的。

蒋:我们知道,您对中国文学的研究是从汉赋开始的。在美国这样的环境里,研究汉学已经是边缘学科,而您又选择了在很多中国人看来都相当艰深难读的汉赋,这是为什么呢?

康:这跟我在哈佛的学习经历有关。大四的时候,我是全校获得 Wilson 总统奖学金的两名学生之一。根据奖学金的规定,我必须离开母校到其他的学校念书,所以在 1964 的秋天我到哈佛大学研究所继续我的中文课程。在哈佛大学研究所,我跟着杨联陞教授念中国历史。我同时也上海陶玮教授的"唐宋古文"、"唐宋传奇"和"汉学入门"。海教授对田园诗人陶潜和汉赋都有深入的研究。我跟着他念书,不论在治学的态度上,还是在学习的过程、经验上,都有显著的改变。我明白研究学问不是死读书,更不是向他人炫耀的工具;研究学问不是一朝一暮的工作,而是一生的事业。我发现念中文不只是语言上的学习,不仅是纯粹文法上、词汇上的探讨,更重要是察觉西方与中国文化上的差异。我固然喜欢读中国历史,但是在西方,特别是在中国历史方面,把它当做一门社会科学的看法很普遍。社会科学家对于理论最感兴趣,他们往往忽略史书的训诂考证。因此在我漫游中国文学的领域后,我的兴趣稍作了改变。我佩服中国文人的文学情操和创作天才,特别是汉赋词藻的典雅、富丽和铺张更是深深地震慑我的思想和情感。此后我研究汉赋,主要是希望能对中国文学的奥妙略知一二。

蒋:在您的文章中,您曾经把赋比作中国文学中的石楠花,这是出于什么考虑?

康:因为我很喜欢植物啊,实际上要想给赋下个定义,就像植物学家想分辨一种植物的名称一样。石楠花有好几种不同的品种:有中国原产的,有培植而成并且常见的新品种。但有些品种甚至不叫石楠花,而叫杜鹃花,表面上既不像石楠花,也不像培植的新品种。中国文学中的"赋"正像石楠花一样,也包括了几种不同的种类。原来的文体和早先的一些文体相配则产生了一种新文体,而这种新文体后来反而被认为是这种文体典型的形式,这是指西汉辞赋家创作出的新文体"赋"而言;后来,原来是石楠花形式的"赋"体终于也产生了杜鹃花,有些文学作品不再以"赋"为题,但是基本上却具有"赋"的体裁本质。

蒋:您的博士论文做的是扬雄,为什么会选择扬雄?

康:因为是最难的,当然我也受卫德明老师的影响,他是我的论文指导教授。卫教授待人谦虚,而且笑容可掬。他是典型的西方汉学家,对汉学的各个方面都有深入的研究,但是我在研究所的时候,他对中国文学最感兴趣。卫教授在 1963 年出版了他的德文演讲稿《天、地、人——扬雄〈太玄经〉与〈周易〉比较》,在这篇文章里他提到扬雄这个博学的天才。扬雄的成就不只限于哲学思想、训诂方面,他可以算是一个伟大的辞赋家。受了卫教授的鼓励,我开始念贾谊、枚乘、司马相如、王褒、刘向、刘歆等人的辞赋,以了解西汉辞赋的历史和发展。卫教授认为汉赋滥觞于修辞学的传统,所以他劝我念一点儿西方修辞学理论。我跟随 Robert O. Payne 教授读"中世纪文学"和"中世纪修辞学",主要的目的在于在汉赋研究中比较和应用中世纪修辞学的理论。

蒋:在您的博士论文《扬雄辞赋与汉代修辞研究》中,您把"赋"译为 rhapsody。

康:现在我不用 rhapsody 作"赋"的译名了,我只是用 Fu。因为我觉得应该让那些研究欧洲文学、美国文学的人知道 Fu 这个名词,所以我现在只是用 Fu。比如日本文学有一些文体,像 Haiku(注:俳句)、Noh Drama(注:能剧)不必翻译。而且,rhapsody 用于指西汉的赋比较合适,因为它们都在宫廷中被朗诵,但是西汉以后我觉得不合适,所以我不用了。可是我不是第一个用 rhapsody 翻译"赋"的人,我哈佛的老师 Hightower(海陶玮)也用 rhapsody 翻译"赋",还有翻译中国文学的英国人 Arthur Waley(阿瑟·威利),他很早就用 rhapsody 翻译"赋"。我不是第一个人。

蒋:您的解释可以帮助我们澄清一个问题,因为在我来之前读到过一篇文章,《西方学者视野中的赋》②,这篇文章介绍到您用 rhapsody 翻译"赋"后,这个译法被欧美汉学界广泛接受,但实际上您现在直接用 Fu,这正好可以作一个进一步的说明。

康:好啊,现在我不赞成用 rhapsody。

蒋:听说您一直想撰写一部"赋史",请问现在这项工作进展如何?

康:这其实是"文学史"的一部分。荷兰有一个 Brill 出版社,很有名,要出版一套文学史。我们现在有三个人在写,一本是从先秦到西汉,是由普林斯顿大学的教

---

② 孙晶:《西方学者视野中的赋——从欧美学者对"赋"的翻译谈起》,《东北师大学报》(哲学社会科学版)2004 年第 2 期,第 87—93 页。

授 Martin Kern(柯马丁)撰写。我写东汉到魏晋南北朝部分。第三本是唐代,是科罗拉多大学 Paul Kroll 教授撰写,他很有名。他们也在找人写宋元明清部分,但是还没有找到。

蒋:这套书大概会在最近慢慢地出版吗?

康:很慢,我这本大概是最快的。

蒋:现在在国内也有很多文学史的著作。

康:哦,我知道,太多了,弄得太多了。

蒋:对,非常多。那么您在写您的这部分时,您会用一种什么样的组织方式来写文学史?

康:我可以给你看看,这是我发给学生的讲义。我也是以时间为序,在每一个专题、作家的最后,是这些年来相关的研究资料、图书版本。这本书出版后,还会有更详细的资料。

蒋:您的写作方式与国内很不相同,您怎么会想到补充这么多相关的研究资料呢?

康:我教文学史好几十年了,我想用学生比较容易懂的方法,如果他们知道这些资料的话,他们可以自己做研究。但你现在看到的还不是全部,因为这是给学生的讲义,有些资料我可以在课堂上讲。

蒋:从您一开始写这本书到完成,一共用了多长时间?

康:好几十年了,因为我教了好几十年了,每一年我都加入新的资料。

蒋:我们知道,您从 1970 年开始就致力于附有详细注解的《文选》英译本的翻译工作,这是西方汉学界第一次系统地用英文对《文选》进行翻译,是不是?

康:是。

蒋:这套书 1982 年由普林斯顿大学出版了第一册,1987 年出版了第二册,1996 年出版了第三册。学术界对您的这项工作给予了非常高的评价。

康:哎呀,他们很客气。

蒋:您太谦虚了。我想请问目前这项工作的进展如何呢?

康:现在我在做诗的部分,这个比较慢,你知道为什么?现在我们有很多唐代的文献、敦煌文献,还有日本的《文选集注》。最近中国大陆有一些资料,以前没有,很难找,所以我现在要用这些资料。我发现《文选》的 textual history(文本史)比较复杂。因为传播的流动性比较大,所以有很多异文。赋的部分没有很多,可是诗和散文部分的异文比较多。

蒋:康教授,请问您的《文选》译本,潜在的读者会是什么样的人?

康:多半是学者。可是我听说现在有不少大学,像 Liberal Arts College(文艺学院)也用我的翻译。

蒋：这说明它很受欢迎。

康：我不知道，我不知道。最近我收到一封信。这个人在一个很好的大学给学生上"Early Chinese cities and city culture"，学生不懂中文，只能看翻译。他用我的《两都赋》、《二京赋》、《三都赋》的翻译。我没想到他们会看这个，学术性太强，他说他们很喜欢看注解。谁要看《三都赋》？（笑）我也不要看《三都赋》，是不是？（笑）我不知道花了多少时间翻译《三都赋》。

蒋：真的？您记得吗？多少时间？

康：哦，大概一两年。所以翻译完了之后，我觉得很轻松，也不要再读《三都赋》。（笑）

蒋：按我们一般人的理解，用英语翻译中国古代文籍，一定是件非常困难的事。这个难度究竟有多大？

康：这的确非常困难。现在虽然我已经完成了《文选》其余部分的翻译初稿，但我的脚步仍然是缓慢而艰辛。这个原因主要有两个：一是由于《文选》本身的特性。二是因为我个人的翻译方法。《文选》的体裁众多，一个翻译家应该努力尝试把不同体裁的不同风格译出来。为了做到这一点，就必须研究各类体裁的历史，了解熟悉它们的体例和风格。除此之外，还要对大批作者的著作、生平和思想具备广泛的知识。《文选》囊括了130位作者，为了正确地了解别的篇章，不但要鉴别其写作的背景和环境，而且要判断这篇作品和作者整体文学作品的关系。因此，我花了很多时间来阅读《文选》作家的全部作品，有时他们的文集很短，可是像曹植、陆机、潘岳、谢灵运、鲍照、谢朓、江淹、沈约等人，篇章很多，不容易驾驭，大部分这类诗人，他们被选在《文选》里的作品也不在少数。所以为了全盘了解一个作家的作品，我每次翻译《文选》中的某个作家，总是一次翻译他全部的作品。另外，还要努力学习中国上古与中古的文字、音韵知识。像《文选》赋篇中到处都是植物、动物、鱼类、矿物，这使我必须钻研中国的植物学、动物学、鱼类学和地质学，以找出英文中和它们对等的名称。为了翻译描绘古代宫殿堂室建筑的篇章，我也得努力学习建筑学及其相关的专业术语。

蒋：在翻译过程中，如何在英语里找到最恰当的对等的词，同时又能够保留原文的韵味？在这方面您主要是怎么考虑的？您的翻译原则和翻译方法是什么？

康：虽然我可以说《文选》本身太难，来作为我翻译缓慢的借口。但实际上我个人的翻译方法，也同样使得这项工作变得如此缓慢。我的方法是毫无保留地字字斟酌。我同意纳伯科夫（Vladimir Nobokov，当代俄国流亡美国小说家）的话："最笨拙的逐字翻译，比最漂亮的意译要有用一千倍。"《文选》所收的都是来自古代和中古的作品，所用的语言已经和现代汉语大相径庭，和现代英语更是有天壤之别。所以尽管可读性是一个最佳的理想，但还是要保存原文的内容，尽量在英译中保持那些新奇的比喻和罕见的措辞。所以我在翻译《文选》时，不怕被指责作斤斤计较的翻译，同时我也选择为原文作大量的注解，我的翻译方法是"绝对的准确"加上"充分的注解"。当然理想是这样，我也知道"绝对的准确"是有限制的，所以大量的注解是很好的补充，而且这也是最基本的，要不然别人会看不懂。听说很多人用我的翻译作参考书。

蒋：所以我看到在您的译本中注解大大超过了原文。

康：对，这样的翻译原则和纳伯科夫制定的翻译基本条件是相符的。他曾经说过："我希望翻译充满了详尽的注脚，每一页的注脚多如摩天大厦，高耸入云，而只在评注和每页顶端留下一行原文，我要求作这样的注脚以及绝对忠实的翻译，不准阉割原文，也不许添油加醋。"

蒋：这实际上是给翻译者提出了更高的要求。

康：是这样的。所以，翻译如果作得恰当，可以称得上是一门学问。

蒋：我们知道，有些赋篇使用了专门的词汇，对这些词汇，您是怎么处理的？

康：是的，赋本身就很难翻译，而赋中最难翻译的是联绵字。这些双音节的状语不是双声词就是叠韵词，虽然这些形容词在诗歌和楚辞中很常见，它们却是赋作的基本词汇。从司马相如、扬雄、班固、张衡，乃至左思和郭璞的铺陈大赋，都包括了一连串的双音节状语，其中许多很令人费解。我尝试的办法是根据上下文，赋予每个词一个英文意义。我发明一个方法可以表达联绵词的味道，也就是用头韵词（英文字第一个子音相同），或者偶尔用押韵字来表达原文优美的音乐效果。比如郭璞《江赋》中"滈湟淴泆，瀺灂潏瀹，漩澴荥濴，滚溋濆瀑"③我的英译是：

Dashing and darting, scurrying and scuddying,
Swiftly streaking, rapidly rushing,
Whirling and swirling, twining and twisting,
Peaked and piled, spurting and spouting.

蒋：这样听起来，您的译文还是一样具有音乐的美感。

康：对于翻译来说，中文的美，最难表达的是它的声音。在这方面中国文学很特别，古代别的国家的文学，像希腊文、拉丁文、日文，它们不用韵，中国文学大概是唯一用韵的。

蒋：1981年，您曾经说过，您"自己想把《文选》翻译成英文的念头是非常大胆的，或许简直就是胆大妄为"④。十年之后，您如果再把这句话说一遍的话，您一定会把"或许"这个词拿掉。究竟是什么样的困难会让您有这样的想法？这意味着

---

③ 据《文选》胡克家本，中华书局，1977年。
④ 康达维：《〈文选〉英译浅论》，《〈文选〉学论集》，时代文艺出版社，1992年6月，第98页。

在翻译过程中您感觉它更难。

康：对，一定是更难。因为我发现更多的问题，比方说现在我做《文选》版本研究，发现很多异文。现在更难，也更慢。我以为诗那个部分大概是最容易的，因为篇幅比较短小。但实际上不一定，有很多问题。我是"具体人"，我给你看一个比较具体的例子。谢灵运的《述祖德诗》其一，"达人遗自我"，别的版本是"达人贵自我"，这两句话的意思相反。但是这个读法"遗自我"也有道理，因为是讲他的祖先谢玄是这种人。如果是"贵自我"，是自私，以我为中心的意思。这是唐代敦煌的文献，在俄国保存。你去看唐代的文献，有很多异文。还有这个也很有意思，这下面有一个唐代的注解，不是李善注，也不是"五臣"注，我们不知道是谁，可是一定是唐代的，是无名的，这是最早的文献，离萧统的时间距离最近。所以现在我花很多时间在异文的考证上，每一篇我都写很长的论文。

蒋：我算了一下时间，距离您发表《〈文选〉英译浅论》又过去了15年，如果再把这句话说一遍的话，您会怎么说？

康：不知道，大概确实不必用"或许"。（笑）

蒋：康教授，在翻译的过程上，您的目标是什么？

康：《文选》是一部需要投入大量精力来研究的书，这样才能把其中所收的不同的体裁、风格与内涵真正地译出来。我曾经在第一届《昭明文选》国际讨论会⑤上发表文章说，我的目标是在撰写一部能把中国文学的伟大介绍给西方读者的翻译。

蒋：谢谢您，康教授。我们还了解到，您正在与北京大学国学研究院合作，组织美国的学者翻译《中华文明史》，这项工作目前进展如何？

康：12月份，我要带领美国、加拿大、新加坡、中国的译者去北京，参加由北京大学国学研究院举办的《中华文明史》（第一卷）英文译稿讨论会，和《中华文明史》中文版主编袁行霈教授以及第一卷的作者对英译稿进行逐章讨论。

蒋：康教授，除了您个人的研究工作外，我注意到您的教学工作量也不少。我看到您的课表，从周一到周五，您每天都要给学生上"中国文学史"，还有一周两次的"汉学史"（A History of Sinology）。请问在美国开设"中国文学史"的大学多不多？

康：老实说，在美国只有两三个地方教"中国文学史"，除了我们之外，大概就是哈佛。课虽然多，可是我很喜欢教啊，我最喜欢的课就是"文学史"，每天都是不

---

⑤ 1988年在长春师范学院召开了首届《昭明文选》国际学术研讨会，在本次会议上康达维教授发表了《欧美〈文选〉研究述略》(Brief Account of *Wenxuan* Studies in Europe and the U. S.)一文，刊于《昭明文选研究论文集》，吉林文史出版社，1988年，第295—304页。

同的题目,可以学新的东西。

蒋: 刚才您在指导学生时,指出一个学生的论文范围太大,请问您一般怎么指导学生写论文?

康: 学生有一个想法时,我叫他们写一个纲要,让我先看。我们常常改,这很重要。

蒋: 像吴捷(注:康达维教授的中国博士生)说您曾逐字逐句地给她修改长达 100 页的英文论文,连每一处标点错误都不放过。

康: 是。很有意思,中国来的学生,他们愿意给我看,我可以改他们的英文。可是美国学生不是很愿意,但实际上他们也需要我改。

蒋: 这样手把手地教一个学生,对学生来说一定会收益非常大。

康: (笑)今天那个学生的论文范围太广。他很聪明,非常聪明,西方哲学、文学什么的,他什么都知道。这个会议(注:指美国东方学会年会西部分会,American Oriental Society, Western Branch),他们限制你只有二十分钟,他的论题太多了,他应该讲清楚一点,还有简单一点,要不然大家都听不懂。是不是?

蒋: 是。在我有限的阅读中,我看到您有些论文题目的出发点也比较小,而国内 20 世纪中国文学研究更关注宏大叙事。所以我想请教您,在您做研究时,您是怎么处理"小问题"和"大问题"的关系?

康: 英文里有一句话,The devil is in the details,即最重要的内容在细节之中。所以解决比较小的问题,我觉得是最重要的。

蒋: 所以在您的《文选》翻译中,您也会用大量的注解去解决每一个小问题。

康: 对。Owen(宇文所安)是相反的。

蒋: 那您怎么评价那种研究模式呢?

康: 我个人不喜欢搞理论,我喜欢中国传统的汉学研究方法,慢读,read slowly。

蒋: 康教授,我们了解到您和中国大陆以及台湾的学者有着频繁的学术接触,您对他们的研究模式十分熟悉,而且我们也知道这些学者对您也有一种亲切的感情。您怎么评价大陆和台湾学者的中国文学研究?

康: 我觉得他们都很好,我常常用他们的资料。台湾一些比较年轻的学者喜欢搞理论,像郑毓瑜(注:台湾大学中文系教授)。他们有很多新的看法,我不会做,但是我会欣赏他们的方法。

蒋: 康教授,您这么多年学习、研究中国文学,中国文学对您个人性情、生活产生了什么影响?

康: (笑)不知道啊。

蒋: 那最大的影响是您娶了一位中国夫人吗?

康: (笑)她给我很多帮助,她也是中文博士。(注:康达维教授的夫人张台萍

教授是台湾东海大学比较文学硕士,华盛顿大学亚洲语言文学系文学博士,两人因此结缘)

蒋:康教授,我要再次感谢您接受我的访问,我们也期待着您的《文选》译稿和其他著作早日面世。

后记:

对康达维教授的访问,是在他一天工作的间隙穿插进行。那天他的日程安排得很紧,上午、下午各有一门课,中间还有专门的办公室时间为学生答疑解惑。四点又召集博士生,摹拟学术会议宣讲论文,并逐一指导。因为"这些学生一周后要参加美国东方学会年会西部分会,他们都是第一次参加学术会议"。尽管如此,康教授还抽空带我参观亚洲语言文学系的图书馆。他在书架上很快找到卫德明教授的赠书,看得出他对这些书都很熟悉,而牵动人心的应该还有当年那些求学问教的温暖记忆。

然而在交谈中,康达维教授却很少说自己,他总是怀着最大的敬意谈起师长们的传奇经历,那时我们能感受到他眼神中闪动的光芒。说起高兴事、有趣事,他爽朗的笑声能感染在场的每一个人,犹如孩子般纯真。谈到得意的学生,总是说"他们很好,很聪明",奖掖提携之情溢于言表。至于自己的学术工作,在康教授看来,外界的褒扬是一种"客气"。可当我们翻开康教授的论文、专著和《文选》译本时,仅注释一项就可见其既遍览中国古籍,又涵盖德、法、日等国汉学研究成果的深厚功力。在这些尽最大可能还原历史"细节"的努力背后,令人感慨的不仅仅是一个学者的勤奋。与时下一些模糊细节、构建理论的研究路数相比,在大洋彼岸我们却看到了一条真实、扎实的同时也是最艰难的"细节"探寻之路。我相信康达维教授为学生逐字逐句修改论文其实是这种治学精神的延续。在整个采访过程中,这也是给我印象最深的事情。对于一个研究者、翻译者来说,对每一个细节都孜孜以求,这实际给自己增添了无数"麻烦",从此没有任何一个可以偷懒的借口,而且也不易做到"著作等身",可读者却会因此受益无穷。也许正因为秉持着这种信念,在近半个世纪的学术生涯中康达维教授淡定从容、执著地出入"六经"之中。借用康教授的夫人张台萍教授的话,"他是真正地钻研到底"。

(2008年1月根据康达维教授的文章和采访录音综合整理而成,经康达维教授本人订正。)

(采访人单位:北京外国语大学中文学院)

何碧玉教授访谈录

□采访人:唐利群

2008年1月,笔者采访了应邀来北京外国语大学海外汉学中心演讲的法国著名汉学家,法国国立东方语言文化学院中文系主任何碧玉(Isabelle Rabut)教授。由于何教授停留的时间较短,笔者后来又通过电子邮件的方式与何教授取得了沟通。以下访谈录据此整理而成。

唐利群(以下简称"唐"):您的汉语名字很美,也很中国,请问有什么来历吗?

何碧玉(以下简称"何"):这个名字是一个中国朋友给我取的。我的法国姓Rabut的第一个音节Ra变成"何",第二个音节bu变成"碧玉",我很喜欢这个名字!

唐:您是怎样对中国发生兴趣,并选择了中国现代文学作为您的研究对象的呢?

何:我跟中国的关系好像有点命中注定的意味。我的祖父是法国海军陆战队(当时叫infanterie coloniale,也就是殖民部队)的军官,他在越南服役了一段时间,我父亲的一部分童年是在越南度过的(1930年代初),这给他留下了很深刻的印象。我祖父本来要离开越南去中国(天津)任职,但因为生病去世没有成行。所以我后来来中国好像是为了完成某种心愿似的,或者可以说与中国有缘。

我来北京是在1980年,当时我刚刚获得了索邦(Sorbonne)大学的古希腊文学博士学位(我是法国高等师范大学毕业的,

·23·

原来的专业是古典文学),也获得了国立东方语言文化学院(INALCO)的汉语文凭。当时我通过中国驻法大使馆找到了在中国的大学教法语的工作,一开始是在北京第二外国语学院当老师,第二年(也就是 1981 年秋天)我到了北京外国语学院,就是你们的大学,我在这里给法语系学生上法国语言和文学课,还有文学评论课和拉丁文课,在中国工作六年才回国。

我以前在美国学过一年汉语,然后在法国国立东方语言文化学院读了两年,拿到文凭,到中国以后汉语就基本上是自学了。刚开始我无意换专业,可是时间长了我发现自己对中国文化和文学的兴趣越来越浓厚。虽然我以前学过古典文学,但我更喜欢现代世界,所以决定研究中国现代文学。

唐:在法国做中国现当代文学研究的人很少吧?

何:只有五六个人。我是指能够当导师带学生的。

唐:请您简单介绍一下中国现当代文学研究在法国的历史和现状。

何:先是一些在华的法国和比利时传教士在上个世纪 40 年代对现代文学进行了研究(你们研究中心的《国际汉学》杂志已经发表了我和我丈夫安必诺(Angel Pino)写的关于这些方面的研究文章)。在上世纪五六十年代,因为法国汉学家极少,他们又缺乏资料,所以没有多少研究成果。在"文化大革命"的时候,大部分的法国汉学家是"毛派",他们的研究集中在鲁迅和一些左派作家身上。现当代文学研究到了上世纪 80 年代才开始活跃起来,可是翻译工作比研究工作要多一些。这个时候法国学者转向关注上世纪八九十年代的文学现象,主要对现当代文学的两个方面感兴趣,一个是乡土文学,还有一个是新文学的现代主义倾向。

唐:上世纪八九十年代法国学者对寻根文学感兴趣的原因是什么?是因为它们具有比较鲜明的中国乡土特色和民族特征吗?这里面有没有东方主义的问题?

何:上世纪 80 年代寻根文学在中国兴起,是一个很突出的、影响很大的潮流,我想应该是汉学家注意到了这个现象,所以介绍到法国。与其说是东方主义,不如说是对地道的、多样化的中国文化现象的兴趣。

唐:您自己的博士论文做的是沈从文,吸引您的是否也是沈从文作品里的那种田园牧歌式的乡土的存在?

何:我觉得沈从文表现的不是乡土,他描写的是人,普遍意义上的人。在我看来,沈从文是一个对抽象的事物很有兴趣的人,上世纪 40 年代他写了很多抽象的东西,要是他的创作后来不是被打断的话,他会越来越抽象。另外,沈从文使我最入迷的是他写了很多很残忍、野蛮的事物,然而其中却有某种很温柔的东西。这个特别能打动我。在人生里,在人性里同时有极端的恶与极端的善,沈从文的作品就能帮我们理解与接受这一切。

唐:所以说研究者的选择背后有很多具体的、复杂的原因,并不是东方主义的一个概念可以涵盖的。那么您的博士论文都论述了沈从文的哪些方面？

何：我主要论述了沈从文对人类的起源、对历史、对进步与退化辩证的看法。我在后来的文章中进一步研究了他作为京派作家的美学观念及他怎样把文学创作看做控制现实和控制自己的工具。

唐：您这次来中国是应邀到北京大学等学校做讲座，我看了海报，有很多题目，像"中法互译问题"，"沈从文与寻根派"，"张爱玲：上海——香港，杂交与感伤"，"余华作品中的空间"，"朱天文与城市文学"……我觉得您的兴趣相当广泛，从翻译到研究，从沈从文、寻根派，到新感觉派、张爱玲；您最初是做现代文学研究的，后来又做到当代文学；最近又开始了港台文学的翻译和研究，促使您个人学术兴趣发展和转移的原因是什么？

何：我从现代文学转到当代文学的主要原因是 1997 年 Actes Sud 出版社聘请我做他们的中国文学丛书主持人。因为他们主要出版当代作家的作品，所以我开始读上世纪 80 年代和 90 年代的小说。至于台湾文学，我其实是受了我丈夫安必诺的影响，他对台湾作家的兴趣比我早多了。

唐：他也做中国现当代文学研究？

何：是。他的主要研究论题是巴金。他在《巴金研究集刊》上发表了一篇文章——《巴金在法国的接受》。现在正在写一本介绍巴金与法国传教士明兴礼（Jean Monsterleet）往来的书，还在编一个巴金译文目录。

唐：经常看见一些报道说，法国翻译中国当代作家的作品，比如翻译韩寒、卫慧、棉棉……这种翻译的兴趣是依据什么？是依据他们在中国作为某种热点吗？

何：我们住在一个媒体至上的社会里。一旦某作品在中国引起轰动或者变成热门，法国出版社就会争先恐后地翻译、出版，好像怕错过什么大事似的。最近有一个出版社翻译出版了《狼图腾》。他们认为这本书能够吸引读者的主要论据只不过是：这本书在中国卖了 2000 万册。当然，汉学家的标准肯定有所不同。

唐：前一段时间德国汉学家顾彬曾经提到中国当代文学有一些是垃圾，在转述和报道中被夸大并引起了激烈的反弹，这个问题您怎么看？其实中国人对自己的当代文学也不满意，您觉得中国当代文学的危机主要表现在什么方面？

何：我没有认真地考虑这个问题。我想当代文学还处在一个过渡时期，一个对旧传统的挑战、颠覆的时期，因此不免有一些竞赛与夸张的现象。另外，中国社会变化太快（比如城市化的节奏非常快），作家可能还没有找到能够适当表现这个新环境的艺术概念和手段。还有文学市场化的影响；作者很难在这个环境中保持学者的态度。其实，我们面对一个更普遍的现象，就是文学以前是一个比较精英的活动，只有极少数人被看做名副其实的作家，可是现在好像每个人都有资格当作家，只要他经历过一些事情并能把它们写出来。

唐：所以就难免粗制滥造，品格不高。您在您的一个报告中提到中国"当前的一些作品总是表现了极其丑陋的东西"，对此有所批评。其实文学是可以表现丑的，现代作家如鲁迅、闻一多、萧红、张爱玲、李金发……西方作家如卡夫卡、波德莱尔……都对人们不愿正视的现实和人性中的丑陋进行过揭露，但是到了像残雪、莫言的某些作品，以及当下文学中的所谓"污秽叙事"、"垃圾写作"之类……我个人觉得其中的某些审丑就不太容易让人接受了，您认为文学以什么方式，如何表现丑陋才是有效和卓越的？

何：一个文学作品当然不能不正视丑陋，要不它容易变成假的。可是无论现实多么可怕，人对美，对爱，对幸福的向往还是存在，一个不表现这个向往的作品也是假的。我之所以欣赏余华的小说，就是由于这个美与丑的紧张关系。

唐：我感觉您比较欣赏艺术性较高的、注重文学技巧的一类作家和作品，是吗？

何：还不仅仅是文学技巧的问题，文学作品也应该有力量，应该能强烈地表现人生的不同状态。我觉得上世纪 30 年代的京派作品（像沈从文、萧乾、林徽因或者凌淑华的小说）能够接近这个美学理想，虽然它们表面上非常平静。

唐：海外学者对中国现当代文学的研究，对中国国内的学术界有较大的影响，国内学术界对海外汉学的接受有"一边倒"的倾向，就是比较容易受美国汉学的影响，而相对忽略了欧洲汉学，包括前社会主义国家如东欧、苏联汉学家的研究，以及日本汉学的存在，您觉得呢？

何：这个很明显。无论是在大陆还是在台湾，学术话语紧靠美国学者的话语。这当然与美国的地位有关，与华裔美国学者的作用也有关。此外，年轻的中国学者非常迷信理论，怕在理论方面显得落后，而美国就代表最时髦的理论倾向。

唐：其实欧洲，包括法国的中国现当代文学研究，在批评方法、理论方面有很多值得国内学术界借鉴的地方，比方说，在听您的报告《法国传教士对中国现当代文学的研究》时，我就觉得您对原始资料的重视与发掘，以及在此基础上做出的思考和结论，特别具有启发性。作为一名法国的中国现当代文学的研究者，您觉得自己的优势在什么地方？

何：作为法国汉学家，我觉得法国学术传统的一个主要优势在于你提到的那个处理资料的严密方法。每个断言都得有证据，都得注明出处。

唐：您在海外做研究时，也会参考中国国内学者的研究和理论吗？您觉得中国现当代文学批评和理论界存在什么应该注意和改进的地方？您对中国国内的研究者有什么建议？

何：我觉得有些国内学者在注明出处时还不够具体和严密。也有人太重视理论，以至于理论反倒成了异化的力量。在我看来，理论就是一个工具，用着合适就用，不合适就放下。我个人的一点感受：现在一些年轻学者的文章很不好懂，其实连中国老一辈的学者也嫌看不明白。记得有一次我怎么也看不懂一位学者论文中的一句话,只好请教北大严家炎教授,严家炎教授把那个句子删了几个字,又添了几个字,给我看,结果我马上就懂了……当然,我只是举一个例子。

唐:这是很有意味的一个例子。学者做研究是为了沟通和交流,希望经过不断的努力,我们的沟通和交流会越来越顺畅!非常感谢您接受我的采访。

(采访人单位:北京外国语大学中文学院)

汉学家访谈录

野村浩一访谈录

□采访人：[日]村田雄二郎　撰
□纪晓晶　译

访谈者：野村浩一（立教大学名誉教授）
　　　　村田雄二郎（东京大学教授）
　　　　川尻文彦（帝塚山学院大学副教授）
　　　　大泽肇（东京大学研究生）
　　　　吉见崇（东京大学研究生）
访谈的时间、地点：2007年4月21日于东京大学驹场校区

村田雄二郎：我们从您升入东京大学法学部政治学专业开始谈好吗？

野村浩一：先简单介绍一下我的成长经历吧。我是1930年出生的，次年（1931年）就是九一八事变发生的那一年。我上小学二年级时发生了卢沟桥事变，太平洋战争是在我上小学六年级时爆发的。我是在昭和初期的战争年代中成长起来的，可以说我曾经是个极其普通的军国少年。

中学四年级时，战争结束了。从那时起，我自己的战后人生才正式开始。1947年，我进入了旧制的"三高"学习。"三高"是一个有着自由的风气和传统的地方，我觉得自己的精神史是从这个时期开始的。这一年正好是旧制的最后一年。学制一共三年，所以我于1950年毕业，并在同一年踏入了东京大学的校门。

因为念的是法学部（政治学专业），所以我从来没有想过要当一名研究者。我进法学部时，最初的简单愿望就是将来能找个工作。

回过头来再看看历史年表，我进入东京大学的1950年的6月爆发了朝鲜战争，1951年签订了《旧金山和约》，1952年发生了"五一事件"①，之后丸山升②先生经受了很多磨难。虽说我跟党派没有任何关系，但是当时我有一种强烈的感觉，那就是社会主义将来必定会实现。我认为很多人都在某种程度上有这样的感觉，虽然这种想法有些流于学生气。

"五一事件"的时候我也冲到了皇居前面，可是在千钧一发之际我逃脱了。我和丸山升先生不同，我没有担任指挥者（笑），所以逃脱后就没有其他的事了。尽管如此，这个事件仍然对我产生了非常大的冲击，我亲眼见证了事件的发生。当时就是那样一个动乱的时代。

我在东京大学就学三年，于1953年3月毕业。大约是在上大学三年级时，我萌生了走研究之路的想法。这完全是因为受到丸山真男③老师的影响。之所以选择研究之路，一是通过阅读丸山先生非常有名的《超国家主义理论和心理》等文章，另一个则是受"徂徕学"④研究的影响。我在《国家学会杂志》上读到丸山老师对德川思想史的研究《自然与作为》之后，受到了极大冲击。我心想如果可以的话，我也想从事这方面的学习。

于是我向丸山老师申请想继续留在研究室深造，当然，并没有马上得到批准。我三年级时参加过丸山老师的讨论课，所以老师对我说："先把你写过的文章提交上来。"我当时打算研究日本的思想史，所以本科毕业论文写的是关于江户时代的石田梅岩的"石门心学"⑤，大概有50页吧。最后老师对我说："研究政治思想史是

---

① 1952年4月《旧金山和约》生效，同年5月1日，由于对条约生效的不满以及政府禁止民众出入皇居前的广场，举行集会的游行队伍与警察在皇居广场前发生冲突，造成两人死亡、两千多人受伤。——译者注

② 丸山升（1931—2006），日本著名汉学家，毕业于东京大学，曾任东京大学文学系教授。——译者注

③ 丸山真男（1914—1996），政治学家，毕业于东京大学，曾任东京大学教授，主要从事日本政治思想史的研究。——译者注

④ "徂徕学"指日本近世哲学家、儒学家荻生徂徕的学说。他的学说当时具有一定的进步意义，曾经风靡日本，后来对日本的国学产生了很大影响。他的整个学说是日本儒学史上罕见的、具有创造性的思想体系。徂徕学出现在日本封建思维方式开始让位于近代思维方式的历史转折时期，虽然以古学为名，实际上却蕴藏着日本近代思想的一些萌芽，成为日本近代思想的一个出发点。——译者注

⑤ 石田梅岩（1685—1744），日本江户时代的庶民思想家。石田梅岩以广泛的庶民为教育对象，提倡神、儒、佛三教一致，提出"形即心"的思想理论，主张以"正直"与"俭约"的实践方法在日常生活中求得"知心"，并以此为商人构筑了独特的商人道思想。石田梅岩开创的这一庶民化学术思想被称作"石门心学"，它对日本近世社会的发展产生了积极的作用。——译者注

相当辛苦的,将来就业也完全没有保障。你如果有研究意愿那就试试看吧。"

进研究室时,我本打算研究日本的政治思想史,研究计划完全是按这个来做的,我根本没有想过要研究中国。最初和老师商量时,老师说:"研究日本思想史的人太多了,我的课程名称虽然叫东洋政治思想史,但并没有人研究中国的部分。我没有强迫你的意思,你试试研究一下如何?"

我回答说请容我稍微考虑一下。

所谓的中国研究到底是做什么的呢?那时我并没有概念。虽然战后研究东洋史的论文层出不穷,也曾有一本薄薄的书叫《〈史学杂志〉文献目录》,但因为战争结束刚五六年光景,所以1945年之后发表的论文和著作的数量十分稀少。我当时想作为切入点阅读这些资料就足够了,但我没有通读全部,只读了其中的一部分。

现在回想一下,战后的东洋史研究和现代中国初期的诸多论文之中,很多文章都对我影响很深,我觉得这些文章一般都是在比较大的视野下并经过深思熟虑完成的。专攻日本史的人很多,题目也比较细化。所以,我感觉研究日本史好像就是研究小题目,而另一方面,研究中国史就像用大砍刀一刀一刀砍一样。当然,这实际上是相当片面的认识。不管怎样,这是因为我对中国抱有极大兴趣而产生的想法。

当时,我是一名特别进修生。这个制度是在战争中产生的,前期三年、后期两年。我当时是特别进修生前期。用现在的话说,应该相当于硕士研究生、博士或者助教这一类吧。

当时我所做的工作就是,从与研究东洋史、中文和中国哲学的人完全不同的立足点出发,从学习语言开始,必须从完全没有基础的科目学起。此外,还要在三年以内完成毕业论文。

当时,丸山老师对我说,虽然广泛阅读史料是极其重要的,但如果没有发现问题的眼光就没有任何意义了。所以,先生指示我第一年必须把方法论和理论学习搞得扎扎实实,还嘱咐我尽可能对中国的古籍先进行常识性的掌握,同时还必须要阅读马克斯·韦伯[6]的著作。所以,我在第一年主要以《儒教和道教》、《经济与社会》的德文原著为中心进行学习。

但是,我对中国一无所知,因此我十分不安。我时常怀疑自己是否正确地解读了资料。我曾在旧制高中学过一些汉文,凭着对汉文的热爱还能硬着头皮勉强研究下去。还有一个大问题就是我不懂中文。我至今仍能回忆起那种遍布周身的强

---

[6] 马克斯·韦伯(Max Weber,1864—1920),德国的政治经济学家和社会学家,他被公认是现代社会学和公共行政学最重要的创始人之一,主要著作在社会学的宗教和政治研究领域,但他也对经济学领域做出极大的贡献。——译者注

烈的焦躁感。

另外,我当时本打算研究宋学等中世纪的学问,我想从事一种可以运用徂徕学的分析方法、并具有十分明确的概念史性质的研究。但是,对于我的想法,老师表示这是在本科阶段做过的研究,他建议我"还是研究近代好,研究近代更有必要"。但是我认为,单单为了这个原因就从近代开始入手是不妥当的,我打算先从"由近世到近代"这样一个角度入手,于是第一篇论文我选取清朝作为题材。

最终,我将自己的研究对象大致定为"从清末到近代",并从政治思想史的角度来设定问题。经过第二年、第三年的刻苦学习后,我完成了论文的初稿。听说这次采访是以"学问系统"为主题的,以我的研究环境而言可以说我正是从这点出发的。

村田雄二郎:您进入大学时社会主义中国已经成立了,同时期的哪些革命活动加深了您对中国的兴趣?或者在东京大学学习期间您读过的哪些书或上过的哪些课程增加了您对中国的关注呢?

野村浩一:在学生时代,我对当时中国的一般情况有一定程度的了解,至少诸如"New China"(新中国)这样的概念在我脑海中是根深蒂固的。而且我像当时的大多数人一样,受到了埃德加·斯诺著的《红星照耀中国》的极大影响。回头想想这恰是最值得深思之处。当然,其背后也存在着中国革命这一实际问题。

中国遭受日本侵略后发生了"从旧中国到新中国"的大幅度转变,这是一个大前提。我觉得历史连续性的问题是很重要的。此外,至少在当时,中国被人们誉为获得了重生。如此一来,弄清楚"从旧中国到新中国"转变的原因成为一种理性的、学问性的探索。另一方面,换个角度从普通人的感觉来说,日本与"蒋介石政府的中国"进行了战争,并在第二次世界大战中战败了。所以,在1945年后的两三年中,日本处于所谓的"断壁残垣、黑市盛行"的时代之中,人们为了生活而竭尽全力无暇他顾,过几年一看,邻国中国的领导人已经从蒋介石换成了毛泽东。从一般人的感觉来说,这之中的原因确实是一个值得注意的问题,我也数次被普通群众问及过这个问题。

村田雄二郎:您选择清末的公羊学⑦作为特别进修生时的论文题目(《清末公羊学派的形成和康有为学的历史意义》(一)(二)(三),《国家学会杂志》71卷7号,72卷1、3号,1957、1958年)是与此有关系吗?您从思想上探求过"从旧中国到新中国"的过程,对清末的公羊学也是如此吗?

野村浩一:不是的,并没有直接的联系。跟公羊学相比较,我更想追溯的是从

---

⑦ "公羊学"是指以《公羊传》为主来讲《春秋》的学问。公羊学的历史已逾两千年,大致经历了汉代的极盛、三国至清初的衰微,以及清代的复兴等三个阶段。——译者注

清末开始的变法运动、变法思想的登场及其后的开展过程——也就是所谓的19世纪末到20世纪的变革过程。

村田雄二郎：在大学时代，您在丸山老师的课程以外还接受过其他中国知识吗？您当时参与学生运动的情况是怎样的呢？

野村浩一：我上大学的时候，完全没有像其他系——例如文学系的学生一样接触过与中国有关的知识。我们法学部只有仁井田陞老师开过一门"东洋法制史"的课程涉及中国的知识。

村田雄二郎：您没有接触过研究东洋史的老师或学生吗？

野村浩一：上大学的时候没有把东洋史作为研究对象，所以完全没有接触过。倒是在系里的讨论课上接触过曼海姆[⑧]的《意识形态与乌托邦》。

村田雄二郎：发生了"从旧中国到新中国"的转变之后，您是否想过必须要建立一种新的学问来代替汉学、支那学、东洋史呢？

野村浩一：说句实在话，我个人从没有想到过这个问题。我反倒是抱持着要研究近现代中国本身并且要把它弄透这样一种想法。我觉得可能研究东洋史或中国哲学的学者们会有您说的那种想法吧。至于我呢，以前在法学部时没有研究环境，所以那时首要的任务是先成为东洋文化研究所的研究员。这样一来，我就可以出席每周一次的研究会了。这一时期我积累了许多宝贵的经验。当时，所长是仁井田陞先生，研究会中还有中根千枝先生、周藤吉之先生等多位第一流的大师，大家都积极地进行着学术研究。我那时拼尽全力，力图尽可能多地从那里吸收知识。

随后，法学部的两位学长，坂野正高（都立大学毕业后升入东京大学）和卫藤沈吉（东京大学）也加入了研究会。这应该是与"学问系统"有关的吧（笑）。坂野学长上面还有植田捷雄学长。得知我在法学部要研究中国关系，这两位学长——特别是坂野学长对我非常关照。他们两人是专门研究"东洋政治外交史"的，而我的研究内容中有一个十分明确的方面是思想史研究。坂野学长给我介绍了多位研究者，首先将研究东洋史的市古宙三先生（茶水女子大学）介绍给我。这也是一个"学问系统"吧。

此外，说不清是在特别进修生的前期还是后期，我结识了研究东洋史的柳田节子（宋代经济史）、重田德（清代社会、经济史）、小山正明（清代经济史）、小岛晋治（中国近代史），当时大家都是助教，他们也教会了我很多东西。

另一方面，京都大学的人文科学研究所也积极地与我进行了联系，可能是因为

[⑧] 曼海姆（Karl Mannheim，1893—1947）德国社会学家，是知识社会学的创始人和主要代表人物，他强调人的意识不可避免地依赖于人的社会地位，这是全部认识论包括现代认识论的基本要素。——译者注

坂野学长或者其他人的推荐吧。我的故乡就在京都,所以每次休假回老家时我都去拜访小野川秀美先生和岛田虔次先生,受到了他们很多教诲。每次拜访并没有讨论什么具体的问题,都是一些非常有意义的学问上的杂谈。也许是因为从法学部毕业却转而研究思想史的进修生比较稀有吧,他们都对我十分热情。岛田先生还给我引见了研究中国文学的大家吉川幸次郎先生。

村田雄二郎:当时,"人文研"⑨已经着手进行辛亥革命近代中国的共同研究了吗?

野村浩一:应该比您说的时间还要早得多。我感觉,桑原武夫先生主持的研究狄德罗的《百科全书》和法国大革命的共同研究在当时已经非常有名了。但是,当时对"人文研"内部的中国研究我并不十分了解。我只是单纯地和"人文研"的两位先生聊聊天而已。

村田雄二郎:你们聊天的内容不仅是关于近代中国,而是和中国有关的所有事情吗?

野村浩一:我只是就清末的问题请教了小野川先生和岛田先生。那时,我刚刚从小野川先生的著作和论文中得到一些启示,我的想法是稍微梳理一下历史,而关心的重点集中在历史意义及地位上。但反过来说,关于清末的思想,如果不这样进行梳理的话,也就没法超越小野川先生做过的研究了,从某种意义上来说这种实证主义方法在别人面前有点儿抬不起头来。至于岛田先生,他的文章与其说是思想史研究不如说是在讲大道理。当然,岛田先生写的《中国近代思维的挫折》还是有极大意义的。

另外,我的"原籍"是政治学研究室,关于这一点必须多少做一下说明。我和研究政治学的人共同学习生活了三年,甚至进修生后期的两年在研究室里也一直与他们并肩而坐。在日常举行的学习会中,我一直和福田欢一(西洋政治思想史)、篠原一(欧洲政治史)、坂本义和(国际政治)、宫田光雄(西洋政治思想史)等前辈,还有田口富久治(政治学)、高畠通敏(政治学)、半泽孝麿(西洋政治思想史)等人在一起学习。我们谈论的都是拉斯基、霍布斯、洛克、卢梭,或者拉斯韦尔、里斯曼等。我经常被坂本先生他们问"你是怎么认为的"(笑),所以,以此为基础,除了坂野学长和卫藤学长这些研究中国关系的学者之外,我又结识了"东文研"⑩、"东洋史"、"人文研"、"中国哲学"的各位研究者。

现在想想,在当时那种学究风气盛行的时代中,我以一种相当特殊的形式开始了研究。我是学政治学出身的,提起近现代中国的研究,坂野学长和卫藤学长研究

---

⑨ "人文研"是京都大学人文科学研究所的日语简称。——译者注
⑩ "东文研"指东方人文科学研究所。——译者注

的"东洋政治外交史"领域已经被明确地开拓、确立起来了,但是所谓的思想史研究领域还没有被明确地确立下来。因此,我以政治思想史的研究为出发点,把研究对象限定在近现代中国,一边借鉴"东洋史"、"中国思想"、"中国哲学"等领域的既有成果,一边推进自己的研究。

1956年3月我结束了特别进修生前期的课程,进入了后期课程。前期结束时,丸山老师读了我的论文,他说:"这不是我的专业领域,还是让竹内好⑪先生帮你看看比较好,我把论文交给他吧。"于是,我们一起去了竹内先生的家,他家就住在丸山老师家附近。跟两位大家同处一室,我非常紧张。竹内先生对我的文章只评价了两三句,我感觉大概意思是"作为三年内写出的东西还算脉络清晰"(笑)。除此之外,我就只是一直在旁边饶有兴味地听两位先生的闲谈。从知识环境来看,能在两位先生的身边从事研究真是幸事。那次见面是我和竹内先生的初次见面。现在想来,丸山老师大概是想让竹内先生带我一起研究才介绍我们认识的。

到了特别进修生的后期,我感觉到知识的外延一下子扩展开了。但是,虽然受到了丸山先生和竹内先生的影响,我却不得不思考"如何进行自己独自的研究"。他们两位先生各自都有着非比寻常的磁力,所以自己不格外努力的话就只能被牵着走了(笑)。

村田雄二郎:那时,"中国近代思想史研究会"已经成立了吗?

野村浩一:很早就成立了。那时,最先邀请我参加的是"孙文研究会",这个研究会是岩波书店为了编辑《思想》杂志的孙文特集而组织的,成员有竹内先生、野原四郎先生、安藤彦太郎先生(早稻田大学)、野泽丰先生(教育大学)、新岛淳良先生等。我还在《思想》1957年6月号上发表了一篇题为《孙文的民族主义和大陆浪人》的论文。由竹内先生引荐,我通过工作渐渐与大家熟识起来。

此外,还有一件事必须提及,那就是我还参加了一个民间的研究所——中国研究所组织的研究会。"中研"⑫明显地在招募战前的左翼人士,虽然我本人跟意识形态没有任何瓜葛,但我并没有对接触"中研"产生任何抵触情绪。我觉得自己的基础知识还十分贫乏,所以想从一切渠道吸收知识。我在"中研"认识了幼方直吉⑬先生,幼方先生曾带我去过仓石武四郎⑭先生的家。当时"中研"的所长是平野

---

⑪ 竹内好(1910—1977),中国文学研究者、评论家。毕业于东京大学文学系中国文学科,日本杰出的鲁迅研究专家之一。——译者注

⑫ "中研"是中国研究所的日语简称。——译者注

⑬ 幼方直吉,中国文化研究者,著有《亚洲地域研究方法》等文章。——译者注

⑭ 仓石武四郎(1897—1975),中国语学、文学研究家。东京大学名誉教授,日中学院院长,中国语学研究会理事长,日本朝日文化奖获得者。——译者注

义太郎先生,有一段时间我还参加过"中研"的成员竹内实先生的研究会。现在回想起来,当时接触的人员十分广泛,这无疑也是战后短时期内的一大特点吧。但是,现在想想,我当时无论走到哪儿都像一个"游击队员"一样啊(笑)。从这点来看,我原来在政治学会,现在在现代中国学会和中国社会文化学会也是同一个道理吧。

另外,在研究和教学方面还必须提及的一件事是,1959年我在立教大学新增的法学部里担任了"东洋政治思想史"学科的副教授。当时,法学部并没有设置这门课程,就是说,法学部里还没有与中国问题直接相关的课。那时,我们还没有和中国大陆恢复邦交,在一直有着东洋政治思想史教学传统的文学系、东洋史系、中国哲学系还好一点,可是在法学部如何授课着实让人头疼。而且,学生们对这样的课也不太感兴趣。但是现在,任何一所大学的法学部都开设了国际关系论和地域研究,这些主要是关于近现代中国论的课程。在回顾战后日本的中国研究历史时,这些都足以成为观察点吧。

村田雄二郎:在您刚开始以近现代中国为研究对象时,您的老师丸山先生于1956年发表了一篇论文高度赞扬了陆定一的"百家争鸣、百花齐放"。另外,"中研"的研究也站在"新中国"一边。您能介绍一下当时对于中国的研究环境和研究状况吗?

野村浩一:从我个人的感觉来讲,当时对中国的认识是很表面的,只停留于"中国共产党"、"共产主义者的中国"这一层面。但是,在理性世界中我仍然有一种较强的所谓"进步知识分子"的意识,我觉得经过"斯大林批判"之后中国已经走上了独自的发展道路。具体说就是"毛泽东中国"的独特性或者"中国式的共产主义"。可惜的是,"百家争鸣、百花齐放"的局面逐渐演变成了反右派斗争。我觉得"反右派斗争"作为历史决定性的转折点,它的重要性当时并没有被日本研究者充分认识,其中一个现实原因就是信息不足,后面我还会再次提及这个问题。另一方面是因为毛泽东的"人民内部矛盾论"等观点给五花八门的理解方式提供了余地。

我从1953年到1958年攻读特别进修生期间,在1953年中国开始了第一个五年计划,1955年召开万隆会议,1957年从"鸣放运动"到反右派斗争,1958年大跃进,这些确实都对我产生了影响。但这些对我只是一瞥而过,我当时的想法是应该首先研究历史。对这些事实,至少到"大跃进"为止,我都采取了区别对待的态度。那时,我身边没有一个认识的中国人,我抱着"中国到底是什么样的国家"这一疑问,完全是自己一个人在艰难摸索。在当时,人们普遍抱有"中国虽然是共产主义中国,但与苏联还是有区别的"这样一种想法,我本人也曾有想重点探求"有中国特色的思想"的打算。

对我来说,对这一问题的探求逐渐明朗化是在20世纪60年代。我1964年写的《中国民主主义的诸问题》(《竞争的共存和民主主义》,《讲座·现代》第12卷,岩波书店,1964年)这一论文正是倾注我心血的答案。这也是由政治学研究者参加的研究会上得到的成果之一。在文章中我引用了埃德加·斯诺的著作,并对中国共产党以人民群众为基础实现有中国特色民主主义的做法进行了评价,这是一个如何看待中国革命的问题。但是,在另一方面,我心里还存有一些怀疑和疑问。这仍然是因为我从近代政治学的起点出发对我的研究造成了影响。用一句话说,我的问题是毛泽东提出的"团结——批判——团结"的公式,如果从政治社会的存在方式这一侧面来看,这个公式必须改为"批判——团结——批判"。提出这个问题是因为我脑海中存在着非常强烈的市民社会的观念。

村田雄二郎：您在《思想》1962年3月号上发表了《"五四革命"的思想——关于李大钊》一文(此后被《中国革命的思想》一书收录),之后又在《思想》1964年12月号上发表了《中国的马克思主义(上)——关于其形成过程的考察》。我感觉在上世纪60年代您对毛泽东的关心逐渐增强,把研究的重点放在了中国革命的独立性以及作为革命先驱的李大钊和毛泽东身上,您觉得我这种理解是否正确呢？

野村浩一：基本上可以这样理解。但实际上,对这些研究我起步有点儿早了。我原打算按着康有为、梁启超、《新民丛报》和《民报》的论争、孙文这条线学习,之后再慢慢好好地研究。我还没有充分了解辛亥革命就把五四时期的李大钊作为了研究课题,接着就对中国的马克思主义的传入问题进行了极其粗浅的探讨。现在想来,还是受到了时代需要的冲击啊。1960年以后,从"大跃进"的失败进入所谓"调整期"、中苏论争的开始等,发生了一系列让人难以理解的变革,我们必须知其本体,必须探寻变革的秘密。另外还有一点,当时日中两国尚未恢复正常邦交,所以我并不十分了解中国的实情。这是相当重要的一点。

此外还有其他的问题。在我上特别进修生后期时,大家都热衷于阅读《读书报》、《图书报》、《读书人》等周刊性报纸的书评,那时开始我就经常接受委托写书评。我为郭沫若的《抗日战争回想录》、犬养健的《长江依旧流淌》、竹内先生的著作等都写过书评,现在想想真是觉得冷汗直流。在当时的政治、思想状况中,人们对中国问题有着强烈的关注。另外,通过丸山先生的推荐,我还针对三铃书房出版的《北一辉著作集》第二卷《支那革命外史》写了一篇非常粗浅的"解读"。通过这篇文章,我接触了北一辉的理论,并受到影响。从那以后,我产生了研究包括北一辉和吉野作造在内的日中关系问题的想法。

有一次,我对竹内先生表示"我想对近现代中国的发展过程做出独特的见解,并以此为基础研究日中关系史"的想法,他明确地回答我说："这种想法不可取,应该进行平行研究。"这对我来说是个十分重要的建议,我认为这与日本人应该以什么样的视点研究近代中国是紧密相关的。

村田雄二郎:"中国近代思想史研究会"是以竹内好先生还是以西顺藏先生为核心呢?

野村浩一:我觉得是竹内先生。

与这个问题有关,得把话题转回前面的内容。与前面提到过的在特别进修生后期接触的研究者增多有关,我曾经加入过历史学研究会并担任过委员,并且有幸结识了西顺藏先生(一桥大学)。西顺藏先生的读书会里有新岛先生、高田淳先生(学习院大学)、近藤邦康先生(北大后到东大)、伊东昭雄先生(横滨市立大学)等人。顺便说一下,经高田先生介绍,我在东京大学的中国哲学研究室做过一次关于康有为的报告,研究康有为的大家宇田哲人先生也出席了报告会,真是惊得我一身冷汗(笑)。另外,由于高田先生的引荐,有一段时间我还参加了鲁迅研究会的分会(读《天演论》讨论会)。在西顺藏先生的读书会上,我还读了章炳麟和谭嗣同的文章,学习了关于章炳麟的无政府主义和佛教等各种内容。西顺藏先生对我的影响也是很大的。也许这是我个人的特殊情况,但我觉得一般来说研究环境都是流动的、开放的。

另外,我听说"中国近代思想史研究会"是用竹内先生和野原先生所著的岩波新书(《中国革命的思想》)的版税创办的,在本乡⑮的学士会馆分馆集会,并发行会报(从1959年开始)。我觉得竹内先生有相当明确的意图想稳步推进近代思想史的研究,另一方面他想为各个领域的研究者提供一个相互交流的平台,正因为如此,竹内先生一直致力于促进研究。西顺藏先生也经常出席研究会,我记得还请来了山田宗睦先生(研究日本思想史)。此外,丸山松幸先生(东京大学)在事务性工作等各方面倾注了很多精力,同时,研究会中也出现了若干名核心成员。

此外,我与市古先生、坂野学长、卫藤学长、还有山本达郎先生(东京大学,研究东洋史)、石川忠雄先生(庆应大学)等人的进一步接触,是与美国的中国研究有关系的。这些先生组织了东洋文库的近代中国研究委员会,该委员会是由美国的福特财团出资赞助的,后来成了反对接受资金运动的批判对象。或者反过来说,也许是为了得到资金援助才成立的委员会也不得而知。我因为属于同一个"学问系统"被该委员会邀请,也参加了一些研究活动。

在最初阶段,我一直追随着美国人的中国研究。例如,我写了 Msrius B. Jansen 于 1954 著的 *The Japanese and Sun Yat-Sen* 的书评(《史学杂志》第66篇第1号,1957年1月),还写了 Levenson, Joseph R. 于 1958 年著的 *Confucian China and Its Modern Fate:The Problem of Intellectual Continuity* 的书评(《史学杂志》第68篇第1号,1959年1月),还有周策纵先生的 *The May Fourth Movement* 的书评,以及关于

---

⑮ 旧区名,东京大学在此地。——译者注

费正清[16]先生的工作的介绍。虽然不能说充分消化了其内容,现在想来,在某种意义上我明确了自己所处的位置。之所以这样说,是因为美国人的研究是一种广义上的、社会科学上的研究,我自身也感觉到了这种研究的必要性,而且在东洋史研究的领域几乎没有人做过这方面的介绍。另一方面,当时中国的范文澜先生著的《中国近代史》上册被介绍到了日本,为我们提供了一个历史性的总体印象。这本书在东洋史关系上拥有很强的影响力,内容上也有很多我赞赏的地方。但是,我内心依然充满尽可能多方面地进行研究的欲求。

村田雄二郎:"中国近代思想史研究会"是亚洲反对福特财团运动的先锋吧?

野村浩一:是的。但是,就像我刚才说的一样,我加入了东洋文库的近代中国研究委员会,所以对这个运动既不持反对立场也没有完全赞成的意思。至今我记忆犹新,在东京大学的大教室召开了关于福特财团问题的讨论大会(研究中国问题的全部学者参与的关于在亚洲的福特财团问题的研讨会),竹内先生和西顺藏先生都参加了会议。我拿出了些许勇气,在大会上作了"一味的反对是极其愚昧的"这一发言。我认为这是一个关乎独立性的问题。但是,我并没有因为这一发言被思想史研究会的各位先生排斥。我认为从这一点看,当时的言论还是十分开放和自由的。

此后,市古先生和坂野学长远赴美国,各自发表了"乡绅革命"论和 China and West (1858—1861) the origins of the Tsungli Yamen (1964)。但是,从全局看,可以说这一时期的东洋史学完全以马克思主义史学为主流,也包括历史学研究会的研究在内。西岛定生先生(东京大学)等从战后早期开始就宣扬遵循贯彻"世界史的基本法则"这一方针,并积极参与了时期划分争论,致力于推进研究。在近世、近代领域里,田中正俊先生(东京大学)进行了社会经济史方面的研究,并发表了文章。但是,在同一时期也产生了新的动向——即消化吸收费正清以后的战后美国的中国研究。石川先生翻译的施瓦茨[17]的"Chinese Communism and the Rise of Mao"[18]一文也有一定的影响力。

村田雄二郎:包含社会方法的区域研究(area studies)性质的中国研究是从美国开始的,在"中研"等的年青一代人中,反对接受驻亚洲的福特财团投资运动的

---

[16] 费正清(John King Fairbank,1907—1991),美国当代著名的中国学研究专家,毕生致力于东亚尤其是中国的研究,开创了美国中国学研究的新局面。——译者注

[17] 施瓦茨(Benjamin Schwarz,1916—1999),美国当代著名的历史学家、政治学家和中国问题研究专家之一,曾任哈佛大学历史与政治学教授,兼该校费正清研究中心副主任。——译者注

[18] 在中国译为《中国共产主义和毛的崛起》。——译者注

发起者们产生分歧的时期是在1960年左右吧?

野村浩一:我个人的理解是。作为区域研究的美国的中国研究这种意识,在那个时候还不存在。实际上,区域研究这一说法被用于意识领域是在那以后的事。当时正处于冷战之中,与中国对立的美国向日本提供了数额庞大的资金,试图影响日本人对近代中国的研究。因为曾经对中国发动过侵略战争,所以日本和中国大陆尚未恢复邦交正常化。作为日本研究者,不应该接受这笔资金这一思想上、政治上的立场,成为反对投资运动的基本内容。与此同时,还存在着美国的中国研究的方法论、研究成果的引进和吸收等问题。

村田雄二郎:我记得坂野正高先生邀请玛丽·赖特(Mary Clabaugh Wright)访问东京是在20世纪60年代,在这之前没有过与美国学者的直接接触吗?

野村浩一:有过的。

村田雄二郎:是与赖世和[19]、费正清同一体系的哈佛大学学派吗?

野村浩一:我曾经与费正清先生、詹森[20]先生、施瓦茨先生有过一面之缘。但只是见过面而已,我当时初出茅庐,所以还达不到能与他们同堂议题的水平。列文森先生[21]来日本时,我和他约好要见面,可是因情况有变所以没能见上。可能话题稍微有点跳跃,不久后的"文化大革命"时期,我还曾经和埃德加·斯诺先生在《朝日杂志》中对过话(笑)。那是1967年左右,在我的印象中,处在当时中国无法入境的时期,斯诺先生本人也不清楚"文化大革命"中的中国到底发生了什么事。

另外,当时东洋文库的近代中国研究委员会和之后的庆应大学的中国学在研究氛围上非常相似,这一点给我留下了深刻的印象。

村田雄二郎:我感觉您在1967年左右才开始真正发表毛泽东论。例如,1967年您和竹内好先生共同编辑发行了《讲座·中国Ⅰ革命和传统》(筑摩书房),正好和"文化大革命"的开始处在同一时期。您能谈谈这个时期的情况吗?

野村浩一:1965年美国军队轰炸了越南北部,1966年春季"文化大革命"开始、夏季红卫兵运动兴起,1967年1月以上海为先头炮各地陆续开展夺权斗争,8

---

[19] 赖世和(Edwin Oldfather Reischauer,1910—1990),美国历史学家和外交家,1961年至1966年任美国驻日本大使,是公认的日本问题专家。——译者注

[20] 詹森(Marius B. Jansen,1922—2000),美国普林斯顿大学教授,研究日本史的权威专家之一,中日关系研究的先驱。——译者注

[21] 列文森(Joseph R. Levenson,1920—1969),20世纪五六十年代美国中国学研究领域的代表人物,美国中国近代思想史研究领域的开拓者。他被同仁誉为"莫扎特式的历史学家"。——译者注

月爆发了"武汉事件"②，中国发生了惊天动地的大骚动。整个日本都非常关注中国的骚乱，筑摩书房作为发起者，以竹内先生为中心的京都的各位研究者协力写成了一套讲座集。堀田善卫等人也参与了编辑工作。讲座共5卷。如果我没记错的话，在前几次的类似碰面会的会谈中，加藤周一先生和武田泰淳先生也参加了。但是，我觉得这个讲座集并没有完全对当时发生的事情定位。在1967年前后，对当时的形势我个人也并不十分了解。我们完全不知道"文化大革命"是因何发生的，当时这个问题确实让人挠头。那时我已经从事了10年左右的中国研究，可是仍然对"文化大革命"因何而起毫无头绪。那个夏天真是过得非常痛苦。最终，我只好搁置疑问，做起了"俄罗斯革命和中国革命"的对比。现在想来，竹内先生和其他各位研究者在当时也都没有真正领会其中的原因。竹内先生本人是十分慎重的，他试图把问题先放在中国的历史和风土习惯中考察，但实际上这种做法并无助于显现出历史的本来面貌。

一直到1972年日中恢复邦交为止，对于中国的研究信息都非常匮乏。保守地说，对于中国对外公开发表的言论，我们只能先以"思想"为源头进行研究。当时，还有一种从香港传来的所谓的"观望中国"的方法。但是，我认为作为一名研究者来说，不能只依赖信息进行判断。第二年，我写了一篇题为《毛泽东思想的形成和特质——关于群众路线思想》(《思想》1968年3月号)的论文，着重讨论了干部和群众这种存在形式、所谓的群众路线存在的问题、毛泽东运动的表现方式。实际上在当时，我觉得可以用思想的内在方式来理解毛泽东思想或"文化大革命"的某一侧面。群众路线这一问题从政治学的角度来看，确实是党动员并领导人民大众。此后的研究也非常明确地表示出，不能用价值观来评价其实际情况。我至今仍认为我对中国革命思想的理解是正确的。我觉得这之后关于党的问题的分析也存在着明显的认识上的错误。第二年，我在《现代中国的党派和思想——与"文化大革命"相关联》(《世界》1969年10月号、12月号、1970年4月号)一文中，将党的概念规定为"核心党"，试图找出其特殊性质这一做法是不正确的。这是过分受到中共九中全会(1969年)影响的结果。

稍微往前回顾一下，在"文化大革命"前夕，1964年中国成功进行了核试验也确实给我们带来了很大冲击。那时，由竹内先生发起成立了"满洲问题研究会"，参加者为数甚少，但平野健一郎先生参加了。在研究会中，由竹内先生征求大家的意见，并组织讨论。但是，由于我们能力不足，这个研究会不久就解散了。

村田雄二郎：在您20世纪70年代的研究中，有很多关于中国大陆问题和近代

---

② "武汉事件"在中国一般称为"七·二〇事件"，是武汉发生的一派群众组织质问和批判中央"文化大革命"成员王力等人的事件，在当时被诬为"反革命事件"。——译者注

日本的亚洲主义的著述,比方说您做过关于桔朴㉓、尾崎秀实㉔等人的研究。这些是不是"满洲问题研究会"的延伸呢?

野村浩一:这些和"满洲问题研究会"完全是两回事。

村田雄二郎:那么,在您的意识里,这些问题与关于毛泽东及"文化大革命"的研究各处于什么样的地位呢?之间有无联系呢?

野村浩一:在20世纪70年代的上半期,"文化大革命"中的中国无论在政治上还是思想上都是一片混乱,所以当时我不太倾向于对中国的形势进行分析。但是用政治学的观点看,我却不得不思考这些最后要如何收场的问题。像我刚才提过的一样,竹内先生曾经建议我在研究日中关系史时"应该平行研究"日本和中国两方面的问题,我认为此话确实很有道理,所以有人委托我做此方面的研究时我比较积极。可以说其背后也存在这样一种想法,那就是必须在自己所处的现代中国研究的领域,广泛地学习战前的或者日本近代的中国研究,以及前人的研究。我觉得桔朴是处在当时中国和日本的交叉点上、在细微之处一直持续研究的一个人,是值得我选取并考察的对象。

村田雄二郎:1971年时曾经出版了一本《中国革命的思想》(岩波书店)。我觉得即使现在看来,这也是一个十分有价值的先驱性的研究,特别是追溯中国马克思主义历史形成过程的部分。我觉得"文化大革命"时期能出现如此著作,真可谓是值得全世界赞叹的研究成果。在您的观念中,或者在日本的研究界中,对"文化大革命"看法的转变是在什么时候、以何种方式呢?

野村浩一:是从"林彪事件"开始的。我在1971年第一次访问中国,正是这一年发生了"林彪事件"(消息于1972年公布)。此前,在九中全会(1969年)上制定的党章中正式写入林彪为下一届国家主席继承人时,我非常地不理解,这种政治方式我无论如何也不能认同。在"文化大革命"的时候,我思考过要想从根本上了解中国应该如何着手,并试图从思想上提取出其本质的部分。但是,"林彪事件"以后,当时的所有问题都与政治挂上了钩,从某种程度来说,只要能接触到略微有用的信息,就可以了解到政治的走向。所以,在"林彪事件"发生以后,我对从思想上分析问题的方法失去了兴趣。

村田雄二郎:中国恢复国际地位正和"林彪事件"发生的时期相重合,在您看来应该如何看待这一时期的中国呢?您是否理解为这是一个新时代的开始呢?

㉓ 桔朴(1881—1945)是一名日本新闻记者,中国问题研究专家,中国社会研究的先驱。——译者注

㉔ 尾崎秀实(1901—1944)毕业于东京大学,曾任《朝日新闻》记者,中国问题研究专家。——译者注

野村浩一：1972年的尼克松访华对日中邦交的恢复具有决定性的作用。但是，在我看来，与其分析国际关系或中国自身的变化，倒不如先把它当做日本人自身的问题来理解。用一句话表达，恢复邦交正常化可谓"云开见日"。可以说此前我们和中国大陆一直处在"战争状态"。实际上，从20世纪50年代后期开始，研究欧美国家的学者都陆续去过自己研究的国家了，而研究中国的学者却无法踏上中国这片土地，这一直是我们心中的遗憾啊（笑）。稍微夸张地说，我多少有过这样一种想法，这是背负着侵略战争历史的日本的中国研究者的"原罪"。在大学的时候我曾经想过如果有留学的机会想先去美国留学，但是后来美国挑起了越南战争，我就打消了去美国的念头，转而把留学目的地定为了英国。已经开始做赴英留学的准备时，我突然患上了哮喘病，最终英国留学也未能成行。

村田雄二郎：1972年恢复邦交正常化以后，您与中国进行了怎样的交流呢？

野村浩一：恢复邦交以后并没有马上与中国进行日常交流，1978年《日中和平友好条约》的缔结才是一个真正的转折点吧。当时，正好赶上一个访华旅行的机会，我就去了中国。到中国后，我提出想以学术交流为目的来中国留学，对方特意来到我住的北京饭店，以宿舍等设施还不健全为由回绝了我。当时，虽然日中交流渐渐有了进展，但仍然是一种发散式的交流，我们对中国的情况还不是十分了解。真正的全面交流应该是从20世纪80年代开始的。

村田雄二郎：您能讲讲1985年您在上海逗留一年期间的体会吗？

野村浩一：1970年代访华时中国还处于"城中不见街市"的状态中。1971年第一次访华时，我看见自己一直研究的国家竟然是这种景况，心里真是无限感慨、怅然若失。当时，我还受到了周恩来总理的接见。此后，1981年时我到哈佛大学留学，受到了傅高义先生[25]、施瓦茨先生和孔飞力先生[26]的多方关照。1985年时，由于特别想知道中国市民生活的实态，我便去了上海。但是，我感觉自己仍然没有随心所欲地融入人群之中。

村田雄二郎：当时中国是处在胡耀邦时代吧，在政治方面日中关系还是不错的。当时，以改革开放作为催化剂，中国掀开了"面纱"。通过和1980年代后的中国，以及通过和中国人的交流，您对自己从1950年代到1970年代的研究有何新的认识吗？

野村浩一：村田先生您当时也正在中国留学吧？

---

[25] 傅高义（Ezra Vogel 1930— ），哈佛大学教授，主要研究中国和日本的社会、产业发展，以及亚洲的国际关系。——译者注

[26] 孔飞力（Philip A. Kuhn）是美国及西方中国史研究中人们公认的一位大家，现任美国哈佛大学历史系和东亚语言文化系讲座教授。——译者注

村田雄二郎：我从1982年夏天到1984年夏天在北京留学了两年,跟您留学几乎在同一个时期。当时正是靖国神社和历史认识问题刚开始出现的时期。

野村浩一：社会的思想管制还相当严重啊(笑)。

村田雄二郎：毛泽东时代的社会主义机制还在发挥作用呀。

野村浩一：去商店还是什么也"没有"的时代(笑)。我感觉那时还算不上是开放体制啊。不但积欠外债,国内物资也不充足。但是在当时,我们必须思考如何用世界史的眼光看待这一时期的中国。中国处在改革开放的"起飞"阶段,以喷气式飞机作比喻,过"大"而且过"重"的中国,能否从跑道上腾空而起呢?或者说,会不会在滑行途中变得七零八落呢?

村田雄二郎：我明白您的意思。我20岁左右去中国留学,首先体会到的是计划经济体制下的物资不足和生活不便。另一个体会是,就像昭和三十年日本高度经济成长时期一样,中国人民整体都有一种"国门一开东风来"的乐观情绪。胡耀邦在任的1984到1986年就是这样一个时期。到了赵紫阳时代,发生了通货膨胀、经济紧缩等问题,再一次体现了党的"控制能力"。

野村浩一：对于当时的中国必须分为两个历史框架来看。一方面是在战后历史中,日本从废墟中崛起,经济开始复兴、成长。当中国力图进入改革开放、市场经济时代时,应该在上述20世纪后半期的历史背景中来看待中国当时的地位。当时中国人民自身可能也对这个问题极为关心,还邀请了很多日本的经济专家远赴中国,讨论了战后日本经济发展的问题。另一方面是19世纪日本对外开放到近代化的过程这一历史框架。众所周知,当时中国的留学生当中,有很多人以日中近代化的比较为研究课题。我觉得,必须从短期框架和长期框架这两种视角观察问题,再把焦点统一起来。但是,对这个时期到底如何进行评价,当时还没有比较成熟的想法。另外,因为与政治学研究有关,在1988年,我和福田欢一先生(东京大学)等人一起访问了中国,会见了严家其先生和逄先知先生并一起探讨了很多问题。当时,我感到中国的政治改革正式提上了日程,而且强烈地感觉到形势的严峻。关于1989年发生的事件,当时各种各样的信息、影像铺天盖地而来,对事件情况进行了实时报导,事态报道完全是在新闻媒体领域进行的,我们只能关注新闻。但是,围绕最广义的民主化问题进行思考,事件的本身还是很单纯的。从研究方面来讲,稍前开始的"岩波讲座·现代中国"研究会和该书发行的时期,正好是事件发生的时期,所以,出版社又紧急增补了两卷。整个讲座文集非常畅销,被大家广泛阅读。

另外,提到从20世纪80年代到90年代的交流,我曾经邀请上海的主攻思想史的汤志钧先生到立教大学讲学,大约为期一个月。此外,我还在北京结识了李泽厚先生、丁守和先生等人。可以说渐渐地展开了个人层面的交流。

村田雄二郎：在《岩波讲座·现代中国》(增补卷1《民主化运动和中国的社会

主义》)中,您写的《中国的权力和传统》是一篇在事件的冲击之下、跨越各历史时期省察中国的权力构造的文章。就我理解,这篇文章是和此后进行的辛亥革命以及五四运动的重新考察有一定关联的,不知这种理解是否正确呢?

野村浩一:脱离对事件的事态分析来说确实可以这样理解。我以为我已经相当深入地挖掘了中国革命这一课题,但通过"文化大革命"我了解到,实际上我的挖掘还很肤浅。在"文化大革命"中,给我最大冲击的是出身血统论。我做梦也没有想到会在"文化大革命"中忽然跳出这种主张,真是让我无法置信。还有一点就是暴力的出现和无政府状态。换一种方式说,"文化大革命"是某种强烈的理念性呼吁的爆发。也就是说,"文化大革命"具有的理念性和暴力性在这一时期非常强烈地显露出来,并且,这两者是合为一体的。把这两者连接起来的正是毛泽东手中的权力。我认为以上的两点,在探讨中国革命以及经过"文化大革命"洗礼的中国时是极其重要的。如果深究的话,可以说这是"权力或者权力的使用方式的问题",具体说就是皇帝的权力或者皇帝模式。我感觉,虽然中国从上到下有各种不同阶层的人,但是仍然还是由当权者即那些握有实权者掌握了全部指挥权,真是可以呼风唤雨啊。我听说中国有一种说法叫"权力不用,过期作废"。也就是说,拥有权力的期间必须不遗余力地使用它。所以,我非常想探求滋生这种权力意识的历史环境、政治环境和政治文化。对新文化运动——《新青年》的研究(《近代中国的思想世界》,岩波书店,1990 年)、对辛亥革命的政治文化分析等,可以说大致是在这种探求思想的延长线上的。

村田雄二郎:包括日本人在内,外国人在研究中国时,或者关注中国特有的权力构造、特殊的政治文化,或者以政治学等的诠释方法进行横向比较及展望,我觉得对中国的研究似乎一直是围绕着这两极问题展开的。包括对汉学和支那学的研究在内,区域研究者们长期以来以阐明中国的固有性和特殊性为目标。但是,在全球化的现今时代,我们直接面对的是中国研究本身有何意义这一古老而又全新的问题。我觉得,对于中国政治中的某些从外部很难看到的部分,一方面在普遍的框架内考察的同时,另一方面应该赋予其一致的、本质的理解,这两种视点都是必要的。您可以对这个问题发表一下看法吗?特别是您如何看待邓小平南方讲话(1992 年)后中国政治的发展呢?

野村浩一:对于您的问题我很难直接作答。我在 1994 年写的《辛亥革命的政治文化——民权·立宪·皇权》(上、中、下)(《思想》1994 年 7 月、9 月、10 月号)中,选取了这个时期,对中国根本性的各种思想、文化的存在方式及其动态、对近代的概念这一重要问题进行了分析。我感到在分析中国处于 19 世纪末到 20 世纪这一历史时期时,必须从中国历史这一纵轴和世界史即沃勒斯坦所说的世界系统这一横轴两方面来看,所以我采用了政治思想史的分析方法。

此后,在 1995 年写的《蒋介石和毛泽东》(岩波书店)中,我对蒋介石政权进行了思考,对此我非常感兴趣。我觉得在这本书中,我多少做到了将清末到民国的各时期连成一线看待。我认为,蒋介石的权力是一种"恩顾主义"的权力,他的权力仍然延续了中国传统的权力结构,并迅速向家族的权力发展。有这样一种说法,假如没有日本的侵略,蒋介石也许不会败给毛泽东,我对这种看法持否定态度。要使 20 世纪初叶及 20 年代的中国政治和社会构造发生基本的改变是非常难的。而且,日本的侵略这一事实本身就是东亚近代史中不可忽略的本质部分,所以历史是不存在假设的。

在我最近写的《近代中国的"自由主义"的地位和命运——以 30 年代胡适著〈独立评论〉为中心》(上、中、下)(《思想》2006 年 7 月、9 月、10 月号)一文中,我将胡适作为了分析对象,但是我仍然对胡适主张的自由主义是否被普遍接受存有疑问。对权力必须要批判地对待,这是胡适一贯的主张,这也是今后必不可少的课题,是十分有历史意义的。但是,漫长的中国历史中固有的核心思想即使在与外来事物发生冲突时发生了改变,它仍然可以显示出其固有的活力。包括胡适的观点在内,我认为通过这类与过去的对话,自由主义要素今后还将存在于中国内部。

现在回到您刚才提的问题上,我同意您说的必须从两方面考虑问题的观点。而且,这在研究近代以后的中国时是绝对必要的。从历史哲学的观点来看,对于"近代"的定义本身就是个大问题,如果不平行考虑历史横轴的问题我们就无法真正认识 19 世纪以后的中国。南方讲话以后,中国刚刚迈向改革开放的市场经济时代,但 20 世纪 90 年代末以后,中国在转眼之间就被全球化的浪潮吞噬了。中国在这股浪潮中的迅猛发展是日本没有预料到的。中国可能会把这股浪潮吸收到自己内部加以利用,也可能现在仍然像走在悬崖边上一样。

村田雄二郎:在中国至今为止变化最小的部分就是政治的自由化和民主化。有一种意见认为,基层阶段的选举是民主化的第一步,但是我觉得始终看不到中国内部存在民主主义。另一方面,近年来权力的腐败日益加剧。将这些问题跟您的研究联系起来考虑的话,您有什么看法呢?

野村浩一:我觉得,首先必须坚持权力的透明化和公开化原则。20 世纪 30 年代的胡适感叹于他所在的城市——青岛终于可以进行选举了。可以说无论处在哪个时代,人们都能感到意识领域的进步吧。批判原理的重要性是与市民社会论相关的。在分析现状时,这种方法是极其重要的。现阶段,开展包括 NGO、NPO 在内的"市民政治论"这一课题是十分必要的。

村田雄二郎:您对今后的中国研究有何期望呢? 另外,在日中关系或日本的中国问题研究方面,您对后继的研究者们有什么建议吗?

野村浩一:这个大问题真是十分难以回答。我只能谈谈我的一点儿感想,在

1990年代以后对近现代中国的研究方面,其研究环境明显改善,真是不能与以往同日而语。用一句话概括就是,资料的公开、史料的挖掘,以及这两者共同促进下的研究的深入和发展。从这个意义上来说,在历史固有的领域里,我们必须与包括中国研究者或欧美等地的研究者在内的、全世界的广大研究者比肩并行,在同一块土地上推进研究工作。也就是说,必须在广义的汉学、中国学的范围内进行研究,因此需要具备一定的研究实力。但是另一方面,对中国的研究来说到底还是一种外国研究。我们必须站在自己的立场上研究我们亲眼所见的中国实情,而且必须对中国事物做出客观的评价。实际上,如果单从研究资料方面看的话,最终我们肯定会有很多地方无法超越中国的研究者们,这也是理所当然的。正因为如此,即便我们受到身为日本人的制约,我们也必须要以自己的立场来进行研究,我认为这对日本,同时对中国都是有着积极意义的。当然,这么说可能只是一种豪言壮语,实际上我们只能一步一个脚印地从基础性工作做起,必须要经过逐渐积累的过程。对这一点我是十分清楚的,但豪言壮语也是不得不说的。

除此之外,无论如何也必须提及的是,今天的话题中没有涉及的、十分重要的台湾问题。我从来没有去过台湾。1970年代之前存在某些政治上的问题,但我自己并没有刻意回避台湾之行。虽然受到过台湾方面的多次邀请,但机会总是失之交臂,等到我的时间完全可以自由支配以后,我的身体状况又不允许远行了(笑)。提起战后的台湾,我在相当早的时期就和戴国煇先生保持着密切的关系。他年轻的时候是中国的革命派,他的观点是,台湾的"解放"才代表中国革命的完结。所以,在当时,他与国民党的关系十分地紧张而微妙。另外,在同一时期,我也从王育德先生的著作里了解了台湾独立派的一些主张。

村田雄二郎:1980年代末期以后,在台湾本地也兴起了台湾研究的新趋势。以前,竹内好先生曾经对中国研究者将台湾研究摒弃在研究视野之外的做法进行过批判。但是,今天听了您的一席话,我觉得可以做这样的理解,日本的中国近现代研究未必是要把台湾排除在外,而是在特定时代的影响下不得已而为之的一种做法吧。那么,20世纪六七十年代时,台湾的存在在中国研究中占有怎样的地位呢?

野村浩一:我自身是从解析"新中国"这一基本点出发进行研究的,所以我只把台湾作为中国的一部分来考虑。在这一点上,受到了戴国煇先生的极大影响。在蒋介石作为总统进行统治的期间,可以说国共这一政治模式一直掩盖着台湾问题本身。但是,从那时开始,戴先生一直在深入研究这个问题,正如大家所知,他返回了台湾并活跃于各个场合。另一方面,尾崎秀树先生——因"间谍事件"被判死刑的尾崎秀实先生的弟弟——的学生时代是在台湾度过的,在战争中,他从自己的实际体验出发,选取了日本殖民地文学中的台湾进行了研究,并取得了丰硕的成果。他与竹内先生有着共同的认识,那就是脱离台湾就无法真正了解中国。从很早的时期开始,我就通过"中国会"等活动得到了他的多方指导,第一次访华也是与他同行的。我认为,一直到1970年代为止,中国研究和台湾研究确实都受到了政治的极大影响。

村田雄二郎:最后,在方法论方面,您对中国的近现代研究有何期望吗?

野村浩一:如何看待中国近现代一直都是一个非常大的课题。我觉得应该用普遍的思维方式来思考这个问题。中国本身也处于世界史的洪流之中,所以应该以敏锐的反应力来推进对中国的研究。像刚才叙述过的一样,从我的感受来说,1980年代以后的改革开放,在1990年代末开始一直到进入21世纪这一时期内,转眼之间就被全球化的浪潮吞噬了,而且所有国家都存在这种现象,可以说中国在"近代、现代"这两个课题中探索前进、踽跚挣扎。无论哪个国家都有其固有的东西,通过这种东西的不断变化,创造出一个又一个时代。因此,只能把这种关系说成是纵轴与横轴、是两者的交点或交接面吧。我认为,在中国不会有"另一个近代"。虽然价值领域的普遍性已经渐渐为人们所共有,但是在行动上和态度上,传统性的东西依然根深蒂固地存在并发展着。总之,我认为有必要以这样的视角来解析中国的近现代。

村田雄二郎:今天,您给我们讲了很多有意义的知识,十分感谢您。

(译者单位:北京外国语大学日语系)

汉学史研究

巴黎外方传教士笔下的"察龙王国"
——以相关信件为例

□何岩巍

内容提要：本文通过对几位在中国西南地区活动的巴黎外方传教会传教士信件内容的分析，考证了信中提到的相关地名的具体位置，指出所谓"察龙"就是"察瓦龙"，并对其建制沿革进行了初步研究。本文同时认为，该地贵族与巴黎外方传教会传教士签订的传教协议，为中外关系史的研究提供了新的视角。

关键词：巴黎外方传教会 罗启桢 肖法日 察龙 察瓦龙

Abstract: The present paper conducts textual research, among others, on the Tibetan place name of "Tsa-rong" in the letters and writings of L. Renou and M. Fage, missionaries of the Societé des Missions Etrangères. Based on our investigation and analysis, Tsa-rong is the transliteration of Tsa-wa-rong, whose geographical location and historical evolution have been clarified in the meantime. It is believed that the agreement reached between the local aristocracies and the missionaries of the Societé des Missions Etrangères provides a new perspective on the Sino-Foreign relation studies.

Key Words: Societé des Missions Etrangères L. Renou M. Fage Tsa-rong Tsa-wa-rong

巴黎外方传教士罗启桢（L. Renou, 1812—1863）和肖法日（M. Fage, 1824—1888）曾于1852年从云南进入西藏东部地区，并建立了属于教会的传教区域，但其具体位置"察龙王国"因史料中没有记载成为疑案。笔者查阅了一些相关资料,现提出一说,求教于诸位专家学者。

一、罗启桢及肖法日生平简介

据《巴黎外方传教会人物编年记录》记载:"罗启桢 1812 年 8 月 22 日生于曼恩－卢瓦尔省的维朗特(verhantes)。他于 1836 年 9 月 14 日进入巴黎外方传教会修院,1837 年 5 月 20 日成为神父,第二年 5 月 15 日他前往中国四川传教。1846 年 3 月 27 日,西藏地区教务划归巴黎外方传教会。1847 年罗神父从打箭炉(今康定)到达察木多(今昌都),1848 年 4 月被清朝官员扣押并驱逐到广东。"[1]《中国近代史资料丛刊续编·清末教案》所收《宫中朱批奏折》第 32 件《驻藏大臣穆腾额奏为盘获法国传教士查由成案解交研鞫折》称:罗启桢神父于道光二十八年五月二十七日(1848 年 6 月 27 日)在察木多被扣[2]。两处所记日期略有差异,比较而言,《宫中朱批奏折》所录因其资料来源的原始性应更为可靠。另据《巴黎外方传教会人物编年记录》记载,1852 年他再次从云南进藏,曾到达今察隅县的察瓦龙地区,并在博木噶(Bonga,即今西藏察隅县崩龙高村)租借了一块土地,时在 1854 年[3]。此后罗启桢神父始终在滇藏边境活动直到 1863 年去世。此外,笔者所见涉及罗启桢神父的宗教史著作尚有赖得烈(Kenneth Scott Latourette,1884—1968)的《基督教在华扩展史》和晏可佳所著《中国天主教简史》。赖氏书所述相关内容经笔者核对均出自《传教年鉴》,并无超出上文所述之处[4]。而晏著称:"传教士雷诺试图从境内进入西藏,第一次是 1857 年从四川进入巴塘,被发现后遣返,第二次又从云南入藏潜入博木噶数年,结果还是被发现而遣返。"[5]此说不确,罗启桢(即雷诺)第一次进入西藏,目的地是察木多,非巴塘,时间应该是 1848 年。而他第二次进藏,并未被遣返,成功地留在了西藏(可参《巴黎外方传教会人物编年记录》相关记载)。肖法日神父的生平,史料中所见甚少。据《巴黎外方传教会人物编年记录》记载可知,肖法日神父生于 1824 年。他 1847 年来华,1888 年 8 月 19 日死于云南[6]。《巴黎外方传教会死者名录》则载其死于云南昭通[7]。

---

[1] Adrien Launay, *Memorial de la Societe des Missions Etrangeres*. Paris,1916, p. 549.
[2] 《中国近代史资料丛刊续编·清末教案》第一册,中华书局,第 39—42 页。
[3] Launay, p. 549.
[4] K. S. Latourette, *A History of Christian Mission in China*. New York,1929, p. 240.
[5] 晏可佳:《中国天主教简史》,宗教文化出版社,2001 年,第 153 页。
[6] *Memorial de la Societe des Missions Etrangeres*. HongKong,1889, p. 60,205,257,365.
[7] *Necrologe de la Societe des Mission-Etrangeres de Paris*. HongKong,1938, p. 165.

二、"察龙"王国位置考

罗启桢神父第一次旅行的详情不得而知,但他同肖法日神父于1852年开始的第二次进藏之旅的行程在《传教年鉴》收录的信件中有比较详细的描述。据相关信件所载,他们从大理一路向北,到达丽江府维西厅的剌普,然后经过奔子栏、阿墩子,越过澜沧江,到达桑昂曲宗下属的察龙地区。以下对其行程路线略作考证。

1. 黄家坪(Huang-kia-pin,今鹤庆县黄坪)

清代丽江府鹤庆州(今大理白族自治州鹤庆县)云鹤镇东南56千米,鸡冠山北麓有地名黄坪,原名黄家坪。肖法日的旅行路线正是从丽江入藏,此黄家坪应该就是他在信中所说的 Huang-kia-pin。

2. 剌普(La-pou)

经查考相关云南舆图可知,此地名为丽江府维西厅所属之剌普,其具体位置可参《中国历史地图集》云南图幅⑧。据相关法文信件记载:"我们经过11天愉快的旅行终于到达了剌普治下第一个村子。剌普共包括18个地区,其政府的统治者为藏族人。"⑨这里的所谓"地区"有可能指的是"属卡"。据王恒杰《迪庆藏族社会史》所收社会调查记录可知"属卡"是迪庆藏族社会古老村社的遗留。每个"属卡"都有自己的固定地域,由二至三个自然村组成。德钦及维西西北其宗、剌普等地都保持了"属卡"组织⑩。方国瑜《中国西南历史地理考释》明清时期云南土官土司沿革简录—维西厅"其宗剌普"条载:"把总——七星吉布,雍正七年授职,更名王忠。传至道光三十年王昌袭。"⑪据此可知,此时剌普藏族统治者应为王昌。

3. 东竹林寺(Teun-tchou-lin-in)

据相关信件记载:"从剌普出发走了6天,我们来到一座巨大的喇嘛寺。这座寺庙有500名僧人。"⑫该信又记自剌普至阿墩子(A-ten-tse)共有9天路程,则此寺应在剌普和阿墩子之间。《维西见闻记》载:"黄教喇嘛,香僧也……阿墩子之寿国

---

⑧ 《中国历史地图集》第八册,中华地图学社出版,1975年,第36—37页。
⑨ 传教慈善会编,*Annales de l' Association de la Propagation de la foi*, vol. 28, Lyon, 1851, p. 312.
⑩ 王恒杰:《迪庆藏族社会史》,中国藏学出版社,第112页。有关"属卡"的详细论述请参阅该书第112—124页。
⑪ 方国瑜:《中国西南历史地理考释》,中华书局,1987年,第1060—1061页。
⑫ *Annales*, vol. 28, p. 312.

寺、杨八景寺、奔子栏之东竹林寺千余人皆是也。"⑬在相关地图上⑭，奔子栏的位置正好位于刺普和阿墩子之间，此地的东竹林寺⑮就对音来看应该是Teun-tchou-lin-in。《云南宗教史》亦载："1852年9月22日，罗启桢更改汉名为罗勒拿，与巴黎外方传教会一名年轻的法国传教士肖法日装扮成商贩，从香港经广东入云南，在德钦县他们住进东竹林寺……"⑯罗神父在这座寺庙里生活了很长时间，并曾跟随该寺活佛学习藏文。他指出此时该寺的活佛已传至七世，且寺中能通晓藏文佛教经典的僧侣只有四人⑰。这一记载应能为学者研究19世纪中期东竹林寺史提供更多可靠的资料。

4. 阿墩子（A-ten-tse，今德钦县）

此地名经查考相关地图可知为阿墩子，也是维西厅（今维西县）治下的重要城市。其具体位置可参《中国历史地图集》云南图幅⑱。

5. 怒子江（Lou-tse-kiang，Martaban，今怒江）

据相关信件记载："罗启桢神父渡过Lou-tse-kiang，或称Martaban河后，受到了一所红教喇嘛寺院的接待。"⑲Lou-tse-kiang一名不见于云南方志史籍，但Martaban实为缅甸古都之名称。方国瑜云："伊洛瓦底江三角洲至萨尔温江入海地带，自古为孟高棉族属所居，以白古（Pegu）及马达班（Martaban）两处为都会。"⑳笔者查阅相关地图，知Martaban在萨尔温江入海处东侧。所谓Martaban河应该是指萨尔温江，也就是怒江。但作者为什么称之为lou-tse-kiang呢？雍正《云南通志》载："怒人，其在鹤庆府维西边外。过怒江十余日，有野夷名怒子。"㉑余庆远《维西见闻记》

---

⑬ 余庆远：《维西见闻记》，商务印书馆影印本《艺海珠尘本》，中华民国二十五年，第11页。

⑭ 王文韶修《续云南通志稿》，（台北）文海出版社，1966年据光绪二十四年刊行本影印，第1064—1065页维西厅舆图。

⑮ 东竹林寺为云南丽江藏传佛教大寺，该寺初建于丽江军民府孙诺洛丹（此为木增的法名，藏语意为福禄永盛）时期（约为17世纪初叶明万历后期），原名"冲冲措岗寺"，为葛举派寺院，后因参与反格鲁派战乱，于1677年被强令改宗为格鲁派寺院，更名为"葛丹东竹林"，意为成就"二利"（利人利己）之意。请参阅：杨学政《云南宗教史》，云南人民出版社，1999年，第290页。

⑯ 杨学政：《云南宗教史》，云南人民出版社，1999年，第395页。

⑰ Annales, vol. 28, p. 313.

⑱ 《中国历史地图集》第八册，第36—37页。

⑲ Annales, vol. 29, p. 233.

⑳ 《中国西南历史地理考释》，第1011页。

㉑ 鄂尔泰修《云南通志》，乾隆元年刊本，卷二十四。

"怒子条"亦有相关记载②。这里所谓的 Lou-tse-kiang 是不是怒子江的拉丁拼音转写呢？但是如何解释声母 n 转变为 l 呢？有学者认为"怒族"一词应译成："潞族"，并引元《混一方舆胜览》金齿诸路潞江条"俗名怒江、出潞蛮"为证㉓。然以600 多年后的元代史料以证发音似乎有些牵强。我们若从汉语音韵学的角度来考虑这一问题，可能就比较清楚了。高本汉（Klas Bernhard Johannes Karlgren，1889—1978）《中国音韵学研究》一书详细考察了汉语声母发音的演变。他指出古代汉语泥（n）、娘（n）、来（l）三个声母的发音在现代汉语方言中发生了相互间的混合与代替，也就是产生了 n、l 不分及用 n 代 l 或用 l 代 n 的现象㉔。作者强调这种现象特别出现在扬子江流域及中国西部地区。由此看来 lou-tse-kiang 应是怒子江的方言拼音转写，亦即怒江。

罗、肖两神父此次由云南进藏是为在西藏传播天主教进行准备，他们的这次旅行取得了重要成果。经察龙地方统治者的允许，巴黎外方传教会终于在西藏东南租借了一块土地以供传教之用。但是，"察龙"（Tsa-rong）这个地名究竟是哪里呢？笔者认为很值得研究。

据相关信件记载："Bonga 谷地至今对于地理学家仍是未知的，它也是 Tsa-rong 王国的最南端，此王国隶属于拉萨政权。"㉕又载："此国统治者管理着直到 Tcha-mou-tong 的广大地区，他是一个富有的领主，其名闻于西藏。"㉖肖法日神父信则称："Tsa-rong 离怒江只有 3 天路程，它直接隶属于拉萨政权。"㉗关于两位神父提到的 Tsa-rong 王国，需要详细讨论一下。西藏地区不比中国内地，舆地方面的史籍并不丰富。本人查考了《卫藏通志》㉘这部重要的记载清代西藏行政区划的典籍，没有类似 Tsa-rong 发音的地名。甚至连当代人编著的一些地名词典类书籍中也不见 Tsa-rong 一名。《西藏图说》总图 2 扎什伦布寺以西朗拉山下有地名察咙㉙，但显然

---

② 《维西见闻记》，第 10 页。

㉓ 金敦·沃德：《神秘的滇藏河流》，李金希、尤永弘译，四川民族出版社、中国社会科学出版社，2002 年，第 133 页。

㉔ 高本汉：《中国音韵学研究》，赵元任、罗常培、李方桂合译，商务印书馆，1994 年 8 月缩印第一版。

㉕ *Annales*, vol. 27, p. 233.

㉖ 同上，p. 234.

㉗ 同上，p. 238.

㉘ 佚名：《卫藏通志》，丛书集成初编，商务印书馆影印本《浙西村舍丛刊本》，中华民国二十五年。

㉙ 松筠：《镇抚事宜》之《西招图略》附《西藏图说》，西藏学汉文文献汇刻第一辑，全国图书馆文献缩微复制中心，第 93 页。

并非此 Tsa-rong。就信中所述,这一地方应在今藏地东南的察隅县附近。《神秘的滇藏河流》一书曾专辟一章描述西藏东南察瓦龙(Tsa-wa-rong)地区的概况。其中特别提到察龙(Tsha-rong,即炎热山谷之意)是萨尔温江峡谷的一个次级行政区。在一些西藏地图上拼写作 Charong,首府是门工。察瓦龙是藏区东南部的一个府级行政区,其中就包括察龙㉚。藏文 Tsa-wa-rong(察瓦龙)一词的意思就是炎热山谷,而据相关资料介绍,其首府即为门工。会不会察瓦龙就是察龙呢?这种可能性是存在的。另《汉藏英对照地名》中察隅县部分有察瓦龙(察瓦绒、察哇龙、察洼龙、擦洼隆坎、扎拉),但察瓦龙下辖地区并无 Tsa-rong 这一地名㉛。同时,察瓦龙和察龙都有炎热山谷的意思,我由此认为两名实为一地。

三、"察龙"王国政治地理略述

据相关信件称 Tsa-rong 为一王国,并说其统治范围直达 Tcha-mou-tong(察木多,即今昌都)㉜。以下笔者将考察 Tsa-rong 王国的具体情况。研究这一问题需要深究西藏行政区划的演变,但是在藏学领域中,恐怕历史地理的研究是最薄弱的,距今最近的清代西藏行政区划也未搞得十分清楚㉝。就本人所见,除房建昌先生的《清代西藏的行政区划及历史地图》一文对此问题进行了深入探讨外,鲜有专门的论著。由于参考资料较少,对于这一问题也只能做些初步的探讨。清代中后期除达赖、班禅在西藏各有其领地外,尚有许多割据势力并不受两位活佛的管辖(例如昌都呼图克图、类乌齐呼图克图等)。这些地方割据势力若称为王国尚可,而相关信件中明言 Tsa-rong 隶属于拉萨政权,为何又称之为王国呢?这首先要搞清察瓦龙在清代后期的政治状况。藏文及汉文的相关史料对这一地区的记载不多。《卫藏通志》记载了达赖所辖 90 处营官,其中有桑昂曲宗,并载其为大缺、营官十缺,共 19 名,黑人 15 名,喇嘛 4 名㉞。《大清会典事例》载桑昂曲宗有僧俗营官各一名㉟。《大清会典图》前藏图有萨阿吹钟城,其位置约在今察隅县西北㊱。"萨阿吹钟"显然是"桑昂曲宗"(gsang-sngags-chos-rolzong)的另一异译。张海的《西藏记述》对桑昂曲宗位置有具体介绍,其文云:"西藏正东直接巴塘之南,登宁静山为

㉚ 《神秘的滇藏河流》,第 219 页。
㉛ 王远大、杰敦:《汉藏英对照地名》(续),《中国藏学》,1998 年第 1 期,第 124 页。
㉜ *Annales*, vol. 27, p. 234.
㉝ 藏学界对于清代西藏达赖、班禅下辖宗溪的设置时间、治所位置的研究尚十分薄弱。
㉞ 《卫藏通志》,卷十二,第 209 页。
㉟ 《大清会典事例》,光绪二十五年石印本,卷九百七十七,西藏官制。
㊱ 《大清会典图》,光绪二十五年石印本,卷二百三十六,前藏图二。

界。然昌都、乍丫、类五齐各有呼图克图分管地方,而西藏设委头目、催征粮石只在洛龙宗之吗里为界。东南系桑阿曲宗,其山重叠,险峻难行。由洛龙宗分路抵云南界,东南一带系工布地方,直接桑阿曲宗。"㊲《西藏图考》"察木多"条下有桑阿充宗城,称其在巴塘城西南600里㊳。《神秘的滇藏河流》载:"……萨尔温江控制着去拉萨的两条大路。一条经过扎玉(drayu)和索巴多(shobado),另一条经过门工和桑嘎楚中(sanga-cha-tzong)……"㊴这里的扎玉应译为察隅,索巴马应译为硕板多,而桑嘎楚中应译为桑昂曲宗。综合以上材料可以确定桑昂曲宗就在门工(察瓦龙首府)附近,王忠先生和房建昌先生均把桑昂曲宗定位在东经97°1、北纬29°2的位置是很有道理的。《西藏自治区概况》一书载桑昂曲宗治下有察瓦龙协敖区,由贵族雪康派协敖(西藏寺庙中管理僧众纪律的喇嘛),下辖两个德卡,德卡下又设有居本㊵。所谓桑昂曲宗,乃西藏达赖噶厦地方政府所辖90营官之一。据《西藏自治区概况》一书介绍可知其营官中应该有雪康派贵族成员㊶。桑昂曲宗下辖地区除察瓦龙协敖区外,尚有察隅协敖区,该地区由功德林活佛领土八宿宗本派协敖,下辖一个德卡。察瓦龙协敖区的贵族雪康派和察隅协敖区的功德林活佛的情况在史料中记载很少,特别是汉文史籍虽然对90营官多有介绍,但对宗本以下的行政体制却少有记载。但藏文史料《铁虎清册》(藏历铁虎年——1830年的土地清册)有一些相关史实值得注意。《铁虎清册》如实记录了西藏地方政府、贵族、寺庙对生产资料的占有情况。从清查地区及对象来看,重点是占地较多的大贵族、官绅和寺庙的溪卡。我将此书检索一遍,发现两处有关贵族雪康的记载。其一见乃东地区(今山南地区乃东县)清册,文载:"贵族雪康巴从亚堆划归地中除去抛荒地外,按二冈一顿计,应支二顿差。"㊷其二见琼结地区清册,文载:"贵族雪康巴除在亚堆支差外,在北部计五冈,按二冈一顿计,应支二冈二点五顿差。"㊸(后一个"二冈"应为衍文)就《铁虎清册》所见,雪康派的占地分布在琼结和乃东两地,应该算是较大的贵族了。而这一贵族又控制了桑昂曲宗下辖的察瓦龙协敖区,足可见其势力庞大。据载此地统治者管理着直到察木多的广大地区,这为我们研究察瓦龙的历史政区地理提供了重要的新史料。另据相关信件记载:"此地统治者告诉罗

㊲ 张海:《西藏记述》,宣统间刊本,第64—65页。
㊳ 黄沛翘:《西藏图考》,光绪二十年黄氏刻本,第232页。
㊴ 《神秘的滇藏河流》,第221页。
㊵ 西藏自治区概况编写组,《西藏自治区概况》,西藏人民出版社,1984年,第325页。
㊶ 参阅《中国历史地图集》第八册西藏图幅及房建昌《清代西藏的行政区划及历史地图》,《中国边疆史地研究》,1993年第2期,第60页。
㊷ 格桑卓格、洛桑坚赞、伊苏编译《铁虎清册》,中国藏学出版社,1992年,第62页。
㊸ 同上,第64页。

启桢神父近年来许多外国人从中国东部来到察木多,并希望在察瓦龙周围地区建立贸易据点。这位贵族很长时间来希望汉人能通过他们的劳动和智慧,繁荣此地凋敝的经济。这一次他终于找到了机会。他希望罗启桢神父能够承担这一任务,并允诺利用他的影响力带给传教团实际的利益。他不要任何回报地将博木嘎谷地赠与神父,但神父并未接受。罗启桢神父以每年100法郎的价格租借了这一谷地……签署这项协议以后,我们的传教团拥有了这一广阔地区,西藏的传教士们也拥有了一个稳定的落脚之地。"[44]上述引文史料价值十分重要,由此我们了解了巴黎外方传教会在西藏建立据点的确切时间及其过程。同时我们也可以对察瓦龙地区统治贵族的权力有一个更为明确的认识——他甚至可以将一块地区不经西藏地方政府的批准就租借给外国人。这也说明西藏贵族统治的特点和西藏地方政府统治力量的薄弱。这一事件提醒我们除了关注西方各国同清朝订立的各项条约中有关传教的条款外,还应该特别注意一些地方割据势力未经中央政府许可而同西方政界、宗教界人士签署的协议。只有这样我们才能对近代中外关系的许多具体问题有更深刻的认识。相关信件又述及在此地建立传教据点的有利之处:1. 此地被允许可建立教会学校;2. 此地基本上没有汉人,不用担心他们的骚扰;3. 由此谷地可深入藏地并直达拉萨[45]。显然巴黎外方传教会对在此地建立据点有着相当深远的考虑。

(作者单位:北京外国语大学中国海外汉学研究中心)

---

[44] *Annales*, vol. 27, pp. 234—235.
[45] 同上, p. 234.

汉学史研究

19世纪上半叶活跃在澳门的葡籍汉学家——江沙维神父

□ 叶 农

内容提要：葡萄牙籍汉学家、遣使会传教士江沙维神父，是一位于19世纪上半叶在澳门活动的著名汉学家。他于1813年左右来到澳门。除传教外，主要是在圣若瑟修道院从事教学工作。他教授的内容主要是语言，有欧洲语言和汉语；除教授语言外，他还教授音乐。他还学习了汉语，并为教学工作编撰了一批著名的字典、词典。他的汉学研究取得了以下成绩：一是教学工作促使他研究汉语，使他获得了一批汉学研究成果，他的汉学成就是与其教学工作分不开的。二是其教学工作培养了一批双语人才，为澳门汉学研究的中兴做出了贡献。

关键词：江沙维 汉学家 澳门 19世纪

Abstract: Joaquim Afonso Gonçalves, the Portuguese Lazarist, was a famous sinologist in Macau in the period of the first half of the nineteenth century. He arrived at Macau in 1813, and taught in the St. Jose College of Macau during the rest of his life. What he taught was mainly languages, including the European and Chinese languages, and music. For this, he learned the Chinese language, and compiled a lot of dictionaries for his classes. His achievement in sinology can be summarized as follows: research of the Chinese language and cultivation of many bilingual talents, both of which were motivated by his profession of teaching.

Key Words: Joaquim Afonso Gonçalves, sinologist, Macau, nineteenth century

葡萄牙籍汉学家、遣使会传教士江沙维(Joaquim Afonso Gonçalves)神父,是一位于19世纪上半叶在澳门活动的著名汉学家。"他是当时葡萄牙传教士中最出类拔萃的人物,汉学造诣最深。"①他在澳门取得了丰硕的汉学研究成果,大大提高了葡萄牙人在汉学研究领域中的地位,为澳门及葡萄牙人在汉学研究领域中争得了一席之地。因此,在研究澳门的历史与文化的过程中,对江沙维神父进行相应的研究就显得相当有意义。但由于种种原因,他留给后人的,除了其汉学著作外,其他的史料很少,研究成果亦不多,故国内外学术界对他的研究还是有限的,本文尝试着对他进行一些研究,以就正于各位专家学者。

一、江沙维神父的生平及其教学工作与成就

江沙维神父于1781年3月23日出生于葡萄牙特拉斯－乌斯－蒙德斯(Trá-os-Montes)省(亦译"后山省")的一个名叫多若(Tojal)的小镇②。

江沙维献身宗教是受其家庭影响的。据其学生加略利(Callery, J. M.)所撰江沙维生平简介:

> 他父母贫穷,靠在土地里辛勤劳作谋生;但他们是虔诚的人,希望得到财富,并遗传给他们的子女珍贵的遗产:信仰与基督教徒的自我克制。在宗教教育的影响下,虽然没有外界的指引,江沙维在早年就有不可抗拒的、与教会联系在一起的倾向。他所居住的省份是遣使会控制了大量教徒的省份之一。他偶然参加了他们的集会,并在此像一个不在乎他付出代价的人一样,慷慨地发了誓。③

他由布拉加(Braga)的大主教在利蒙埃斯(Limões)圣若奥(S. João)教堂为他洗礼入教。1799年5月17日进入里斯本里那佛勒斯(Rilhafoles)修道院学习。于1801年5月18日起,在此担任教师④。

---

① [葡]施白蒂(Beatriz Baxto da Silva):《澳门编年史:19世纪》,澳门:澳门基金会,1998年3月,第16页。

② [葡]费南度(Fernando Guedes)节略;安瑟摩(Anselmo Capas de Sabastião Rodrigues)释义:《葡萄牙—巴西文化百科全书》(Enciclopédia Luso-Brasileira de Cultura),里斯本,第9卷,第746页。

③ 《中国丛报》(The Chinese Repository) vol. 15, No. 2, pp. 69—80,《江沙维神父传记:包括一份有关其各类汉学著作介绍的生平简介》。加略利法文原著,《中国丛报》译为英文。以下引文如未注明出处,均系引自该处。

④ 参见文德泉(Manuel Teixeira)神父编:《澳门教区档案》(Macau e a sua diocese), Macau: Tipografia da Missao do Padroado, 1956,澳门,遣使会档,第717页。

在江沙维投身到遣使会后,促使他东来中国传教的原因,可能是当时葡萄牙国内比较动荡的政局。由于他不喜欢这样的政治局面,他便申请前来中国传教并获得批准。他于 1812 年从里斯本出发,离开葡萄牙。据加略利称:

> 此时,葡萄牙正受到争权夺利的党派的困扰,由于修道院的平静生活一点都不像武士营,江沙维决定去一些更平静的国家来体验他所接受的宗教生活的愉悦。为了这个决定,他申请参加赴中国传教团。在中国,葡萄牙遣使会会士被委托来管理一片广大的地区;加上他有成为一名优秀传教士所有的绝大部分素质,他顺利地获得主管的同意,于 1812 年乘坐本国船只"马吉纳尼莫(Magnanimo)号"前往中国。

至于江沙维何时到达澳门,据加略利的说法是在 1814 年 6 月 28 日。"遵循葡萄牙的习惯和与所有的、航海活动有限的小型海洋国家一样,克维特式战舰'马吉纳尼莫号'在离开里斯本时,获令在其航程中停靠一大批港口。因此,江沙维在巴西、印度、菲律宾群岛各待上了几个月,于 1814 年 6 月 28 日到达澳门。"但据其他的史料记载,其到达的日期均为 1813 年。如施白蒂说:"1813 年 6 月 28 日,Rilhafoles 拉匝禄修士会分支的若阿金·阿丰索·冈萨雷斯[现译为江沙维]抵澳门。"⑤文德泉神父编《澳门教区档案》称:"[江沙维]1812 年离开里斯本,次年 6 月 28 日到达澳门。"⑥另外,阿雷斯塔(葡)(António Aresta)著《葡萄牙汉学回顾》(刊登于澳门《文化杂志》第 36—37 期)及《葡萄牙—巴西文化百科全书》均称他于 1813 年到达澳门。

江沙维本来是获派遣前往北京传教,但到达澳门后,由于清政府执行禁教政策,使他无法成行,只好在澳门逗留,在圣若瑟修道院度过了其一生。加略利说:

> 由葡萄牙人、中国人组成的在澳门的葡萄牙传教士们,希望北京王廷刮起的、反对他们的风暴最终会过去,凭着他们掌管历法的数学家的能力,他们能重返"天朝"帝国的首都。在这个期望之下,江沙维被选为在北京的欧洲科学代表之一,这更使他迫使自己学习已在他心中扎根的数学与天文学知识。但由于嘉庆帝颁下针对基督教的严厉圣谕,令人毫无疑问地感到南怀仁、汤若望的时代一去不复返了。

江沙维在澳门的工作,除开传教外,主要是在圣若瑟修道院从事教学工作。他教授的内容主要是语言,有欧洲语言和汉语。加略利介绍道:

> 江沙维神父在澳门的许多年里,他几乎持续不断管理着一些将准备去教堂工作的中国青年人的教育工作。他对学生及一般的中国人很慈爱,并屈尊

---

⑤ 《澳门编年史:19 世纪》,第 16 页。
⑥ 《澳门教区档案》,第 717 页。

赐教。……在他生命的最后时期,他在学院里开设了一个英语免费课程。他的英语讲得很好,写作亦相当正确,西班牙语亦同样好,但意大利语及法语差一些。

除教授语言外,他还教授音乐。在教学之余,他创作了许多中西音乐作品。加略利介绍道:

>他开设了(与英语)同样课时的音乐课。他对音乐有自然的品味,并对音乐进行了充分的修习,能够创作一些正确的音乐乐章。江沙维将全部的思想投入到创作中去,使它们包含了一些新的意念及一些很适合在宗教方面演奏的内容。在重大的节日里,圣若瑟教堂里奏响江沙维作曲的音乐。它们由他的学生演奏,由优秀的男高音演唱。这位演唱者有值得赞扬的天生素质及演唱器官,歌声优美动人。在他的西洋音乐创作及在其众多中国乐曲创作中,一个显著的特色是无处可见任何其他作曲家的一个音符和一个曲词。迄今为止,在这项特殊工作中,他有所顾忌,即预防有不自觉剽窃的可能性,他不愿查询以前出版的同一主题的任何作品。

他在音乐领域的这些成就,是与他极高的音乐天赋分不开的。施白蒂称他:"在音乐上也极有天赋。他的作品在他传教、生活的圣若瑟修道院被印刷流传。"⑦

通过其教学工作,江沙维神父取得了以下成绩:一是教学工作促使他研究汉语,使他获得了一批汉学研究成果,他的汉学成就是与其教学工作分不开的。来到澳门之后,他即将精力投入到汉语的学习中去。为了能在圣若瑟修道院更好地为来澳门的欧洲学生及中国学生教授汉语,他编纂了一批教材、教学参考资料和教学用工具书。其中,以1828年出版的《拉丁语法》(*Grammatica Latina and usum sinensium juvenum*)、1829年出版的《汉字文法》(*Arte China*)最为有名。尤其是后者闻名欧洲,影响较大,评价很高。这些教材、教学参考资料和教学用工具书,成了他汉学研究成果的重要组成部分,亦帮助他奠定了他在治学研究领域的地位。

二是,其教学工作培养了一批双语人才,为澳门汉学研究的中兴做出了贡献。江沙维神父在澳门从事教学工作20余年,培养了一大批双语人才。其中许多人,在江沙维的带领下,投入编纂字典等的巨大工程中去,使因清廷禁教影响而沉寂了的澳门汉学增添了几分生气,使澳门的传教士汉学后继有人。如在其所编的《汉拉大字典》(*Diccionario sinico-latinum*)附录的参与编写者名单中,就有84人。文德泉指出:"江沙维神父在圣若瑟修道院培养了一批翻译人才,其中最出色的就是

---

⑦ 《澳门编年史:19世纪》,第16页。

1822 年到 1869 年连续 47 年在市政厅担任翻译的若奥（João Rodrigues Gonçalves）。"⑧

在其学生中，比较有名的有：加略利，他曾在江沙维的指导下，利用江沙维的研究成果，完成了《汉语发音书写系统》(Scriptura Phoneticum Scripturæ Sinicæ)。据《中国丛报》的介绍："《汉语发音书写系统》（加略利著。……2 卷。澳门，1841 年出版），这本书与迄今为止出版的任何字典都不同，汉字是按其语音或基本成分编排；因此，它用近 1500 个小组代替了《康熙字典》的 214 个部首。其释义用拉丁文和法文，并且进行了大的合并。……"⑨上面提到的若奥，他是《汉拉大字典》的参与编写者之一。另一位亦是《汉拉大字典》的参与编写者，玛吉士（José Martinho Marques），他是澳门首位土生葡人汉学家。澳门出生，曾就读于澳门圣若瑟修道院，师从江沙维，汉语造诣颇高，官话和粤语十分娴熟。毕业后，担任澳门政府的翻译官，翻译了许多中葡来往的文件。他于 1847 年应聘赴北京出任法国驻华公使馆翻译。晚年回到澳门潜心研究汉语。他的最大成就是用汉语编著了一部 20 万字的著作——《外国地理备考》。他从大量的外文资料中取材，用十分流畅的文言文写成，备受中国学者重视，著名学者陈澧亲自为它校订。1847—1848 年被辑进广州海山仙馆丛书，后又辑进《小方壶斋舆地丛钞》第 1 卷。他亦写作、出版了一本《音乐要素》，据说还著有《中葡字典》，但未出版。

除在圣若瑟修道院进行教学工作之外，江沙维神父还进行了一些为澳门社会服务的活动，以至于在澳门政局出现动荡时，他要被迫逃离澳门达两年之久。加略利介绍：

> 他被征入由澳门总督组成的委员会来审议很重要的公共事务。……在完成了 1822 至 1823 年工作之后，澳门议事会翻译员办公室及在此的人不得不在总督的专制迫害之前逃离。这位总督以其无知的专制来击败所有的参加了在这座城市里葡萄牙宪法运动的人。他逃到了在伶仃洋进行鸦片贸易的英国船只上，因为他的品德和优点，他获得了好心的接待。

1841 年 9 月 30 日，他偶染风寒，但由于未能及时治疗，于 10 月 3 日与世长辞。加略利介绍：

> 在 1841 年 9 月，澳门此时的气候是非常酷热的，江沙维神父完成了他的《拉汉大字典》的印刷工作和他的《汉拉字典》手稿。他打算去青洲度过他炎热季节剩下的时间。在这时，他去海边沐浴。……在沐浴之后，他肯定是得了

---

⑧ ［葡］文德泉神父著：《澳门的教育》（A Educaçã Em Macau），转引自刘羡冰《双语精英与文化交流》，澳门：澳门基金会，1994 年，第 41 页。

⑨ 《中国丛报》，vol. 18，No. 8（1849 年 8 月），第 402—435 页。

严重的风寒及其他小病。这迫使他从青洲回到了澳门。……到10月3日天主教念珠祈祷的星期日下午5时,病人在病了4日之后死去。

由于他在教育领域的辛勤工作及其对澳门社会的贡献,他获得了澳门社会各界的尊重与好评。澳门社会对他的死都表示了哀悼。加略利指出:

> 他的死讯被感觉到是整个澳门的不幸事件。次日早晨,许多市民未获邀请,自愿来参加他的葬礼,并伴随他的遗体来到他安息的地方。江沙维神父确实获得了所有人的爱戴。除他的特殊之处外,他们认为他是一名好神父、一位优秀的市民和很朴实的哲人。中国人同样很感谢他,并认为他与中国人本身的教师一样受到良好的教育,这并不是因为他写作的杰出著作,而是他的个人品性获得了承认。

他的学生们自愿为他购买了一块墓地,使他永远安息在澳门这块土地上。更加感激他的学生与朋友,联合起来在圣保禄教堂墓地购买了一块永久墓地,立了一块大理石墓碑,并刻有下面的碑文:

> D. O. H. Hic jacet Rever. D. Joaquimus Alfonsus Gonsalves, Lusitanus, presbiter congregationis missionis, et in regali Sancti Josephi Macaunensi collegio professor eximius, regalis societatis asiaticae socius exter pro sinensibus missionibus solicitus, perutilia opera sinico lusitano latinoque sermone composuit et in lucem edidit, moribus suavissimis, doctrina proestanti, integra vita, qui plenus diebus in Domino quievit sexagenario maior, quinto nonas octobris, anno MDCCOXLI. In memoriam tanti viri, ejus amici litteratura eque cultores hunc lapidem consecravere.⑩

> 据此,向尊敬的老师与朋友[表达我的悼念],并请您不要鄙弃献给您,用于表达怀念与感激之情的小小的礼物:我提供给您在异国他乡的这块安息之地,请您在此等我,直到我拥有在一处乐土与您重逢的快乐。

因其汉学研究的伟大成就,使他获得了许多荣誉。他曾任加尔各答皇室亚洲学会成员、里斯本皇室科学院院士,曾被授予圣母贡塞桑(Conceição)勋章。但他获任为院士的证书和勋章是在他死后才收到的。施白蒂介绍:"他生前还是加尔各答亚洲学会的理事,并于1840年11月18日当选为里斯本皇家科学院通讯院士,但尚未接到证书和颁给他的圣母贡塞桑勋章就去世了。他的业绩以政令公布。"⑪

---

⑩ 由于翻译困难,此处录用拉丁文原文。因它与《澳门教区档案》之遣使会档(第720页)在文字上有差异,故此处采用后者进行了校勘与补充。

⑪ 《澳门编年史:19世纪》,第81页。

江沙维神父死后,他的名字虽然没有用于命名澳门的街道以纪念他,但在 1872 年,澳门总督欧美德(Januário Correia d'Almeida)亲自以最隆重礼仪主持他的迁葬仪式,将他的遗骸从圣保禄教堂墓地迁往圣若瑟修道院教堂。1912 年,他的名字列入教会年鉴,其中评价"他为上帝圣名之城澳门增光"[12]。

二、江沙维的汉学研究工作及著作考略

江沙维的汉学研究工作开始于其到达澳门之后。首先是学习汉语。他原准备入京传教,故先学官话。加略利介绍:

> 江沙维学习汉语完全具有天然的热情。在第一年,他学习通常被称为官话的北方语言。他讲的官话很流利,语调亦准确。但后来不能赴京后,又学习广州话。加略利指出,为了完成其神父职责及对其居住地区的华人更有用处,他虽然不愿意,因为在广州话中包含了许多对音乐家的耳朵来说是不悦耳的语音,但还是花了三年时间来学习广州话。此后,汉语成了他特有的研究领域。我能说是他的私人领域,以其 60 岁的年龄,他向我提到了一个著名的事实,即他自己莫名其妙地有 48 小时的时间没有花在汉语上。

江沙维工作勤奋,常超负荷工作,每天工作达 16 至 18 个小时,故能取得许多成就。加略利说:

> 那些没有比江沙维更持久与坚定地进行研究的人有理由吃惊,作为一名汉学家,江沙维在他的研究中令人吃惊地完成了如此之多的著作,其中一些足以令他流芳百世。对我来说,在与他有 7 年之久的密切交往中,有一个关于他的、唯一的与非常罕见的现象是,他的体能使他能忍受令人衰竭的热带炎热天气的影响以及他天生的精力在已知的、没有放松的情况下,从未屈从于他超负荷的工作。……圣若瑟学院位于澳门内港的一个名叫青洲的小岛。平时,他们师生在此聚集休息。江沙维神父每天辛勤工作 16 到 18 个小时,同样在此度过他的假期。

他的汉学著作,均由圣若瑟修道院印刷出版,按时间顺序,主要有以下这些:

1828 年,在澳门出版其首部著作——《拉丁语法》,用于帮助华人学生学习拉丁文。它按拉丁文语法原则编排。

> 1828 年,江沙维神父在澳门出版的第一部著作是一本十六开本的小型著作,其书名为《拉丁语法》。按其长长的书名所指明的,根据中世纪的标准,《拉丁语法》(更准确地说是汉语—拉丁语法)一书是他在教授拉丁文时,为准

---

[12] 《澳门教区档案》,第 720 页。

备去教堂工作的年轻中国人编写的。它从语言的成分、字母与音节开始,后面有变格与拉丁动词变位、几个句法练习、一些对话,最后是一些书信的格式。这本小型著作的主要长处是,从编者编写的动机来看,是为其学生使用的。对其汉语部分来说,它收录了极粗俗的成语;而其拉丁文部分则太夸张,同时经常含混不清。

1829 年,《汉字文法》及《常用词汇和语法》完成。

《汉字文法》与《葡华字典》(Diccionario Protuguez-China, no estylo vulgar mandarim, e classico geral) 和《华葡字典》(Diccionario China-Portuguez, no estylo vulgar mandarim, e classico geral) 是他的三部最优秀的著作。这三部著作足以确立其在汉学领域的地位。"总之,这样一位多产作者的著作,像其他所有写作了许多著作的作者一样,当《汉字文法》、《葡华字典》和《汉葡字典》出版,足以确立江沙维成为最杰出汉学家的地位……"

《汉字文法》共有 550 页,分为八章。它们是 Alphabeto China;Frases Vulgares E Sublimbs;Grammatica 文法;Syntaxe 问答;Proverbios 俗语;Historia E Fabula;Compsicões Chinas 作文笔法。后有附录,分为两个部分:I Arte China sem Letras Chinas;II Indice。

这部著作的特色有:首先是在各章的编写中,融入了江沙维神父对汉语教学的经验,采用了一些自己独创的方法:他把称为字根的汉字 214 个偏旁部首减少为 124 个,编成了一个汉字笔画表;将汉语语音分解为 1300 个音节,编成语音组;将汉字的 1411 个不同的形符称为"字母",作为汉字辨认的结构单位。其次,内容丰富,包容广泛。它不仅有汉字结构、分解语音音素、语法规律等语言的基本要素;又编有附注释的近 100 页的中国历史,将中国历史从伏羲画八卦、神农作耒耜介绍到清代;作文笔法部分,十分地道地介绍"起承转合"等中国作文的传统技巧及五言、七言古诗律诗的做法、对偶、平仄、虚实、押韵、排律等规则和修辞手法;有选文示范,并教以八股文、圣谕、告示、契约、书信等公文程式,例如《左传·郑庄公戒饬守臣》、《魏徵谏太宗十思疏》、李白《春游宴桃李园序》、柳宗元《箕子碑》、古诗《大风歌》等,既有官方文告,又有书信体例,还有古诗文、唐宋八大家的优秀作品,并兼顾官话和粤语,编写得很细致。总之,它实际是一部汉语的综合性教科书。

对于这部汉学巨著,后人是如何评论的呢?法国法兰西学院汉学讲座首席教授、被誉为法国汉学之父的雷慕沙(Abel Rémusat)在 1831 年 9 月的《学者报》上发表文章评论道:

> 澳门耶稣会(应为遣使会)的江沙维神父是《汉字文法》这部研究中国语言著作的作者。作为教授中文口语和书面语言初学者必要的学习方法,该书分为三册;向读者介绍了四个解词释义的基本概念,通过与蒙杜西相同的方

法,将字典中当用的 214 个词缩减为 124 个,并按不同的发音编写了 1300 个词组索引。这本索引长达 74 页,使用了 1411 个字符,他本人称此为中国字母表。然而,《汉字文法》不仅是一本简单的中国字词手册,书中还包括文学和民间的散文、语法、虚词、四十四段对白、历史故事和神话故事、公文书信和短文、官话和粤语例句选。不认可他的著作有欠公允。仅其第一册就足以与著名汉学家齐名。[13]

加略利在 1846 年 2 月指出:

在随后的 1829 年,他写成了《汉字文法》一书。它是经江沙维神父之笔所著的最好的著作。它是一本葡萄牙语与汉语语法。一打开它,就能发现一些书前的表格。它们有字母表、变格、动词变位和句法、一些对话及谚语的范例;在其书后,有一些书信的格式。为了能够理解其优点及缺陷,我们介绍一下其几个部分:在该书开始时,被江沙维神父称为"汉语字母表"的部分,无非是一份(汉语中的)部首与语音表,它们根据笔顺与笔画来排列。这份表几乎能包涵所有收录的汉字的部首和音节……其次,它插入了小段例文、一定数量有几个音节的词组、清晰的句子,这些使学习这些表变得如此困难和讨厌,以至于据江沙维自己坦白,没有一个他的学生能读完它。……在这些词汇表里附录的词组之后,有大量的汉语句法和语法的例子,它们使该书的格调变得通俗,但带有一点严肃。在它之后的一个章节,包含了 16 段官话的对话,它们在开始学习时有很大的用处;随后有谚语表、被改编的来自寓言与历史文献中的各式各样的文摘,以方便阅读中国作家(的作品)。最后,该著作以一些文体的范文,特别是演说词、诗歌、公文与书信来结束,而且这些范文本身就占用整一卷的篇幅。当我们浏览它之后,我们对《汉字文法》主要长处的评价是,它收集的素材是如此丰富,以至于比已出版的所有这类著作都要丰富。

刘羡冰评价道:

江沙维这本《汉字文法》比利玛窦、金尼阁等早期的汉学家对汉字的分析、整理和归纳,在体系上、内容上,更具功力,走出了前人未走过的路子。在汉语作为外语的教学上,他提供了新的课本、新经验,对澳门、对欧洲、对世界的对外汉语的教学方法的探索,都有一定的影响。[14]

1831 年,《葡华字典》出版,有 872 页。1833 年,《华葡字典》亦出版,有 1154 页。对这两本重要著作,加略利介绍道:

---

[13] 澳门教区公报 1941 年 4 月第 445 号第 896—897 页曾转载该文。本处转引自阿雷斯塔著《葡萄牙汉学回顾》,刊载于(澳门)《文化杂志》,第 36—37 期,第 10 页。

[14]《双语精英与文化交流》,第 40 页。

· 64 ·

两年之后,在快到 1831 年底,他出版了《葡华字典》。它为八开本,装成厚厚一册。这本著作是我们这个时代能使用的非常好的著作,甚至是到今天为止最好的著作。其作者自己亦觉得很满意。在 1833 年出版的《华葡字典》是一部同样的著作,没有其他书可以与它媲美。它受到了嫉妒性批评的攻击,因为它根据部首系统编排,但这种系统是不完善与经常违反汉字构成规则的。从贺拉斯(Horace)时代到我们今天,第一等作者极少忽视他们自己的著作的成就,江沙维极其谦虚地称他的著作没有开创中国文化史研究中的一个新时代。

但《中国丛报》的评价是:"这两部著作收录了大量的词组和定义,但是收录的语言阻碍了它们被经常使用。在后者,作者没有必要地按难于理解的《康熙字典》214 个部首编排,而不是采用他自己的系统。"⑮

在随后的几年中,直到生命的最后一刻,江沙维神父把他的精力放到了编制拉丁语与汉语对照的字典上来。先后完成出版了《拉丁—汉语字典(洋汉合字典)》(*Vocabularium latino-sinicum pronuntiatione mandarina, litteris latinis expressa*, 1836),《拉汉小字典》(*Lexicon manuale latino-sinicum continens omnia vocabula utilia et primitiva etiam scriptae sacra*, 1839),《拉汉大字典》(*Lexicon magnum latino-sinicum, ostendens etymologiam, prosodiam et constructionem vocabulorum*, 1841)。另有一部《汉拉大字典(汉洋合字典)》亦已完稿,但未能及时出版。

他之所以这样做,其原因是出自于其爱国热情。据加略利介绍:

但是他看到了一个……巨大障碍:这些著作写作的语言是在葡萄牙外少有人知的葡萄牙语。由于他的爱国主义感情,他亦有意寻求通过用拉丁文出版 4 部字典来弥补这个错误。……第一部是一本 1836 年出版的《拉丁文—汉语字典》,它主要是对收集在会话中的最重要的词汇有帮助。第二部书名为《拉汉小字典》。它只是将以前的著作重印,但增加了大量的冷僻与不常用的语汇。该书的优点不多,据我所知,还没有发现作者在其出版时所提到的优点。它为八开本,1839 年在澳门印刷。第三部书名为《拉汉大字典》。它是用于弥补在《拉汉小字典》中不足的。里面还包含了许多词组和句子,它为中国学生在学习拉丁文时提供简易的练习。但是不管是作者品位差,还是作为基础的《拉葡字典》(*Latin-Portuguese Dictionary*)中的错误,事实是该书在拉丁文方面,其拉丁语法因夸大其词,含混不清而受到大量批评;而在汉语方面,它受到的批评是其选词粗俗,无出其右。在结束关于他的著作的介绍时,我可以说,江沙维神父的《汉拉字典》在其去世前几天完成,手稿留于他在澳门的同

---

⑮ 《中国丛报》第 18 卷第 8 期刊载的《关于中国的著作目录》,第 402—435 页。

事手中。该书在词表方面与那些作者已经出版的著作完全不同。它收录的1万个例词的编排法已有改进,采用组成它们的笔画多少来排列,而不是考虑它们所属的合适的部首。采用二画、六画、十二画等方法来代替按植物、树木、石头、马匹等分类;并这个体系之下,编排部首与音节。

对于这四部著作中的前三部,《中国丛报》的评价是:"这三本著作在其修道院之外还会有许多用处;学问丰富的作者在第三本著作完成后便去世,留下了《汉拉字典》的手稿。"⑯

除以上的著作之外,还有关于他翻译《新约全书》的问题。在本文所采用的史料中,都称江沙维神父用清朝官话翻译了《新约》,并在他死后才出版。但根据加略利的记载,这可能有误。他说:"我将不谈归因于江沙维神父的《新约》汉译本的问题。因为,当它被提议由他交付印刷时,真正的作者并不是他,这一点他自己亦多次谈到。"根据这条史料的记载,《新约》的汉译工作可能系由江沙维神父推动,但他并非译者。这一点,还有待于史料的进一步发掘。

他的系列著作在学术界引起了影响。许多西方汉学家来信与他进行讨论。如法国汉学家儒莲。这种讨论还为其学生在汉学领域取得成果创造了条件。加略利介绍:

> 我们已经注意到他的材料如此丰富的著作完全缺乏用于解释它们的用途的理论性解释。他的口头教学也被人指出有同样的错误。他自我满足于让他的学生机械地一页接一页学习他的《汉字文法》,而没有将词汇表中的微言大义讲出来,就像他自己并不知道它们一样。如果当关于这个主题的严厉的问题提出给他时,他回答道,在进行他的著作的研究过程中,涉及他参考的资料是更难理解的。当儒莲先生从巴黎寄来一封批评信,指出他所没有理解的隐晦于他的著作中思想深度到底是在哪里。江神父于是任命我负责组织一个机构来回答;并要求我,从其两部主要著作《汉字文法》和《华葡字典》中整理出一个简明扼要的系统来。
>
> 我愉快地接受了这个值得尊敬的任务,而且尽自己可能地做好它。但是如果(在此省略的)我的著作是令人满意的,我应该说到完成江沙维神父交给的任务时,他没有就此向我提出一个字的建议。虽然他在我向他交出它时,发出很高兴的惊叹(这种表情已与提出了建议是一样的)。我应该说,与他的赞扬一样,我在1836年所写的文章是关于语音系统的一个粗略大纲,我要感谢的是它的构想来源于江沙维的著作,虽然他有如此优秀的观点却乐于保持沉默,似乎表明他对此从未有过一个清晰的观念。

---

⑯ 《关于中国的著作目录》,第402—435页。

一些江沙维的著作在1876年和1878年分别被克利科斯伯爵和哈姆林译成法语[17]。后来，由于在中国的修道院的学生大增，没有合适的教材，北京西什库教堂重印了他的《拉汉大字典》，称为《中华拉丁合璧字典》，这已是它的第六版了。1936年，北京的法国遣使会要编一部法文、拉丁文、中文字典，即是以1922年第六版《拉汉大字典》为蓝本的。

三、结语

综上所述，我们可以看到江沙维神父的汉学成就，主要集中在语言学和辞典编纂方面。阿雷斯塔指出："在这一革新过程中，学者若阿金·贡萨维斯（1781—1841）神父在语言和辞典学研究方面起了重要的核心作用。"[18]他的这些成就其实代表了西方汉学研究方向之一，朝着中国语言文化研究的趋势发展。

西方最早的汉学家，是葡萄牙人租居澳门之后来华传教的耶稣会会士利玛窦等人。从利玛窦至江沙维的200余年间，西方的汉学家已从传教士扩展到了欧洲的学者文人。研究的中心从澳门、北京传到了法国巴黎，传到了欧洲其他地区；到19世纪初，作为早期汉学研究中心的澳门与欧洲汉学研究中心的巴黎，已是东西方交相辉映的两颗明珠。而澳门的代表人物应是江沙维神父，而巴黎的代表人物应是上述给予江沙维《汉字文法》很高评价的雷慕沙。

在这200余年里，汉学研究的着眼点已从宗教和孔孟之道转移到注意中国古代的政治、历史、风俗和学术思想，而其中的一个主要方向就是研究汉语本身。让我们回顾过去，汉学研究的开拓者利玛窦对汉语与汉字的认识不够深入与系统。后来的汉学家在此基础上于17—18世纪又做出了不少的努力，出现了一批以艾儒略、金尼阁、柏应理、马国贤、伏尔泰等为代表的学者。他们精通汉语，富有成就，编纂了一批字典、辞书。如柏应理的《汉文文法》、《汉文字典》；马若瑟的《中国语言志略》、《文法》、《汉语西班牙语成语》等。而到19世纪上半叶，江沙维的成就，将汉学对中国语言的研究推向一个新的高峰，所以江沙维应该说是代表了一个汉学研究的时代。

（作者单位：暨南大学中国文化史籍研究所）

---

[17] 《葡萄牙汉学回顾》，第10页。
[18] 同上。

汉 学 史 研 究

东洋史学京都学派[*]

□ 刘　正

摘要：本文系统地阐述了日本东洋史学京都（关西）学派产生和发展的历史。主要涉及东洋史学京都学派诞生前的历史渊源、三大创始人及其相关学者群。东洋史学京都学派的治学方法及其汉学研究成果一直备受几代中国学者和世界各国的汉学家们的特别关注和尊重，其精彩的研究成果为增进中日之间互相了解搭起一座宏伟的文化桥梁。

关键词：东洋史学京都（关西）学派　日本汉学

Abstract: The present paper elucidates the origin and historical development of the Kyoto(Kansai) School of Japanese Sinology, dealing with, among others, the historical origins before its founding, its three founding fathers and their surrounding scholars. The research methods and sinological achievements of this school have been attracting attention and have been highly esteemed by several generations of scholars from China and other parts of the world. Its marvelous achievements have been regarded as a cultural bridge enhancing exchanges between China and Japan.

Key Words: Kyoto(Kansai) School of Japanese historiography　Japanese Sinology

---

[*] 本文为中华书局出版的《东洋史学京都学派》一书的绪论，略有删节。——编者注

近现代以来,在日本京都大学(包括以前的京都帝国大学时代)的学术环境下产生的东洋史学京都学派的治学方法及其汉学研究成果,一直赢得了几代中国学者和世界各国的汉学家的无比尊重和特别关注。

现在,广义的东洋史学京都学派有时也常常被"关西学派"所代替。那是因为在地理位置上东京一带属于日本的关东地区,而京都一带则属于关西地区。

关西地区主要是指京都府、大阪府到神户市之间的地区。在这一地区著名的国立大学有京都大学、大阪大学和神户大学,著名的公立大学有大阪市立大学、大阪府立大学,著名的私立大学有关西大学、关西学院大学、同志社大学、立命馆大学,即所谓的"关关同立"。

其中,在汉学研究上堪称重镇的著名大学就是京都大学和关西大学。

广义的东洋史学京都学派的学者群则不单单是指从事中国古代史研究的专业学者们,还包括了从事中国古代哲学史、中国古代文学史、中国古代法制史和中国古代科技史等相关学科专业性研究的学者们。

一、"东洋史"概念的形成

根据我在东洋史学研究生时代的指导教授、筑波大学·爱知学院大学东洋史教授田中正美先生在《东洋学的系谱·那珂通世》①一文中的考证:

"东洋史"这一概念是日本的东京高等师范学校在1894年召开"高等中学校(即国内的高中)教授会"上由那珂通世博士首先提出的。

那珂通世博士,生于1851年2月6日,卒于1908年3月2日。他是日本盛冈藩(今岩手县盛岗市)藩士藤村盛德的第三个儿子。最初的名字叫藤村庄次郎。为了接受良好的教育,在他14岁的时候,他成了当时盛冈藩学校的教授那珂梧楼先生的养子,从此以后正式改名叫那珂通世。中学毕业后,他顺利地考入了东京地区当时著名的庆应义塾,专修英文。毕业后,他先后当过小学和中学的老师,以及千叶师范学校和东京女子师范学校的校长。后来,他成了东京高等师范学校的教授、东京帝国大学和早稻田大学兼职讲师。在此期间,他发表了很多考证日本、朝鲜、中国历史的专题学术论文,一时间名声大震。他撰写的《支那通史》是中日两国学术界的第一部中国通史。他根据文廷式收藏的手抄本《元朝秘史》翻译和注解而成的《成吉思汗实录》一书,出版后立刻成了国际学术界研究蒙古史的重要经典,也因为这两部专著的出版,给他带来了重大的学术影响和知名度,至今这两部专著已经成了日本学术界的不朽名著。

---

① 田中正美《东洋学的系谱·那珂通世》,大修馆,1992年。

当时,那珂通世博士建议日本高中的外国历史教育应该分成西洋史和东洋史二科。这一建议得到了包括当时著名的教育家、东京高等师范学校校长嘉纳治五郎先生的赞成并获得通过。然而,在日本的大学中普遍采用这一概念则是直到1910年才开始的:这一年,著名的东京帝国大学把以前的"支那史学科"正式改名为"东洋史学科"。

当然,支持这一改动的东京帝国大学教授白鸟库吉博士和那珂通世博士有着直接的渊源关系,即:在白鸟库吉博士的中学时代,他所在的千叶中学的校长和任课老师正是那珂通世博士。

著名的东洋史学京都学派的两大创始人之一的内藤湖南博士,他的父亲内藤十湾又曾经是那珂通世博士的养父那珂梧楼的学生。因此之故,那珂通世博士和内藤湖南博士有着良好的学术交往和个人友情。

因此,东洋史学两大学派的创始人都和那珂通世博士有着直接和间接的渊源关系。正是在这一意义上,日本汉学界公认:那珂通世博士是东洋史学初期统一时代的真正创始人,而白鸟库吉博士和内藤湖南博士则分别是东洋史学东京学派和东洋史学京都学派的创始人。

"东洋史"概念的出现之初就已经规定了东洋史的研究范围是以支那史为核心、以朝鲜史为辅助、以整个远东和东亚地区的历史为其学科基本组成的这样一个定义域。

在此之前,日本汉学界一直保持着以"支那史"、"支那哲学"、"支那文学"和"汉文学"来指代中国古代史、中国古代哲学和中国古代文学的传统。

实际上,"支那"这一概念,从语源学上讲,来自梵语佛教典籍中的"Ch'in"一词。其本意是"秦",它是古代印度用来指代中国古代秦王朝的专门术语。在古代印度的史诗《摩诃波罗多》一书中已有"支那"一词出现。这就是今天英语世界中"China"一词的直接来源。在古代语言世界里,"支那"一词又有"Sin"、"Sinai"、"Sinae"、"Thin"、"Thinai"等读法。青木富太郎博士在《东洋学的成立及其发展》[②]一书中认为:"支那"的语源分为两支,一支是由陆路传来,读音为 Seres 或 Serike。一支是由海路传来,读音为 Sin、Sinai、Thin、Thinai。岩村忍博士在《13世纪东西交涉史序说》[③]一书中也曾考证说:有关"Sin"、"Sinai"等语源的通说,都把"秦"作为其起源。此说是根据"秦"的北京音 ts'in(通俗的 chin)而来。这一音中的 ch 的发音是由不发 ch 音的阿拉伯人传向欧洲成了 Shin、Thin 的发音,更进而形成了 Sinae、Thinae 的发音。

---

② 青木富太郎《东洋学的成立及其发展》,萤雪书院,1940年。
③ 岩村忍《13世纪东西交涉史序说》,三省堂,1939年。

白鸟库吉博士和市村瓒次郎博士被公认为东洋史学东京学派的两大创始人。出自他们二人门下的著名东洋史家有箭内亘、松井等、今西龙、池内宏、加藤繁、羽田亨、桥本增吉、原田淑人、鸟山喜一、重松俊章、和田清、清水泰次、石田干之助、岩井大宪、植村清二、三岛一等人。

为了适应正日渐强大的日本政治、经济和军事的实际需要，应当在日本的关东地区已经有了东京帝国大学的基础上，在日本的关西地区，即西京都（今京都）再设立一所帝国大学。

这一提案得到了当时文部大臣大木乔的支持。因此，在西京都的关西地区设立帝国大学也就成了当务之急。当时的拟定名称是"关西帝国大学"，准备在该大学下设法科大学、理科大学、医科大学和文科大学（相当于法学院、理学院、医学院和文学院）四个编制机构。后来在当时文部省少辅（大致相当于教育部高教局局长）九鬼隆一起草设立新的帝国大学条例时才正式使用"京都帝国大学"这一名称，并大致确定了以刚从大阪搬到京都的第三高等学校（即高中）为基础，升格而成新的京都帝国大学的设立方案（九鬼隆一的儿子就是京都帝国大学哲学系教授、"京都学派"著名哲学家九鬼周造博士）。

1896年，文部省事务次官（大致相当于教育部常务副部长）牧野伸显向当时的文部大臣蜂须贺茂韶提出建议：使用清政府在甲午战败后的部分对日赔款，作为京都帝国大学的建设基金。于是，这一建议获得日本文部省和内阁一致通过。

可见，京都帝国大学从它诞生之初就和中国、和对华政治有着特殊的纽带关系。

1897年6月18日，根据明治天皇第209号令，在日本的西京都正式成立了京都帝国大学，由木下广次博士出任京都帝国大学第一任校长。但是，它的文学院，即所谓的京都帝国大学文科大学则直到1906年才正式成立。

在京都大学历任校长中，由著名的汉学家出任校长的有荒木寅三郎、新城新藏博士、滨田耕作博士、羽田亨博士等人。

木下广次博士，生于1851年，卒于1910年。熊本县人。中学时代在当地著名的时习馆学习，他的父亲木下村就是当时学校的训导主任。毕业后，他考入东京帝国大学法学部的前身——日本司法省明法寮，专修法语。1876年开始，他前往法国留学，回国后先后任东京帝国大学法科大学（相当于法学院）讲师、教授，日本文部省专门学务局长（相当于高教局局长）。1889年6月7日被授予东京大学法学博士学位。1891年，当选为日本贵族院议员。1897年，他出任京都帝国大学第一任校长。在他上任之初，他很明确地表示[④]：

[④] 见《京都大学文学部五十年史》，京都大学出版会，1956年。

京都帝国大学不是东京帝国大学的分校,而是一所独立的大学。为了学校的长期生存和发展,我们必须具有独立的办学特点。

可以说,从建校之初,建立一所独立的有别于东京帝国大学特点和学风的大学就成了京都大学历任校长的宗旨。

1906年,京都帝国大学文科大学(相当于文学院)正式成立,直到1919年才更名为京都帝国大学文学部。第一任的文科大学校长(相当于文学院院长)是狩野直喜博士。

狩野直喜博士,生于1868年2月11日,卒于1947年12月13日。熊本县人。字子温,号君山,又号半农人。他被认为是"京都支那学"的开山祖师,也是东方文化学院京都研究所(即京都帝国大学人文科学研究所)的第一任所长。

在创始时期的京都帝国大学,当时和中国有关的学术只有支那语学·支那文学一个讲座,教授就是狩野直喜博士。但是,狩野直喜博士当时在这里讲授的却是支那哲学史,直到1909年铃木虎雄博士以副教授到任为止。从1909年开始,狩野直喜博士正式开始讲授支那文学史。自狩野直喜博士以后继承第一讲座的教授先后有青木正儿、吉川幸次郎等人。

到了1919年,又增加了支那语学·支那文学第二讲座。担当第二讲座第一任讲座教授的是第一讲座的副教授铃木虎雄博士。自铃木虎雄以后继承第二讲座的教授先后有仓石武四郎、小川环树等人。

京都帝国大学文科大学的史学科则又是在1907年5月才设立的:京都帝国大学文学部设立史学科,也设立了东洋史学第一讲座,内藤湖南以讲师身份出任此讲座教师。本来,狩野直喜博士是以教授职称直接聘请的内藤湖南。在当时的日本教育界注重东京帝国大学的学历和崇尚留学欧美的大环境下,那时的内藤湖南只是位著名新闻记者而已,这使有着留法经历和东京帝国大学博士学位的京都帝国大学校长,以学历问题否决了内藤湖南直接担任东洋史学第一讲座教授的建议。两年后,1909年9月,内藤湖南就晋升为正教授。1908年5月,又增加了东洋史学第二讲座。

1909年4月,桑原隲藏博士担当东洋史学第二讲座教授。继承这两个讲座的教授先后有那波利贞、田村实造、宫崎市定、佐伯富、佐藤长、荻原淳平等人。

到了1909年5月,又增加了东洋史学第三讲座。但是,却一直因为没有合适的教课人选而空缺着,直到1920年,矢野仁一博士担任东洋史学第三讲座教授。

同时,在哲学研究科,增加了支那哲学史讲座,并且一直由狩野直喜博士担任支那哲学史课程的教学任务。因此,有些学者主张把狩野直喜博士作为这一讲座的第一任教授。但是,因为狩野直喜博士一直是支那语学·支那文学第一讲座教授,因此他来担任支那哲学史讲座教授是兼职性质的。实际上,作为独立的支那哲学史讲座,它的第一任讲座教授却是1911年才到任的副教授高瀬武次郎博士。

其中,支那哲学史讲座从高瀬武次郎以后,先后有小岛祐马、重泽俊郎(我在硕士生时代指导教授坂出祥伸先生的导师)、汤浅幸孙、日原利国、内山俊彦、池田秀三(我在博士后时代的指导教授)担任讲座教授。

进入大正年代以后,京都帝国大学文科大学的文、史、哲各自独立的倾向日趋浓厚,有关汉学的文、史、哲三个研究科,每科各设立三个讲座教授职位成了相当长一段时间内的定制。

1919年,京都帝国大学文科大学更名为京都帝国大学文学部。

1926年,内藤湖南博士退休。

1930年,狩野直喜博士退休。

1932年,桑原隲藏博士退休。

到此为止,创始时代的东洋史学京都学派的创始三巨头全部退出了京都帝国大学。

然后,在羽田亨博士的主持下,那波利贞、田村实造、宫崎市定、佐伯富等人先后成为京都帝国大学的东洋史教授。于是,从上个世纪30年代中期开始一直到上个世纪60年代中期为止,东洋史学京都学派进入了第二代的鼎盛时期。

从上个世纪70年代中期开始一直到上个世纪90年代为止,东洋史学京都学派进入了第三代的鼎盛时期。目前则是第四代学者的鼎盛和第五代学者的兴起时期。

最近,由京都大学东洋史教授砺波护博士等人主编出版的《京都大学东洋学一百年》[5]一书中,对以下七位汉学家的汉学研究成果进行了总结和肯定,即:狩野直喜博士的汉语和中国古代文学史研究、内藤湖南博士的东洋史学研究、滨田耕作博士的东亚考古和中国考古学研究、羽田亨博士的东洋史学和西域史研究、小岛祐马博士的中国哲学史研究、宫崎市定博士的东洋史学和宋史研究、吉川幸次郎博士的汉语和中国古代文学史研究。

上述七位汉学家中有四位是专业研究中国古代史的国际权威学者,另外三位则是研究中国古代文学史和思想史的专业学者,也是以"史"为核心的,足可以证明对中国古代史的专题研究是东洋史学京都学派的核心和基础。

东洋史学京都学派各汉学讲座创始人名单(按年代和到任职称排列):

物理学副教授(东洋天文学史)新城新藏博士(1900年)

支那语学・支那文学第一讲座教授狩野直喜博士(1906年)

东洋史学第一讲座讲师内藤湖南博士(1907年)

---

[5] 砺波护主编《京都大学东洋学一百年》,京都大学学术出版会,2002年。

物理学讲座教授(东洋天文学史)新城新藏博士(1907年)
地理学讲座教授(支那史学地理学)小川琢治博士(1908年)
东洋史学第一讲座教授内藤湖南博士(1909年)
东洋史学第二讲座教授桑原隲藏博士(1909年)
支那哲学史讲座教授狩野直喜博士(1909年,兼任)
支那语学・支那文学副教授铃木虎雄博士(1909年)
支那语学・支那文学讲师徐泰东(1909年,华裔)
东洋史学讲师羽田亨博士(1909年)
美术史学讲师滨田耕作博士(1909年)
支那哲学史讲座副教授高濑武次郎博士(1911年)
东洋史学副教授矢野仁一博士(1912年)
东洋史学副教授羽田亨博士(1913年)
支那哲学史讲座教授高濑武次郎博士(1915年)
东洋考古学讲座教授滨田耕作博士(1916年)
支那语学・支那文学第二讲座教授铃木虎雄博士(1919年)
东洋史学第三讲座教授矢野仁一博士(1920年)
支那哲学史讲座副教授小岛祐马博士(1922年)
东洋史学第三讲座教授羽田亨博士、矢野仁一博士(1924年)

因为矢野仁一博士同时开始兼任史学地理学讲座教授,于是,1924年开始东洋史学第三讲座教授由羽田亨博士和矢野仁一博士共同承担。

尽管上述中间有的第一任讲座教授之间还有师生关系(如,羽田亨博士是京都帝国大学1907—1909年第一届硕士研究生,毫无疑问他和当时的教授狩野直喜博士、讲师内藤湖南博士二人之间存在事实上的师生关系),应该说,他们都有资格作为东洋史学京都学派的第一代学者。

二、东洋史学京都学派三大创始人:桑原隲藏、狩野直喜和内藤湖南

提起东洋史学京都学派就必须从它的三大创始人开始说起。可是中国学术界的不少学者们通常只知道内藤湖南博士。实际上,为日本汉学界公认的东洋史学京都学派的创始人有三个:桑原隲藏、狩野直喜和内藤湖南。而且,根据京都帝国大学成立之时的具体情况来看当时他们三人的地位:内藤湖南是讲师,而桑原隲藏和狩野直喜则是教授。并且,对狩野直喜的教授任命是早在他来中国留学之前的1899年就已经内定了。因为京都帝国大学的第一代校长木下广次和他是同乡,至今木下家族的墓地和狩野家族的墓地,也是并排出现在京都的光明寺中的。

狩野直喜博士是东京帝国大学文学部第一讲座教授岛田重礼的学生。他中学时代和小川琢治博士是同学,大学时代和藤田丰八博士是同学,来华留学时代又和市村瓉次郎博士是同学。而桑原隲藏博士则是东京帝国大学文学部第三讲座教师那珂通世博士(兼职身份)的学生。然而,由于桑原隲藏博士在论著和日常生活中对中国人种和文化一直抱着极端仇视和鄙夷的态度——笔者一直称他是现代日本汉学界右翼学者之祖,至少可以肯定他是东洋史学京都学派右翼学者之祖。他甚至也经常当面对狩野直喜和内藤湖南进行讽刺和挪揄,以至于连罗振玉、王国维和董康(当时京都帝国大学不在编的汉语讲师)三人为了避免尴尬而非常害怕和他交往。当然,桑原隲藏博士也有个和他比较友好的中国学者文廷式。也许正是他那太极端的仇视和鄙夷中国的态度影响了当时的中国学者对他的介绍和交往吧。

狩野直喜博士门下的最著名的直系弟子哲学是武内义雄、小岛祐马、本田成之;文学是青木正儿、仓石武四郎、吉川幸次郎等人。

内藤湖南博士和桑原隲藏博士门下的最著名的直系弟子是神田喜一郎、宫崎市定、贝塚茂树等人。其中,宫崎市定,是一个曾经参加侵华日军战利品部队、疯狂掠夺中国古代文物和古籍的国际汉学界研究宋史的最为著名的头号学者、战后京都大学的东洋史教授。这个继承了他的老师桑原史学传统的国际汉学大师,以94岁的高寿走完了他那精彩的宋史研究和疯狂的反华生涯。

在他们门下的著名弟子如梅原末治、水野精一、田村实造等人。在第一代东洋史学京都学派三巨头中,一般学术界把内藤湖南博士作为东洋史学京都学派在创始时代的领军人物,这大概是没有任何争议的。第二代的领军人物当首推宫崎市定博士。可以说,正是在这两个人的手上打造出了世界著名的东洋史学京都学派。

今天的京都大学成了在日本仅次于东京大学的学科齐全、规模宏大的国立综合性大学。在世界上也享有盛名。特别是它的文学部和人文科学研究所、考古研究中心等教学和科研机构。全校将近60个图书馆,几乎在每一个学部和研究所内均有独立的属于自己学科范围的图书馆。全校总藏书量超过了600万册,而人文科学研究所内珍藏的珍贵的中国古代文献就超过了40万册,这些文献即使是在中国也是十分罕见的,有很多珍贵的古代文献则是中国早已经失传多年而至今完整地保存在日本的。

京都大学的传统与办学目标与东京大学截然不同。京都大学位于日本历代的古都,有着悠久的日本传统历史和文化;远离日本首都的政治中心和繁华的大城市,优美的校园自然环境成为学者潜心治学的理想场所,这使京都大学一直以培养科学家和专业化学者见长。特别值得京都大学人自豪的是,在日本的诺贝尔奖得主中,京都大学的毕业生就占了五名。而获日本文化勋章和日本科学院奖以及其他方面奖励的更是数不胜数,这些成就的取得同它的优秀传统是分不开的。京都大学从创校以来就十分执著于各门学科的基础理论研究,注重于学术上的高标准。至今,西田的哲学、汤川和江崎的物理学、福井和野依的化学、朝永的力学、利根川的生理学名扬天下,而以内藤史学为核心的东洋史学团队,更是20世纪国际汉学界的中坚力量。早在上个世纪30年代,中国著名的史学大师陈垣先生就曾和著名的中国哲学史家胡适先生一起探讨当时世界汉学研究的中心究竟是在京都还是在巴黎这样一个问题。

三、东洋史学京都学派和京都帝国大学人文科学研究所

对于近现代中国学者来说,京都帝国大学人文科学研究所一直是让人神往和肃然起敬的象牙之塔。作为京都帝国大学和东洋史学京都学派重要的组成部分,我们肯定要对它的来龙去脉进行介绍。它的正式成立是1939年,以对东亚地区的政治、经济、历史和文化等方面的综合研究为宗旨,它显然是想平衡一下当时的京都帝国大学在人文科学上所形成的极端专业化和高精尖的研究模式。第一任所长是著名的中国思想史家小岛祐马博士。我们把1939年到1948年之间的人文科学研究所称为"旧人文科学研究所"。

其实,早在十年前的1929年就已经成立了和此很类似的科研机构:东方文化研究所。这是隶属于日本外务省下的一家官办科研和情报机构。

东方文化学院的理事长是服部宇之吉博士。下设立东方文化学院东京研究所和东方文化学院京都研究所。东方文化学院东京研究所所长是服部宇之吉博士,东方文化学院京都研究所所长是狩野直喜博士。

在东方文化学院京都研究所下设评论员制度,负责学术研究。第一届评论员如下:

支那文学专业:狩野直喜博士、铃木虎雄博士

支那语言学专业:新村出博士

东洋史专业:内藤湖南博士、桑原隲藏博士、矢野仁一博士、羽田亨博士

支那考古学专业:滨田耕作博士

支那地理学专业:小川琢治博士、石桥五郎博士

支那科技史专业:新城新藏博士

支那哲学专业:高瀬武次郎博士、小岛祐马博士

支那佛学专业:松本文三郎博士

到了1938年,因为东方文化学院东京研究所和京都研究所学风和研究课题的矛盾冲突日益加剧,东方文化学院东京研究所侧重于近现代中国,直接为日本外务省和陆军部服务,而东方文化学院京都研究所则侧重于研究中国古典学术,这一矛

盾冲突直接导致了东方文化学院宣告解散。

东方文化学院宣告解散后,它的京都研究所则保存了下来,1939年,正式独立后的东方文化学院京都研究所改名为东方文化研究所,隶属于京都帝国大学,由松本文三郎博士和羽田亨博士先后担任所长。

这期间它最有意义的一项工作是自1934年开始编纂出版每年一册的《东洋史研究文献类目》。此书在编纂体例上是学自德国。当时德国汉学界编纂并出版了每年一册的《东方学文献解题》(Orientalische Bibhgraphie)。此书成为西方东方学界(特别是汉学界)必备的工具书。直到1914年才停刊。20年后,日本的东方文化学院京都研究所开始模仿此书编纂《东洋史研究文献类目》。1963年开始,《东洋史研究文献类目》改名为《东洋学文献类目》出版至今。《东洋学文献类目》和《东方学报》成了刊发汉学研究论文和收集汉学研究文献的重要载体。

残存的东方文化学院京都研究所一直以独立后的东方文化研究所的名义苦撑到1948年,它和西洋文化研究所一起被新的京都大学收编为新的人文科学研究所。我们把1948年以后的人文科学研究所称为"新人文科学研究所"。

现在,因为旧人文科学研究所已经成了过去,所以一般就直接以"京大人文科学研究所"来指代京都大学人文科学研究所。

自小岛祐马博士以后,先后担任所长的有高坂正显、落和太郎(代所长)、安部健夫、贝塚茂树(著名中国历史地理学家小川琢治之子、著名理论物理学家、诺贝尔奖得主汤川秀树博士之弟、著名中国文学史家小川环树博士之兄)等人。

安部健夫博士是战后重新改组的新人文科学研究所第一任所长。

改组后的新人文科学研究所下设日本研究部、东方研究部和西方研究部三个机构。当时,由贝塚茂树博士和桑原武夫博士(桑原隲藏博士之子)分别出任东、西方研究部主任。

2000年4月,人文科学研究所又一次重组,目前的机构编制如下:人文学研究部、文化研究创成部门、文化生成部门、文化关联部门、东方学研究部、文化表象部门、文化构成部门、汉字情报研究中心。

从贝塚茂树博士开始,历任所长和任期如下:

贝塚茂树　1949年4月—1955年3月

塚本善隆　1955年4月—1959年3月

桑原武夫　1959年4月—1963年3月

森鹿三　1963年4月—1967年3月

薮内清　1967年4月—1969年3月

森鹿三(再任)　1969年4月— 1709年3月

河野健二　1970年4月—1974年3月

林屋辰三郎　1974 年 4 月—1978 年 3 月

河野健二(再任)　1978 年 4 月—1809 年 3 月

福永光司　1980 年 4 月—1982 年 3 月

上山春平　1982 年 4 月—1984 年 3 月

吉田光邦　1984 年 4 月—1985 年 3 月

柳田圣山　1985 年 4 月—1986 年 3 月

竹内实　1986 年 4 月—1987 年 3 月

尾崎雄二郎　1987 年 4 月—1989 年 3 月

谷泰　1989 年 4 月—1991 年 3 月

吉川忠夫　1991 年 4 月—1993 年 3 月

阪上孝　1993 年 4 月—1997 年 3 月

山本有造　1997 年 4 月—1999 年 3 月

桑山正进　1999 年 4 月—2001 年 3 月

阪上孝　2001 年 4 月—2003 年 3 月

森时彦　2003 年 4 月—2005 年 3 月

金文京　2005 年 4 月—至今

(作者单位:华东师范大学对外汉语学院)

普实克的潜在力量*

□［捷克］奥特日赫·施瓦尔尼（Švarný Oldrich） 著
□李　梅　译

不久前，我思索了近30年来普实克教授（Jaroslav Prusek，1906—1980）对自己在专业和教书生涯的潜在影响，我惊讶地发现，现在他对我的影响比他在世时更为强烈。

这要从1939年冬天我们初次相遇时谈起。我那时刚满19岁，作为土生土长的摩拉维亚人来说，我第一次有机会来到布拉格。这座城市之美让我感到震惊，而同样让我感到震惊的还有这里毗连的书店。有一回，当我从老城广场边的圣萨尔瓦多教堂走出来时，对面的书店橱窗里众多的书籍中有一本薄薄的书吸引了我的目光。书名是《汉语口语教材》，书是1928年在兹林①出版的，这可是第一本用捷克语编写的汉语教科书啊！作者的名字是我所不认识的雅罗斯拉夫·普实克。我一步跨入书店，抓起书，付了钱，它完全地归我了。我迫不及待地读了起来，它完全满足了我的好奇心，直到弄懂了有关汉语的语音、音调等的疑问，这书的编写非常好（至今我仍然这样认为），一年之内就使我对汉语学习入了门。

说实话，我对中国的兴趣早在1931年就产生了，那时，我在捷克斯洛伐克南部的利贝约维采参加了一个天主教至圣救主会的学习班，那里的老师传授给神职人员一些有关世界大事的知

---

* 本文根据奥特日赫·施瓦尔尼于2005年4月1日的叙述整理。——编者注

① 捷克著名鞋城。——译者注

识,他们在午饭时间给学生们大声地朗读一些刊物上的消息。那段时间,所有的人都在关注日本入侵中国之事,我在与同学们的讨论中争论是谁在这场冲突中占理,而谁没理,我是站在中国一方的。除此之外,我的兴趣首先集中在中国的语言上,原因当然也很明显,我们在高中时学习了希腊语和拉丁语,在朗读古希腊诗歌时,我对语调拿不准,没有人在这方面对我提出要求。后来我听说中文里也存在语言声调问题,所以我最想学的是中文。

然而在第二次世界大战期间,我没有机会学习这种语言。由于众所周知的原因,大学在1939年纳粹占领捷克斯洛伐克后被关闭了,像我这样的年轻人都被送往德国当劳工。战后我继续自己的学业,因为在1939年我就曾在布尔诺市的马萨里克大学注册要学习希腊语和拉丁语这两种语言,1945年我又学习了英语和俄语。1948年我是一名中学老师,在听说了我的宗教信仰与党员资格不矛盾的消息后,我加入了捷克斯洛伐克共产党。

20世纪40年代末期,我第一次见到普实克教授是在布尔诺的贝塞塔宫听他有关中国的讲座课。虽然仅仅是远距离地认识了他,但却坚定了我学习汉语的决心。我的自修式的汉语学习有个很严重的不足之处,那便是战后生活在捷克斯洛伐克的中国人很少,汉语的口语究竟如何发音,我是有问题而无处去问的。后来有一次,那已经是中华人民共和国成立之后了,我在布尔诺的街道上偶然遇到了来自中国的篮球队球员,这为我的汉语发音学习带来了很大帮助。我当时与他们用中文攀谈起来,在他们无比高兴和兴奋的情绪中,我自告奋勇为他们在捷克斯洛伐克为期一周的访问中充当一名不怎么合格的翻译。于是我毫无准备地沉浸于倾听和记录他们讲话时纯正的汉语发音之中,我写满了自己的笔记本。在战后的年代里(而且在这之后好几年)都没有录音机可用,我要根据自己想象中的汉语口语发音作记录、填满自己的笔记本。这次机遇增添了我的信心,我开始试着在布尔诺的语言学校里教汉语,同时继续在布尔诺的几所高中里教英语和俄语。

我与普实克教授私人间的第一次接触发生在1950年,此后我决定在布拉格的查理大学继续我的汉学专业学习。1945年二战结束后不久,在普实克的努力下查理大学创建了远东语言历史教研室。我应邀前去参加入学考试,主考官就是普实克教授本人。他提问我为什么对学汉语感兴趣,我回答说吸引我的是中文里的韵律学,我在布尔诺的语言学校里教中文,而且我也学习了高本汉[②]的作品,所以我乐于在进修生学习中专门从事"汉语语音学"。普实克显然不信任我的"汉语语音"水平,当场给我出了有相当难度的测验——对汉字进行注音,之后他对结果表

---

② 高本汉(Bernhard Karlgren,1889—1978),瑞典汉学家,著有《中国音韵学研究》。——译者注

示满意,便开始与我郑重地谈论起为我制订的学习规划,他的建议对我后来的发展有着重要的意义。在查理大学我也报名听汉学家哈伦教授和副教授奥赫索尔格的课程,他们都对我准备对当代汉语口语的语音现象进行研修很感兴趣。我提出,目前辨别孤立的单音的发音将会很实用,尤其是可以运用于汉语教学之中,对汉语的语调形态的学习与口语是相互关联的。目前此项课程学习已经具备了可行性,因为有几位中国姑娘嫁给了当时在北京大学学习的捷克留学生,他们带着妻子于20世纪50年代回到捷克斯洛伐克定居了,尤其是她们之中的唐云玲·鲁塞克女士,她后来成为我对汉语语音学研究的无法替代的合作者。

1951年我被东方研究所录用。非常幸运的是,普实克教授于1952年就成为了该研究所的所长,他在我刚走上工作岗位时,就赋予了我用捷克语给汉字标准化注音的重要科研任务,目前这一标准化拼音仍然在捷克社会上普遍沿用着。1952年,我进行了文学博士论文资格答辩,题目是"与语言相关的音节韵律"。在与副教授奥赫索尔格的合作下我们发表了《汉语发音音节的试验研究》。1953年通过了我的硕士论文"现代汉语口语的词素"答辩,这一论文为后来我的毕生作品《汉语学习词典》奠定了基础,而此书的编辑就是普实克教授本人,书于1998—2000年在奥罗穆茨市以四卷本的形式出版。

1959年我曾经要求取消党籍,由于上级的介入我被开除了。在社会科学领域,开除党籍即意味着工作关系的解除。但是在东方研究所,一直到1976年都无人接替我的工作,这个时期普实克已经不再担任所长了,他也没怎么进行抗争。

这一疑团直到2000年我造访奥尔嘉·普实克夫人时才解开。那次我是要把自己发表的词典敬献给师母留念,她丈夫普实克已经不在世了。她显然很激动,向我回忆起一件往事,当她丈夫有一次从东方研究所回家后,情绪激动地把拳头砸在桌子上叫道:"难道我就因为有人信教而把他开除吗?"

2000年时,普实克离开我们已经20年了,但他从未对我提起过这件往事,他的勇气、正直和仁爱又一次深深地打动了我,让我的生命有了新的起点。我写下这几句话纪念他,是因为我过后很快就弄明白了,普实克不仅仅保护和捍卫了我,而且还有我的许多同事。尽管他是党员,却不允许党籍问题与科学研究混淆,因为他决心捍卫专业工作的纯洁性。1971年他曾被迫离开东方研究所的事实总让我们大家回忆,他本人最终成为那倒行逆施的年代的牺牲品,似乎他是在单枪匹马而又深思熟虑地做了长期的抗争。

附录

奥特日赫·施瓦尔尼(Švarný Oldrich),1920年出生,是捷克著名汉学家、语言学家和语音学家,1939年高中毕业后学习了拉丁语和希腊语,战后在布尔诺的马萨里克大学学习了英语和俄语,后来到查理大学进修汉语的语音学,毕业后对汉语的捷克语注音进行了规范化研究。1951年起在捷克东方研究所工作。1969—1970年在美国普林斯顿和加州大学伯克利分校进修,1976年被迫离开东方研究所,但仍然从事语言方面的研究。20世纪80年代他研究分析汉语音韵的发音,也从事其他东方语言,如希伯来语、阿拉伯语、越南语、藏语等的研究。1989年还曾经担任斯洛伐克考门斯基大学的汉语课程的教学工作,并且还在布拉格查理大学远东系和奥洛穆茨市的帕拉茨基大学任教。

作者主要作品:

《汉语口语的韵律及其演变》(附音律图解表),布拉格查理大学,1952年。
《现代汉语口语词素解疑》(与其他人合作),布拉格东方研究所,1963年。
《汉语口语序言》(与洛莫娃和唐云玲·鲁塞克等合作),布拉格,1967年。
《翻译中的汉语口语语法》,布拉迪斯拉发市考门斯基大学出版社,1991—1993年。
《语言是桥梁也是壕沟》,青年阵线出版社,1992年。
《汉语教学词典》,奥洛穆茨市巴拉斯基大学出版社,1998年。

论文:

《中国文字改革》,新东方出版社,1965年。
《汉语难学吗》(与其他人合作),新东方出版社,1966年。
《现代汉语中的韵律学特色及其功能》,德国莱比锡大学出版社,1967年。
《符号文字的发展及其可能——远东地区的文化社会传统》(与唐云玲·鲁塞克合作),奥德恩出版社,1980年。
《汉语或北京话中的韵律特点——韵律学誊写和统计表》,ArOr出版社,1991年。
《汉语口语中的律动特点——测量和语法分析方法论》,1991年。

(译者单位:北京外国语大学欧洲语言文化学院)

"20世纪中国古代文化经典在域外的传播与影响"栏目说明

  中国古代文化经典在域外的传播与影响源远流长。据严绍璗教授的研究,古典儒学经典传入日本列岛,当在5世纪初。我们若把目光转向西方,便会发现,中国古代文化经典的传播也已有了400余年的历史。在16—17世纪,以利玛窦为核心的耶稣会士把《大学》、《中庸》、《论语》、《孟子》等中国古代文化经典译成西文,开创了中学西传的先河,使中国古代文化对西方科学与哲学产生了重要影响。到了西方汉学创立的19世纪至20世纪,中国古代文化经典在海外的传播日益广泛,有些重要的典籍不仅译介语种多,而且同一语种往往还有多个版本,范围从历史、哲学著作扩展到文学、艺术,其影响不断增强,研究也更加深入。本刊主编张西平教授目前正在整合北京外国语大学乃至全国的学术力量,负责教育部重大课题攻关项目——"20世纪中国古代文化经典在域外的传播与影响"。然而,就总体而言,目前中国学术界对该领域的研究尚显不够全面、系统和深入。我们特设本栏目,将陆续刊发海内外学者的相关研究成果,意在为推动关于中国古代文化经典在域外传播与影响的研究尽绵薄之力。——编者

《易经》在西方的第一次介绍和翻译*

□ [法] 梅谦立（Thierry Meynard） 著
□ 陈　岗　译

内容摘要：《中国哲学家孔子》(1687) 主要翻译并评论"四书"，不过，在这本书的序里，耶稣会传教士系统地介绍了《易经》。他们的介绍受到了莱布尼茨的关注，使他开始学习《易经》。这篇文章简略地分析耶稣会士的诠释选择，并且提供他们评论的中译文。

关键词：《易经》　诠释学　宋明新儒家　耶稣会士　神学

Abstract: Though *Confucius Sinarum Philosophus* (1687) is mostly devoted to the translation and interpretation of the Confucian "Four Books", yet, in the preface of this book, the Jesuit missionaries systematically presented *Yijing*. Their presentation attracted the attention of Leibnitz who decided to further study *Yijing*. This paper presents briefly the hermeneutic choices made by the Jesuits and provides a Chinese translation of their commentary.

Key words: *Yijing*　hermeneutic　Neo-Confucianism　Jesuits　theology

来华的耶稣会传教士被认为是中西文化交流的先锋。他们不仅向中国人介绍了西方的文化、思想、科学、艺术等，也首次向欧洲人介绍了中国。在对中国经典古籍的翻译工作中，传教士

---

* 本文原文为英文，部分引文为拉丁文。作者为中山大学哲学系教授。——编者注

进行了一些选择。他们认为儒家经典充满理性,且在伦理生活方面有一些引人注目的亮点,所以,他们认为"四书"在中国经典中最有价值。从利玛窦开始就有耶稣会士开始对"四书"进行翻译。由柏应理(Philippe Couplet)主编并在1687年于巴黎出版的《中国哲学家孔子》代表了他们80年努力的主要成果[①]。《大学》、《中庸》、《论语》等书首次被翻译成西文并出版。而除"四书"外,传教士也很早就意识到《易经》在中国思想史上的重要性。而且就如当时的中国人一样,他们也认为《易传》系由孔子所撰。因而他们也察觉到,在向西方人介绍孔子思想的著作时不能完全绕开《易经》。所以,在《中国哲学家孔子》序里,耶稣会士用了相当大的篇幅来介绍《易经》的历史、结构及思想等[②]。而为了理解《易经》,耶稣会士还不得不求助于在当时较普及的著作,包括明代胡广主编的《五经四书大全》、《性理大全》,以及明代张居正的《〈易经〉直解》。

在下文中我们将提供在《中国哲学家孔子》一书中关于《易经》部分的汉语翻译。而在此之前,这些材料除拉丁语版本外,并无其他语言的版本。序的第一部分由当时驻广州的意大利耶稣会士殷铎泽(Prospero Intorcetta)所写,并由柏应理在巴黎进行后期编辑。第一章简略介绍了"五经"的每一本书,并将《易经》位列第三;第六章主要介绍了阴阳学、八卦、六十四卦以及"太极"的概念;而第七章介绍了前十四卦的卦名和卦辞;在第八章,详细地介绍六十四卦中的典型——第十五卦"谦卦",而殷铎泽为此还翻译了"谦卦"的卦辞、爻辞以及《易传》的相关部分。从译文中可以看出,他在处理原文时态度非常认真,对原文保持很高的尊重,而翻译和介绍与原文也基本相符。他的译文表明他对《易经》有很深的理解。比如,殷铎泽克服了西方"不矛盾律"的观念,将八卦的相生相克正确地理解为"八个卦相互对立,但不能就此认为它们之间完全冲突,而应是相互聚拢的事物间的亲密关系,或说相生相克的事物"。但在其他方面,殷铎泽还没有完全摆脱西方思想框架。比如,他从科学中的因果关系来判断《易经》的生克原理,这是比较含混不清的。另外,他还用西方的心物二分来理解"太极"(Tai Kie),把它当成"原质"(Yven che)或原初的物质(Materia prima)。因此,对殷铎泽来说,《易经》的最大意义并不在于宇宙生成论,而在于伦理思想。在这方面,他精当地把握到了"谦卦"中所含的伦理观念,用正面的态度来肯定这些类似于基督宗教"谦虚"(humilitas)的核心

[①] 关于《中国哲学家孔子》的介绍和研究,请参阅梅谦立《最初西文翻译的儒家经典》,载《中山大学学报》,2008年第2期,第48卷,第131—142页。这里我要感谢中山大学哲学系张丰乾副教授关于这篇文章的建议。

[②] 在《中国哲学家孔子》之前,只有一个非常简略的介绍:Martino Martini, *Sinicae Decas Prima*, Rome, 1656, p. 6。

观念。我们可以注意到,殷铎泽克制自己不用神学观念涵盖原文,而只限定于伦理学层面。

在礼仪之争的背景下,柏应理为对利玛窦的传教策略进行辩护,加上了序的第二部分。为此,他更严格地划分了原始儒家和宋明新儒家。他从哲学史的角度证明,"太极"虽然在《易传·系辞》中出现,但在中国古典思想中并不重要。宋明理学家们发挥了对"太极"的新理解,用以代替以前的上帝观,而这使他们倾向唯物主义和无神论。然后,柏应理通过士林式的亚里士多德哲学思想进行更系统的分析,断定宋明理学在"四因"中完全忽略了具备超越性的"动力因"和"目的因",而只接受"质料因"和"形式因",因而把"太极"当成绝对真理。在此,柏应理暗示宋明理学陷入错误的泛神论中。

综上所述,耶稣会士大体上是以儒家伦理思想具备理性这一前提来阅读《易经》的。但他们对《易经》还是有所保留,而非完全接纳。他们知道,由于《易经》自身的晦涩,除了他们所介绍的儒家式的诠释之外,还有很多可能的诠释。而他们着重于反对两种误解:一种是民众用迷信的方式来阅读,这完全违背了原作者和诠释者们(伏羲、文王、周公、孔子)的意思;一种是宋明理学的文人将"太极"作为最高的真理,他们认为这完全扭曲了《易经》的原来意思,把儒家思想导向错误(物质主义、无神论、泛神论)。也许耶稣会士对迷信的抨击是有道理的,因为即便在今天的中国或西方,对《易经》都有那么多稀奇古怪的解释。但在第二点,我们不得不承认他们在当时对宋明理学没有很完整的理解,使当时宋明理学与西方哲学的交流发生阻碍。后来,白晋(Joachim Bouvet)继续开展对《易经》的研究和诠释。从1697年到1707年,他跟莱布尼茨有书信来往,对德国思想家很有启发。另外一些耶稣会士,特别是冯秉正(Joseph-Marie de Mailla),则继续进行六十四卦爻辞的翻译[③]。

《中国哲学家孔子》节译

上卷,第一章:经典和它们的权威性(相关部分)

第三经(如果我们可以称之为经的话)被称为《易经》,它比《诗经》更晦涩,就像谜语一样。在"五经"当中,如果不算《易经》后来添补的部分[即《易传》],它就

---

③ 关于白晋对《易经》的诠释和冯秉正关于《易经》翻译,请参阅 Claudia von Collani, "The First Encounter of the West with the *Yijing*. Introduction to and Edition of Letters and Latin Translations by French Jesuits from the 18th Century", *Monumenta Serica*, *Journal of Oriental Studies*, vol. IV (2007), 55, Sankt Augustin: Steyler Verlag, Nettetal 2008, pp. 227-387。

是最古老的。它的作者伏羲(Fo hi)是中华民族的祖先,他是中国人在狩猎和农业方面的第一位老师,就像另一位奥菲斯(Orpheus)。《易经》由卦辞和爻辞构成。下面我们会画出这些爻和卦,并说明它们是怎样通过不同的组合构成新的各种各样的卦象,从而蕴涵了新的意义。中国的君主制度建立了1800年后,"俄狄浦斯"(Oedipus)才出现,也就是文王。文王成功地说明了八个原素之间的相互变化,即它们是如何通过八卦的八次相互变化而形成。他的儿子周公试图对此进行更详细的描述。但我认为,他在这些神秘的谜语、不清晰的记号的基础上,增添了更多的谜语。500年后,孔子才最终破解了这些谜团。孔子解释了伏羲的这些神秘卦象以及前人对此的神秘解释。借此,孔子归纳出所有的意义:一部分归于自然界,特别是归到一些元素、它们的特征和互相之间的影响;另一部分归于人类的伦理规范。所以正如我们上面所说,这部著作的来源是如此地古老。即便这本书的其他部分是在很久之后才被添上的,但我们所提到的三个诠释者(文王、周公和孔子)还是获得了《易经》作者的名衔,而不仅仅被认为是诠释者。由于书中的一切都晦涩难懂,我们认为这本书在"五经"中应位列第三。在孔子自己最初的注疏中也同意这个观点。在他的晚年,他还希望解释这本神秘的著作,可是他的去世导致了他的努力和愿望无法实现。

第六章:新诠释者④从哪里吸取哲学新方法

无疑这整套理论都只源于一个源头、一个根基——《易经》,或说"描述变化的书"。在之前提到的"五经"中⑤,我们将它排到第三位——如果极少量难懂的⑥卦画和卦象就担当得起这一书名的话。伏羲是中华民族的创始人,由于他那时没有使用任何成文的文本,因而他将卦画和卦象留给子孙们解释,就像另一个戈耳迪之结(nodum gordium)⑦一样。当诠释者们借助这本书着手于他们的大典时,他们尤其将其学说立足于这本书,在我们深入开展工作前,有必要向好奇的欧洲人指示这本小册子的概要与示例。显而易见,作者(伏羲)目的无外乎向人类展示受造物的相互联结及联系,或相互分离及矛盾,以及受造物之间的影响、秩序及变化。通过这样的阶段,他(作者)手把手地引导粗鄙幼稚的中华民族去认识到自身的开始、

---

④ 即宋明理学家。

⑤ 看前面 Paragraphus Primus,7。

⑥ 拉丁文的 hieroglyphicus 意味着"难懂的"。在西方,经常用来谈埃及古文字。那时候,也有人提出了中国文字跟埃及文字有历史上的关系。

⑦ 古费吕加国王戈耳迪的戈耳迪之结:按神谕,能解开此结者即可为亚细亚国王,后来此结被亚历山大大帝解开。暗喻难题或难事;(问题或故事情节)关键,焦点。

终结及灵魂的最高智慧(即上帝)。因此,伏羲认可向他(即上帝)祈祷与献祭,而也因此,他有另外一个名字包牺(Pao hi),意即抱着献祭用的祭品⑧。这最充分地证实了,对真神的敬拜在这个民族的最初就存在了⑨。

看起来,有关天、地、人的事物,后裔进行了思考。不过,伏羲在观察那三个奇妙的关系及它们的相互吸引和相互对称的时候,他显然描绘出了八卦(Pa qua),即八个悬挂的图像或图征;诠释者(张居正)揭示"卦"(Qua)字如同"挂悬之象"(Qua-hiven-chi-siam),尽管现在人们将其滥用为算卦卜天⑩。然后,他由此描绘出那些卦象,每个卦象由三条或完整或断开的直线组成。因而这样就得出了八个组合物。你可以将其构想为诗词中的三音节韵文组合:完整的线是一个长音节,断开的线是两个短音节。他由此将这些三线组合物经过两两叠加,并重复八次,最后显现出六十四个卦象。但是,因为求知的后裔们把卦征规定在系统里面的这边或那边,所以这些卦象变成了很粗略的图画,而在某种程度上,它们让各式各样事物的本性、变化与排序变得很模糊。

你们应该知道,中国人从古时候起就很了解,万物皆有两方面的物质原则,一是完满,另一是残缺,前者称为阳,后者称为阴。此二者生于太极。它像是一片混沌,或者包囊一切的某种物质实体,对于中国学者、少数异教徒,以及同享圣光照耀者(指基督信徒)而言,他们都将它解释为原质,即原初的物质⑪。然而有很多诠释者,在讨论事物的原初产物时认为,存在某种如无边的海洋般包含灵魂及其思维的东西,这个东西分为两个较小的海,这样,任何更易变、轻盈、纯洁、完美的东西停留在一部分,而任何更固定、沉重、污秽、残缺的东西停留在另一部分。这构成"多"的二级原则⑫。然而,这两个原则就像两个小海一样,彼此越来越分开,并且两者

---

⑧ 伏羲的别名"包牺"可以在《易经·系辞下》找到。

⑨ 《中国哲学家孔子》试图证明,通过伏羲,最初中国人认识和崇拜上帝。所描述的上帝好像基督宗教的三位一体,即创造者(父)、救世主(子)、智慧(圣神)。按照巴黎图书馆的抄本,好像殷铎泽原来没有提到这一点,而后来柏应理自己加上了。参见:Virgile Pinot, *La Chine et la Formation de l'Esprit Philosophique en France*. Paris:Geuthner,1932,p. 154。

⑩ "卦"字的来源很明显跟占卜有关。古代,人们把绳子打结并分组悬挂起来,后来简化为阴阳符号,既指事,也用来计数,如此,"卦"广义为记号。而且,"卦"和"掛"通用。后来,"掛"的"卜"也消失了。《中国哲学家孔子》故意不谈"卦"跟占卜的关系,而接纳宋明理学的理性解释。相反,它暗示,《易经》本来很有理性,而后来沦陷于民间迷信中。

⑪ 这个立场的一致性看起来很奇怪,因为很多儒家知识分子不会简单地把太极作为物质原则。在这里,耶稣会传教士采用西方思想的二元论来理解宋明理学。

⑫ 这里看起来有矛盾:耶稣会士先介绍了太极作为物质原则,不过,这里,事物的产生还包括灵魂和思想。

各自随着较纯洁完美的东西与较污秽残缺的东西的分离,又分成两部分。如此往复,又从四个中,形成相互分开和区别的八个;继而八又像大河那样分成十六;继而又分成三十二;直到分成六十四;分成了如此多的溪流,而每一次分流又都遵从第一次分离时的规范,这些溪流最后组成了这个可见的世界。这样,我们就应从这种比喻回到事物本身,而正如中国人用哲学思想来说:通过"阴"和"阳"的强力与效能,或通过其多样特性,所有事物都可以立足;任何事物,按照它从"阴"或"阳"获得多少,能完善自身。

如前所述,卦象或图象的整个结构由两种线组成,一种不断开:━,一种断开:╴╴。不断开而完整的线代表完美和稳固的东西。它代表较为优胜同类的东西,它也指幸福和幸运的事情。断开而不完整的线则指相反的东西。这样,断开的线指"不完美"(imperfectum),譬如地、月、水、寒、夜、女、一些我们经常称之为"根源"的"湿气",还有疾病和灾难。相反,连续不断的线指"完美"(perfectum),比如说,天、日、火、热、昼、男、一些"本地火"或"原热",还有健康和运气。此外,他们(中国人)教导,显露自己、向外走、推动、扩大、稀释、上升、增长、打开,都归属于"完美"。相反,隐藏自己、入内、安息、收缩、浓缩、下降、减少、封闭,都归属于"不完美"[13]。他们还教导,由这两个原则发生四个次要的原则:从"完美"有两个,即"更多完美"(perfectum major)和"更少不完美"(imperfectum minus)的原则;[14]从"不完美"有两个,即"更少完美"(perfectum minus)的原则和"更多不完美"(imperfectum major)的原则[15]。

孔子把这四个来自两个原则的衍生称为"Su siam"(四象),也即四种图征。正是根据诠释者的观点,它们标示了太阳、月亮以及更大的或者更亮的、更小的或者不那么亮的星星。我不太清楚他们希望通过什么样的论证来证明和支持什么观点。这里,我实在不知道他们在这里显然承认的相互的根源,或者如我们所说的因果关系,例如,冷产生于热,或者至少伴随热,另一方面,热又产生于冷[16]。不过,当

---

[13] 《中国哲学家孔子》采用西方概念的"不完美"和"完美"来翻译阴阳。不过,阴阳的概念很复杂,不能简单地回归到一个译词。而且,"完美"很容易联系到某种永恒的本体,而忽略阴阳之间形成一种无限的循环。

[14] 即太阳(或者老阳)和少阴。

[15] 即少阳和太阴(或者老阴)。《中国哲学家孔子》所用的"完美"标准使阴阳循环太固定。看起来,太阳、少阳、太阴和少阴几乎变成某些本体。

[16] 《中国哲学家孔子》采用西方科学,特别是因果关系,作为标准,而理解《易经》所描述的连接。从这个角度,耶稣会传教士不得不判断《易经》的非理性。不过,从整体关系来看,可以理解这些关系:并不是一个单独因素跟另外一个单独因素有联系,而更是每一个单独因素跟整体有联系。

诠释者试图捍卫并证明这个观点时,他们通过这种方式:据他们所说,按照水和金属的性质看来,它们是冷的;但是不可否认,水的光辉和金属的光亮都是由热产生的,而且,明摆着不是从别的热而来,而应该是来自于在任何水和金属里面的热。同样地,火的本质是热的;但是,在燃烧的火焰中经常能发现某种稍暗的东西。它很像蓝色海水。如果它不是从冷中产生,却从哪个原因产生?⑰ 毫无疑问,当热到了极致时,它到某种程度就会产生冷;同样,冷达到自己程度的最大限度时,就产生热;而且,当冷在北方达到极致,热就会在那里露出端倪,它渐渐向右移动着,在东方得到发展,并且,它在南方获得最强的力量和完善。相反,冷在南方产生,随后旋转着向右,在西方壮大,最后在北方最强。就是这样。

继而如前所述,由这些次要的原则或说"象",使"八卦"或说"八个图征"出现。文王解释了它们,给每一个图征命名并赋予属性。我们所提供的标图将对此证明。

在《易经》书的另一部分,哲学家(孔子)对之前所提的八卦,以及它们之间的交错和分离,按照其自身的属性和周公、文王对它的解释,这样表述了事物的生产。事物通过均匀的、永恒的全年循环而生成,这正是均衡的次序和进程。

据孔子说,⑱"天帝着手于万物的最初造化,⑲并在仲春时从东方显现。⑳ 随后,他继续执行他的路线和工作,他适当地安排了位于东方和南方中间的万物,直到春季的末端,当它连接到夏季的时候。接着,他使万物在南方,即在夏天的炎热中破土而生,彼此相处,充满生机和活力。㉑ 随后,在位于南方和西方正中间的地方,他使万物繁荣,而通过大地和其他因素,支持它们,直到在夏季的末尾,在那里,他跟秋天的开端连接起来。随后,他据说对此一切均表示赞赏。当他所命令的任

---

⑰ 我们有理由认为这种解释不是很正统的。这种理解方法更偏向西方的因果关系,在火里面找到水。如此,《中国哲学家孔子》能更容易把《易经》排除掉。

⑱ 这段文字都来源于《说卦》。耶稣会士以为,《说卦》是孔子所写的,不过它在汉朝出现。

⑲ "《易》曰:'帝出乎震。'夫帝也者,非天之谓,苍天者抱八方,和能出于一方?"在《天主实义》里面,利玛窦提到了,在"四书"、"五经"里面,有关于天或帝的11次表述。利玛窦提及了《说卦》的这句话(上卷帝二篇,N. 106, pp. 122—123)。因此,"天帝"应该被理解为"上帝"或"天主",如同前面所说(I. 3)。虽然《说卦》描述天地万物的自然产生,但是,《中国哲学家孔子》要强调,上帝来发动过程的每个步骤。

⑳ "万物出乎震,震,东方也。"《说卦》表达地和万物出乎东方,不过,《中国哲学家孔子》通过创造的过程,把两个连接起来。

㉑ "齐乎巽,巽,东南也,齐也者,言万物之洁齐也。"跟原文比较,我们可以注意,《中国哲学家孔子》不断地采用时间连接词。对它来说,与《创世纪》的七天一样,文字描述历史上的创造过程。

何事物都完成了,他终于稍息了,那是在西方,在秋天中间㉒。不过,到秋季结束,当秋天开始跟冬天的开端混合的时候,他参与了连续不断的战斗和战争。在西方与北方之间,由于炎热要克服寒冷,它们之间的斗争不断。随着寒冷完全主宰(炎热),在北方、在冬至,他再平定万物㉓。最后,他终得完成一切,尽善尽美。在北方和东方的分界处,随着冬季的逝去,当冬季的末端被连到春季开端的时候,他把首尾相接。"㉔

孔子说了这些话㉕,而后来有诠释者张阁老(Cham Colaus,即张居正)的解释;他确实如此下结论:"盖先帝之主宰。"这就述说:"这一切都来源于最高的统治者的法则和掌控。"㉖不管八卦和它们之间的互相连接和矛盾怎么样被解释,当八卦被重复的时候,就成为十六卦;这十六卦同样也演化成三十二卦;由三十二卦演化为六十四卦。㉗当八卦按照位置和次序被安排,而它们被互相混合,六十四卦中的每一个卦被由八卦中的两个而构成。㉘

㉒ "离也者,明也,万物皆相见,南方之卦也,圣人南面而听天下,向明而治,盖取诸此也。坤也者,地也,万物皆致养焉,故曰致役乎坤。"译文表达,天帝欣赏他的造物。这两个情节不在原文,而跟《创世纪》有关。

㉓ "兑,正秋也,万物之所说也,故曰说;言乎兑。战乎乾,乾,西北之卦也,言阴阳相薄也。坎者水也,正北方之卦也,劳卦也,万物之所归也,故曰劳乎坎。"《中国哲学家孔子》提出上帝的休息。不过,在《说卦》没有提到。很可能,上帝的休息是跟《圣经》所说上帝在六天内创造宇宙而第七天休息有关。

㉔ "艮,东北之卦也,万物之所成,终而所成始也,故曰成言乎艮。"

㉕ 这点是不正确的。

㉖ 正如 Lundbaek 说过,张居正的这句话偏向有神论,把天帝作为天帝万物的统治者。只凭这种论据,耶稣会把张居正放在朱熹之上。不过,这种论据不够来确认张居正保持了有神论。而且,朱熹也有类似的说法,如此:"天下莫尊于理,故以帝名之。惟皇上帝降衷于下民,降,便有主宰意。"(《语类》,4)朱熹把上帝当做为某种匿名的最高原则,或"理"。最有可能,张居正有了同样的理解。

㉗ 这里,《中国哲学家孔子》提出,六十四卦由八卦重复两次,还有两次,还有两次:$8 \times 2 \times 2 \times 2$。

㉘ 这里,《中国哲学家孔子》提出关于六十四卦产生的传统说法,即把八卦互相混合:8×8。

最初的二个原则(两仪)㉙

完美　　　　不完美
━━　　　　━ ━
Yam　　　　Yn

两仪直接地生四象

更多完美　　更少不完美　　更少完美　　更多不完美
━━　　　　━ ━　　　　━━　　　　━ ━
━━　　　　━━　　　　━ ━　　　　━ ━
Tai-yam(太阳)　Xao-yn(少阳)　Xao-yam(少阴)　Tai-yn(太阴)

四象生八卦

Kien(乾)　Tui(兑)　Li(离)　Chin(震)　Siven(巽)　Can(坎)　Ken(艮)　Quen(坤)
　1　　　　2　　　3　　　4　　　　5　　　　6　　　7　　　8

他们(中国人)也把八卦描述为一个圆,其中四卦倾向完美,四卦倾向不完美,并相互统一相互区别,描述出世界的四个极(即东南西北四面)㉚。对于这四极,他们又将其联系到黄道的四个点,即两个至日和两个分日,即夏至、冬至、春分和秋分,再加上几个中间点,描述出黄道的八宫及世界的八极。同时,他们这样描述卦象:从第一个卦象出发往左,经过四个卦象后形成一个半圆;而后,从另一边的开端,或者第五个卦象,开始往右,通过同样数目的卦象形成另一个半圆,以这样的方式构成一个完整的圆。

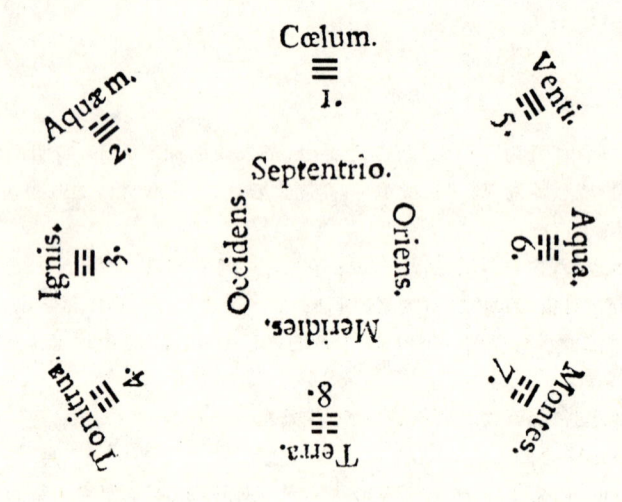

Cœlum.　1.
Aquæm. 2.
Venti. 5.
Ignis. 3.
Septentrio.
Occidens.　Oriens.
Meridies.
Aqua. 6.
Tonitruum. 4.
Terra. 8.
Montes. 7.

㉙ 这里,《中国哲学家孔子》描述了八卦的产生:在一条阳爻或一条阴爻之上加上一条阳爻和一条阴爻,构成四种可能图像,称四象。然后,再加一条阳爻和一条阴爻来构成八种可能图像,称八卦。

㉚ 西方黄道有十二宫,而在这里的黄道只有八宫。此处表述的是"先天八卦图"所反映的宇宙秩序:一年中太阳行经的路线。

如同张阁老所说,关于这些交互、联合与对立,孔子在《易经》一书上这样揭示:"天(乾)在上,地(坤)在下,它们在各自的位置上固定下来。"㉛"山(艮)与山的水(兑)通过湿气相互渗透。"㉜有些湿气从地下的水中被释放上升,变成蒸汽,从此便有了云和雨。还有一些湿气因为更稠密,就降下来,从此便有了水源、河流与湖泊。"干旱而热烈的雷与无形、轻吹而寒冷的风,两者相互挤压相互促进"㉝,并且相联相混从而相互支持和发展:因而,雷向下猛击,而风则由于沸腾的蒸汽而变得愈发激烈。与此类似,当水的寒冷调和火的炽热时,并不是水与火相斗最后两败俱伤,而恰恰是为了所有事物的大利而相联相混。㉞ 很显然,八卦相互对立,但不能就此认为它们之间完全相反,而应是相混的事物间的亲善关系,或说"相互理解相互帮助的事物"。

六十四卦图,或者称为《易经》的"变化的书"㉟。

文王(Ven vam)是第一个尝试通过刚才的图像来揭示这六十四卦的人。而每一卦都的确得到了解释,不过极为简略,甚至很模糊。既然如图中所示,每一卦都由总共六爻构成,所以我们可以看到,构成这些卦的线条(爻)的总数,恰是中国人所称的闰年中的天数384㊱。随后,文王的儿子周公致力于阐释这些卦中的每一条线(爻)。他认为,在顶端和中间的线能确定卦象的具体连接、次序和关系㊲。此外,这些线条之间有或多或少的联系,并由此共享"完美"(阳)或"不完美"(阴)。当他(周公)谨慎地研究这些事物时,他曾常用比照。在此,他比他父亲(文王)更成功的地方并不在于他神奇地解释了大部分卦。当他描述每一卦象,或甚至每一条线(爻),他总是逐条线向上地从最底的第一条一直攀升到最顶的第六条。他给每一条线(爻)赋值;完整的线(阳爻)赋以九,是短线(阴爻)的值的三倍。㊳ 同时,他没有遗漏其他依照相应次序排列的线。谁都知道这些事物不无神秘,因为中国

㉛ 《系辞·上传》:"天尊地卑,乾坤定矣。卑高以陈,贵贱位矣。"《说卦·三章》:"天地定位。"

㉜ 《说卦·三章》:"山泽通气。"

㉝ 《说卦·三章》:"雷风相薄。"

㉞ 《说卦·三章》:"水火不相射";《说卦·六章》:"故水火相逮,雷风不相悖,山泽通气,然后能变化,既成万物也。"

㉟ 这张六十四卦图按照传统的文王八卦所绘。

㊱ 农历分为12个月,六个月又29天。遇到闰年的时候,加了一个30天的月,总数为384天。

㊲ 爻位的作用太简略地解释,使读者不容易理解。

㊳ 这种解释好像不够准确。老阳等于九,少阳七,少阴八,老阴六。

Tabula sexaginta quatuor Figurarum,
seu Liber mutationum *Ye kim* dictus.

#	1	2	3	4	5	6	7	8
top	Cœlum.	Terra.	Aqua.	Montes.	Aqua.	Cœlum.	Terra.	Aqua.
bot	Cœlum.	Terra.	Tonitrus.	Aqua.	Cœlum.	Aqua.	Aqua.	Terra.

#	9	10	11	12	13	14	15	16
top	Venti.	Cœlum.	Terra.	Cœlum.	Cœlum.	Ignis.	Terra.	Tonitrus.
bot	Cœlum.	Aqua m.	Cœlum.	Terra.	Ignis.	Cœlum.	Montes.	Terra.

#	17	18	19	20	21	22	23	24
top	Aqua m.	Montes.	Terra.	Venti.	Ignis.	Montes.	Montes.	Terra.
bot	Tonitrus.	Venti.	Aqua m.	Terra.	Tonitrus.	Ignis.	Terra.	Tonitrus.

#	25	26	27	28	29	30	31	32
top	Cœlum.	Montes.	Montes.	Aqua m.	Aqua.	Ignis.	Aqua m.	Tonitrus.
bot	Tonitrus.	Cœlum.	Tonitrus.	Venti.	Aqua.	Ignis.	Montes.	Venti.

#	33	34	35	36	37	38	39	40
top	Cœlum.	Tonitrus.	Ignis.	Terra.	Venti.	Ignis.	Aqua.	Tonitrus.
bot	Montes.	Cœlum.	Terra.	Ignis.	Ignis.	Aqua m.	Montes.	Aqua.

#	41	42	43	44	45	46	47	48
top	Montes.	Venti.	Aqua m.	Cœlum.	Aqua m.	Terra.	Aqua m.	Aqua.
bot	Aqua m.	Tonitrus.	Cœlum.	Venti.	Terra.	Venti.	Aqua.	Venti.

#	49	50	51	52	53	54	55	56
top	Aqua m.	Ignis.	Tonitrus.	Montes.	Venti.	Tonitrus.	Tonitrus.	Ignis.
bot	Ignis.	Venti.	Tonitrus.	Montes.	Montes.	Aqua m.	Ignis.	Montes.

#	57	58	59	60	61	62	63	64
top	Venti.	Aqua m.	Venti.	Aqua.	Venti.	Tonitrus.	Aqua.	Ignis.
bot	Venti.	Aqua m.	Aqua.	Aqua m.	Aqua m.	Montes.	Ignis.	Aqua.

Has

人将奇数视为"完美"(阳),将偶数视为"不完美"(阴)。[39] 他们将阴视为"不完美",把寒、夜、月、水、地都归入其中。他们将阳归于"完美",把热、昼、日、火、天都归入其中。根据这样的原则,他们进而说明,以天数为三,以地数为二,由此形成五,再将五翻倍而为十。所有数字在补足后都可以归为十这个基础。[40]

这种六十四卦的卦象对于中国的智慧而言非常复杂,但我不应说它是一种像迷宫一样无用的练习,因为孔子因他仅靠自己就从这个迷宫里挣脱而备受赞誉。确实,他应该受到赞美,因为直至他老年,他都保持了对这些图像进行探究的欲望,并更小心地对其进行再一次探究[41]。因此,在拜读过那些主流诠释者,即文王及其子周公后,他可以更明确、带有更雄辩是非感地说明一切:他可以从事物之间的自身自然联系、次序、变化及主动力量中,取得最动人的教诲,这不仅是为了个人习惯或家庭教育,而更是为了城市、邦国乃至于整个帝国的公共管理。孔子自己没有否认,中国古人重视了预言和占卜,而他认为的确有某种力量和属性被这些预言和占卜引向。古人善于通过它们,在远在事情真正发生之前就向人们道出它们是有利或不利的,就像是通过这样的占星就能够获知未来的某一门知识,而这门知识如贤人所言,并非完全虚假。的确,如同那些诠释者所证明的,孔子自己不理预言和占卜,认为它们根本是空洞的,甚至是没有用的。毋庸置疑,这些物事完全与他无关。但,乐于仅被理性及其光芒所照,他为那唯一的德行而尽瘁,并且将自己完全投入其中[42]。诠释者们对这点保持沉默,但我们可以依靠孔子自己作为证据。这《易经》的第三页,他清楚地说道,远古的圣人很明显创作并阐明了这本书,并不是为了用来占卜和预言[43],而是,如同张阁老所说,为了人们认识到天赐给他们的本性,并遵从它,如同一个领袖和导师一样,而最终确实地把握本性的来源,即天命或至

---

[39] 阳爻的确是单数的(七或九)。在《中国哲学家孔子》看来在《易经》中有个逻辑缺陷,应该是偶数,而非奇数是完美。

[40] 跟《系辞》比较,数字有些不同。在《系辞》中,天数与地数都有不足。在理想状况下,天数与地数各有五,这样加起来的总和就是十。《易经·系辞上传·第九章》:"天一地二,天三地四,天五地六,天七地八,天九地十。天数五,地数五,五位相得而各有合。"

[41] 在前面第一节已经说了。为了原文,参见《论语》7.16。

[42] 直到这里,《中国哲学家孔子》说明了,虽然孔子没有反对占卜,他自己用过理性来代替。

[43] 前面,有了"远古的贤人"(prisci sapientes),可是,现在,有更宗教内涵的"远古的圣人"(prisci sancti)。

高神性的预知㊹。因此,为了更好地阐明一切,应特别提到那42位(即《五经大全》的编者),他们在六十四卦的开头,便立即借助恰当的话语,记载了这一切。当诠释者们提醒读者的时候,其实他们在提醒所有后裔,教训说:"帝也被称为至高主以及统治者。"有人会问:"谁被称为主及统治者?"他们立刻便回答:"他本身就是主及统治者。因为,天空的确是最高纯粹及完美的东西,它很自然地不断开而被推动;如果它一直这样被推动,无疑,造成此况的就是如此的主及统治者。这一确立的基础是必须的,使人们可以通过自己来了解他;不过,言语不足以让我们能完全理解他。"㊺

(译者单位:中山大学哲学系)

㊹ 在手稿上,柏应理加上了对天命的解释:"至高神性的预知"(suprimi Numinis providentiam),为了强调中国古人的一神论。参见 Pinot, p.154. Lundbaek 跟张居正的文笔比较,强调耶稣会士对张居正评论的采用有选择性:"From the very first part of the Remarks on the Trigrams they took only the only bit that does not speak about manipulation of milfoil stalks, nor about strong and weak lines, or Yin and Yang."(Lundbaek, Knud, "Chief Grand Secretary Chang Chü-cheng & the early China Jesuits", p.8)张居正的评论最有可能来源于《说卦》:"昔者圣人之作易也,将以顺性命之理。"这句话对耶稣会士的论说是非常关键的。不过,"性命之理"并不一定要从一神论的超越性理解,而可以把它看做为某种符合自然次序的内在原则。

㊺ 作者要证明,中国古人相信上帝作为世界的来源。这里的论据很像亚里士多德式:上帝作为第一个推动者,造成物质天空和其他事情的运作。参见 Pinot, p.155。

试析卫礼贤对《易经》的解读

□ 蒋　锐

  内容摘要：本文围绕德国著名汉学家卫礼贤对中国经典《易经》的理解与翻译进行了分析，试图揭示以下问题：在卫礼贤眼里《易经》到底是一部怎样的书？它揭示了什么？对人们有哪些启示？全文共分六个部分：一、《易经》是中国古代一部富于生活智慧的哲学著作；二、《易经》的哲学基础；三、《易经》对中国文化的影响；四、《易经》在占卜中的运用及其卦、象、辞的启示；五、《易经》的生活智慧及其对西方的意义；六、卫礼贤《易经》译本在西方的影响。

  关键词：卫礼贤　《易经》　德国汉学

  Abstract：Richard Wilhelm is a famous German Sinologist. This article aims to analyze his understanding and explanation of the *I Ging*, the Chinese classic. The main question is: from the perspective of Richard Wilhelm what kind of book is the *I Ging*, what does the *I Ging* reveal and what inspirations does the *I Ging* offer to people. This article has six parts, dealing respectively with Richard Wilhelm' views on the *I Ging*, namely: the *I Ging* being a philosophical book of ancient China rich in human wisdom; the philosophical basis of the *I Ging* and its influence on Chinese culture; the application of the *I Ging* in augury and the inspirations of its divinatory symbols; the human wisdom of the *I Ging* and its significance to the West; the influence of Richard Wilhelm's translation of the *I Ging* in the West.

Key Words: Richard Wilhelm *I Ging* German Sinology

卫礼贤(Richard Wilhelm)从 1915 年开始着手翻译《易经》,到 1924 年《易经》德文版出版,花了差不多 10 年时间。其间以及后来在法兰克福大学从事汉学教学与研究工作期间,他还在不同场合作过无数次关于《易经》的学术报告,发表过多篇论述《易经》的文章。在他关于中国哲学、中国文化的著作中,也都大量涉及《易经》。由此可见卫礼贤对《易经》的兴趣与执著。另外,也主要是通过对《易经》的翻译和研究,卫礼贤成为当时世界顶尖的汉学家之一。

卫礼贤在中国从事《易经》的学习与翻译时,主要得益于劳乃宣(1843—1921)的帮助,并深受他的影响。在法兰克福,卫礼贤对《易经》的研究受到"智慧学派"创始人凯泽林(Hermann Keyserling)和"分析心理学"创始人荣格(C. G. Jung)的热心支持。当 1950 年卫礼贤《易经》译本的英文版出版时,荣格为之撰写了序言,高度评价了卫礼贤对翻译《易经》的贡献以及他解读《易经》的准确性和深刻性。那么,在卫礼贤眼里,《易经》到底是一部怎样的书?它揭示了什么?对人们有哪些启示呢?

一、《易经》是中国古代一部富于生活智慧的哲学著作

与当时大多数西方汉学家把《易经》视为一部神秘主义作品不同,卫礼贤首先肯定《易经》是中国古代一部哲学著作,但这部哲学著作的独特之处在于:它不是直接通过对客观世界的抽象思维而形成的,而是在占卜的基础上通过对客观世界的推演而形成的[①]。

作为一部占卜书,《易经》与其他占卜书一样,把占得的两种最基本结果——"是"和"否"——作为其核心构成要素。对于"是",《易经》用一条连线"—"来标示,称为"阳";对于"否",用一条断线"--"来标示,称为"阴"。为了进一步描绘占卜结果的更细微区别,《易经》通过"阴"、"阳"的相互组合形成"四象",然后再通

[①] 需要指出的是,卫礼贤所说的《易经》,其实既包括"经"也包括"传"。一方面,"易经"这一名称在西方早已广为人知;另一方面,为了使西方读者更易于理解这部作品,所以卫礼贤在翻译和解说它时不是像中国传统的做法那样将"经"、"传"分开,而是将其杂糅在一起。他把自己的三卷本译本统称为 *I Ging. Das Buch der Wandlungen*(《易经——变化之书》),其中第一卷名为《经文》,但在每卦之后都有对"大象"的翻译和解说;第二卷名为《资料》,主要翻译和解说了"说卦"和"系辞";第三卷名为《注释》或《传》,其实是将与各卦、爻相关的"经"、"彖"、"象"、"文言"、"序卦"、"杂卦"的内容进行分解组合后,依次翻译和解说的。因此,本文所使用的"易经"这一概念,也未对"经"、"传"进行区别。

过三三组合形成"八卦"。八卦被认为是天地万物的八种基本象征②。最后,再通过将八卦相互组合,形成《易经》六十四卦,其中每一卦都对应着生活中的某种境况。卫礼贤认为,《易经》八卦产生的历史可能比人们通常认为的要悠久得多,因为早期的卦序是以"坤"卦为首,这反映了母权社会的特点;而据说定型于周文王时的现行卦序,则是以"乾"卦为首,这是与当时的父权社会相适应的③。

但《易经》又不完全等同于一般的占卜书。"在很早之前,中国人的思想就已超越了单纯的占卜,进一步发展了这种十分简单的方法,从中逐渐形成一种认识世界的方法。"④《易经》与其他占卜书的区别在于:它不仅用来揭示事物发展的未来,同时还对人们在特定情况下的行动予以指导,借以告诫人们不要消极地将个人托付给盲目的命运,而应通过个人的行动或等待、努力或回避来积极参与对未来的塑造。"因而自然形成这样的情况,即在象征人们不同生活境况的神秘卦象中,同时交织着对正确行动的建议。作为前提,它有一套关于事物发展规律的、完全独特的、可以说是哲学上的理论。所以,《易经》同时也成为中国最古老的哲学著作,这是毫不奇怪的。"⑤

作为一部哲学著作,《易经》的基本概念和基本原则都来自占卜,是在占卜的基础上通过推演得出的。当古代中国人借助占卜及其结果来思考和推测宇宙的形成、发展等根本性问题时,《易经》的意义便不再限于占卜,而成为一种哲学,并由此确立了自己独特的世界观和方法论。这时,"阳"和"阴"就不再仅仅代表"是"与"否",而是代表着宇宙间两种最原始的力量——"刚"和"柔",这两个要素构成了《易经》哲学体系的基础。在此,卫礼贤批评了当时欧洲学界对《易经》的一种误解,指出:"欧洲一些爱好瞎琢磨的人,在这两极力量中看到了一种原始的性别体系,然而这样的理解在中国文献中绝无根据。阳原本指在太阳下飘扬的旗帜,所以代表阳光、山的南坡和河的北岸;阴指云影、阴影,代表黑暗、山的北坡和河的南岸。它们更古老的含义应该是刚和柔,其他所有意义都是派生出来的。"⑥四象和八卦是通过这两个最原始力量的相互作用而产生的,分别代表着宇宙发展不同阶段的各种基本力量。

但在更多的情况下,卫礼贤是把《易经》作为一部智慧书(Weisheitsbuch)来看待的。他认为,《易经》是中国古代生活智慧的结晶,虽然产生于十分古老的时代,

---

② Richard Wilhelm, *I Ging. Das Buch der Wandlungen*. Jena 1924, Band 1, Einleitung.
③ Richard Wilhelm, *Chinesische Philosophie*. Breslau 1929, S. 13 ff..
④ Richard Wilhelm, *Der Mensch und das Sein*. Jena 1931, S. 155.
⑤ Richard Wilhelm, *Chinesische Lebensweisheit*. Darmstadt 1922, S. 67.
⑥ Richard Wilhelm, *Chinesische Philosophie*, S. 13.

成书于西周时期,但后来的一系列伟大思想家,包括老子和孔子,都对它进行了充实和加工,将自己最成熟的人生智慧纳入到《易经》中⑦。"为了从中汲取智慧,另一方面也是为了将自己的知识财富纳入对《易经》的注疏中,中国最伟大的哲学家总是不断回到这部书。迄今,东亚还在从这一源泉中汲取自己的生活智慧。……因谨慎、富于远见和明智而取得重大成功的日本政界也不否认,他们总是在关键时刻从这部书中获取建议,就像古罗马人从西比勒⑧的作品中获取建议一样。"⑨

二、《易经》的哲学基础

1. 世界观

《易经》哲学的基本出发点是:世界是由"道"产生的。至于"道"是什么,《易经》没有作过多的解释,仅说"一阴一阳之谓道",又说"形而上者谓之道"(《易经·系辞上》)。卫礼贤认为,《易经》所说的"道",就像基督教所说的"上帝"或"圣经"一样,是根本无法证明也无须证明的假设,是其世界观的既有前提。"道"是先验的东西,它处在现实世界的彼岸,就像上帝处在尘世的彼岸一样⑩。对此,他常拿中国伟大哲学家老子的"道"的概念作比,认为老子受《易经》哲学的启发,在创立自己的哲学体系时也是直接把"道"作为既有前提,而没有对其作进一步解释,仅说:"有物混成,先天地生。寂兮寥兮,独立而不改,周行而不殆,可以为天地母。吾不知其名,强字之曰道,强为之名曰大。"(老子《道德经·第二十五章》)

在这个先验的"道"面前,人是无能为力的,既不能直接认知它,更不能把握它。《易经》的积极意义就在于,它为人们认识和把握"道"提供了一个间接的方法和途径。既然世界是由"道"产生的,那么通过对现实世界产生、发展、变化的观察和推理,就可以从中洞察"道",并据此指导自己的行动,正如《易经》所说:"是故天生神物,圣人则之;天地变化,圣人效之;天垂象,见吉凶,圣人象之;河出图,洛出书,圣人则之。"(《易经·系辞上》)卫礼贤认为,通过占卜而获得的《易经》诸卦,正是以某种神秘方式与"道"相联系的,人们可以把这些卦象视为现实生活的水位计,据此可以直观地推知水的深浅。"通过把世界万物理解为依照规律不断变化

---

⑦ 卫礼贤此处显然是指老子对《易传》的贡献。在对《易经》的理解上,除劳乃宣外,卫礼贤还深受梁启超、胡适等人的影响,在解说中大量引用了他们的观点。此说大概取自胡适《说儒》。

⑧ 西比勒(Sibylle):被古希腊和古罗马人认为是神使或预言家的女巫。

⑨ Richard Wilhelm, *Chinesische Lebensweisheit*, S. 68.

⑩ Richard Wilhelm, *Der Mensch und das Sein*, S. 120.

的过程,就能产生在目前状况下正确行动的可能,因为人们已预先在事物发展的趋势中了解了该状况,因而能够及时发现事物发展的苗头,以便在其发挥作用之前对其施加决定性影响。"⑪

那么,现实世界是怎样由"道"产生、发展、变化出来的呢?《易经》说:"《易》有大极,是生两仪;两仪生四象,四象生八卦;八卦定吉凶,吉凶生大业。"(《易经·系辞上》)对此,老子也说过:"道生一,一生二,二生三,三生万物。"(老子《道德经·第四十二章》)卫礼贤对此的解释是:

所谓"大极"(太极)和"一"其实是同一个概念,指的就是"道",但却不再是那个先验的"道",也不是老子所说的"恒道",而是显现于现实世界的"可道"之"道",或者借用基督教的术语来说,就是"化成了肉身的经"⑫。"极"的本意是栋梁⑬,"大极"就好比是房屋的大梁,被标示为"一",代表《易经》中所说的"阳"。由此可见,"大极"、"阳"、"一"这些概念,描绘的就是现实世界产生的开端,或者像西方人所说的"万物由此发展的起点"⑭。这就是《易经》所说的"《易》有大极"和老子所说的"道生一"。

随着"阳"、"一"的产生,它们的对立面也就立刻产生了,《易经》将其标示为"- -",称为"阴";老子称其为"二"。尽管从时间上看"阳"和"阴"、"一"和"二"是同时产生的,但它们却有着根本的区别:前者是道的直接显现,或者说是道本身的映象,属于主动、首创性的一极;而后者则是从前者派生出来的,属于被动、接受性的一极。因此卫礼贤认为:"从这个意义上说,把《易经》哲学称为二元论哲学是完全错误的。……事实上,阴阳虽然是对立的两极,可是一旦从纯粹的可能性('无极')中产生出现实性('太极'),二者就会成为一个统一体。阴阳两极不仅同时存在,而且每一极还蕴涵着另一极的萌芽。"⑮这就是《易经》所说的"是生两仪"和老子所说的"一生二"。

通过"阴"和"阳"的相互作用,便产生了象征不同状态下之二元力量的"四象":太阳⚌、太阴⚏、少阳⚍和少阴⚎。它们分别代表春夏秋冬等。老子称之为"三",意思是由"阴"、"阳"派生出来的第三种力量。这就是《易经》所说的"两仪生四象"和老子所说的"二生三"。

---

⑪ Richard Wilhelm, *Chinesische Philosophie*, S. 14.

⑫ 经(德语为 Wort),即《圣经》,上帝的启示,它在基督那里化成肉身,所以上帝、圣经、基督是同一的。

⑬ "极,栋也。"(《说文》)

⑭ Richard Wilhelm, *Chinesische Lebensweisheit*, S. 73 ff. ; *Der Mensch und das Sein*, S. 158.

⑮ Richard Wilhelm, *Chinesische Lebensweisheit*, S. 71 ff. .

然后再通过"阴"、"阳"两个元素的三三组合,就得出了著名的《易经》八卦:乾☰、坤☷、震☳、坎☵、艮☶、巽☴、离☲、兑☱。八卦象征世界万物的原始运动状态,是《易经》的基础,它们不仅描述了整个宇宙的进化过程,而且同样也能用于描述人们微观心理活动的变化。所以老子称这一过程是"三生万物",《易经》则认为"八卦定吉凶,吉凶生大业"。

这便是卫礼贤对《易经》之世界观产生、发展的理解。

2. 方法论

卫礼贤认为,《易经》观察和认识世界之方法的精髓,就在于它所主张的那种有机变化(即"易"),所以他忠实地把"易经"二字翻译为"Das Buch der Wandlungen"(变化之书)。他指出:"在《易经》中居支配地位的观念,是一个事物向另一个事物的不断转化,变化思想是《易经》最重要的基本思想。八卦就是各种灵活转化状态的象征,就是各种不断变化的'象',它们所关注的不是存在中的事物(这与西方的情况完全不同),而是处在不断变化中的事物的运动。所以,八卦不是具体事物的映象,而是事物运动趋势的映象,它们既可用来表达某些符合其本质的自然过程,也可用以表达家庭伦理关系,但不是在神话的意义上(就像古希腊神话中众神聚居的奥林匹斯山那样),而是在一种抽象的意义上,因为它们表达的不是具体事物,而是某种功能。"⑯他认为,孔子面对奔腾不息的河流所说的那句话,即"逝者如斯夫,不舍昼夜",最贴切地表达了《易经》的变化思想:对于一个认识到事物变化的人来说,他就不会再把注意力集中在流逝的具体事物上,而是集中在作用于各种变化的、自身永恒不变的法则上。这个法则就是《易经》和老子所说的"道",就是孔子所说的"天道"。

卫礼贤认为,《易经》所主张的这种有机变化观与欧洲的机械自然观之间存在着根本区别:欧洲自然科学只承认按机械的因果联系法则汇集起来的运动物体,物质的最小单位是某种可以想象为"原子"的东西,万物最终都是通过原子的机械运动而形成的;而中国哲学,特别是《易经》,首先培育出一种关于世界万物的有机动力学观念,认为万物的最根本表现是"萌芽"⑰,即自内而外有机发展变化的细胞。阴阳两极是宇宙万物发展变化的基本力量,二者的关系是对立统一的,当每一极发展到顶点时,就会向自己的反面转化。

如果用《易经》的这种有机发展观来考察人生,就会得出一种完全不同于西方的有机人生观。卫礼贤认为,《易经》虽然首先是为揭示宇宙演进规律服务的,但这些规律也完全适用于人生和社会:既然万物都有对立的两面,那么人生也不例

---

⑯ Richard Wilhelm, *I Ging. Das Buch der Wandlungen*, Band 1, Einleitung.
⑰ 即《易经》中所说的"几",卫礼贤将其译为 Keim(萌芽)。

外,任何生命都是建立在这种对立性基础上的。如果人们能够认识到这一点,那么就会承认这两个对立面作为既成事实的必要性,并对二者都予以肯定,所以他就能避免这两个方面从外部强加于自己。他知道自己不能只拥有一方而否认另一方的价值,知道自己不可能不忍受痛苦便能获得幸福,也不可能不遭谎言反对便能获得真理性启示。"这种认识对于全面观察生活具有重大价值,它使人们能够超越日夜、生灭的观念,教导人们以永恒的观点来看待一切,并由此认识到其必要性。这种观察事物的方法如果得到正确培养,就能保证人们内心的巨大安宁;如果人们总能安于目前这个方面,就能克服生活中的种种诱惑。人总是会受到畏惧与希望的驱使,只有形成永恒的观点,才能成功制伏这两个人类大敌。"[18]

那么,人们怎样才能在混乱的自然进程中发现与"道"保持一致的行动准则呢?《易经》提供的方法是:借助运动,即从当前出发观察这些运动,从运动中来把握过去与未来的事物,因为在当前的运动中已蕴涵着事物的全部发展。把握过去相对来说较简单,因为人们可以借助记忆和经验从现有事物中对其进行推导,困难在于察知未来的发展趋势。这正是《易经》要着力解决的问题,其途径是:"以数千年来最成熟思想家的大量经验为基础,揭示处于发展中的各种状态,甚至描绘出每种状态自始至终的整个发展轨迹,就像描绘一颗行星的运行轨道一样。人们通过观察这些轨迹,就能从目前的萌芽状态事先推断其未来发展。"[19]具体地说,根据阴阳两极交替转化的原理,新事物的萌芽并不是在旧事物终止和新事物出现时才形成的,而是在旧事物尚起作用时就开始了。这个萌芽时刻,正是人们能够对其命运施加影响的关键时刻,因为在按照固有规律发展着的旧事物内部,正是在新事物萌芽时达到两极力量的某种均衡状态的。"万物都有其萌芽,只有成功地影响萌芽而不是主干,这种影响才能完全收效。假如我想折弯一棵大树,那是不会成功的,它只会被折断;相反,如果我在一株幼苗还很柔软时,在其发展的早期阶段轻轻对它施加影响,那么我就能毫不费力地让一棵树长成我希望的任何形状。关键在于找准这个着力点,它肯定处在发展轮廓还不明显的时候。"[20]所以,人们必须从现在就起就对未来施加影响,必须预先考虑到现在将走的道路,必须从现在就确定发展方向,以便使现在走向自己所预期的未来。

对于这个所谓"萌芽说",卫礼贤推崇备至,因为从中自然可以得出这样的结论:只要人们对事物的萌芽施加正确影响,那么接下来的发展就是自然而然的事情了,人们便无须对其进行过多干预了。他认为,孔子和儒家所主张的"无为而治",

---

[18] Richard Wilhelm, *Chinesische Lebensweisheit*, S. 86 ff..

[19] Ibid., S. 92.

[20] Richard Wilhelm, *Der Mensch und das Sein*, S. 123.

其哲学依据正在于此。

三、《易经》对中国文化的影响

《易经》是中国文化的源头,是老子和孔子生活智慧的交汇点,是道家和儒家学说的共同渊源。比如,老子所说的"道"和孔子所说的"天道",都是受《易经》哲学的启发而形成的,并且成为道家学说和儒家学说的核心概念。不过,《易经》对道家和儒家文化的影响,更多地还是体现在方法上,即《易经》所主张的那种有机变化观上。

卫礼贤认为,老子是第一个深刻把握了《易经》精髓的中国哲人,他从《易经》的古老智慧中认识到,世界实际上不是一种静止的机械状态,而是处在不断变化中,所以一切变化着的事物终归会逝去。生死虽然是对立的,但又必然地相互联系着,当一切过时的事物流逝时,没有理由说"万物皆空",因为根据《易经》,一切变化都是按照固有法则进行的。《易经》所昭示的世界变化法则主要有三种体现:一是循环运动,例如四季更替、日升日落、月圆月亏等;二是向前发展,例如时光的流逝;三是变化中的持续,例如在各种变化中所体现出来的"道"。所谓"万变不离其宗",指的就是这种变化中的持续。但所有问题的关键都在于从各种变化中发现事物发展的萌芽:如果想对某事物施加影响,就必须从萌芽开始,因为大自然的一切影响都是从轻微、单一发展到重大、多样的;在所有这些变化中,都与从外部强加的必然性无关,而是通过内在法则完全自发地自由发挥作用。"我们在老子的思想学说里,看到了《易经》所包含的萌芽说的继续发展。在《易经》中被称为'几'的,在老子这里被称为'象';'几'是一系列过程按照特定变化规律逐渐发展的初始状态,'象'是引导现实事物发展变化的不可见内在规律。"[21]

卫礼贤认为,在对"名"与"实"关系的认识上,孔子和老子的思想是完全一致的,都源于《易经》所说的"天垂象,见吉凶,圣人象之"(《易经·系辞上》)。概念即"名"在某种程度上是与"实"相符的,或者说"名"、"实"是能够达到一致的,因而"名"能够成为维护现实秩序的手段。在孔子看来,"正名"是维护人类社会秩序的最重要手段,经验的"名"必须与理性的"名"相一致,然后社会才能有序。比如,《易经》诸卦就象征了各种可能的尘世处境,因而人们可以从其变化规律中推断宇宙环境的变化特点。在老子看来,潜藏于"道"中的"象"在某种意义上可以称之为"名",只不过这个"名"是不可言传的神秘名称,它们和"道"一样很难被称道。当然,也有可以称道的"名",但都不是最高的、永恒的"名"。无论如何,如果名称选

---

[21] Richard Wilhelm, *Laotse Tao te king. Das Buch vom Sinn und Leben*. Muenchen,1978,S. 139.

择合适,在某种程度上接近存在,它就是"可名"之"名",但只是"真理的客体"而不是真理本身。通过这些名称,也能以某种方式形成秩序、延续传统及保证人类发展的连续性。

尤其是《易经》中的"萌芽说",对老子和孔子的政治学说都产生了直接的影响。《易经》认为,任何事物都是从不为人注意的萌芽状态开始发展起来的,当它们消耗了自己的力量后,为了最终过渡到别的状态,就会全力发挥自己的作用。如果人们认识到这个苗头,就能成功地通过悄悄赋予该发展以符合目的的引导,从一开始就对该事物发挥影响。因此,孔子极力反对通过严刑峻法的方法即暴力的方法来治理国家,认为这样做的结果只能导致百姓逃避法律和普遍虚伪的状态。相反,如果借助"礼"的直接影响力对百姓施以教化,各种邪恶冲动就会在出现前被窒息于萌芽状态,治理的目的也就达到了。这就是孔子特别重视"礼"、"乐"对国民教育的作用和鄙视外在处罚措施的深刻哲学依据。同样,老子在政治上也主张顺其自然、无为而治,但他们二人的区别在于:老子把人类对自觉的理性生活和社会、国家组织的发展视为错误的,主张通过对整个现实世界的沉思将人们从此岸引向玄奥的彼岸;相反,孔子则承认文化发展的作用,其努力的目标仅在于使文化发展避免机械的肤浅化,避免正确与错误概念的混乱不清,由此依据时间、地点要求灵活适宜地保证其发展。

《易经》中一个贯穿始终的基本原则是:在宏观与微观之间,在"天垂象"与"圣人象"之间,存在着普遍的联系与和谐。这些思想在老子和孔子哲学中得到进一步发展,并对整个道家和儒家文化产生了深刻的影响。不仅如此,在后来的道教以及其他中国民间宗教中,在中国所特有的星象学与天文学中,都能看到这种观念的直接影响,例如与《易经》相联系的"阴阳五行说"、"风水学"以及中国历代统治者都十分重视的天象观测等。

四、《易经》在占卜中的运用及其卦、象、辞的启示

人们如何借助《易经》来把握事物发展变化的规律以及个人命运呢?在这方面,《易经》与其他占卜书以及预言书有着根本的不同。

为适应某一处境,在任何情况下都有一种行为方式是正确的,其他的则是错误的,显然,正确的行为方式将带来"吉",错误的将带来"凶"。那么,什么样的行为方式才是正确的呢?在这方面,《易经》比通常的预言书所提供的要多得多。卫礼贤指出:"如果一个女巫告诉顾客说八天后她将收到一张来自美国的汇款单,那么这位顾客除了等待别无他途,直到这张汇款单到来或不来。女巫在这里所宣告的是一种无关乎人们'为'与'不为'的定数,所有这种预言都不具道德意义。而在中

国,第一次有人对揭示未来的卦感到不满,提出了'我该怎么办'的疑问。这样,《易经》就从一部预言书变成了智慧书。实现这一转变的是生活在公元前1000年左右的文王及其儿子周公,他们为这些缄默迄今,人们只能凭预感从中猜测未来的卦和爻附上了正确行动的明确建议。"[22]这样,人就成了命运的参与者,因为他的行动成了介入世界进程的决定因素,人们若能愈早通过《易经》发现并影响事物的萌芽,他的行动就愈具决定性。在事物还处在形成中时,它们是能够被驾驭的;一旦它们产生结果,就成了人们无力对抗的强大存在。作为一部完全特殊的预言书,《易经》诸卦、爻的变化神秘地演示了宇宙的变化。

卫礼贤认为,《易经》六十四卦的卦、象、辞的目的,首先在于使人们对世界发展的各种可能性有一个总的认识,对这些状态的研究和思考加强了人们对人生的认识,为人们带来智慧,促使人们能更好地判断人生及其发展方向,使自己的行动与当时的时代要求保持一致。正如他所指出:"《易经》试图指导人们通过内心的专注及时发现发展苗头,使人们能够及时对其施加影响并使其适应世界发展方向。为达到这一目的,《易经》八卦又通过相互组合推演出六十四卦,其中每一卦都代表着一种内在状态,一种可视为天数的经验联系;每一爻代表着该状态下的不同阶段,或者说内在发展趋势。由于它们揭示了发展趋势即苗头,所以人们只要在此趋势脱离初始状态前及时面对它,就能够对命运发挥影响。"[23]

为达到上述目的,《易经》还形成了一套实用的占卜方法:人们通过对蓍草梗近乎偶然的操作,形成六十四卦中的一卦,按照中国人的理解,这样得出的卦能够揭示占问者的处境,并为其行动提出建议。这种占卜方式的基本出发点是:命运与卜辞是属于同一范畴的东西。与现代对宏观宇宙的理解不同,中国人意识中的世界首先是指人类世界,是对人类社会产生影响的命运与特征的综合体。但人类社会组织是建立在特定制度和道德准则基础上的,治与乱、盛与衰有着完全确定的前提,它们深深根植于人类本性中。中国古代哲人通过探究人性的这些根源,从某种程度上在《易经》中描绘了人类世界及其发展的图像,揭示了人类社会中个人成败所依据的各种规律[24]。

在谈到孔子及儒家学说的方法论时,卫礼贤特别强调了《易经》卦、象、辞的启示。他认为,孔子的方法论是完全建立在《易经》哲学的基础上的,他从《易经》的卦、象、辞中,找到了实现自己政治理想的途径。

首先是"卦"的启示。《易经》通过阴阳组合形成八卦,再通过八卦组合形成六

---

[22] Richard Wilhelm, *I Ging. Das Buch der Wandlungen*, Band 1, Einleitung.
[23] Richard Wilhelm, *Chinesische Lebensweisheit*, S. 94 ff..
[24] Ibid., S. 96 ff..

十四卦。六十四卦的每一卦都可通过各爻的变化演变为其他的卦，象征着世界万物的变化与联系。卫礼贤认为："《易经》诸卦的一系列变化规则实际上是可以借用的，对人们认识世界万物具有重大意义。……卦的变化不是偶然、无序的，而是建立在固有规律基础上的。正因为如此，表面上杂乱的变化实际上为认识这些不变规律提供了一个坚实的立足点，由此人们就可以做到'温故知新'。"㉕不过，孔子不仅注重认识，而且还注重将一切认识转化为行动，所以他不仅遵循变化的规律，并且还找到了最原始的规律，即一切变化都是逐渐发生的。《易经》把万物的变化都归诸于"阴"、"阳"，其中"阳"的变化规律是由最初的缓慢、不可见而逐渐加快，直到面临陷入困境的危险；"阴"的变化规律是由最初的简单、微弱而逐渐复杂，直至引起各种各样的混乱。人类社会也是如此，起初并不重要的事情，如果任其发展就会变成严重的、难以克服的弊端；这种弊端是不可能通过人的直接干预来消除的，正如人们不能通过消除表面症状治愈疾病一样。问题的关键在于发现事物发展的萌芽（即"几"），这样才能在发展早期对其施加决定性影响，所以《易经》的一个基本准则就是"备物致用"（《易经·系辞上》）。

卫礼贤认为，这一思想是儒家哲学的基本思想之一，反映在政治学说上，就是反对以严刑峻法来摧残人性的暴政，因为这只会招致反作用：严刑峻法只能使百姓疏远统治者和钻制度的空子；法律体系越完备，投机体系就越狡猾，国家最终会因此走向毁灭。与此相反，孔子主张在一开始就对变化施加影响，因为这时一切都还很容易、很简单。必须将罪行消灭在显形之前，甚至消灭在百姓有犯罪的想法之前，这就是孔子及儒家所主张的"礼治"。

其次是"象"的启示。卫礼贤指出，《易经》诸卦的卦象不是偶然的、毫无联系的，而是有机的、富有象征意义的，它们昭示了事物的发展方向。某种程度上可以说，《易经》的结构就是现实的反映，一切生与灭、发展与变化都是通过卦象体现出来的。"象就是永远处于彼岸的观念，就是世界法则的原型。某种意义上可以说，这些原型跨越了其先验性而进入现实世界，并导致了发展变化。这一过程就是发展变化借以实现的门径，即孔子所说的'乾坤，其《易》之门也'（《易经·系辞下》）。"㉖由此，孔子得出一个很有价值的结论：为了使成为现实的事物确实符合观念，就必须十分清楚地了解卦象，只有这样，上天所垂之"象"才能在尘世真正化为现实。在此，领袖人物的作用很关键，他自身须全力以赴地发挥榜样作用，他的一切行为都须明确体现与天象的联系，他的话只能是对天象的解释。如果把领袖人物的作用干脆归结为榜样的力量，那么这种力量来自统治者与被统治者的完美统

㉕ Richard Wilhelm, *Kung Tse. Leben und Werk*, Stuttgart 1925, S. 115ff..

㉖ Ibid., S. 119ff..

一，而统治者完全可能通过自我意识的扩展实现这种统一。在此，统治者的自我修养和自我表现是决定性基础。

上述原则不仅适用于治国，也在很大程度上适用于家庭教育，因为父母的品格必然会影响孩子，如果父母不率先垂范，那么任何劝诫都是没有用的，正如孔子所说："先行其言，而后从之。"(《论语·为政第二》)

再次是"辞"的启示。辞包括卦辞和爻辞。据说卦辞为文王所作，爻辞为周公所作，对卦辞、爻辞进行注解的彖传、象传为孔子所作。辞的意义何在呢？卫礼贤认为，卦象只是显示了事物的状态及其发展趋势，但没有表达事物与整个宇宙现象的内在联系，也没有揭示当事物继续发展时将产生什么结果，而辞的任务就是解决这一问题的。某种程度上可以说，辞从世界联系上解释了象，并由此揭示了事物发展变化的积极或消极征兆，即吉凶。辞所表达的内容可归结为两类：一是密切联系卦象的解释，仅限于吉、凶、悔、吝四种征兆，它们揭示了卦象与宇宙的实际联系；二是更明确具体的解释，即孔子所说的"设卦以尽情伪"(《易经·系辞上》)，它们根据卦象的暗示提出了具体行动建议。借助辞对各种征兆的解释，《易经》以建议或警告的方式对人们的各种行动施加积极或消极影响。辞是判断相应卦象与事实是否一致的前提，只有当事实确实完全明了时才可将其纳入辞，才能借助辞给人以正确的启迪。

不过，卦象与事实的一致是建立在正确描述事实的基础上的，只有事实被描述得与它本身相符，人们才能对其进行准确判断，而只有在准确判断的基础上，才能对现实施加正确影响。因此，孔子认为首要的问题是正确使用概念，即"正名"。概念就是象，就是认识。只有在消除了任何因感情上的偏见而形成的糊涂认识时，概念才能为人的真实意识所接受。所以，为了运用《易经》的方法并按照《易经》中圣贤的经验来组织人类，孔子认为使用正确的概念或名称是必须的，也就是说，必须通过正名来建立人类秩序的基础。

此外，卫礼贤不仅从理论上研究《易经》在占卜中的应用，而且他本人也深谙此道，这可能主要得益于他的易学老师——劳乃宣[27]。据有关资料介绍，卫礼贤从中国返回欧洲后，有不少人邀请他讲解《易经》以及用《易经》的方法占卜。1929年11月，卫礼贤在法兰克福"中国学社"秋季会议上所作的两场关于《易经》的报

---

[27] 未见资料确切表明劳乃宣精通易占，但据卫礼贤介绍，劳乃宣有位老师擅长此道，故劳乃宣很可能也擅长于此，参见 Richard Wilhelm, *Die Seele Chinas*. Berlin 1926, S. 53 ff. 。此外，荣格在为英文版《易经》撰写的序言中也曾提及劳乃宣擅长占术，参见陆扬："荣格释《易经》"，载《中国比较文学》1998 年第 3 期。

告中,也曾谈到他为此次会议所占的一卦,并据此分析了当时的世界形势[28]。

五、《易经》的生活智慧及其对西方的意义

卫礼贤认为,《易经》的生活智慧集中体现在它的三个基本思想上:一是"易"(即变化)的思想。但《易经》所说的变化是一种有机变化,体现为阴阳的相互转化,其中任何变化都不是孤立的,都与其他变化密切相联系。正如《易经》六十四卦一样,它们都不是确定不变的,而是因其中所包含的"变爻"而相互转化。这种有机变化思想,正是《易经》的精髓所在。卫礼贤曾一再强调《易经》的这一思想,1927年11月,他还在法兰克福"中国学社"专门就此问题作了三场学术报告[29]。

二是《易经》的观念说(Die Ideenlehre)。"在天成象,在地成形,变化见矣""八卦成列,象在其中矣"(《易经·系辞》),针对这一观点,老子和孔子学说的相应表达是:一切可见事物都是"象",即不可见观念的产物。据此,一切尘世过程都只不过是先验过程的摹本,从时间上看,这个摹本就是那个先验过程后来的再现。对于那些和更高层次相联系的圣贤来说,这些观念是可以通过直感而获得的。圣贤能够借此对尘世过程进行决定性的干预,这样,人与天(先验的观念世界)、地(尘世的可见世界)就构成了三大原始力量。这种观念说在应用中具有双重意义:《易经》昭示了事物的"象"以及初始状态的"形",当人们通过《易经》认识到某一初始状态时,他也就像学会理解过去那样学会了预见未来。这样,以八卦为依据的"象",就成了人们在它所暗示的处境下因时而动的样板[30]。

三是卦辞、爻辞中的思想。辞所昭示的是某一行动所带来的吉、凶、悔、吝,它教导人们不要自作决断,如果可能也要抛弃看似"因时"却会带来凶险的既有方向,这样才能摆脱事物的束缚。《易经》的"辞"和"传"向人们展示了中国生活智慧的最成熟宝藏,蕴涵着关于人生塑造的广博思想,使人们能够借助这些思想有机、自主地塑造自己的人生,最终达到与作为万物之依据的"道"的和谐[31]。

此外,卫礼贤还探讨了《易经》所蕴涵的其他智慧。例如在《〈易经〉中的艺术思想》一文中,他结合《易经》中的若干卦从三个方面详细论述了《易经》所昭示的艺术思想:一是想象的艺术,包括诗歌艺术和造型艺术;二是感觉的艺术,即动人的

---

[28] 参见 Richard Wilhelm: "Gegensatz und Gemeinschaft", in: *Der Mensch und das Sein*, S. 155-198.

[29] 参见 Richard Wilhelm: "Dauer im Wechsel", in: *Der Mensch und das Sein*, S. 246-303.

[30] Richard Wilhelm, *I Ging. Das Buch der Wandlungen*, Band 1, Einleitung.

[31] Ibid.

音乐及其形成;三是行为的艺术,即人生形式的塑造及其运用[32]。

卫礼贤对《易经》所蕴涵的生活智慧的价值,尤其是它对欧洲的借鉴价值,给予了高度评价。他指出:"显然,中国的生活智慧对我们具有非常重大的价值,部分是作为对我们已有财富的补充,部分是作为对我们已有经验在某些重要方面的加强。它能够帮助我们把反省过程纳入正确轨道,使之无须丧失与现实世界的接触,便能达到冥想的抽象高度。在结束了对伟大性的肤浅化时代之后,这种反省过程正是我们所需要的。因为,中国的生活智慧也有意识地致力于对现实的塑造,只不过处于其核心的不是物的世界,而是人的世界,所以我们立刻就能从其核心倾向中学到很多有价值的东西。"[33]

卫礼贤认为,中国与欧洲的生活智慧有着非常本质的区别。欧洲人在完善各种技术时常常突然提出自己所不胜任的任务,因为他们总是无意识地受到发展潮流的驱使。当事情出现在面前时,他们却不了解事情的来龙去脉,呆呆地不知道如何决断。因此,大多数人在决定性关头干脆一筹莫展,也没学会反思事物的苗头,最后甚至要用掷骰子的方式来决定最重要的事务。与此相反,《易经》试图指导人们通过内心的专注及时发现发展苗头,使人们能够对其施加影响并使之适应世界发展的方向。由于《易经》揭示了事物发展的趋势,所以人们只要在这些趋势脱离初始状态前及时面对它,就能对命运发挥影响。这正是中国《易经》的意义之所在,因为人们只有通过对未来的认识使未来受到影响时,促成未来认识才有意义。

但另一方面,卫礼贤也认识到《易经》智慧的局限性,认为要认真接受中国智慧,就必须对它进行彻底的批判性研究。他指出,中国文化所面对的是集体的人,是作为家庭、其他社会组织乃至世界人类国家之组成部分的人,为此它发展成为一种很高的类型,但它尚缺乏的是人的唯一性,即人的不可重复性、个性、内在神圣性。与此相联系,歌德称之为"对立性"(Polaritaet)的世界法则在中国智慧中很常见,中国智慧所获得的大部分富有惊人价值的经验,都是建立在持之以恒地贯彻这一法则之基础上的;相反,与之相对应的"上升法则"(Prinzip der Steigerung)在中国智慧中则很不常见。虽然中国智慧也讲进步与发展,但没有将其上升为世界万物的绝对法则,而只是把它发展成了一种停留于循环往复的法则。中国智慧所说的发展,就像植物界在一年四季中的变化一样,不是超越一定界限向前发展,而是从极点重新回到相反的运动,就像钟摆一样。

鉴于此,卫礼贤极力主张建立一个能够兼收东西方智慧的文化综合体,认为

---

[32] 参见 Richard Wilhelm: "Der Geist der Kunst nach dem Buch der Wandlungen", in: *Der Mensch und das Sein*, S. 199-245.

[33] Richard Wilhelm, *Chinesische Lebensweisheit*, S. 103 ff..

"这样一个文化综合体将使东西方世界不再长期继续相互隔离,而能使我们在内心最深处找到一个核心,并由此出发在更高水平上着手塑造生活"[34]。

六、卫礼贤《易经》译本在西方的影响

1924年,卫礼贤的《易经》德译本在德国耶纳的奥伊根·迪德里希斯(Eugen Diederrichs)出版社出版后,很快便成为西方公认的权威版本,相继被转译成英、法、西、荷、意等多种文字,影响遍及整个欧美。自卫礼贤的《易经》译本诞生那天起,它就对西方的人文学者和西方文化发挥着持久而深远的影响。

1950年,卫礼贤的《易经》译本由贝恩斯(Cary Baynes)夫人转译成英文在纽约和伦敦出版。荣格在为该书撰写的序言中高度评价了卫礼贤的译本,认为它是"西方无与伦比的版本",堪与法国人培龙(Anquetil du Perron)将古印度典籍《奥义书》引进欧洲相提并论,是卫礼贤"一生中最伟大的贡献"。他还指出,此前《易经》唯一的英译本是理雅各(James Legge)翻译的,但理雅各的译本对于西方人了解这部高深莫测的奇书几无所为,就连理雅各本人也感叹"《易经》的艰涩是难以理喻的"。卫礼贤则不然,他殚精竭虑地为人们理解《易经》的象征意义尽力开辟道路,原因在于他不仅从德高望重的劳乃宣那里学习到《易经》的哲学方法,并且在许多年间一直实践着《易经》独特的占卜方法,从而抓住了《易经》的灵魂思想,这使他的译本达到了一个单凭对中国哲学的学术知识所不可企及的深度[35]。

其实早在1923年,即卫礼贤刚刚返回欧洲不久,荣格就曾专门邀请他到苏黎世,在其主办的"心理俱乐部"介绍与讲解《易经》及中国文化。荣格曾说过,"卫礼贤一生所从事的工作对我来说是如此重要和具有价值,是因为他为我解释和证实了我过去一直在追求、思考、向往以及从事和研究的东西","卫礼贤的工作给我们带来了中国文化的基因,带来了一种足以从根本上改变我们世界观的中国文化基因"。在他与卫礼贤二人合著的《金花的秘密》一书中,他对《易经》进行了这样的评价,"《易经》包含着中国文化的精神和心灵,包含着中国几千年来伟大智者的共同倾注,因而它历久弥新,至今仍对理解它的人展现着无穷的意义和无限的启迪","任何一个像我这样生而有幸能够与卫礼贤、与《易经》的预见性力量做直接精神交流的人,都不能忽视这样一个事实:我们在这里已接触到一个'阿基米德点',而这一'阿基米德点'足以动摇我们西方对于心理态度的基础"。由于《易经》的启发,荣格提出了他的"共时性"(synchronicity)原则,并将该原则作为其分

---

[34] Ibid., S. 107.

[35] 参见陆扬:《荣格释〈易经〉》,载《中国比较文学》1998年第3期。

析心理学发展的一个内在基石。荣格曾说过:"建立在共时性原则基础上的思维方式,在《易经》中表现得最为充分,是中国思维方式的最集中体现。而对于我们西方人来说,这种思维方式从赫拉克利特之后便在哲学史上消失了,只在莱布尼兹那里有了一些低微的回声。"㊱

赫尔曼·凯泽林伯爵也对卫礼贤翻译的《易经》情有独钟,多次邀请他到自己在达姆施塔特创办的"智慧学派"的沙龙或会议上讲解《易经》,并把卫礼贤的《易经》译本作为该学派的重要学习内容和思想基础。

瑞士著名的"爱诺思(Eranos)基金会"从孕育和产生之日起,便与中国文化尤其是《易经》结下了不解之缘。其创始人奥尔加·弗罗贝-卡普泰因(Olga Froebe-Kapteyn)夫人,最初正是通过卫礼贤接触到《易经》的。1923 年,她在达姆施塔特凯泽林主办的沙龙上结识了卫礼贤,并看到了卫礼贤已经完成、正在准备出版的《易经》德译本。卡普泰因夫人曾经这样来描述她当时的感受和体验:"最初接触《易经》的刹那间,我便意识到在这部中国的古书中,包含着一种联系人们日常生活与超越原型世界的方式与途径。"㊲

德国著名作家赫尔曼·黑塞(Hermann Hesse)对卫礼贤翻译的《易经》等中国典籍也倾注了极大热情。1929 年,他在给卫礼贤的一封信中曾对此"表示由衷的感激"。黑塞从一个基督徒转向佛教,又从佛教转向中国的道家和儒家,卫礼贤翻译的《易经》起了不可忽视的作用㊳。

德国当代著名汉学家傅海波(Herbert Franke)在其 1968 年所著《德国大学的汉学》一书中指出:"儒家和道家典籍所反映的中国思想一般来说没有受到德国哲学界的重视,只有极少数哲学家在他们的著作里或课堂上多少提及一点。有一阵子读书人对中国思想的兴趣变得浓厚起来,这首先要归功于卫礼贤。他在世纪之交作为新教传教士去中国,返回德国后越发感到传教士有利于传播中国文化。他那数不清的著作已或多或少地把中国的形象刻在德国读者心中。卫礼贤的翻译作品从整个成就来看不会很快被超过,至今几乎还没有更新的中国古典哲学著作的德文本问世。"㊴

事实上,卫礼贤《易经》译本的影响远不限于心理学、哲学和文学,而是不断渗

㊱ 参见申荷永:《荣格与中国文化》,载《学术研究》1996 年第 7 期。

㊲ 参见申荷永、高岚:《〈易经〉与"心理分析——重访爱诺思"》,载《周易研究》2001 年第 3 期。

㊳ 参见孙保锋:《卫礼贤翻译〈易经〉》,载孙立新、蒋锐主编《东西方之间——中外学者论卫礼贤》,济南 2004 年,第 83 页。

㊴ 参见郑天星:《传教士与中学西渐——以德国汉学家卫礼贤为中心》,载《宗教学研究》1997 年第 2 期。

透到其他各个领域。例如,分子生物学家在其中发现了基因密码,宇宙起源学家在其中看到了一个囊括宇宙万物的"世界模式",物理学家则把它看做一个寻找运动终极规律的极有效工具,等等。总之,在凝结了卫礼贤十多年心血的这部经典译本里,永远放射着东方文化的灿烂光芒,对此,我们可以引用西方当代著名哲学史家韦恩·麦艾维利(Wayne McEvilly)在《东西方哲学》中所说的一句话:"在当今这个时代,如果不了解《易经》这本书,那就几乎应该被看做是人们精神生活上一个不可原谅的失误。"[40]

当然,卫礼贤作为一名传教士出身的德国汉学家,他在解读中国传统文化时,他在向西方读者译介包括《易经》在内的中国典籍时,总会不由自主地把它们与基督教学说和西方文化哲学相提并论,这样的例子在他的作品中比比皆是。尤其是对于《易经》这样一部艰涩难懂的作品,为了使西方读者能够读懂,他不仅在译文中借用了大量西方哲学术语,而且在解说中不断把有关内容与基督教学说和其他西方文化哲学相比较,这与我们的易学传统是很不相同的。同时,作为一名西方学者,他的很多见解也未必是我们所能够认同的。

(作者单位:山东大学当代社会主义研究所)

---

[40] 转引自孙保锋:《卫礼贤翻译〈易经〉》。

两个世界之间的文化桥梁
——卫礼贤和迪德里希斯出版社

□ 张东书

摘要：本文简论两位德国文化名人：著名汉学家卫礼贤（Richard Wilhelm, 1873—1930）和出版家奥伊根·迪德里希斯（Eugen Diederichs, 1867—1930）从上个世纪初到30年代20多年间精诚合作，向西方思想界系统推介包括《论语》、《易经》、《庄子》等中国文化哲学经典著作，为增进中西之间互相了解搭起一座宏伟的文化桥梁。文中对两位国学大师辜鸿铭（1857—1928）和张君劢（1887—1969）与卫礼贤和迪德里希斯出版社的文化渊源也有所涉及。

关键词：卫礼贤　迪德里希斯出版社　中国文化哲学　德国汉学　辜鸿铭　张君劢

Abstract: This essay introduces briefly two German scholars: the sinologist Richard Wilhelm (1873—1930) and the publisher Eugen Diederichs (1867—1930). In the 1920s these two mediators built a cultural bridge between China and Europe through their common effort—translation and publication of the canons of the Chinese philosophy such as *Analects*, *I-Ching* and *Zhuangzi*. Gu Hongming (1857—1928) and Zhang Junmai (1887—1969), two famous modern Chinese philosophers who were in close relationship with Richard Wilhelm and Eugen Diederichs, are also mentioned in this essay.

Key Words: Richard Wilhelm　Diederrichs Press　Cultural Philosophy of China　German Sinology　Gu Hongming　Zhang Junmai

1911年辛亥革命爆发推翻了清王朝,一些清朝遗老和丧失权力的达官显贵纷纷跑到外国租借地避难,时为德国租借地的青岛也成了避难所之一。生活在这里的同善会传教士卫礼贤(Richard Wilhelm,1873—1930)同来到此地的一些思想保守、旧学功底深厚的遗老相交密切,其中有些不仅是他的座上宾,甚至干脆住在他的家里①。为了纪念1899年逝世的德国传教士花之安(Ernst Faber,1839—1899),卫礼贤曾在自家的网球场上建了一个图书馆。后来他和那些清朝遗老一道发起成立了尊孔文社,社址就设在花之安图书馆。大约从这个时候起,他开始有计划地翻译儒家和道家的典籍,所以这位曾经获得四品顶戴的"卫大人"的译作从一开始就不可避免打上了新保守派的烙印。虽然早在1904年和1905年他就出版了《大学》、《诗经》和《论语》的节译,但是那些发表在同善会的杂志上的练笔之作毕竟影响有限,而直到1910年出版了《论语》全译本,由他翻译的儒家和道家经典著作才开始在德语文化圈传播开来。

1897年胶州成为德国租借地,同年奥伊根·迪德里希斯(Eugen Diederrichs,1867—1930)成立了他的出版社。迪德里希斯开宗明义,将振兴宗教思想自由、克服现代理性主义定位为出版社的方针。而他在这里所说的宗教思想自由并不仅仅局限于基督教义所定义的自由,这当然是背离了教会的目标。因此,相对于当时的其他出版商而言,迪德里希斯的出版选题可谓包罗万象,难怪马克斯·韦伯戏称之为"世界观的杂货铺"②。例如探索德国国民性的选题就有多种:从北欧文化圈到童话传说,从青年运动到夜校工会无所不包。从流派的角度来看,这种倾向则更为明显:新浪漫派、人物文化史、新理想主义、有机社会主义——总而言之,迪德里希斯兼容并蓄,领导潮流,很快就成为当时德语文化圈中最为著名的出版社。

发动了第一次世界大战的德国战败投降,不可一世的德意志帝国分崩离析,标志着德意志理想主义的破产。思想上属于保守派的奥伊根·迪德里希斯却独具慧眼,偏偏在儒家和道家的经典著作中发现了拯救西方文明的灵丹妙药。到20世纪初,欧洲人眼睛里的中国形象还是模糊的或者说负面占主流地位。从中世纪末期到巴洛克时代,关于中国的记载大都是一些道听途说的蛮荒传闻,《马可·波罗游

---

① 这些遗老中有恭亲王溥伟、军机大臣徐世昌、东三省总督赵尔巽、陕甘总督升允、两江总督周馥、学部副大臣兼京师大学堂总监督劳乃宣和刘廷琛等。卫礼贤1926年出版的自传《中国的灵魂》一书中"青岛的遗老"一章对此有详细的介绍。另外可参阅他的夫人萨洛美·卫(Salome Wilhelm)的回忆录《卫礼贤——中欧传道人》,杜塞尔多夫、科隆,1956年,第204—230页。

② 参阅鲍吾刚:《远方的见证人——奥伊根·迪德里希斯出版社和德国的中国形象》(以下简称《远方的见证人》,载冈戈尔夫·许宾戈主编《现代思想的会聚地:奥伊根·迪德里希斯出版社——走向极端的世纪》,慕尼黑,1996年,第450—485页。注解第14。写作本文时受鲍吾刚这篇文章启发很多。

记》在当时并没有引起主流社会的特别注意。到17和18世纪启蒙开泰,莱布尼茨(1646—1716)和伏尔泰(1694—1778)所勾画的公平理性、道德高尚、社会组织完善的理想化的中国形象由于大量传教士带回有关中国的正面信息而渐渐占了主导地位。而19世纪的欧洲,大机器的采用引发工业革命,资本主义开始进入发达的帝国主义时代,中国形象又来了个180度的大转弯,变成了愚昧落后的"木乃伊"(赫德尔③语)。由于缺乏了解,包括康德和黑格尔在内的德国大哲学家无一例外对中国文明全都采取了蔑视的态度。而到19世纪末叶,梳长辫子的中国人又成了冥顽僵化的代名词,德皇威廉二世1895年更别有用心地把中国渲染成"黄祸"。甲午海战清廷不堪一击,随后义和团遭到八国联军血腥镇压后中国政府被迫签订《辛丑条约》,积贫积弱的中国在以欧洲为中心的西方人眼里浑浑噩噩不过是一块任人宰割的肥肉而已④。偏偏奥伊根·迪德里希斯崇尚宗教思想自由而且不囿于基督教义,在卫礼贤翻译的中国儒道经典中找到了共鸣。卫礼贤虽然长期生活在青岛,却和迪德里希斯理念相近、信仰相通,他们二人联手简直可以说是天作之合。在这之前,不仅卫礼贤曾经在别的出版社发表作品,迪德里希斯也给另一些写中国题材的作者出书,然而只有他们两人的合作才会硕果累累,称得上是相得益彰。

卫礼贤生于斯图加特,父亲是玻璃画师,为教堂也为其他建筑物画彩色玻璃。他有一个比他小一岁半的妹妹,小时候过着无忧无虑的生活。1882年父亲去世,一下子失去收入来源的家庭变得十分困难。母亲决定让他学习神学,因为这是当时贫寒子弟获得学位的唯一途径。1891年,卫礼贤考进图宾根福音教神学院,1895年大学毕业,成为斯图加特修道院教堂的牧师。1897年,他被教会派到鲍尔村担任代理牧师,住在附近的巴特·鲍尔村,常与他的上级、牧师布卢姆哈德家来往。布卢姆哈德的祖上出过一个名人克里斯提安·高特里布·布卢姆哈德(Christian Gottlieb Blumhardt,1779—1838),是巴色会(Baseler Missionsgesellschaft)的创始人之一,侄子约翰·克里斯托夫·布卢姆哈德(Johann Christoph Blumhardt,1805—1880)原是牧师,因热心社会活动,思想上与教会格格不入,后来终于退出了教会。而他的儿子、卫礼贤的岳父克里斯托夫·布卢姆哈德(Christoph Blumhardt,1919年去世)也是热衷于社会活动,后来加入社会民主党也退出了教会。卫礼贤晚年回忆说,岳父大人对他世界观的形成影响很大,所以他虽然在中国当了20多年传教士,却没为一个中国人施过洗礼。

早在卫礼贤和他的出版商迪德里希斯相遇之前,两人志趣相投神交已久,最后发展到联手出版一整套中国经典哲学丛书绝不是一时头脑发热。在卫礼贤这方

---

③ Johann Gottfried Herder(1744—1803),德国哲学家。
④ 参阅夏瑞春编:《德国思想家论中国》,法兰克福,1985年。

面,翻译中国经典著作的念头肯定是受了他的学术前辈、同善会传教士花之安的影响。花之安是卫礼贤学习汉语的入门老师,1899年染上虐疾不治身亡,而那时卫礼贤刚到青岛没多久。这位前辈也发表过一些翻译作品,特别是他译成德文于1877年出版的《列子》,是该书西方语言中最早的译本。1905年,卫礼贤在《传教学和宗教科学杂志》上发表了《论语》节译本。1907—1908年间,他利用回德国休假之便为计划中的翻译著作寻找出版社,令人遗憾的是又一次与迪德里希斯失之交臂。20年后,卫礼贤借庆祝迪德里希斯60岁生日的机会这样回忆他们二人的交往:"我跨越时空与孔子邂逅。他穿过茫茫的历史,也跨过了在19世纪欧洲流行的关于他的一知半解的浅薄认识,浮现在我的面前。他是那样宽容大度,栩栩如生。那初识圣人的强烈震撼依然历历在目。我翻译他的《论语》,时时为他的现实意义而惊叹不已。我终于译完了这本著作,开始寻找出版商。我回到欧洲休假。这期间也曾遇到过表示出若干兴趣的人。不过,那些出版商差不多都是老调重弹:'不妥不妥。在这地方又有谁会对中国感兴趣呢?'到最后终于有一位差不多松了口。那是刚刚为一个埃塞俄比亚的'黑人'哲学家出了一本书,他认为再搭配一本'黄人'哲学家的书也未尝不可。不过到最后也是不了了之。就这样我不得不带着我的译稿重返中国。刚回来我就收到乔治·米施(Georg Misch)的一封信——其实他并未见过我,只是听说过我的遭遇。他说迪德里希斯乃是一位真正重视文化传播的出版大家而不仅仅是个出版匠。译稿寄出,书就这样出版了,而且是一本接一本地出版。可以说,对这个巧遇我一直是心怀感激的。"⑤

  实际上当然也不是这么简单。因为除了《论语》以外的另外几部属于"四书"的书稿,当时卫礼贤也曾计划要在莱比锡的一家不怎么出名的迪德里希出版社的"人类宗教文献"丛书中出版的。那套丛书起先由柏林民俗博物馆著名汉学家顾路柏(Wilhelm Grube,1855—1908)负责,顾路柏逝世后本应由1909年在汉堡成为第一位德国汉学教授的福兰阁(Otto Franke,1863—1946)担纲。后来福兰阁因故退出,出版社接受福兰阁的推荐而邀请卫礼贤接手⑥。现在看来卫礼贤举棋不定的做法似乎并未对他和迪德里希斯的合作带来多大的负面影响。不过从那时起,

---

⑤ 萨洛美·卫:《卫礼贤——中欧传道人》,杜塞尔多夫、科隆,1956年,第153—154页。
⑥ 关于这段逸事可参阅1909年7月13日和9月16日卫礼贤致迪德里希斯的两封信。载乌尔夫·迪德里希斯(Ulf Diederrichs)编《奥伊根·迪德里希斯——与同代人的书信往来》,杜塞尔多夫、科隆,1967年,第172—175页。

迪德里希斯千方百计说服卫礼贤将译稿交到他的手里,而不希望卫礼贤"到处出版"⑦。

奥伊根·迪德里希斯对中国文化情有独钟,而他的理想主义化的中国观显然也受到卫礼贤的影响。他不仅身穿珍藏的一套清朝服装让人拍照⑧,而且还在大病之后的1924年致函卫礼贤,说他在医院里躺在病床上时"梦想在60岁生日(即三年后)时为犒劳自己而完成中国之旅"⑨。中国题材出版计划始于1910年出版的《论语》,丛书命名为"中国的宗教和哲学",1911年登出一则新书预告,十有八九出自迪德里希斯的手笔:"在我们眼前,中国正在准备进入西方文明,而欧洲则面临一个比日本变革更为复杂的问题。不仅是因为中国比岛国日本的领土大得多,更因为我们所直接接触的是一种绵延数千年之久的伟大文明的源泉,相比之下日本的思想才智充其量不过是该文明的一个支脉而已。我们的宗旨是提纲挈领,将中国宗教和哲学发展的高峰系统地展现给世人。我们将竭尽全力,通过译著忠实传文达意,从而使有文化的读者不须接触原文就能理解……我们将严格区分宗教哲学的基本思想和为一时一地所限而衍生的枝蔓……凡属本质则绝不忽略,凡属琐屑一概不予推重。"⑩

迪德里希斯出版社是当时的德语文化圈中最著名的出版社。起初迪德里希斯打算把孔子纳入"各民族的宗教声音"丛书,在多次与生活在青岛的卫礼贤书信联系之后,1910年《论语》得以以单行本的形式出版。当时德国正处于第一次世界大战的前夕,资产阶级陷入深深的文化危机,主流走向非理性和荒诞,思想界茫然无

---

⑦ 迪德里希斯在1925年1月15日致卫礼贤的信中提出规劝之语并非无稽之谈。波茨坦、慕尼黑、布莱斯劳和莱比锡等地的许多出版社都出版过卫礼贤的作品。迪德里希斯在信中这样写道:"我们早些时候曾谈起过的您的那些关于中国的文章和讲演汇编,不知近况如何?您很可能经常遭到出版商们的追讨吧,至少是那些住在您附近的出版商。看在上帝的份上,您可千万莫学P君的榜样到处出版,以为出版的地方越多名气就越大。此念谬矣。一个作者的名字一定要和某个出版社紧密相联才成,其意义对于书商不言而喻,对于读者也是一样的道理。首先,每出一本新书都可以沿用老招牌,其次新作很容易使读者联想起出版商的名字。这样也更有利于出版发行,正所谓按规矩联姻更容易扩大声势。放在从前,作者和出版商密切合作是不言自明的事,现如今是非混淆,咱们就不得不对所谓成就重新认识了。"载《露露·冯·施特劳斯和托尔尼-迪德里希斯》(Lulu von Strauss und Torney-Diederrichs):《奥伊根·迪德里希斯——生平和作品》,耶拿,1936年,第411页。

⑧ 这张照片见于乌尔夫·迪德里希斯:《奥伊根·迪德里希斯出版社的中国文学》,载《德中学会通报》(Mitteilungsblatt der Deutschen China-Gesellschaft)1989年第3期,第7页。

⑨ 此信写于1924年5月19日。载《露露·冯·施特劳斯和托尔尼-迪德里希斯》,耶拿,1936年,第404页。

⑩ 同上,第204—205页。

措,在礼崩乐坏的大背景下企图寻找逃避现实的世外桃源。《论语》出版恰逢其时,正好提供了一个可以引起文化反思的新视角。由于著名作家黑塞等人对卫译本给予高度评价,这使迪德里希斯信心倍增,最后决定出版卫礼贤的其他译著,并且专门开辟一个十卷本的丛书——"中国的宗教和哲学"。根据卫礼贤 1910 年 3 月 6 日写给迪德里希斯信中所描述的大纲,计划可谓宏大⑪,"在选译中国宗教哲学的源头《易经》之后,再选出中国宗教的两大流派即道家和儒家最重要的经典一一介绍"。卫礼贤在这里列举了十余部经书,然而令人遗憾的是按他开列的这张书单,时至今日有的还不曾出现西方语言的译本,更遑论德译本了。除了这些儒道经典著作以外,卫礼贤还建议出版一本中国文学作品选集来介绍中国的散文和诗作。在这封信里,卫礼贤还提到由他的汉学引路人、已故同善会传教士花之安翻译的《列子》一书。在他看来,花之安的《列子》译本虽然"未有节删,但是艰涩难读,称不上是标准的德文翻译"。所以他重译的《列子》于 1911 年作为丛书的第 3 卷出版。从这封信可以看出卫礼贤早已开始寻找一种适合于"有文化的读者"所能理解的语言来向西方思想界阐释儒道经典著作了。毫无疑问,正因为受过神学院正规教育的卫礼贤熟悉基督教义的阐述传统,才能够对中国古代先哲们博大精深的思想心领神会,经他创造性阐释的古老东方的智慧在德国乃至整个西方思想界产生了巨大的影响。

可以这样说,就传播中国文化而言,在著述和翻译领域,同时代的汉学家再没有第二人能够产生他那样大的影响。在他的译著当中,名气最大的是在劳乃宣指导下翻译和诠释的《易经》,此书受到心理学家荣格和著名作家黑塞等当代文化名流的推崇而蜚声 20 世纪西方思想界,而他译介的老庄、列子等人的经典著作近一个世纪以来一版再版,无论对德国汉学专业研究人员还是普通读者的中国观的形成都起了决定性的作用。由于卫礼贤这个"伟大的德意志中国人"⑫领略了中国文化的精髓,从世界观的高度进行译介,他的文风简明流畅,可读性强。然而同时代的一些汉学家却不买他的账。在他们的眼里,卫礼贤既未受过正规的学院式汉学教育,又没有外交部专业翻译的经历,特别是他介绍中国文化时缺少一个学问家的

---

⑪ 这个庞大的翻译出版计划包括有:最先出版的《论语》(1910),不知出于何种原因列为丛书"第 2 卷",随后出版的《老子》和《列子》(1911)分别列为"第 7 卷"和"第 8 卷",而《庄子》(1912)也列为"第 8 卷"。

⑫ 杨武能:《卫礼贤——"伟大的德意志中国人"》,载《人民日报》1990 年 2 月 22 日第 7 版。

距离感,主观色彩太过浓厚,不是严格意义上的客观译介[13]。为了回应《科隆报》上刊登的一篇批评他的《论语》译本的文章,卫礼贤在写给迪德里希斯的一封信中这样写道:"面对专业汉学,我是一反常态颇为冷静,正因为我不仅脱离了国内汉学界的正统理论,而且也脱离了中国注疏文学传统。就我的观点而言我当然也有我的理由,这些理由是那样充分实在,叫我无法不坚信。而因为那本书面向的是广大读者,我自然不可能在书中详细阐述我的理由了。当今汉学界尚未脱离古老的神学偏见,即用唯一的一把尺子去衡量基督教以外的所有现象。而我是一如既往,深信只有专心致志、摒弃偏见去主动钻研才有可能真正理解对我们来说如此陌生的现象如孔子。"[14]

第一次世界大战前后,卫礼贤除了翻译儒、道经典著作以外,还出版过一本《中国民间童话》(1914),收入迪德里希斯出版社自1912年开始出版的"世界文学中的童话"丛书。虽然从严格意义上说,这些童话都经过他的整理和艺术加工,但是通过这些作品,古老的中国文学可见一斑。而从《论语》开始,出版的"中国的宗教和哲学"丛书后来又连续推出卫礼贤翻译的三部道家经典,即《老子》(1911)、《列子》(1911)和《庄子》(1912),到1916年又出版了《孟子》。1928年出版《吕氏春秋》,1930年又有《礼记》卫译本问世。至此,卫礼贤译介中国儒、道两家经典的计划算是大功告成了。卫译本《吕氏春秋》忠实原文,译笔流畅,是卫礼贤第一次把这本书介绍给西方,就是在又过了将近80年的今天,卫译本仍是唯一的西方语言版本。除了这本《吕氏春秋》,卫礼贤早就计划出版一本中国诗集。1922年,适逢歌德逝世90周年,中国文化界举行了丰富多彩的纪念活动,卫礼贤翻译的《中德四季与晨昏》出版一了心愿。书中附有精美的木刻插图16幅。

虽然他的《老子》译本很长时间位列畅销书的榜首,时间证明卫礼贤与迪德里希斯合作最成功的要数他译注的《易经》一书。在思想史上,《易经》这部充满智慧的古书被尊为中国宗教、文化和哲学的开山之作。早在16世纪《易经》就已经引

---

[13] 关于卫礼贤及其译著的学术地位,参阅罗梅君(Mechthild Leuchtner):《汉学界的论争:魏玛共和国时期卫礼贤的文化批评立场和学术地位》,载克劳斯·黑尔施编《卫礼贤——两个世界之间的使者》,法兰克福,2003年,第43—84页。

[14] 1910年10月8日的信,载乌尔夫·迪德里希斯编《奥伊根·迪德里希斯——与同时代人的书信来往》,第179—180页。

起西方世界的注意,在卫礼贤之前已有多种西方语言的译本行世[15],而且最早的单行本就是以德文刊行的,即1763年在沃尔芬比特出版的《古书〈易经〉中隐藏的中国古代文明》一书,由舒马赫等三人共同编译[16]。相比之下,卫译本《易经》最大特点是他所独具的典雅而又不失古朴的行文风格,一方面完整而准确地传达了这部奇书的原汁原味,另一方面书中他的那些长篇评注虽然不是紧扣字面的死译,却也忠实于中国的注疏传统,所以也为读者所喜闻乐见。这部代表卫礼贤最高翻译成就的译著不仅是他十余年孜孜不倦刻苦钻研中国古代智慧的结晶,其中更有晚清名儒劳乃宣(1843—1921)倾注的心血。根据卫礼贤夫人萨洛美·卫出版的回忆录记载,卫礼贤和劳乃宣是1913年3月21日开始动笔翻译的[17]。关于他二人合译《易经》,卫礼贤曾在自传[18]和本书初版序言里有详细的说明:先由劳乃宣讲解原文,卫礼贤像学生一样做笔记,再根据笔记译成德文。然后他抛开书本把德文回译成汉语,由劳乃宣评断他的理解和翻译是否正确。接下来他再对译文进行修辞方面的修改加工,反复推敲,常常为了一个概念三番五次地修改。同时还要附上最重要的参考文献。可以说,中西两位大学问家联手翻译儒、道经典而下了这般苦功的,不仅中外翻译史上前无古人,而且到今天后无来者。所以《易经》德文本问世后,其影响越来越大,特别是经过著名心理学家荣格的推崇后一版再版,风靡西方。

---

[15] "四书"和"五经"的西传始自明清之际来华的耶稣会传教士。自1591年利玛窦(Matteo Ricci,1552—1610)来华起,这些经典著作就被陆续介绍到西方。"四书"的著名译介者有范礼安(Alexandre Valignani,1538—1606)、罗明坚(Michel Ruggieri,1543—1607)、柏应理(Philippe Couplet,1623—1693)、殷铎泽(Prosper Intorcetta,1625—1696)、郭纳爵(Ignace da Costa,1599—1666)和卫方济(François Noël,1651—1729)等。"五经"当中《易经》最早受到注意,先后有金尼阁(Nicolas Trigault,1577—1628)、卫匡国(Martin Martini,1614—1661)、曾昭德(Alvarus de Semedo,1585—1658)、白晋(Joachim Bouvet,1656—1730)、傅圣泽(Jean François Foucquet,1665—1741)、刘应(Claude de Visdelou,1656—1727)、雷孝恩(Jean Baptiste Régis,1664—?)、冯秉正(Joseph Marie de Mailla,1669—1748)、汤尚贤(Pierre Vincent de Tartre,1669—1723)、孙璋(Alexander de la Charme,1728—1767)和宋君荣(Antoine Gaubil,1689—1759)等传教士的译介。基督教传教士对《易经》的译介有麦克开拉启(Thomas McClatchie,1813—1885)等人。介绍"四书"的则有马礼逊(Robert Morrison,1782—1834)等传教士。而对中国儒家、道家经书西传贡献最大的要数并称汉籍欧译三大师的卫礼贤、英国伦敦会传教士理雅各(James Legge,1815—1897)和法国耶稣会传教士顾赛芬(Séraphin Couvreur,1835—1919)。参阅张西平《传教士汉学研究》一书中关于《易经》和儒学早期传播的论述,大象出版社,2005年,第111—145页。

[16] 参阅鲍吾刚:《远方的见证人》。

[17] 萨洛美·卫:《卫礼贤——中欧传道人》,第221页。

[18] 参阅鲍吾刚选编:《卫礼贤——两个世界之间的使者》,杜塞尔多夫、科隆,1973年,第54—55页。

第二次世界大战后根据卫氏德译本出版了英文转译本,以此为标志,卫礼贤的影响也开始超越德语文化圈,这使他成为蜚声国际的中文典籍欧译大师。

第一次世界大战之后四分五裂的欧洲疮痍满目,德国古典主义的美梦彻底破灭,思想界开始逃避残酷的现实,以为在以孔子和老庄为代表的中国古代经典中可以找到答案。1919 年,斯宾格勒出版了《西方的没落》一书,因为书名而一夜成名。同年还有一本畅销书《一个哲学家的游记》在德国出版,作者是当时著名的沙龙哲学家赫耳曼·格拉夫·凯瑟林(Hermann Graf Keyserling,1880—1946)。在这本游记里,凯瑟林似乎找到了破解斯宾格勒文化悲观主义的良方,那就是古老中国文明的智慧。1912 年春,凯瑟林环球旅行时到了青岛,经卫礼贤的介绍,结识正在那里避难的一些清朝遗老。后来虽然他的游记并未交迪德里希斯出版社出版,但是1913 年迪德里希斯出版了他的作品《论东西方文化问题的内在联系——给东方各民族的福音》。这是他 1912 年 5 月用英文为中国听众所作的讲演,英文原题为《东方和西方以及他们共同真理的探讨》。凯瑟林虽然也同意西方文明的物质属性,却不接受这种物化的文明一无是处的观点。他企图给西方文明注入古老东方的智慧,盼望东西方取长补短共同走向未来。同时他还怀着悲天悯人的情怀警告说,在中国全盘西化必将导致中国文明的彻底丧失。他声称西方文明所欠缺的正是东方智慧的主线,而东西方文明融合起来则可以开创新的天地。虽然凯瑟林的观点在世界大战前就已经提出,但它的影响却是在战后达到高峰的。

研究卫礼贤与迪德里希斯出版社的关系,既然讲到了凯瑟林的文明观,就不能不涉及现代中国思想史上的两位著名人物。一位是辜鸿铭,另外一位就是张君劢。

辜鸿铭(1857—1928)可谓学贯中西的一位奇人。20 世纪之初,中国知识分子中的精英们怀着救国救民的抱负大力宣讲西方文明,他却偏偏用西方人的语言倡扬古老的东方精神。他思路敏捷、文笔犀利,作品在极短的时间轰动了欧洲。他向西方译介了"四书"中的三部,即《论语》、《中庸》和《大学》。他的英文著作有《中国的牛津运动》、《春秋大义》等。向西方不遗余力宣传国粹,辜鸿铭是中国第一人,史书上实在应该记他一笔。辜鸿铭出生于南洋马来半岛西北侧的槟榔屿,祖辈是由中国福建迁居而来,父亲在一家橡胶园当总管,操一口流利的闽南话,也能讲英语和马来语。他的母亲是讲英语和葡萄牙语的西洋人。没有子女的橡胶园主、苏格兰人布朗非常喜欢他,把他收为义子,让他自幼阅读莎士比亚、培根等人的作品。1867 年布朗夫妇把 10 岁的辜鸿铭带到了爱丁堡。在那里,辜鸿铭接受西方传统教育,学拉丁文、希腊文和西方哲学史,后来以优异的成绩被爱丁堡大学录取。1877 年,他在获得文学硕士学位后又赴德国莱比锡大学等著名学府学习土木工程。

回到南洋的辜鸿铭,在新加坡遇到了另一位学贯中西的人物、语言学家马健忠。马氏建议他认真研究中国古文化并鼓励他早日回去报效祖国。于是他说服母亲，回到祖辈世居的中国大陆，同时继续苦读中国典籍。他曾在晚清实权派大臣张之洞的幕府中任职20年，主要职责是"通译"。他一边帮助张之洞统筹洋务，一边精研国学，还自号"汉滨读易者"。自1883年在英文报纸《字林西报》上发表题为《中国学》的文章开始，他走上宣扬中国文化、针砭西学的写作之路。他独辟蹊径，在宣传古老的东方智慧时加入歌德、席勒等西哲的妙语。1901年至1905年，辜鸿铭分五次发表了172则《中国札记》，反复强调东方文明的价值。1909年，他的英文著作《中国的牛津运动》出版。1910年，辜鸿铭在上海结识了与迪德里希斯出版社相交甚密的德国旅行小说家、中国通阿尔冯斯·帕盖特（Alfons Paquet, 1881—1944）。帕盖特同年拜访过卫礼贤，后来他把辜鸿铭《中国的牛津运动》书稿介绍给自己所尊重的"汉学家"。卫礼贤将书稿译成德文，又增加了几篇后以《中国抵抗欧洲观念（批判文集）》为书名交给迪德里希斯出版。1915年，辜鸿铭出版另一部著作《春秋大义》（英文版书名为《中国人的精神》），满怀理想主义的热情向世界推荐中国文化，认为中国文化才是拯救世界的灵丹妙药。他的东方文明优越感比凯瑟林更为彻底，对西方文明的批判更是十分的尖锐深刻。1916年《春秋大义》德文本出版，书名《中国人的精神和走出战争的出路》，当年曾有评论说："辜鸿铭以其2500年伦理的和民族的经验为出发点，就像面对不懂事的孩子一样教导欧洲人。我们只有听从他的份儿。摆在我们面前的是欧洲的主要问题、巨大的世界观问题……辜鸿铭清楚地看透了欧洲的软肋，所以他对欧洲人没有敬佩之意，尽管这里有铁路和电话，尽管这里科学发达，这里却缺少最好的东西。这是为什么呢？在这一点上辜鸿铭也看得很准：这里所缺少的是内在的、精神上的兴致和对于灵魂的热烈抚慰。在欧洲，一切伦理都让位给实用了。感情的精致细腻得不到发挥。甚至连欧洲人的宗教也带上了浓厚的物质色彩……而中国人所拥有的则是一种健康和纯洁、人道而现实、一种崇高的民族伦理观……辜鸿铭不无嘲讽地触到痛处，他说：'欧洲人在学堂里学的只有知识、知识、知识，而中国人在学堂里学的是做一个文雅高尚的人。'"[19]辜鸿铭在著名的迪德里希斯出版社出版这两本书，大力推崇中国文化、抨击西方文明，这在正忙于第一次世界大战的德国引起巨大反响。卫礼贤和迪德里希斯所代表的欧洲文化悲观主义通过辜鸿铭而发生了共鸣。

晚年的辜鸿铭在北京大学任教授，主讲英文诗。他讲英国诗歌也颇为精彩："英文诗分三类，国风、小雅和大雅。国风中又可分为苏格兰风、威尔士风等七国风。"他还让学生练习翻译《三字经》和《千字文》。时代已是民国，这位"古怪"的

---

[19] 鲁道夫·德琉斯（Rudolf Delius）写的关于《中国人的精神和走出战争的出路》的书评，载1917年出版的《行动》（*Die Tat*）杂志。

老先生却仍然穿长袍、拖长辫,成为北大一景,也吸引了许多外国著名人士慕名拜访。英国作家毛姆、日本作家芥川龙之介、印度诗人泰戈尔和日本首相及俄国皇储都曾登门。而与此同时,胡适、陈独秀等新文化的代表人物则把他立为论战的靶子。1928年4月30日,潦倒的辜鸿铭在北京病故,结束了他奇异的一生。

张君劢(1887—1969),江苏宝山(今属上海市宝山区)人,原名嘉森,字士林,号立斋,别署"世界室主人",笔名君房。他1906年赴日本,认识了梁启超并参与发起梁启超主持的"政闻社",1910年获早稻田大学政治学学士学位后回到国内。1913年,为避袁世凯迫害,在梁启超安排下到柏林学习哲学,1918年随梁启超到欧洲考察,曾以观察员身份参加凡尔赛和会,尔后留在德国,在耶拿大学师从生命哲学家奥伊肯(Rudolf Euken,1846—1926)。1922年他和老师一起出版德文著作《中国和欧洲的生活问题》,同年曾陪同莱比锡大学的生物学家和哲学家杜里舒(Hans Driesch,1867—1941)到中国讲学[20]。张君劢与卫礼贤相交甚深,卫礼贤去世时他曾写过一篇感人肺腑的悼念文章[21]。

由于思想接近,迪德里希斯也出版过一些生命哲学流派的著作,特别值得一提的是出版了在中国影响很大的法国生命哲学家伯格森(Henri Bergson,1859—1941)的许多著作。20世纪20年代初,中国思想界曾经发生过几场大论战,其中的"科学与人生观论战"就是张君劢挑起的。1923年2月14日,他在清华园作了题为"人生观"的演讲,力陈"人生观"是"主观的、直觉的、综合的、自由意志的,起于人格之单一性的",而"科学"则是"客观的、为伦理方法学所支配的、分析的、受制于因果律的,起于自然之齐一性的","故科学无论如何发达,而人生观问题之解决,绝非科学所能为力"。演讲稿在《清华周刊》刊出,张君劢的挚友、地质学家丁文江以万余字长文发表于《努力周报》,痛斥张君劢为"玄学鬼",论战由此爆发。1923年12月,亚东图书馆集结论战的文章,出版《科学与人生观》一书,作者除张君劢和丁文江外,还有胡适、陈独秀、梁启超、张东荪、吴稚晖、范寿康、林宰平、孙伏园、朱经农、任叔永、唐钺等,学者名流几乎全都云集书中。这场论战一直持续到1924年底。

在当时的中国,由辜鸿铭等人发起的对西方文明的批评已经成为思想界主流之一,特别是梁启超考察欧洲后悲观失望之际写下著名的游记,认为大战之后欧洲

---

[20] 杜里舒的中国之行是当年中国思想界一大盛事,当时媒体多有报道。杜氏讲学的第一站是上海,他在那里受到卫礼贤的接待。卫礼贤也就是在这次活动中结识了张君劢的师长梁启超。参见萨洛美·卫的《卫礼贤——中欧传道人》,第281—282页。1912年,迪德里希斯出版社出版了杜里舒的著作《规则学》(*Ordnungslehre*)。

[21] 张君劢:《世界公民卫礼贤》,载《中国学报》(*Sinica*)1930年第5期。

文明已经山穷水尽，在这样的背景下发生有关文化的一系列论战并不奇怪。而张君劢身为卫礼贤的好友，和辜鸿铭一样倡导中国文化中主观直觉的一面，怀疑科学万能的立场正好迎合了当时西方思想家面对战争创伤寻找精神家园的愿望，自然容易得到卫礼贤和他的出版商迪德里希斯的青睐。从这个角度来看，他的观点受到那些曾经留学英美、崇尚实用主义哲学的中国学者的激烈批驳也就可以理解了。

人们用"学术与政治之间"评价张君劢。就政治而言，1949年以前他一直处在政治旋涡之中，追随梁启超推动立宪运动，起草中国第一部宪法，参加讨伐袁世凯，介入黎元洪、段祺瑞之争并担任段祺瑞总统府秘书，组建、改组国家社会党和民主社会党，抗战时期参加国防参议会，出席联合国成立大会，起草《中华民国宪法》，调停东北内战，出席1946年政治协商会议和"立宪国大"，参与改组政府，拒绝李宗仁出任行政院长之请，一方面曾经被国民党方面绑架和软禁，另一方面却又成为蒋委员长的座上宾，后来则被共产党列入"头等战犯"名单上的最后一名。就学问而言，他得过秀才、翰林的功名，可以用德、英、日三种外语写作，创办政治大学、学海书院和民族文化书院，曾任北京大学和燕京大学教授，挑起"科学与人生观论战"，与唐君毅、牟宗三、徐复观联名发表《为中国文化敬告世界人士宣言》。20世纪50年代后，身为旅美教授的张君劢开始"环球讲学"，写了《新儒家思想史》等著作。近年来他和辜鸿铭一道被国内学术界重新发现，同被尊为国学大师。

伯格森、奥伊肯和张君劢所主张的生命哲学强调直觉和非理性，赞成整体性高于个别化，为批判以工业化为标志的现代西方文明提供了理论基础。奥伊肯被认为是德国反理性主义和反理智主义的代表人物。辜鸿铭对西方文明的批判和对东方精神的推崇则对处于世界大战之中的德国起到了振聋发聩的作用。而凯瑟林试图将重推理重科学的西方文明和富有玄学传统的中国文明结合起来，构建一种新型的文化。他对中国文化的认知主要是从卫礼贤的阐释中得来，甚至很大程度上都是照搬卫礼贤对汉籍经典的解释。从这个意义上可以说，德国思想界（如对卫礼贤十分推崇的著名心理学家荣格、文学家黑塞和小说家德布林[②]等）是通过卫礼贤所提供的视角来了解和接受中国文化的。与同一时代的其他汉学家相比，卫礼贤的独特之处就在于他不仅仅局限于译介古代中国智慧，而是赋予这种"中国智慧"革新西方文明的使命。换句话说，他站在历史和文化的高度，在译介儒、道经典的同时承担了重新构建中国智慧大厦的责任。

1930年，就在短短的半年之内，卫礼贤和迪德里希斯相继辞世，珠联璧合的翻译大师和出版家曲未终人已散，导致迪德里希斯出版社传播中国文明的好戏陡然

[②] Alfred Döblin(1878—1957)，德国小说家，深受卫礼贤译作影响，写过《王伦三跃》等中国题材的小说。

落幕。1931年,由萨洛美·卫编选的卫礼贤文集《人与存在》出版,此后20年间,这家著名的出版社居然连一本中国题材的书都没出过,这也反映出他二人对于该社的中国选题是何等重要。中国题材在迪德里希斯出版社停版长达20年之久,希特勒统治之下的纳粹德国固然难辞其咎,但也只是问题的一个方面。这20年间也曾有一位达姆女士(Annemarie Dahm)以卫礼贤译著为蓝本编选过一本长达400余页的中国哲学著作选本,书名为《东方生活智慧》。此书早在1942年就出了清样但是一直未能面世,究其原因十有八九是战时印刷纸张奇缺。不过,很可能是受到这部未刊稿的启发,1951年迪德里希斯出版社在沉寂了整整20年之后终于出版了战后第一本关于中国题材的书,就是和上述书名相去不远的卫礼贤文集《东方智慧》,1955年再版了卫译本《论语》,1956年又出版了卫礼贤论《易经》的文集《变与常——易经的智慧》。同年,萨洛美·卫的长篇传记《卫礼贤——中欧传道人》也杀青问世。

又过了20年,卫译本《易经》早已风靡欧美。卫礼贤之子、汉学家卫德明(Helmut Wilhelm)上世纪30年代中期不堪纳粹统治而远走中国,战后到美国出任华盛顿州立大学东方学院教授,他不忘故国,于1972年在迪德里希斯出版社出版了论文集《〈易经〉的真谛》。卫德明曾协助父亲翻译《易经》,著有《易经》译解,后被译成英文本,治学以讲授《易经》而闻名于世,其对于欧美的易学研究的影响保持至今。而《易经》这部奇书经卫氏父子两代的研究推介,早已成为迪德里希斯出版社中国题材的镇社之宝。

回顾《论语》在德国出版以来近百年的历史,自从卫礼贤逝世后迪德里希斯出版社再未出现上个世纪头20年那样火山爆发一样的中国热。二战的影响当然不可忽视,而最直接的原因却是中国和德国都发生了翻天覆地的变化。这个巨变将上个世纪20年代存在于中德两国之间朦胧而温馨的文化亲和力一扫而空。穷毕生心血致力于维护这一亲和力的文化使者卫礼贤在逝世前不久的一封信中谈到中国,曾经写下一段挽歌般的文字:"旧的过去了,无可挽回地消逝了。那是一个美丽的世界。我们所有见识过那个世界的人都应该心存感激。然后呢,就要勇往直前,向混乱的深处挺进……是时代要求我们朝着那个方向走去,通过个人的社会化秩序而获得自由……"㉓1949年以后,中国变得比卫礼贤踏上山东半岛时更加神秘莫测,西方难以了解她的真实面貌长达30余年。直到"文化大革命"结束改革开放,中国再次走向世界,世界也开始重新认识中国。从20世纪80年代重开国门,到今天中国成为世界的工厂和强大的贸易伙伴,沧海变桑田,卫礼贤和迪德里希斯精心构想的那个完美无缺、理想化的中国早已随风而去,荡然无存。令人欣慰的

㉓ 参阅鲍吾刚:《远方的见证人》。

是,迪德里希斯出版社一如既往,仍然不遗余力地向德国、向西方介绍中国,只是如今早已不局限于阐释以"四书"和"五经"为代表的古老文明,而是介绍一个活生生的中国。出版社推出的中国题材除了传统和经典以外,更增添了许多反映现当代中国的文学作品[24]。

不过,百年老店迪德里希斯出版社仍然保持着它的传统。1973 年,出版社创始人的孙子乌尔夫·迪德里希斯推出一套惹人注目的"迪德里希斯黄皮书系"。这套丛书总共有 125 本,中国题材就包揽了前五本,包括新版《易经》、《卫礼贤文集》和康有为的《大同书》。其他选题则包括欧洲以外的各大洲文明当中的宗教和哲学流派。出版社宣示,之所以将《易经》放在开篇的位置,是因为这部书"具有实实在在的纲领性意义"。从某种意义上可以说,当年老迪德里希斯推出"中国的宗教和哲学"丛书,旨在从中国儒家和道家经典中寻找拯救西方物质文明的良方妙计,而在 100 多年后的今天,全球化浪潮席卷地球村的每一个角落,他的后人则试图通过推介和研究基督教以外的人类各种文化和智慧的结晶为我们的未来找到共同的支撑点。100 多年以来,仅就数量而言,迪德里希斯出版的关于中国题材的书籍并不起眼,然而,正因为卫礼贤的主要译著都在这里出版,这家出版社对于中国形象在德国的塑造起到了决定性的作用。这是一个不争的事实。可以说,没有卫礼贤就不会有迪德里希斯出版社"中国的宗教和哲学"丛书,而没有著名的迪德里希斯出版社精诚合作,卫译汉籍也未必能产生如此巨大的影响。对于他们的幸会与合作,卫礼贤说过心存感激的话,实际上整个思想界都应该心存感激才是。

近年,随着改革开放的深入和国力的增强,中国知识界和出版界对国学和传统的自信心都得到空前的增强。正是在这个背景下,国内出现一波又一波的海外汉学研究热。卫礼贤也理所当然地进入研究者的视野。和同时代的汉学家相比,生活在大变革的时代、徜徉于东西方文化之间的卫礼贤对中国和中国文化的介绍既是现实的又是双向的。置身于动荡的年代和中西文化碰撞的旋涡,他对中国及其文化遗产和现状的认识也有一个发展变化的过程:早年他同情帝制,以清朝遗老为友,将孔子尊为可能拯救西方没落文明的良医,甚至积极参与复辟的活动。但是到最后,他却又怀着满腔热情宣传以梁启超、蔡元培等人为代表的新文化[25]。他眼中

---

[24] 例如张爱玲的《秧歌》(1956),卡尔-海因茨·严森(Karl-Heinz Janssen)的人物传记《毛的时代》(1976)和张辛辛、桑晔的纪实作品《北京人》(1986)等。

[25] 他在自传《中国的灵魂》的扉页上将该书题献给蔡元培,1925 年还曾努力为蔡元培争取德国的名誉博士学位。为此他曾经向福兰阁教授求助。参阅吴素乐(Ursula Ballin,1939—):《卫礼贤(1873—1930)传略》,载克劳斯·黑尔施编《卫礼贤——两个世界之间的使者》,第 21 页。

的孔子和老庄哲学虽然带有强烈的理想主义色彩,但通过他的眼睛我们得以进入一个独特的视角,而随着卫礼贤研究的一步步深入,以史为鉴,以洋为鉴,我们或许还会发掘出对回答当前的一些文化课题具有启发意义的材料吧。

(作者单位:德国慕尼黑大学)

中国哲学、宗教著作的匈牙利语翻译

□ [匈] 郝清新（Imre Hamar） 绍莱特（Gergely Salát）

内容摘要：由于有着东方血统，一直以来，匈牙利人民对东方的思想和文化有着浓厚的兴趣。20世纪上半叶，东方文化日趋流行，关于中国思想、印度思想以及佛教的书层出不穷。不幸的是，此时匈牙利还没有精通汉语、通晓中国文化的专家。真正意义上的翻译工作始于"伟大的一代"，即以杜克义（Ferenc Tökei）、Barnabás Csongor、Ildikó Ecsedy 等为代表的匈牙利汉学家。其中，杜克义教授是中国古代哲学匈牙利文的最重要译者。他的儒家、道教和其他典籍的译著都一版再版，在匈牙利享有盛誉。当前，匈牙利汉学家依然致力于中国哲学尤其是中国宗教哲学文本的翻译工作。在对中国思想的翻译中，那些最重要的文本均已翻译成匈牙利文，但对于影响力较小的文本的翻译依然任重而道远。

关键词：中国哲学 宗教著作 匈牙利语翻译 20世纪 杜克义

Abstract：Hungarian people have always showed a great interest in Eastern thought and culture, due to their Oriental origin. In the first half of the 20th century Eastern culture became quite fashionable, and a number of books have been published on Chinese and Indian thought, as well as on Buddhism. Unfortunately, at this time there were no China-specialists in the country, who were well-versed in Chinese language and had an understanding of Chinese culture. Real authentic translation work was started by the "great generation" of Hungarian sinologists, such as Ferenc Tökei, Barnabás Csongor, Ildikó Ecsedy, etc. Among them, Professor Ferenc Tökei was the foremost translator of ancient Chinese philosophy into Hungarian. His translations of almost all the Confucian, Taoist and other classics were published in a number of editions, and became well-known among the Hungarian public. At present, Hungarian sinologists still make a lot of translations of Chinese philosophy, especially of philosophical texts related to Chinese religions. The most important texts of Chinese thought have already been translated in Hungarian, but there is still a lot of work to be done in rendering less influential texts into Hungarian.

Key Words: Chinese philosophical and religious classics   Hungarian translation   20th Century   Ferenc Tökei

匈牙利并没有属于自己的优秀的哲学传统。在匈牙利哲学家中，仅有一些马克思主义思想者，如卢卡奇(Lukács György)，获得了世界声誉。在很长的一段时间内，对哲学感兴趣的匈牙利人仅把注意力集中于西方人的著作，尤其是法国和德国的哲学家。

历史背景

然而，一旦匈牙利人更多地了解了包括中国在内的东方，东亚的哲学就引起了我们的兴趣。众所周知，匈牙利人起源于东方，并一直对亚洲文化怀有很深的兴趣。起初，我们并没有关于中国思想的第一手知识，我们没有原始资料，所以只能通过18、19世纪法国、德国思想家们的作品来了解中国哲学。在20世纪上半叶，尤其是从20年代到40年代，东方文化逐渐流行，许多关于中国、印度思想，还有佛教的书籍在匈牙利出版。遗憾的是，那时国内没有精通汉语、通晓中国文化的专家。也正是在这个时期，许多中国哲学著作的译本出现了，如老子的《道德经》、孔子的《论语》，但是这些都是从德语、英语版本转译过来的，而不是来源于古典中文原版。

汉学家"伟大的一代"

匈牙利对中国思想翻译和研究的新时代始于20世纪50年代。罗兰大学中国与东亚研究系重新组织起来，中匈关系制度化，两国间留学生和学术交流开始。为匈牙利汉学奠基的新一代汉学家出现了。研究和翻译工作是大致按照以下分工发展的，每位学者专攻一个或少数几个领域：Csongor Barnabás 成为研究中国古典文学首屈一指的专家，翻译了大量杰出的文学作品；高恩德（Galla Endre）研究并翻译20世纪中国文学；Ferenc Mártonffy 致力于语言学；Ecsedy Ildikó 是一位研究中国古代历史、中原和蛮族关系的著名学者；优山度（Józsa Sándor）则从事近现代中国历史研究。他们中大多数人的翻译工作不只局限于自己的研究领域，还涉及其他领域。例如，几乎每一位学者都参与翻译了古典和近现代中国文学名篇名作。其中，专攻中国哲学并在该领域取得卓越成就的当属杜克义（Tökei Ferenc）。

杜克义（1930—2000）是一位马克思主义哲学家、汉学家及翻译家。他1953年毕业于罗兰大学，专业为中国研究。他先后供职于罗兰大学、东亚艺术博物馆、欧洲出版局、匈牙利科学院哲学研究所。1973年成为科学院通讯院士（corresponding member），1985年成为正式院士。

他的第一部著作《中国挽歌的诞生——屈原和他的时代》出版于1959年。这个标题透露出文学内容，然而它也包含着重要的哲学视角。它从马克思主义的角度来分析周朝的社会和思想。杜克义最早的哲学翻译是《尚书》里的部分章节。他的第二部专著《论亚洲生产方式的问题》首版于1965年，同样探讨了古代中国社会。这部基于杜克义对中国古代作品翻译的著作，随后被翻译成六种语言。

当然，杜克义最重要的作品还是《中国古代哲学——一部原始资料集》。这部作品分三卷首次出版于1962年至1967年间，再版于1980年，1986年第三版，第四版——修订版2005年问世。20世纪90年代，书中的许多部分都单独成册出版。这部作品自问世以来，便成为匈牙利唯一也是最重要的关于中国古代哲学的资料。杜克义具有深厚的古汉语知识和文化哲学背景知识，因此，他所有翻译作品都质量很高。这部作品其中一部分翻译了某些中国经典的全篇，另一部分则多为选译或节译。其中，翻译全篇的有：《论语》、《中庸》、《大学》、《老子》和《孙子兵法》。选译的有：《墨子》、《孟子》、《庄子》、《公孙龙子》、《荀子》、《韩非子》、董仲舒的《春秋繁露》、王充的《论衡》和王符的《潜夫论》。节译的有：《尚书》、《易经》、《淮南子》和《史记》。此外，贾谊、晁错、扬雄、桓谭和班固的短篇也可以在该作品中找到。这说明，杜克义的这部巨著几乎涵盖了周朝、汉朝所有重要的哲学著作。

新一代汉学家

20世纪90年代，新一代年轻的汉学家出现了。他们不仅研究中国思想，同时出版一些翻译作品。我的研究主题是中国佛教，尤其是华严派，并有幸向读者呈现《华严经》和许多其他佛教著作的翻译。我也同杜克义先生一起从事过《中国佛教哲学》一书的文本搜集工作。Gábor Kósa 专门研究古代中国流行的道教、摩尼教、景教，并翻译了大量相关著作，如《抱朴子》中的章节。贝山（P. Szabó Sándor）出版的著作领域之一便是《孝经》、《二十四孝》、《三字经》等的翻译。绍莱特在他关于中国古代法律的著作中，也收录了法家经典的节选。但愿我们都能持之以恒地工作，翻译更多作品吧。

这里必须说明的一点是：许多在匈牙利出版的中国古典哲学著作都不是从中文原本翻译过来的，而是从第三语转译过来的。这些作品的质量实在不敢担保，其中包括《庄子》、《淮南子》、《易经》的全篇和佛经的部分等。

今后的工作

从前面的介绍中可以看出，最重要的古代中国（周朝和汉朝）哲学著作都已被全部或部分翻译成匈牙利语了。然而，这一领域仍有一些补充工作需要做，许多其他时代的重要著作还未被翻译。关于周朝，如果能出版《庄子》、《孟子》、《墨子》、《荀子》和《韩非子》的完整译本，将是一件有幸的事。上面已经提到，杜克义翻译了这些著作的重要部分，但我们仍没有全部文本的翻译。

在道教和新儒学这两个重要领域里，我们实际上还没有翻译过任何原始资料。道教传统（如天师派、上清派、灵宝派）在中国思想中占有重要地位，但遗憾的是，没有人把这些派别的文本翻译成匈牙利语。而新儒学大家诸如宋朝的朱熹、周敦颐和明朝的王阳明，虽然他们的思想深远地影响了后来的封建中国，但在匈牙利却几乎闻所未闻。重要佛教流派的基础作品也仍需翻译。因此，摆在我们面前的工作有很多。

哲学著作翻译中存在的问题

几乎所有的中国传统哲学和宗教作品都是用和匈牙利语迥异的古汉语写成的。此外，翻译者不仅需要掌握文言文本身，还必须是一位相关文化、哲学、社会背景方面的专家。比如，一个翻译者要想翻译董仲舒的著作，就必须了解所有之前的中国思想传统和汉朝初期的社会环境。几乎所有作品都对其他著作、人物和事件旁征博引，所以，没有全面的知识是不可能完成翻译的。

读者有可能不了解作品的背景，这也是一个问题。即使是一部很优秀的作品，也可能不能被很好地理解，甚至被误解。正因为如此，翻译者须提供全面的注释、介绍性文章及参考书目。然而，另一方面，如果注释太多，又很容易降低可读性。我们一直努力在过多的注释和过少的注释之间找到一个最恰当的分寸，这确实是一项相当艰难的任务。

古汉语和匈牙利语之间的差别比现代汉语和匈牙利语之间的差别还要显著。古汉语相当简洁，但也模糊，一句话可以有许多不同的解释。相反，匈牙利语非常具体明确：在一句话里，每个成分都由变格、变位和其他的语法要素规定了不同的功能，时间（过去时、现在时、将来时）、人称和数及其他信息都明确给出。正是因为古汉语不具有这些特点，所以它有很多种解释的方法。

这里仅举一例：《老子》里的名句"小国寡民"。它的匈牙利语字面翻译将是"kicsi ország kevés nép"。这几乎是无意义的。然而，古汉语的句子并没有说它到底是过去时、现在时、将来时、有条件、祈使式还是别的什么。因此，这个句子可以被译成"Az ország kicsi lesz, a nép kevés lesz", or "Az ország nagy volt, a nép kevés volt"，"Ha az ország kicsi, akkor a nép kevés"等。古汉语的四个字竟可以有这么多种匈牙利语翻译。当然，最接近原文意思的可能还是杜克义祈使式的翻译："Legyen kicsiny az ország, de kevés a népe."

其他著作可能不像《老子》这么含义缥缈，但事实上，类似问题存在于几乎所有中国古典作品中。

另一个很大的问题是：中国哲学使用许多含义相当丰富的词，想精准地翻译这些词几乎是不可能的。即使数百本书也未必能很充分地诠释"道"、"理"、"法"、"气"等词。另外，也不可能在翻译中提供每一个词完整的专题论著。所以，我们必须承认，没有完美的翻译。仅举一例："道"在匈牙利语中有很多种翻译方法，如"út"，"módszer"，"elv"，"tanítás"，"törvény"，"erkölcs"等。此外，"道"还有许多普通意思，如"mond"，"vezet"，"tartomány"等。更为复杂的是，在不同的作品里，甚至是在同一部作品的不同章节里，同一个词可以指代不同的事物。即使我们用一个具体的匈牙利语单词来翻译一个特定的古汉语词，如用"út"翻译"道"，读者还是不能明白这个"út"在古汉语原文里是什么意思。

当然，由于篇幅有限，我只能列举一小部分翻译作品及中国哲学、宗教作品在匈牙利语翻译过程中存在的问题。每一类型作品在翻译中都存在具体的问题，我认为我们永远不能满足于现有的工作。同时，翻译不仅是一个巨大的挑战，还是一项有意义的、重要的、有趣的工作。正是通过翻译这个根本的途径，我们才得以了解并让其他人也了解到中国思想文化的瑰宝。

（作者单位：布达佩斯罗兰大学东亚系）

论 道[①]

□ [罗马尼亚] 鲁齐安·布拉加（Lucian Blaga） 著
□ 丁 超 译

研究者若想扼要归纳中国精神之特点，可用一个"道"字来

---

① 这是20世纪罗马尼亚学术大师鲁齐安·布拉加（Lucian Blaga，1895—1961）在1942年发表的关于中国哲学和文化的一篇重要论文。作为罗马尼亚文化哲学的代表人物，布拉加创立了一种以奥秘为认识论核心的思辨和隐喻结构的哲学理论体系，著有《认识三部曲》（*Trilogia cunoașterii*）、《文化三部曲》（*Trilogia culturii*）、《价值三部曲》（*Trilogia valorii*）和《关于哲学意识》（*Despre conştiinţa filosofică*）等。同时，他又是著名的诗人、剧作家、小说家、随笔作家和翻译家，以诗歌成就最大，主要作品有《光明诗集》（*Poemele luminii*）、《先知的脚步》（*Pașii Profetului*）、《伟大的过渡》（*În marea trecere*）、《睡眠颂》（*Lauda somnului*）和《分水岭》（*La cumpăna apelor*）等，他还将歌德的《浮士德》等译成罗马尼亚文。1960年，他被瑞典皇家科学院提名为诺贝尔文学奖候选人。

布拉加早年曾关注探究中国文化和文明。1925年，他写下了《麻将牌》（Mah-Jong-ul）一文，发表在当年9月7日第251期的《言论报》（*Cuvântul*）上。在这篇文章中他阐述了对中国文化的基本看法，从麻将牌论及长城、凤、龙、花、草等所具有的文化隐喻，其中还提到了孔子学说。

本文载《宗教与精神》（*Religie Şi spirit*）一书，锡比乌"图拉真的达契亚"出版社1942年出版。它比较集中地体现了布拉加的中国文化观，作者在文中态度鲜明地反对欧洲中心主义，对轻视中国文化的论调给予了无情的驳斥。通过比较中国绘画与欧洲绘画技法上的差异，深入分析了中国人与欧洲人在思维上的不同之处，论述了中国传统观念中人与自然的紧密和谐关系，最终从哲学和美学的高度来阐释中国文化艺术现象。另外，布拉加对老子思想的解读也是颇有见地和耐人寻味的。他还将老子学说与孔子思想作了比较，对孔子所主张的"礼"不乏赞美，认为孔子是人类缔造的最伟大的礼仪创造天才；而礼仪属于精神，使人们将虔诚的心态转化为行动，变得更加宽容。应该说，布拉加对于中国文化的感悟和理解，大大超越了他的前人，这在上个世纪三四十年代的罗马尼亚，是相当突出的。布拉加还选译过《诗经》和李白的诗作，收入在1956年国家文学艺术出版社出版的《世界诗歌选》中。

本文据罗马尼亚文初版翻译，页下注释均系译者所加。

概括。我们即将进行的旅程,是在一个与欧洲观念迥异、与前文②论述的精神差别极大的地区。中国精神对我们是排斥的,在阻挡外部对其理解方面,它着实比印度精神要顽强得多。显然,这些困难需要根据具体情况来努力克服。又有谁不曾感到一种无言的绝望,感到好奇心被拒之门外呢?对于努力探求中国精神奥秘的人,几乎需要一种对自我的彻底抛弃,承受一种悲壮的结局,不再眷念原已习惯的生活。当然,如果你一定要以欧洲人的标准来肤浅地看待中国文化,从一开始就主观妄断,也非难事。但如此处理,不免显得目光短浅,甚至是愚蠢。我们无法忍受那些根据我们欧洲人习以为常的价值标准做出的评价——我们不想得出这样的结果。中国几千年的文化犹如一个奇特世界,呈现在一种宽广的视域中,它在任何情况下都可以要求人们内在地、依照那些在其创造过程中自觉或不自觉地产生积极作用的标准,来加以评判。当这个问题通过如此的话语向我们提出的时候,克服困难的任务就完全地落在了我们身上,尽管我们意识到这些困难永远也不会完全排除。但是它要求我们这样,根据景色自身的构形来调整我们的视角和目光。意识的某种伸缩系数让我们在一定程度上可以应对此问题。在研究外国文化尤其是在谈论这些文化所谓的"缺陷"的时候,我们欧洲人是何等地主观片面。举个例子,记得有人经常发出责难,包括在一些论述中国哲学史的书里,说中国精神从来也没有能够形成宏大的思想体系。这种责难因为包含着对事物的一种观察,所以貌似正确;然而这种认为在中国没有创造出宏大思想体系的观察,紧随其后的还是一种妄断,其中充斥着欧洲人的主观主义:"可怜的中国人,他们没有系统的头脑,他们没有建设性的逻辑!他们在哲学方面缺少天赋!他们的思想是残缺不全的!是箴言式的!可怜的中国人!"——可是欧洲人为什么不去用充分的时间,不慌不忙,调动起自己所有的同情力量,去研究一句中国箴言呢?那样他们就会看到,中国箴言看上去短小,但所包含的内容要远远超过欧洲箴言。中国箴言以它的特有方式,以其透彻和隐晦,取代着"整体";它奇妙地等值于一种"体系";而欧洲箴言始终给人某种残缺感和断裂感。关于中国精神没有能够创造体系的质疑,从中国人的角度来说很容易被推翻。一个中国人可以回答说:我们的一句箴言有时能顶欧洲人的一个体系。我这里仅从不胜枚举的例子中列举了其一,对于欧洲人的主观主义,如果我们不摆脱它,各种风险就都留在我们一边。拿外国文化的某一方面与我们文化中同类方面进行比较,就对其大做文章,似乎我们的标准就是绝对的尺度,这至少是幼稚的。为了回到我们对中国精神善意提出的异议,我们为什么不同时问自己:中国的哲学思想,从其自身的角度看,是不是有非常充分的理由,或明智、

---

② 指作者论述印度宗教的《从因陀罗到涅槃》一篇,在《宗教与精神》一书中排列在本文之前。

或本能地绕开那些宏大而**系统化的**论述呢？对于中国人来说，体系极有可能不是一种**理想**。相反，或许中国人会感到系统化是欧洲思想和印度思想的一个缺点。对于思想博大精深并敏于形而上学的中国人来说，欧洲人的那些体系所产生的当是大洪水以前魔怪的、令人生厌和恐惧的印象。体系的缺失，包括在欧洲人对其赋予的作用和意义的缺失，在中国是一种先天无能的症状吗？或者更确切地说，是由于倾向另外一些精神而造成的冷漠迹象吗？如此提出问题，等同于一种回答。支配中国精神的是它自身的力量，自身的价值，这意味着，如果你希望能从一些所谓的价值角度去理解它，那至少是苛求，因为价值对于它们所涉及的精神本身来说，完全是相同的。当我们想大致评价像中国文化这样的一种外国文化时，我们应当让它按照自身的内在标准来展现在我们面前。

我们不怀疑，读者们曾偶尔有机会目睹中国艺术作品，至少见过一些仿制品，如果没有说错的话，尤其是那些速写、素描、绘画。只要对这种艺术有个大致印象，暂时就足以依托、形成一些有益的看法。还是让我们把注意力转向中国艺术风格的一些特点吧。大家肯定发现，中国画的特点首先就是采用另一种方式来处理空间，它与我们欧洲大陆的艺术家所习惯的绘画不同。中国画的透视方法与欧洲绘画迥异。在欧洲绘画中，画家的目光从一点向无边的天际展开，将风景收入自己的视阈。画家按部分去组织画面，从唯一的观察点望去，视线所及的范围即画家所拥有的景象。观望者认为从他所在的那个点上，以持续不断的目光就能够包括无限。画家感到自己所处的独一无二、固定不动的位置，是无边的天际的构图中心。中国画家对同样的物象本身，不会以此方式来设想。他习惯所谓的远眺，要不停地移动自身的位置。他描绘一部分风景，然后自己要移动，换另一个位置，然后再表现另一部分风景，这样空间就是围绕观赏者逐一展开，观赏者也不时地离开了自己的观察点。远处的空间是由若干个圆组成的，它们排列在一起，相互重叠，而并非从唯一的视觉中心去组织画面。空间是从一个多重视觉中心向外扩散，在深远处，空间更像一种平面的叠层。观赏者来回走动，不时地停下歇息；他可以从容淡定地在这样的空间里纵横深入。这样空间本身获得了一种特别的结构，如同由"环状物"组成，它们不确定地相互交错，即没有确切的边缘。这里讲的是一个不确定的蜂窝状的空间，你永远也无法从一个地点将其全部包容，它强迫你**走动着**与其接触。我们的观察涉及一个想象的空间，它对于中国精神来说具有一种范畴的功能。在一切属于中国精神的行为处世方式中，都可以再次感受到这种空间结构。——需要特别指出的中国画其他一些特点，对开展重要的分析颇有帮助，在被称为"中国印象主义"中，我们可以大致看到。如果平庸且有些不恰当地说，我们可以在中国画里看到一种天性，一种顽强的倾向，它坚持要把从自然和生活中剪切的某一印象或某一瞬间固定下来。在精美程度无与伦比的描绘中，中国画局限于用线条表现古老的风光,表现一束摇曳的芦苇,一只悠然的飞鸟,一尾戏水的金鱼,一棵随风摇动的树木,一处被奇妙的植物遮掩的宅院,所有这些画面都通过一种平实单纯的手法被固定下来。这里是同样的印象主义,它在中国抒情诗词中也非常突出。我们不会忽视,这种不容置疑的印象主义曾时常被非常错误地与19世纪的欧洲印象主义相提并论。出现这样完全没有根据的牵强,当然也有善意的原因,即欧洲的印象主义画家明显受到了中国印象主义的吸引。这并不妨碍中国印象主义属于一种取向完全不同的精神,属于一个完全不同的世界。例如,我们可以拿法国人莫奈的艺术做一比较,你一定可以发现,他也有一种意图,对此他曾坦言,就是要在画布上固定一个即刻的印象,它在稍纵即逝的短暂中尚未丝毫改变,固定一个相对单独和无可比拟的瞬间。这些法国人喜欢的印象毕竟是视觉的。色彩被理解为多变光线的不固定的状态,瞬时的画面充满了周围世界的反射。雾化过程的不稳定,未完结的、不确定的变化,物理瞬间,被雾化的时间,物象的流动性,欧洲印象主义所要表现的内容即在于此。这样一种印象主义实际上是世纪末心灵崩溃的人、堕落的人所给予的艺术回应,他在用最后一点努力和哀歌般的快意去攀缘孤独的存在,他仍然相信这种存在,但仅仅停留在瞬间。中国印象主义以沉稳冷静的方式孜孜以求的瞬间,则全然不同。这里的瞬间承载着一种形而上学的使命。这瞬间是永恒的一种奇特幻象。这瞬间具有不朽的成色。在草图的背后,在短暂性背后,在偶然性背后,我们可以预感到永恒的宇宙奥秘和秩序。细节延伸到一切。一切都存在于细节。瞬间的细节是伟大意义的符号,它超越我们,正如对占卜者来说,掌纹或皮肤的纹理就是一种命运的符号。中国的印象主义就是如此,但在本质上是一种预示未来的印象主义,它选择和采集瞬间,只因为它是这个世界的一种形而上学意义的表现,这种意义虽未曾提出,但是被预感到的。脆弱、柔细、瞬间即逝,这些对中国人的心灵来说,是一种深沉、完全、高于时间的奥秘,其面孔是可以感触到的。在这种瞬间与永恒的息息相关中产生着中国艺术的平凡伟大,欧洲印象主义的作品在它面前不过是相形见绌。欧洲印象主义是颓废的方式,缺少深度,被剥夺了形而上学的敏感性,自我陶醉,没有深刻的反响,拘泥于不加修饰的偶然形式,对它们只是以一种被动的愉悦加以记录。这些形容是辛辣的贬词,中国艺术无论是什么程度上的印象主义,都与此相去甚远。永恒折射在各种形式的人和景物上,因而让他们以各种风格出现在中国艺术中。在风景的任何方面,无论多么偶然和短暂,人们都可以揣摩到意义和神灵的存在。神灵在中国艺术中不太具有特别的神话般模样,它首先像一种不可言喻的成分,自然界的一切物质和形式都沉浸其中。对于这种不可言喻的东西的特殊感觉,通过一种巧妙的会聚,与中国精神所特有的对精美和细微差别的喜爱混合在一起,凡是参观一座远东艺术博物馆的人,都可以不费力气地发现这一点。我们应当把如此的天赋、特点、倾向带入与中国思想和宗教生活的联系当中。因为精神的所有表现都是同根而生，习惯于定式的老眼光会不灵的。中国思想的箴言警句特点，在任何情况下也不系统，不过是这种精神特有的、预示未来的印象主义的一种方式。如果中国人不是从观赏者主体的唯一和固定的中心，向一个广阔平面展开其视野的话，那么在中国精神里又如何能够容纳一个博大体系之境界，并具有其包罗万象之坐标？中国的思想家不自觉地因循了画家的范例，他是在地平线上移动，致使其思想更多地产生于暗示性的想法，未经思考到底，把一半留在阴影之中，而这些思想的凝结与自然界的各种具体面貌相互并列，相互渗透，如同一些没有确切边际的圆圈，构成了中国人的想象空间。这些思想有一半沉陷于晦暗，在某种意义上，是在其由此及彼的行进过程中被清除了杂质。中国思想充满了敏锐和不可考量的细微差别，对具体瞬间性和充满奥秘的含义的追求支配着它。从这里即出现了这种思想与阐释性话语、与笑话、与寓言、与传说的微妙交织。对于中国思想来说，现实本身在其最关键的时刻是笑话、寓言、传说。对中国人来说，自然界和人类生存都充满了寓意。不过人们从来都没有追寻这种寓言及其各种结果的隐秘之处，而是任其自由自在，再次消失在奥秘之中。宗教生活更有力地表明了一种对自然界秩序深深的敬畏，自然界的全部都碎片般反映出来，自然界的这些碎片相互联系，尽管它们之间的联系无法看见，只能揣测。在这里，与绘画的类似是显而易见的。中国画家看到和理解的风景，不是从唯一的视点，而是从多个角度去组织的，但风景并未因此而无序地纷乱松散，它恰恰由各部分之间客观的紧密联系，被把握在秘而不宣的统一体中。事实是中国画家步入自然界，在任何地方，都有如在上帝的家园，等候着被人探访。在中国画家看来，其欧洲同行肯定是太过于主观，因为他想将自己的视角强加于整个自然。中国画家对大自然本身以及它的各个部分有着太多的敬重，以至于因为心怀敬畏而不去按照大自然的外貌改变自己的视角。中国思想家看待和思考问题也是一样的，是螺旋状的，但并未分散整体和奥秘的统一。在任何地方我们都不会像在中国那样，有一种鲜明的感受，即自然界的各种成分，不论它们有时显得多么对立，但彼此之间都相互联系。中国人的思想和情感，回荡在一种完美的信任气氛之中，这是对不同成分的紧密一致的信任。自然界的各种成分在中国人那里享有的威望有如神话中的力量，尽管它们并没有成为本义的神话创造。中国人的想象力没有更多地超越那些可触知的主题。天空依目所观，被奉若神明。大地如足所感，亦情同于此。光明、黑暗，皆被神化于它们可被感觉触知的本质当中。大自然，尤其是在植物性方面，是由神的力量构成的，它们不是想象的，而是通过肉眼并物质化地看到的。物质、生命、植物，某一棵生长在岩石缝隙的百年老树，某一道水流晶莹的飞瀑，都按照人们所看到的样子，被理解和崇拜为"神"。瀑布不是"有"一个精灵，而**是**一个精灵。树不是"有"一个女神，而**是**一个女神。风景在意识中为自己找到了位置，并且在中国艺术中受到如此的赞美,因为对于中国精神来说,它等同于一个神话;风景归根到底属于神明般的自然。在任何情形下,中国人都希望自己能与自然界的各种秩序神奇地对应起来。他相信自己是世界奥秘,是所有这些的延伸,或者更准确地说,正因此中国人才丝毫不觉得需要构建那些思辨性质的形而上学体系;思辨意味着一种对若明若暗力量的失礼举动,甚至是对奥秘的一种冒犯。而中国人与奥秘和生存意义完美地相一致,中国人自身就与最深的奥秘具有同质性,以至于其生命就等同于一种形而上学。哲人或圣贤推崇无言的原则,他们要他们的弟子缄默。师者的察验仅限于对弟子们的为人方式的认真关注。因为人的行为被理解为一种学说或不如说是一种先知的阐述。这些标准构成了中国人生存的体现方式。中国人是一个农耕民族,其古老的生存已为各种古地质形态所印证;他们感到自己与风景有着神奇的联系,而这风景有着可以感知到的神明的崇高威望。神的范畴充盈在全部风景中,包括它所有的物体和所有的生命。在这样的精神氛围中,任何行为,即便是纯功利的行为,都得到一种礼仪般的呈现。任何行为都意味着一种沉浸于奥秘的学问的表露,即展示,自然,温文尔雅。许多旅行家在向我们讲述中国人的实用精神,讲述他们与其他民族高尚的天赋相比表现出机械而缺乏热情的时候,都带有几分蔑视。这种介绍,等于是对一种依然顽强守护自身秘密的情形进行粗暴的损毁。如果中国精神像有些人声称的那样,实际上颇有局限,那么它可能就为求致用,而将实用性发展到极致。然而,新近的、极为实际的欧洲文明,又何曾遇到比在中国更为坚定的抵抗呢?为什么当这一文明带来毋庸讨论的益处的时候,会遭遇如此的抵制呢?我们不妨再提醒一句,中国人独具匠心,有着如此之多的发明,这些发明在其他地方都变得非常实用,但在中国人自己的国家,更多的是以一些儿童和成人共享的玩具形式,成为公用。指南针、火药、印刷术,是他们的发明,然而实际上却为他人所利用,因为,匪夷所思,中国人可能羞于将其用于实际。所有这些不太能为中国人的实用性辩护。中国农民在田间耕作时有些回避使用机械,因为使用器具对于大自然来说,意味着欺骗。而欺骗大自然,意味着脱离它的秩序,脱离秩序意味着一种罪恶,迟早会以这样或那样的方式遭到报应。无疑,中国人有一种实用取向,他们倾向于朴实的本质,倾向于生活所需要的行为,但是他们拒绝那种与奥秘和生命的永恒意义没有直接关联的实际。因此,实际意义的确朴实而伟大,是一种不言而喻的形而上学的礼仪般的展示。中国人的虔诚并非作为精神的一个特殊分支来发展,自身和对于自身有所差异。这种虔诚性更多是人在宇宙意义中行为、表现的一种经常性特征。在一首中国诗词里,在一幅绘画上,在一种礼仪行为中,在一种形而上学思想里,我们总有一种群英荟萃之感。这种虔诚性的情况亦是同样。如果将混为一体的各个方面系统地展开,无疑会得到一些令人无法忍受的文化怪异现象。然而中国精神是审慎的、克制的,它在方法上不主张宽泛地提出展开，它所培植的是螺旋、片段、瞬间；中国思想是箴言式的、有细微差异的，但并非因为极端性的区分，而更多的是由于一种被控制在萌芽状态的复杂性原因。鉴于这种情况，各种（艺术、哲学、宗教、实用）方面的任何混合都会导致凝固，它们仅仅会停留在对实现的一些暗示。在它与"整体"的关系方面，中国精神尤其相信猜想，相信预言的能力。预言的能力不是简单的直觉，它是在印象基础上对整体的预感。有趣的是，如此的神话性，包括各种寓意、各种形象和意义的创造，在中国人那里要显得欠缺，这是和其他一些缔造了伟大文化的民族相比，即古印度人、古希腊人、日耳曼人、斯拉夫人、美索不达米亚人或古埃及人。不过这也是正常的，因为中国人比其他民族更为突出的就是，大自然本身，以全部物质化呈现的风景，由于已经深入到神的范畴，实际程度就等同于神话。天空因而以其蔚蓝的实体，成为一个明亮透彻的父性神；黑暗并具有萌发力的大地，于是成为一个昏暗的母性神。天空孕育大地，光明孕育黑暗，这不是借喻转义，而是事实。从这种亲密的原始二元性中，产生了一切自然生命的大家族，这就是中国人最古老的观念的对象。光明如同雄性，黑暗如同雌性，它们是对立两性的原始存在。为了产生所有的器物和生命，两者缺一不可。可以假设有一种初始的二元性，但其名称不是对立，而是互补。在这种二元性中，光明是父亲，而黑暗是母亲；在伊朗人的二元论看来，光明与黑暗处于一种无休止的搏斗，最终以光明的胜利结束。我们对它们进行比较，可以看到两种观念都来自相同的基本元素，但它们之间的差别是尖锐的。在中国人那里，占突出地位的是自然界各种元素之间休戚与共的意识。如果光明是善，黑暗是恶，那么在中国人看来，善与恶就是互相衬托，成为一体。在伊朗人那里，占主导地位的是善与恶、光明与黑暗两种原则势不两立、激烈交战的动态意识。

在宗教方面，中国出现的最令人感兴趣的无疑是老子（公元前6世纪）。这位神秘主义者的箴言录篇幅不太大，名为《道德经》，是论述道和德的专书。"道"是中国思想的一个基本术语，被翻译成"大道"、"意义"、"秩序"，"德"意味着"德行"、"生命"。实际上，在欧洲语言中找不到任何一个有代表性的词能恰当地表示"道"，也没有一个相应的词能表示"德"。因为"道"需要通过一个词来翻译，它同时要表示"大道"和"意义"，而"德"也需要通过一个词，同时表示"德行"和"生命"。按照权威的汉学家的意见，"道"即"大道"，源于一种形而上学的意义，要求每个事物有一条路、一种进程、一条大道。什么是真正的"道"，我们从老子的箴言中可以更好地理解。

如果我们说老子是一位自然界的神秘主义者，那我们还只是对他的特点作了一个初步概括。从其态度判断，老子肯定是作为一位反文化的人物，尤其是文明的反叛出现的。他是一个不适应社会生活的人物。这些态度，被勾勒得如此模糊，毫无疑问是属于他的，但是它们没有使一个生命枯竭。这些表面的特点最多就是让一些欧洲文人草率地将老子与卢梭相比。这样的比较,当没有任何用处的时候,简直就是危险的。我们要重新评价,以求更为准确的公道。卢梭所表现的对大自然热爱完全是一种感伤主义的。这句话将卢梭置于了老子的心灵从未游走过的一个世界。卢梭是一个对轻佻的言谈和洛可可的田园兴奋剂无动于衷、对其厌倦的人,在大自然面前他动情伤感,大自然对于他来说实际上成为一个彻底失去的天堂。卢梭其实是一个与大自然缺乏有机联系的人,一个被伟大的母亲疏远的人。对大自然的眷恋令他痛苦而无药可医,而且不能被宽厚地重新接纳。在卢梭那里,一切都几乎是病态的憧憬和激动。他没有一点老子那种深沉而神秘、平实且不伤感的冷静,老子与风景一起感受着"道"的母性般保护,被非人格化的、不可言喻的存在意义,被整体的意义所包围、维系和摆布。——我前面曾讲到,有人指责中国人从未能建立起一种达到系统规模的思想,他们有的不过是一字一读的箴言而已。那些发表如此抱怨的批评家,真是蠢笨得令人难以置信,他们没有花力气去将老子的箴言与帕斯卡尔、诺瓦利斯或尼采这些最受称道的欧洲箴言大师的言论进行比较。这样的工作是应当做的,即便没有别的目的,至少也可以让人们看到箴言并不总是同样的东西。如果中国绘画和诗歌能够预言般地捕捉自然界的一个瞬间,一个能够映照一切的瞬间,那么老子的思想也是同样具有先见之明的。他的任何箴言,不论读起来看上去多么短小,实际上都包含一种对宇宙意义的体验。因此,这样的箴言不是高深莫测的、武断的,不惜任何代价编造出来,仅仅为了惊世骇俗。老子的箴言,不论如何怪诞——他本人就一贯怪诞——但没有一点矫揉造作,而完全来自于以形而上的方式感知一切的真实需要。在任何其他一位作者那里,怪诞都没有更为自然的基质和更为内在的需要。老子箴言的另一优秀品质是,每一句都能代替整体。老子的每句箴言,即便孤立地去看,都是在恢复人与世界的原貌,人在这个世界中感受着生命和那种刚刚可以猜想的、让人感到与之相连和为之浸润的终极意义。欧洲人的箴言通常是马赛克砖石,要拼凑在一起才能组合成形,或是世界的一个片断,或是一种形而上的观点。如同中国绘画和诗歌,其主题是金鱼戏水、芦苇摇曳的湖岸,再现的就是往复无穷的一个瞬间,老子的箴言,既是侧面同时又是整体,听上去似乎就是"道"所发出的自身倾诉的声音。——从社会、文化秩序中群体性地离去,从各种个人的自我偏爱中返归,朝神秘而同时昭然的自然界秩序前行,这些就是老子所发出的激励。我们所知道的一切在清楚地表明,老子试图超越自我,达到那种超个人原则,但他这样做,所借助的仅仅是此时此地延伸到人、在人身上得以实现的原则本身。有时,老子称"道"为"无"或"虚"。在评论"道"与"虚"的这种等同的时候,一些研究者始终不承认老子思想真正属于中国,称其是印度的舶来品。因此我们需要说明它们的差异,它们没有被注意到,但并不意味着不存在。对于印度思想来说,那种非人格化的原则,有时就是虚,它替代敏感的世界、具体的自然及其纷繁的现象。这种原则抑或虚,是唯一的突出特征,现象的世界如同一种普通的幻象呈现着。印度的苦行僧选择的就是生活在非人格化的原则中,生活在虚里,从现象的或幻象的世界彻底隐退。老子对"形而上的虚"与"现象的世界"之间的关系却有另外的理解。他视原则、虚为道,视具体万物的世界为自然,它们之间不是相互排斥的关系。原则不能替代事物,而是与它们在一种完美的相互性中彼此制约;奥秘是各种现象的一种延伸,而现象则是奥秘的延伸。道与具体事物相抵互补,共同构成一个整体:

  三十辐共一毂,当其无,有车之用。埏埴以为器,当其无,有器之用。凿户牖以为室,当其无,有室之用。故有之以为利,无之以为用。③

这是老子论述否定之明显功效的著名箴言。存在是物质,但是虚赋予这种存在以**意义**。万物均沉浸于奥秘,关于这种奥秘不可做任何准确的言说,它是不定因素,是虚。然而虚不能替代万物,将它们降低为普通的幻象价值,而是使它们**完整**,通过某种方式赋予它们真正的意义。万物只有得到不定因素的补充时,才能够灵动于真正的整体中。不过对于不定因素来说,无论是实或虚,缺少万物,就都不能成为整体。继而,缘何感觉之中的具体万物,对于老子来说并非像对印度人那样,成为普通的幻象,而变得残缺不整,就如同陶罐若没有其中之虚,也不能称之完整一样。——人,作为活的生物,应当与自然的神秘本质、与道接触,来互相补充,来求得完整。在老子看来,人是在向万物的形而上学意义倾注,而不像印度人那样是一种经常性的后退。老子的神秘主义如同对虚、对意义的瞬间触动,而后又回返到被感知的世界。老子的灵魂永远在摇摆,一边是原则或虚,另一边是各种感觉的世界。他的路不是完全后退,而是摇摆。在自然生命的任何境况下,老子都在一种与形而上学意义的接触中寻找滋养,但他同时又承载着这种意义,向自然条件回归,因为老子笃信,意义本身只能在此实现。老子并非以遁世来追求非人格化原则,而是沐浴着道的光芒在本质中生活。这种神秘的瞬间主义,这种在本质与意义之间的摇摆,标示着老子思想与印度人那种置于经常公设状态、一意孤行、极端苦修的神秘主义相比所显现的独特性。老子的神秘主义不拆桥断路,不强加于人,不扭曲割裂思考;这种神秘主义具有某种智慧和内在的东西,它生长在人身上却毫不为人知晓。印度人的神秘主义是持续产生的思想,是单向的,是通过自我暗示、通过严酷修行后痛苦地产生的令人费解状态;老子的神秘主义更多的是被一种高深寓意照亮的自然生活。印度人的神秘主义具有非人道的激情,在其火炉般的灼热中可以熔化各种金属,上面的则成为精华;老子的神秘主义是柔软的。此外,道本身就更多地被介绍为一种女性(母性)原则,而非男性原则。道之门乃天地本原,老子

---

③《道德经》第十一章。

如是说。这种面貌认为世界的本原近乎一种生成行为,如同女性分娩。或如另一箴言所讲:

> 寂兮寥兮,独立而不改,周行而不殆,可以为天地母。④

一位智者为世界的意义制作了一幅如此女性(母性)的圣像,自然会珍视一切弱小、稚嫩、萌芽、普通和纤细的东西。我们援引如下:

> 知其雄,守其雌,为天下溪;为天下溪,常德不离,复归于婴儿。⑤

对于智者来说,存在的意义具有某种母性的、稚嫩的、萌芽的、温和的、谦卑的东西,它不会爱阳刚、炫耀之举,也不会因为坚强清醒的意志所带来的成功而自我陶醉。事实上,老子是提出不为于万物,高于万物。对于我们听惯了另一些声音的耳朵,这言辞是如此令人惊异,以至于需要一会儿停歇,需要解释。老子的智慧是对不为的一种赞美。但是老子理解的不为,并非懒散的幻想状态,并非不行动。老子只看重事实,它们在某种意义上源于自身,是通过我们并与自然界的各种秩序一起产生的,这些事实不冒犯整体的母性本源。请看老子是如何谴责近乎于粗暴蛮横的阳刚,以及那些形同破坏自然秩序的各种事实的:

> 将欲取天下而为之,吾见其不得已。天下神器,不可为也。为者败之,执者失之。⑥

或:

> 以道佐人主者,不以兵强天下,其事好还。师之所处,荆棘生焉;大军之后,必有凶年。善者果而已,不敢以取强。果而勿矜,果而勿伐,果而勿骄,果而不得已,果而勿强。物壮则老,是谓不道,不道早已。⑦

威力显示、爆发在行动中,由清醒的意志和明确的目标所支持;力量最终导致"不道",因为力量不考虑自然的本质,其虽柔性,但却以克制和暗长而隐含着强力。或许这种从宇宙节律中释放出来的智慧并非适合于任何地方和任何事物。一个有如中华这样的民族,几亿人口,生活在众多千年古城,却能够拥有不为的智慧,并作为一种受到推崇的精神成果,来面对永远具有萌发力的自然。从这样一种智慧中,中国人坚信自己在道的保护下将得到永恒。

最常见于老子的象征是水。水首先是与道缘分最近的元素,她具有不受任何阻挡的天性,她是谦恭的,她寻找最低的地方,然而水又是多么强大,正因为她不可阻挡,她自身谦恭。其次,水在许多神话中作为母性的象征出现,与其相联系的是

---

④ 《道德经》第二十五章。
⑤ 《道德经》第二十八章。
⑥ 《道德经》第二十九章。
⑦ 《道德经》第三十章。

肥沃多产、胚胎的存在、降生,是一切具有萌生力的东西,是一切有嫩芽的东西。在这些含义的语境中,可以从自身理解为所有的美德,它们将水变成了最能包含道的意义和功用的象征,即存在之母。作为具有魔法般表现力的符号,水尤其被老子用在向我们讲到德的时候,即关于某物,在一种宽泛意义上,它既是"生命"又是"行为",既是"美德"又是"能力"。

　　江海所以能为百谷王者,以其善下之,故能为百谷王。⑧

　　老子的绝大部分箴言都面貌怪谲,令人惊奇。老子对此也很清楚,他在一处讲道:"信言不美。"老子箴言使用古老的形象,穿透着世纪,朴素而伟大,如同自然界的举动,释放着静气,因此令人忽然感到这种怪谲恰恰就是道所特有的自我表述方式。听着这些箴言,给你留下长久的印象,并非老子是一个怪谲作者,道本身才是一种带有不美之言的奥秘。老子不过像一个普通的老顽童,向我们讲述他在惊人的预卜时刻所看见的情景。从老子的箴言中产生着一种暗示力,它不仅征服我们的思想,而且也征服我们的心灵、血液、生命和脚步。这些怪谲,论魔力可与拿撒勒城的耶稣的话语相近,在世界文学中独一无二。它们的深度唯有其纯真程度可以相比,可以说它与生活完全无关。不过请看,老子这个天真无邪的老顽童,也知晓这点。于是,箴言的深度增加,然而又丝毫不失率真,令人称奇:

　　天下皆谓我道大,似不肖。夫唯大,故似不肖。⑨

　　我曾讲到,老子奉行的人生学说,登峰造极之处就是那句经常被歪曲颠倒的劝导——无为!这句劝导并非鼓励消极,这在任何地方都受到谴责。它包含更多的是,否定任何有意识的焦躁,否定任何个人主义的、狂热的、脱离万物秩序且不考虑自然界秩序的徒劳。应当静心等待,让一切根据需要来自我实现。行动应当像成熟的果实,稍有微风即可从枝头吹落。不能否认,从表面看,"无为"的劝导使人想到印度人的消极伦理观。但是如果我们仔细体味考量,就可以看出区别。印度人的消极伦理观的思想基础是,人不能通过行动拯救自身,无论这些行动是何等的善举。印度人奉行的规范不过是一种普遍否定的逻辑结果。印度人认为生命是一种恶,而重复的生命,再生,则是更大的恶。老子则截然不同。他以沉静和豁达看待生命,如实地对待它,似乎只要我们根植于道,就可以从中有所成就。老子不梦想死后的生命。他对再生也不畏惧,因为诸如此类的想法丝毫不能搅扰他的心灵,他与注定的尘世生命是如此地相连。老子是简朴的天才,他回避思辨和诡辩,他不使问题复杂化。他的形而上学视角并非一种发达的视角,而更多地是一种视角的萌芽,或是一种质朴的预言性思想,它如同预言,本身就包括了一切。对于老子,不论

---

⑧《道德经》第六十六章。
⑨《道德经》第六十七章。

何种情况,只有蕴涵在道里面的这个世界和生命,如同一颗斑斓的宝石镶嵌在一枚戒指上。印度的苦行可以退回到梵或涅槃,它以蔑视或一丝苦笑,对生命态度疏远,视其如外物。老子不时地短暂做客于道。每次他都是满载永恒之蜜,返回人间,装填自己的蜂巢。老子的虔诚有着自己的基调,不会混淆于其他。社会和文明中主导生命的反意义具有各种表象,对其放弃,无痛苦地放弃,是在与所谓的虚接触的时刻内部焕发的明亮,是真诚的谦卑,没有隐晦的念头,是对万物之爱,是停止触动周围和自然界一切事物,是对任何过度和变幻不定的偏离行为采取克制和保留,是对道之所在的轮回的等待,所有这些共同为老子的虔诚增添了独特基调,它统领着高扬着。那种虔诚在一种平和舒缓的气氛中游动,将自己从容不迫地遮掩于诡谲之中,从生存的根茎中径直地生长。在老子的虔诚中有某种处女般的、女性的同时又是卓越的东西,某种古老同时又稚嫩新鲜的东西,一种地方感与祖国缺失感的混合,一种有机性与非世界性的交织。老子的虔诚更多地等同于一种置身于道的体验之感。老子在宇宙的河床中感到柔力若水。老子的神秘主义内敛而不张扬,没有 Schwärmerei⑩,他的宗教意识不鼓励自己痴迷而无限地倾注于道:它更多是一种瞬刻的超彻悟,之后这瞬刻的芬芳又飘散到各种状态上。道,因其奥秘,属于另一个世界;它是伟大衡器的另一个秤盘,或曰世界的虚的部分,但同时道又实际出现在各种秩序和万物当中。老子是通过猜想来触及它的;他不动声色,内心却因自然生命中的任何特定境况而感动。他总是从道的门槛里随身带来应对各种场合所需要的智慧。对于喜欢进行文学比较的人,当然可以允许他们认为,道是不确定的,如同印度神秘主义者的梵——自我,如同普罗提诺的神秘合一。但是当我们想方设法归纳虔诚的各种形式特点时,一种普遍的公式又有何用?需要的是认真、深入而原生的区别,除此之外我们等于毫无作为。在当下的情况,如果我们不借助于那些共同构成某种虔诚状态的各种符号、各种体验,尤其是那些几乎不可感知的风格框架,那么我们所说的区别就会仅仅停留在一种朴素愿望上。这样看来,老子的道教是与梵的神秘主义或涅槃的神秘主义或新柏拉图学派的神秘主义完全不同的东西。我们在什么地方还见过所有这些成分的和谐会聚?道,作为世界之母,至高无上的意义,存在于柔弱,存在于一切萌芽、孩提或女性之中,存在于谦卑、朴实,而绝对缺席于一切貌似强大、不可抵御、主动炫耀和唬人耳目的事物。为了粗略评价老子特有的自然神秘主义,我们毫不提倡使用那些用来概括任何神秘主义的一般性缘由。我们更多地需要通过其清晰的特有符号及风格定式去发现它。我们看到,预示未来的印象主义,在螺旋之中的盘踞,沉重的永恒瞬间,一种无限扩张的缺席,对细微差别的玩味,这些都是在何等程度上制约着老子的神秘主义面孔。

---

⑩ 德文,意为"幻想,狂热"。

如果老子的影响主要反映在中国的诗歌、艺术和神秘论方面,那么孔子对中国生活本身的影响要超过任何人。史书称,孔子的幼年恰值老子的晚年。另有传说,两位中国精神的至圣先师曾经相遇并有过一场争论,而结果让孔子并不愉快。这个故事不过是渲染两方弟子之间延续千百年的论争。孔子是伟大的教育家、道德家、国家生活的改良者、历经古代磨难的中国精神的修复者。孔子日夜所梦想的,是对他所处时代的腐朽没落的国家生活给予一种新的引领。孔子的教育活动和国家主义活动,皆有一个底层,对它的考察研究可以将我们一直引向中国人特有的虔诚。他所理解的国家生活改良,不是一场变革,而是向比较纯粹的原始形态的回归。孔子没有颠覆之野心,他在培植一种复礼之理想。中国帝王始祖的国家,即先他约两千年的那些伟大帝王统治的传奇古代,对孔子来说是一切的典范。照孔子的观点,在传说中的古代,可以找到神圣的模式,它必须像幼苗一样重新种植在被恶劣的历史环境毁害而变得贫瘠的中国泥土中。因此,孔子用可以想象的全部热情,去研究先前,去研究那些神话中帝王的生命法则,去研究传说年代和神话故事中的社会组织形态,去研究诗、乐,尤其是各种古老礼仪或崇高的美德规范。让民众记忆中尚未遗忘的一种古老法则复苏,倘若这种记忆不单单是梦想的话,孔子期望以此使帝国得到新的繁荣。孔子的命运遭遇了许多失望,但是任何一种失望都无法动摇其心志,令其放弃自己的主张。或许这是非常自然的事情,因为他具有一种坚定的信念,他像任何一个自尊的中国人,不太在意失望。孔子相信道,相信宇宙的意义和秩序。对老子来说,道的表现之处首先在**自然界**;对于孔子,则是至高无上的**社会生活**。根据孔子的观点,在传说的帝王生活的古代,"道"要比任何时候都充盈于社会生活。然而随着历史发展,道似乎空缺了,因此,孔子要做的是在国家生活中努力将道修复。孔子像一位传统主义者出现在我们面前,他充满活力,坚毅有恒,在人类历史上独一无二。社会生活的组织,古老的风尚,各种礼仪,在孔子看来恰恰是道的体现和外化。孔子希望通过重新实践那些礼仪来取得神奇的效果——使道或宇宙的意义重新回到中华帝国。孔子就是以这种神奇的形而上学的视角看待先前。这一点应当在某种意义上强调说明,因为传记作家和评注家们,尤其是在当今的欧洲,介绍孔子的时候只是把他作为一个反形而上学者,一个让人无法忍受的迂腐的道德家,一个讲究实际的教育家,仅此而已。寻路的欧洲人通过表象瞎摸乱碰,也只能理解到此。事实是,孔子研究过历史,通览史书,以一种无法描述的热情倾向于事实的罗列,没有起始,漫无边际。难道这种耐心是在表现一种档案文书史官才有的刻板态度吗?表面上看是的。但是对于孔子,我们应该更多地看到相反的一面。以史官的细心研究历史,使他感到深入前行就是深入道之奥秘,因为**历史对于他来说是道之精髓**。于是,孔子那种很少受人关注的勤勉,骤然变得明亮耀眼。确实,在思辨方面,形而上学不太令孔子感兴趣,但是他生活在形而上学中,因为他关于生命的一切行为和思想,都为道的回声所震颤。孔子被一种无意识的形而上学所支配,他所有的个人礼仪都来源于其中。对道的平静预感令他激动,直至深入肉体,但同时他又回避任何思辨,对于本身包括在宇宙礼仪的普通生活没有什么用处的思辨。孔子通过虔诚来触及道,因虔诚的羞怯对道转身不应,也就是说,并非不再相见,而是因为他首先清楚,道有不变的盾牌。在它的保护下,孔子将目光转向社会生活。老子,没有对道进行神秘理论的思辨,**从"道"进入"自然"**。孔子,没有对神秘理论的思辨,**从"道"进入"历史"**,进入"日常性",进入"国家生活"。值得记住的是一个不无隐含讥讽意味的细节。以前去中国的那些基督教传教士们,以一整套神学为武装,有各种针对任何哲学问题和宗教问题的现成的、脱口而出的答案,可是他们却有些意外地看到那里缺乏思辨。对于已经死去许多世纪的孔子,这些欧洲的窥探者否定了他的任何虔诚。其中,有的出于幼稚的曲解,但也包括以下原因。孔子,一次因为生病,被他的弟子子路问到是否允许为他祈祷。孔子怀疑是否应当这样做,脱口回答道:"丘之祷久矣。"⑪孔子的回答当然会让我们疑惑。按照基督教徒尤其是传教士的习惯,接下来的是一场不能辩护的审判。孔子不为自己祈祷,因此他是一个被剥夺了宗教生命的不幸者。然而这样的判决是简单、草率而有局限性的。首先,我们感到,以一些不当的审判标准来对待孔子的虔诚,是非常错误的。显然,恰恰是孔子没有祈祷,才显现出某种虔诚。难道孔子不是一贯以道生存、以道应对各种日常境况吗?其实,他最令人感到震撼的信念是,本质上一切都是通过道之奥秘,通过其中的秩序发生,因而任何改变事物方向的企图,即便是以虔诚的祈祷来介入,也几乎是对道的一种冒犯。由此可见孔子的回答"丘之祷久矣",本身就相当于一次克制着震悚的祈祷。这个回答一如既往地表达着一种带有纯粹个人色彩的祈祷。

当然,我们会努力发现孔子在伦理方面的天赋,他在这方面留下了深刻的礼仪形象。孔子的天赋使他成为一个不知疲倦的礼仪创造者。礼行、礼仪、礼教准则,在孔子看来,是道在各种或庄重或平常的生活境况中的延伸或体现。通过礼化日常,道得以充盈。礼仪实践对生活、国家、世界产生着一种神奇的功效。礼生秩序。孔子用以回应那些最复杂情境的一切习惯、行动、举止,都被这样或那样地礼化。典籍为我们保存了这些礼化的情况。有一部典籍篇幅很长,按照栏目和段落分门别类,从中我们援引如下:当做了大官回到家乡的时候,"孔子于乡党,恂恂如也,似不能言者"⑫。孔子在其家乡举止明显具有礼仪性质,其意义是什么呢?我们感到最接近实际意义的阐释是这样的:在乡里,孔子按照道所要求的规则来约束自己

---

⑪ 《论语·述而第七》。
⑫ 《论语·乡党第十》。

的行为举止;孔子在其家乡感觉如同在母亲怀抱,几乎没有话语,这是礼仪,是通过沉默的质朴来强调的。孔子在朝廷则完全是另外一种举止。在这方面我们有许多先人的记述。例如:"摄齐升堂,鞠躬如也,屏气似不息者。"[13]这里也是一种明显的礼数,符合道所要求朝拜皇帝时的规矩。帝王等待的地方被视为道的空间;靠近这个地方的时候,孔子有意屏住呼吸,因为这里不允许对永恒的前行有丝毫干扰,即使是以呼吸这种生命中最无伤害的行为也不可以。对任何情境,孔子都通过礼仪行为给予回复,毫无疑问,这些行为是按照一些古老规则的尺度构想的,许多恰恰是孔子的天赋所创造的。在孔子看来,全部生命的礼化都是道所要求的。道在日常生活中通过礼仪得以实现。当然,我们欧洲人已经几乎完全丢失了礼仪的意义。我们当中尚且保存的那些礼仪,是继承的形式,原本充满的意义已经被抽空。中国人的生活,为礼数和仪典所浸透、所规范程度之深,令我们感到奇怪,是一堆形式,即使不引人发笑,也是空洞的。然而如果我们设身处地,做一点必要的心理努力的话,孔子以一种自发、质朴和对意义独一无二的感觉,创造或感受着礼仪形式,在孔子的心灵中,我们变得更加宽厚。孔子的天才就在于此:他是各种礼仪的创造天才,是人类缔造的最伟大天才。礼仪,在其自发的构建阶段,与精神丝毫不陌生;相反,它们是一种形而上学体验的表现,是一些虔诚状态向行动的转化,它们就这样如同一种比喻或一首诗,如此富有启迪,并且增添魅力的维度。

(译者单位:北京外国语大学欧洲语言文化学院)

---

[13] 同上。

殷铎泽西译《中庸》小议

□ 罗　莹

内容提要：17世纪意大利耶稣会来华传教士殷铎泽用拉丁语直译《中庸》并以中拉双语对照合刻出《中国政治道德学说》(*Sinarum Scientia Politico-Moralis*)一书，本文尝试针对书中译介情况进行具体分析，总结译介过程中所渗透进去的文本诞生时代特有的东西方文化因素和作者的主观意图及翻译策略。

关键词：殷铎泽　《中国政治道德学说》　《中庸章句》　儒家思想　译介

Abstract: The Italian Jesuit missionary Prospero Intorcetta (1625—1696) has translated the Chinese *Zhong Yong* literally in Latin in his *Sinarum Scientia Politico-Moralis* (1667—1669). Based on perusing this Chinese-Latin book, I try to translate and clear up his Latin translations of the Confucian concepts and thought from the bilingual text, and then, hung together with my personal understanding, I try to analyze in this thesis the oriental and occidental cultural element which is infiltrated into the translating and diffusing process of this Chinese-Latin book, and then try to illuminate the intention and the translation strategy of the author.

Key words: Prospero Intorcetta　*Sinarum Scientia Politico-Moralis*　*Zhong Yong Zhang Jü*　Confucian thought　translation

殷铎泽(Prospero Intorcetta, 1625—1696)是康熙年间江南教区深富影响力的来华耶稣会神父。来华早期他主要是在江西建昌跟随郭纳爵神父（Ignatius à Costa，1599—1666）学习汉语，并于此时参加了耶稣会的"四书"西译活动，后来他于1667、1669年将《中庸》翻译成拉丁文的《中国政治道德学说》（Sinarum Scientia Politico-Moralis）一书，书中对众多儒学概念的西译，集中体现了他（乃至以他为代表的当时来华耶稣会士团体）对儒家思想的理解和把握。首先，从书名的翻译就可以看出这是一种巧妙的意译，不同于书中正文部分的逐字直译。他对《中庸》一书思想的把握是相当准确的，确实书中讨论"修道"、"中"、"和"、"国道"（治国原理）的地方，都是有关政治哲学的论述，而这些最终都被引向道德修为、实现天道与人道的相贯通上来。作为一名西方来华的传教士，对于这本儒家经典能有如此准确的把握，应该说是难能可贵的。但是在这种精准的总体把握之下，殷铎泽在进行跨语境的西译时仍存在一些问题，这些都将在下文进一步举例探讨。

一、殷铎泽的话语"叛逆"

所谓误解，乃是从一种具体的时代语境去评判另一时代语境中所谓的"理解偏差"，事实上从某种意义来看，这是一种无视具体人物所处的时代语境和生存境况而做出的历史进化论式的专断指责。不管殷铎泽对于儒学概念的理解是吻合抑或背离孔子以及朱熹的正统理解，从知识生产机制的角度看，他"生产"的这些具有原创性的儒学概念译语——传说中利玛窦所译"四书"现已经不得见，因而殷铎泽的《中国政治道德学说》实际上是现存可见的最早的《中庸》西译本——事实上参与缔造了因应那个时代需要的真实历史事件，但基于他在前言里直言自己参照了朱熹的《四书集注》，我希望能够进一步剖析他的"四书"理解在多大程度上遵从了朱熹的理解，如果不遵从，是不是因为没有很好地理解朱熹的注解？不依靠朱熹的理解他又是如何处理这些地方的翻译？像他这样能被耶稣会委以"四书"翻译重任并最终获得认可、允许他刻印出版自己译作的耶稣会士，他的古汉语究竟达到怎样的水平？耶儒之间思想的碰撞、会通，在其译文中又是如何表现的？因应这些问题和后文翻译策略分析的需要，引出了我在下文关于"误解"和特殊译文辨析的集中举例论述。

国家

古汉语中"国"、"家"为两个词，即国与家。殷铎泽在前半部分将这两个词理解为一个词regia，意为帝国、王国，而在后半部分有时是逐字直译为国与家，有时则是译成国中的家庭（regiae familiae）。

人之为道而远人

"子曰：'道不远人。人之为道而远人。不可以为道'"殷铎泽译为：Confucius

ait:regula non longe est ab homine:si quam sibi hominess fabricent regulam,quae longe sit ab homine;non potest ea censeri regula.(孔子说:规则离人不远,如果人们自己制造规则,它会离人很远。规则不能够被认识。)该句中的"道"意思同"率性之谓道"里的"道",他译为 regula,即准则、规则之意。但此处有两处值得注意:1.此处孔子说"道不远人",《圣经》中也有类似的说法,说"道"在人心中。只是《圣经》中被译为中文的"道"有多层意思,比如"太初有道"中的"道"是指太初就有的神,是人的光,是生命之道,与儒家的"天"有类似之处,这一"道"也具有某种人力无法支配的、无法解释的、无所不在的、无限而永恒的力量,但不同的是圣经之"道"是有位格的,它可以道成肉身,而这成为肉身的道就是耶稣基督。2.《中庸》中"人之为道而远人"的意思是:人若在修道时,"厌其卑近以为不足为,而反务为高远难行之事,则非所以为道"[1],"人之为道"之"为"是践行、修为的意思,殷铎泽则译之为"fabricent"(制造),这句话在《中庸》里的意思本来是:人在修道时,如果因为觉得它太卑微,而一味好高骛远反而会使行为不顺应自然,远离了道。这与殷铎泽所译的"如果人们自己制造规则,它会离人很远"有所不同,殷神父可能是从字面逐字翻译"人之为道",没有完全理解该句话的含义。

不诚乎身矣

殷铎泽翻译"不明乎善,不诚乎身矣"为 nisi exploratam habeant rationem boni; nec sincere perficient suammet persona(除非弄清什么是好的原则,不然,不能忠诚地完善自己的性格),将意为"自身"的"身"翻译成 persona,这一拉丁文词有性格的意思,更特殊的还在于它也是基督教中表示位格的词。殷铎泽神父在此是不是刻意要让西方读者有所联想,对此无从下定论,但我个人更倾向于认为他在此处选择这个词恐怕是因为:作为面向西方受众的译者,当他试图通过他的翻译在西方基督教话语场中发声时,在该话语场长期存在的概念、约定俗成的术语俗语以及规律便会以一种匿名的形式强加给这位发声者,不管这位发声者对此是有意识还是无意识[2]。同样的情况也出现在翻译"成己,仁也。成物,知也"(Perficere seipsum, amoris est:perficere res, prouidentiae est. Et hae quidem natiuae uirtutes.)中的"知",该字通"智",而殷铎泽则译为 prouidentiae,乃预见之意,而该拉丁文词在基督教中是指上帝的安排、意志,天意。翻译"大德敦化"时,他使用了 procreationum 这一具有上帝创世意味的词来翻译本意为化育万物的"化"。

---

[1] 朱熹:《四书章句集注》,中华书局,2005 年,第 23 页。
[2] 法国思想家福柯在其《知识考古学》一书中对于话语以及概念的形成有极富反思性的创见,详见[法]米歇尔·福柯著,谢强、马月译,顾嘉琛校:《知识考古学》,三联书店,2007 年,第 20—68 页。

二、特殊译语辨析

《中庸》："喜怒哀乐之未发谓之中。发而皆中节谓之和。"

殷译：*Sinarum Scientia Politico-Moralis*：Gaudium，ira，tristitia，hilaritas，priusquam pullulent，dicuntur medium seu natura indifferens. ubi pullularint，& omnia attigerint rectam mensuram；dicuntur concordia.（现汉翻译：喜悦，愤怒，悲哀，快活，在它们发作之前，中被称为它的本性。当它们发作时，一切都达到正确的尺度，被称之为和谐。）

《中庸》中的这席话与耶稣会《神操》在灵修方面的训练要求颇有相似之处，比如耶稣会在进行神操前的准备阶段就要求会士本人需无谓爱恶，以平衡宁静的心态接受天主的指引③；"我们对一切受造物，在不被禁止而能自由选择的事情上，必须保持平心，以及不偏不倚的态度……"④而殷铎泽在此处翻译"发"时，运用了耶稣会在灵修方面的一个专门用语"pullulent"，意为长出、萌发、跃出，以及情绪的发作。可见此处殷铎泽也明确感受到《中庸》此句的思想与《神操》的互相呼应之处。

《中庸》："君子依乎中庸遁世不见知而不悔。唯圣者能之。"

殷译：*Sinarum Scientia Politico-Moralis*：Perfectus vir conformat se cum medio fugere saeculum；non videri，nec cognosci；& id non sentire，solus sanctus potest.（现汉翻译：完美的人用中调整自己、逃离俗世。不被看到也不被知道，并且不去想这些，这只有圣人能够做到。）

翻译中庸的"遁世"时，殷铎泽使用了"fugere saeculum"这一天主教概念。该概念的原义是指过修会生活的神父都需离开俗世进行隐修——在西方，独修的隐士是隐修制的最初形式，后来西方的隐修之风由个体修行发展到集体修行，并形成社团生活并孕育出修道院制度。这里殷铎泽用 sanctus 来翻译"圣者"，但这种简单对应的背后隐藏着的却是儒家和天主教对于圣人以及成圣上的巨大差别。宋朝理学家有一共同之观点：圣人可为。只是各家对于圣人的标准以及如何成圣在陈述上各有不同，朱熹对此也有讨论。在他眼中，只有才德兼具、体用兼尽的人才能称为圣人，而其中道德修为是根本，道德无妨碍于事功，但事功却一定是在道德修为的基础上才能完成。朱熹以德、才、事功为标准，划分出贤人—君子—圣人这样等阶式的成圣过程，教导学人要历级而上。

基督教从早期开始就有关于信徒成圣的记载，也一直有通过某些仪式对圣人

---

③ 侯景文译：《神操通俗译本》，（台北）光启文化事业，2003年，第23页。
④ 房志荣译，侯景文校：《圣依纳爵神操》，（台北）光启文化，2005年，第23页。

表达崇拜的传统。根据《新约》,"神圣"乃是经由洗礼使上帝的神灵注入到信徒的身上,而"圣人"则是受到上帝的召唤并称职地完成上帝赋予他的使命的人。"神圣"也因此被规定为教会四大基本标志之一。后来教会基于"圣人"对于信徒在崇拜和虔诚方面的重要示范作用,开始制定出"封圣"的标准,一开始是指那些为捍卫、传播基督信仰而殉教的信徒,这从2世纪开始就有记载,后来在4世纪后期出现了第一位非殉难的"圣人"Martin von Tour。此后,如果某位虔诚的信徒在美德修行、天主事功方面做出了卓越的成就,乃至他因此而显现出了某些奇异之处,比如能行奇迹,也可以经教会认可后由教皇封圣。一经教皇封圣,"圣人"将会以教会认可的礼拜仪式,定期接受信徒的崇拜和祈祷,有关"圣人"生活及其修行的记载也会被视为他成圣的证明、教诲,被虔诚的信徒们广加传颂,流芳后世。

在殷铎泽的译文中,孔子这样的异教哲学家也因应他的智慧才能而修道成"圣"了,这种翻译是基于一种字面的直译,还是暗示了在中国,除了基督救恩以外,人们也有其他成圣的方式?或者说孔子以及其他拥有极高政治道德智慧的"君子"(殷铎泽译为完美之人),虽在教会之外,他们也获得了天主的救恩?对此翻译动机的种种猜测,如今都只能隐没在孔子等被套上西方圣人之头衔的一幕中。此外,殷铎泽将"世不见知而不悔"翻译成 non videri, nec cognosci; & id non sentire(不被看到也不被知道,也不去想这些事情),应属对"悔"(后悔)字的误译。

《中庸》:"子曰鬼神之为德。其盛矣乎。"

殷译:*Sinarum Scientia Politico-Moralis*: Confucius ait: spiritibus inest operatiua virtus; et haec quidem quam praestans est.[现汉翻译:孔子说:行动的美德在于心灵,(对)灵魂(努力所做的工作)属于美德,这样做的话就很高明了。]

此处《中庸》和殷铎泽的拉丁译语相差甚远,原文意思是:"孔子说:'鬼神显示威力,很盛大!'"而殷铎泽却将孔子口中鬼神在天、神力无方之德,翻译成:行动的美德在于心灵,不是外在的,要努力、积极地进行灵修方面的工作。这番话明显有受到奥古斯丁思想影响的痕迹。奥古斯丁将人类对于真善美的追求视为是先天性的观念,即上帝在造人时,便将这种欲望放入人类的心灵,从而,人在其生活中会因应心灵的欲望,追求人世中"真"、"善"、"美"显现的现象,所以说行动的美德源于心灵。但由于欲望无限,人心追求的行动更多,欲望也会更多,满足心灵的唯一办法是用"无限和永恒的幸福去填满它"⑤。既然向外的追求无法解决心灵的不安和不满足,那么就需要通过灵修,比如奥古斯丁所使用的"默观"的方法,回到内心,观察自己的种种欲望,以及了解自己为什么会产生这些欲望,从而一步步在内心追

---

⑤ 邬昆如:《西洋哲学史话》,(台北)三民书局,1985年,第245页。

求幸福之源,最终实现超升出空的"向上之道"⑥,安息于上帝的怀中。

《中庸》:"视之而弗见。听之而弗闻。体物而不可遗。"

殷译:*Sinarum Scientia Politico-Moralis*: Illas quasi visu percipis, & tamen non vides. quasi auditu percipis, & tamen non audis: intime sociantur rebus, adeoque sunt id, quod res non possunt dimittere.(现汉翻译:通过视觉你感觉到它们——据上文指鬼神,而你却还看不见。通过听觉你感觉到了,你却听不见。进入事物内部进行体验,它们不能被错过。)

此席话与圣经中圣咏所言在内容上极为相近,圣咏里面说到:在摩西五书之后,对于我们崇拜的偶像,我们有眼而看不见,有耳朵却听不见,只有天主能真正看见、听见。所以给偶像提供祭品是没有用的,只有向天主虔诚奉献才有用。因而对于"视之而弗见,听之而弗闻",殷铎泽翻译得极为妥切,但是对于"体物而不可遗"一句的理解则有出入。原话的意思是(鬼神)体现于万事万物之中,无一疏漏,是对上文"鬼神之为德,其盛矣乎"的补充说明,殷神父应该是将该句从字面理解成了人去体物,其中似乎有格物致知的思想痕迹,也似乎是对儒家对于鬼神之敬畏的一种刻意回避。

此外,在翻译"今夫天,斯昭昭之多"(意为:现就天的微小处来说,这不过是一片光明)时,他译为:Iam hoc coelum(est) haec lucis(et) fulgoris tantilla portio,意为:这个天是光和荣耀的一小部分,从而可以感觉到他企图避免将天与上帝等同,强调这是一自然之天。有意思的是殷铎泽神父在翻译"诗云:予怀明德"时,在译文中加注了"据说上帝就是最高的天帝"(inducitur XAM TI Supremus coeli Imperator)的字样,提及了中国典籍中的"上帝"一词也指向超自然的崇拜,但自始自终他都没有将《中庸》里面"上帝"、"天"等字眼直接等同于西方的 Deus。

三、小结

从以上的分析结果来看,殷铎泽神父以及与他共同完成儒家经典西译的早期耶稣会士已经积累了相当丰富的汉语知识,对于中国文化、尤其是儒家文化乃至其中诸家的看法也都有深入的了解,并掌握了一定的翻译技巧,利用翻译儒家学说来为耶稣会在华的传教工作服务。早期耶稣会士是跨文化译介领域的先行者,殷铎泽神父作为其中的重要一员,从他的这本译作来评价他对儒家思想的介绍以及由他呈现给西方受众的儒家形象,应该肯定地说,他是一位坚持自身信仰纯洁性的忠实译者。在这一双语文本中,仔细考量其中的儒学概念翻译,由于是一字一字直

---

⑥ 《西洋哲学史话》,第246页。

译,汉字又都有罗马字母的注音,从这种角度上可以说其中的概念翻译兼具了意译与音译⑦。在其身处的前全球化的时代中,这个文本犹如一个小型的异质文化对话场,在这里,来自两套完全不同的语言系统和文化背景中的符号,它们的能指与所知、或者说"名"与"实"产生了奇妙的相交——由于相传利玛窦所译的"四书"文本现已不可见,而在现存可查阅的文献中殷铎泽所译的《中国政治道德学说》可以说是第一个《中庸》西译的版本,因而,其中许多儒学概念的西译对于后世是有重要开创意义的——尽管从前面概念翻译的分析中我们已经可以看到,每对概念若从各自所属的文化语境中来看,它们之间的交集只是其含义中很小的一部分。但是,这种看似偶然的相交、这种历史性的相遇便是这样在殷铎泽神父这一媒介的身上实现了。他作为中国文化的接受者,经过他的理解、过滤,中国形象被投射到西方受众的接受视域之中。这种接受—理解—再现的译介过程通过这个具体文本在他身上完成了。

(作者单位:北京外国语大学中国海外汉学研究中心)

---

⑦ 关于该文本的语音研究,由于我个人知识结构的缺陷只能暂时搁置,需要在掌握音韵学知识,尤其是对古代中国的地方音韵知识有较为系统的认识之后才能进行这方面研究。毫无疑问,这与研究该文本中殷铎泽如何用西方拉丁文语法来理解、套用古汉语语法一样,都是十分有意思、有挑战性的课题。早期以西方语言撰写的有关中国文化的著作中,有注音和大量汉字的文本较为罕见,因而更为凸显了殷铎泽这一文本的奇特性和珍贵性。该书用罗马字母拼写汉字并注有声调,共有四种声调类型,标注形式不同于现代汉语,但却基本对应现汉声调规则,或者这可被认为为现汉声调系统前身(无法判断是不是当时的南京官话,但一般中国的南方方言多不止4声,比如粤语有9声,闽南话与客家话也有8声,古音可能更多,因而传教士在学习时必定要找出对应的方法,合并精减为4声的做法可能从那时就开始了)。而这些注音所记录下来的则是当时一位从杭州到江西建昌,继而又来到广州的欧洲传教士所了解到的汉语发音,是一笔真实生动的历史资料。

历久弥新：《论语》在日本

□ 赵 坚

内容摘要：《论语》是最早传入日本的中国古代典籍之一，一直被日本的知识精英奉为"圣书"，孔子的教诲逐渐契入社会意识形态，成为日本民族精神生活的底蕴，以及传统道德意识和价值判断的重要渊源。就像世界各地的基督教徒把《圣经》视为自身精神信仰的指南一样，《论语》在日本被视为德行和智慧的宝鉴。江户时代的儒学者伊藤仁斋将《论语》称颂为"宇宙间第一书"，反映出其在日本古代享有的无与伦比的崇高地位。明治维新使日本成为现代国家，《论语》以其不可思议的适时更新能力，继续对现代国民的精神生活产生着巨大影响。昭和年间最负盛名的学者之一、号称"昭和哲人"的安冈正笃，称颂《论语》为日本"最古同时也是最新的典籍"，为孔子作为"圣之时者"做了最好的脚注。从战后日本经济崛起以来，《论语》以及有关《论语》的书籍，常年列于畅销书榜，成为"永久的畅销书"，足见其历久弥新的永恒魅力。这种魅力，在日本进入"后工业社会"之后，依然不曾稍衰。当代《论语》研究者井上宏生甚至断定《论语》的教诲业已排列于日本精神构造的遗传组合，可见《论语》精神已经超出信仰层面，而进入行为模式的领域，代代传递赓续，从正面或者负面，在积极意义或者消极意义上，潜移默化，自然而然地影响、规范着日本人的思维定式和行为方式。

关键词：论语 儒学 日本民族精神 新保守主义

Abstract：*Lunyu*, or *The Analects of Confucius*, was one of the first Chinese classics to enter Japan, and has also become one of the oldest classics in Japan. Since its introduction to Japan, *Lunyu* has been regarded by the Japanese elite as an inspired book. The teachings of Confucius have gradually become embedded into the Japanese social ideology. They have become integral components of the Japanese ethos and a principal source of traditional moral consciousness and value judgment. As Christians rely on the *Bible* for their beliefs and actions all over the world, Japanese see *Lunyu* as a reservoir of virtues and wisdom. Ito Jinsai, an Edo Confucian, claimed the classic to be "the best book in the universe", showing its incomparable high authority in ancient Japan. The Meiji Restoration ushered in a new epoch to the Japanese people, who, amazingly, were still under the great influence of the enduring classic. One of the most prominent Showa scholars, Yasuoka Masahiro, who is known as "the Showa Philosopher", praised the classic as "the oldest but also the newest book in Japan", echoing the saying that Confucius is "the Sage of all time". During the prosperous post-war period in Japan, *Lunyu* and its related books have often been listed among the best-sellers, manifesting their perpetual fascination. Even as Japan enters the information age, the popularity of the classic remains intact. Confucian teachings continue to be used to respond to various bewildering social ills in ethics, morals and education. Inoue Hiroo, a contemporary *Lunyu* scholar, asserts that the teachings of *Lunyu* are deeply rooted in the foundations of Japanese spirituality. The *Lunyu* rationale has gone beyond the domain of social belief and permeated the sphere of social behavior. Generation after generation, the way of thinking and pattern of behavior of Japanese people have been imperceptibly and naturally influenced and molded by the classic, positively or negatively, actively or passively.

Key words: The Analects of Confucius   Confucianism   the Japanese ethos   the neo-conservatism

中国典籍在日本文化中的影响可以说是俯拾皆是，众所周知，天皇的年号如近代以来的"明治"、"大正"、"昭和"、"平成"，无一不是从中国古典而来。"平成"年号，出典于《尚书》的"地平天成"和《史记·五帝本纪》的"内平外成"，[1]皇太子德仁亲王的女儿"敬宫爱子"，也是得名于《孟子·离娄》的"仁者爱人，有礼者敬人"。这种皇室命名的传统，作为皇室制度，源远流长，世代传袭。

皇室之外的民间和官场，引经据典，也无例外。日本人睽违稍久相见时，常常

---

[1] 此外"明治"出自《易经》"圣人南面而听天下，向明而治"；"大正"也出自《易经》"大亨以正天之道也"；"昭和"出自《尚书》"百姓昭明，万邦协和"。

会询问对方别来无恙。据《孔子和〈论语〉事典》的作者井上宏生介绍,很多日本人都会答以"无可无不可",意思是没有大的变化,典出《论语·微子》。

一、《论语》何时进入日本

据《古事记》(成书于712年)和《日本书纪》(成书于720年)记载,应神天皇(270—310年在位)十五年(284年),朝鲜半岛的百济国王照古王(《日本书纪》称"肖古王"),派遣使臣阿直岐出使日本,带去的贡品有良马、横刀、大镜以及一批汉籍。应神天皇以其通汉籍经传,便让他教导皇太子诵习汉籍。有次天皇问百济朝廷是否有更为博学的学者,阿直岐回答说有位王仁博士,学问为一时之秀。向学的天皇随即派遣朝臣荒田别和巫别等官员,出使百济,征聘王仁。王仁翌年随之来日,并携来《论语》十卷和《千字文》一卷,抵达飞鸟朝廷后成为皇太子的业师②。这是《论语》传入日本的最早记录。

不少日本的研究者,对"记纪"关于《论语》首传日本的记录,持怀疑态度。首先"记纪"从首代神武天皇(公元前660年登基)到第15代应神天皇(270年即位)期间,900多年历史,纪年比较紊乱,其中还不乏架空的天皇,即便有其史实,纪年亦当大幅延后。有延后120年说的,甚至有延后200余年说的,后者比较可靠。其次,详细记载古代朝鲜半岛诸国历史的《三国史记》,没有一字提及飞鸟朝廷来使征聘王仁之事,连博士阿直岐、王仁(别称"迩吉师")等名号都未曾提及。而"照古王"(肖古王)确有记载,当为百济第5代国王(166—214年在位),即便应神天皇生于201年的记载可靠,离他即位还有50余年,根本不可能遣使半岛或者接待半岛的来使。《三国史记》记载百济另有第13代国王"近肖古王"(346—375年在位),他曾经努力联合邻国新罗、东晋以及对岸倭国的势力,对抗强大的高句丽帝国,其间遣使日本,携带礼品有所谓"七枝刀",即一种有六道支叉的长剑,其铭文镌刻于369年,明记"为倭王旨造",现存石上神宫,为国宝级文物。对勘日、朝两种文献,《三国史记》4世纪后半叶的纪年比较可采。鉴于当时百济和倭国结为盟邦,双方频繁互派使节,《论语》作为亲善礼物之一,从半岛携来倭国的可能性相当大。

---

② 《古事记》:"受命以贡上人,名和迩吉师,即《论语》十卷《千字文》一卷,并十一卷。"又《日本书纪》:"十五年秋八月壬戌朔丁卯,百济国王遣阿直岐,贡良马二匹。……天皇问阿直岐曰:'如胜汝博士亦有耶?'对曰:'有王仁者,是秀也。'时遣上毛野君祖、荒田别巫别于百济,乃征王仁也。"分别见青木和夫等校注《古事记》(东京:岩波书店,1982年),"其十五:应神I"、小岛宪之校注译《日本书纪》(小学馆,1998年),"卷第十"。

至于另一争议点《千字文》的成书年代,很多学者指出,鉴于其编纂者周兴嗣的生卒年约为 470—521 年,根据李倬《尚书故实》,《千字文》是梁武帝(502—549 年在位)为教导公主练习书法钦定而作,应该成书于 502 年至 521 年之间,最早也只能在百济后期,即 6 世纪后半叶传入半岛,因而不可能被近肖古王的使者携来日本。江户以来的日本学者,曾试图解决这一明显的时代扞格,提出了有一些值得采信的见解。譬如说由王仁携来的"千字文"并非周氏之编,而为同一类的其他童蒙读物,如秦汉的识字书《仓颉篇》、《凡将篇》和《急就篇》等,都可以算是《千字文》的前身,王仁携来的是一种篇幅不大的启蒙字书而已。又如当代汉学家小川环树在《千字文解说》一书中落实王仁携来的很可能是魏钟繇(151—230 年)所编的书法习字书,在魏晋时代十分流行。根据《宋书·李至传》的记载,梁武帝曾经指示周嗣兴将钟繇的石碑拓本韵化而成《千字文》,晋元帝也曾指示"书圣"王羲之临摹钟氏墨迹,以收藏为宫中"秘宝",后来这些墨迹成为外交礼物应该不无可能。

不管史实如何,笔者以为儒学典籍流传日本可能早在东汉、三国时期,最迟也应该在东晋时代。汉末以来,中原社会经历着前所未有的南北大迁徙,估计有相当一部分躲避战乱的民众包括士人,直接或通过朝鲜半岛东渡日本,他们随身带去了中国文化典籍,包括儒学典籍,这使得中国文化在朝鲜半岛和日本开始比较有规模地流传。四五世纪之交,中国文化开始在日本上层阶级圈成为必修内容,儒学开始成为显学,其象征性指标便是《论语》成为日本知识界的首选读物。

二、《论语》的传承轨迹

中国文化,尤其是儒学成为日本社会意识形态的重要组成部分,则是在《论语》传入日本两个世纪后的推古天皇时代(554—628 年,592—628 年在位)。推古天皇是日本历史上第一位女性天皇,即位时便立其兄用明天皇之子厩户皇子为太子,辅佐摄政,就是后来奠定日本历史发展框架的圣德太子(574—622 年)。圣德太子对日本文化的最大建树就是在推古天皇八年(600 年)开始派遣"遣隋使",大规模引进隋朝制度文化,据以设立以儒学所倡导的德行命名的"冠位十二阶"等人才登用制度。紧接着他在推古天皇十二年(604 年)推出"宪法十七条",倡议"以和为贵"、"君天臣地、君言臣承"、"以礼为本、位次不乱"、"惩恶劝善"、反对"对上则好说下过、逢下则诽谤上失"、"信是义本"、"背私向公、上下和谐"、"使民以时"、"事不独断"等信条,以儒学为其纲领,通过强化天皇中央集权制度,以建设儒教型的统一国家③。

推古天皇时代开始的向隋唐"遣使"制度,一直持续了近300年,先后共遣发19批遣唐使,估计人数高达数千,全面引进了以儒学为主流的唐代文化和典章制度。七八世纪之交,天武、持统和文武三位天皇时期,日本朝廷参考大唐"永徽律令",根据本国国情,制定并在701年颁布了日本第一部比较完整的法令"大宝律令",其中规定官员以及官员候补的庠序学生修习《论语》。孔子开始被尊奉为教主,享受祭祀配飨,儒学逐渐和神道、佛教一起,共同形成日本传统的意识形态。平安时代后期开始形成的武士阶层,在镰仓时代(1185—1333年)、室町时代(1336—1573年),逐渐成为社会中坚,其伦理观、价值观和行为规范很大程度上受到《论语》的直接影响。

到了江户时代(1603—1876年),儒学更以朱子学的形态被德川幕府定为一尊,成为日本思想文化的主流。德川幕府走出前代崇尚神佛的格局,而偏重儒学"修身、齐家"的道德自律,在法律之外维持社会安定("治国、平天下")。幕府设立藩校(贵族学校)和寺子屋(平民学校),以《论语》为主要教材教育社会各阶层子弟,普及教育,推广儒学伦理观和价值观,使江户时期的识字率达到世界第一,并在战乱不已的战国、安土桃山时代(1495—1598年)之后保持了265年的长期和平和发展时期。

江户时代最为出色的儒学者之一荻生徂徕(1667—1728年),著《论语征》,其卓著贡献就是通过对《论语》的革命性诠释和阐述,将原来注重宇宙论和道德修身的阐释主流,转入着重政治学和经济学等和国计民生密切有关的实用学领域。徂徕的这一转向,直接影响了幕末形成的"水户学",而成为明治维新的思想渊源之一。

福泽谕吉在总结儒学在日本社会的存在和影响时,这位持鲜明反儒立场的近代启蒙学者也不得不承认说:"脱我人民于野蛮之域而达今日之文明者,不得不云为佛法与儒学之赐","设若吾国在昔无儒学,则无以达今之世态。洋语所谓'refinement'(洗练、优雅),即锻炼人心以臻清雅之境,儒学之功德亦岂可少焉"。(《文明论概略》)可以说以《论语》的教诲作为核心的儒学,是日本古代精神和教养的主干部分。

---

③ 《日本书纪》"卷二十二"。"前言"提到日本法务大臣杉浦正健在庆应大学主讲"小泉首相和《论语》",杉浦描写小泉"动情爱哭"、"变化自在"、"坚如磐石"、"不出恶言"、"奉公摒私",就是标榜小泉身体力行"宪法十七条"。但小泉行政独断专行,虽然"以和为贵"成其口癖,而在内政外交上常常不惜兵戎相见,似乎并不以"和谐"为其施政旨归。其坚持理念部分,亦有顽固至于原教旨主义之嫌。其标榜《论语》或"宪法十七条",似有矫情作秀之嫌。

从飞鸟时代开始流传以来,除了幕末、明治初期和战后两大社会转型时期以外,《论语》一直受到日本社会的推崇,并被融入日本精神的主干部分,可以说如果抽出了《论语》所倡导的德目,如调和、诚信、忠恕、敬天、礼乐等,日本精神就萎瘪了。幕末以福泽谕吉为代表的儒教批判思潮和明治年间排斥汉学运动,曾经对儒学的存亡构成严重威胁,战后对儒学的压制也曾经使其一度销声匿迹。两者的共通点是以外来的欧美现代思想来代替作为日本思想和教养传统的儒教,但是过了疾风骤雨之后,欧美现代思想在日本社会逐渐出现不适症,儒教便在明治中期以后复活,成为战前国家意识的重要部分。冷战结束后进入后资本主义时代,欧美思想也开始出现黔驴技穷之状,武士道热、《论语》热等"回归传统"的精神运动,便在这样的文化背景下展开。十余年以来的《论语》出版物中,只有三册带有明显的反孔、反儒色彩④,所占比重才百分之一,其余多为《论语》和儒教的赞歌。

三、"和":日本文化的核心价值

从《论语》而来的"和"不仅成了日本的国号和国民称呼,而且还成为日本文化的核心价值。作为其起源的圣德太子"宪法十七条",除了第二条"笃敬三宝"为礼佛之外,其余十六条几乎全部来自儒学,尤其是《论语》。可以用两个字来概括"宪法十七条"的主要内容:即"礼"与"和",完全来自《论语·学而》的"礼之用,和为贵"。对于圣德太子,礼是不同关系的"行为准则",如君臣、上下、同侪、官民之间的关系,这些"准则"(礼)的实施(用),需要通过"和"之途径。"宪法十七条"中出现频率最高的概念便是"礼"字(6次),并一再提及"臣道"、"君言臣承,上行下靡",最后还概括性指出:"国非二君,民无两主;率土兆民,以王为主,所任官司,皆是王臣。"强调君臣关系是"礼"的本质。这种关系的理想境界(贵)需要通过"和"去达成,因此在不长的篇幅里,充斥着"和"及其近义词如"顺"、"睦"、"谐"、"谨"、"慎"、"通"、"承"、"齐"等,拳拳之意昭然。

来自《论语》的"和",本来就强调一个组合或者团体内部的关系,如果用现代

---

④ 三册专著为浅野裕一的《孔子神话》(岩波书店,1997年)、《儒教:怨天尤人的宗教》(平凡社,1999年)和金经一、金淳镐《孔子死国家活》(千早书房,2000年)。浅野氏对先秦诸子颇有研究,对于儒家单独被神话愤愤不平,他试图通过解构孔子神话,还原儒家作为先秦一家的本来面貌。在此过程中,作者抨击孔子是具有妄想症的"卑贱匹夫"和"乡野鄙人",其空想理念只是徒有其表的"美丽空盒子",最后因为从政和游说的挫折失败,使儒教成为充满"怨恨"的宗教。浅野对孔子和儒教极尽嘲讽,颠覆传统"高迈理想家"的孔子形象。"两金"的著作指出韩国社会的内在矛盾,如在教育和南北统一等问题上的结构性矛盾,来源于孔子儒教文化的权威和伪善,只有摈弃支配民族精神的儒教文化,国家才能生存。

哲学的术语来表述的话,就是让一己的"个性"消融于集团的"共性",也就是"宪法十七条"所说的"相共贤愚,如环无端"、"我独虽得,从众同举"。需要指出的是,这种"相共"、"从众"和"同举"是以"礼"的规定作为前提,而在同一"组合"或者"集团"内部实行的,可视为圣德太子对《论语》里"礼"、"和"关系的精湛理解。孔子虽然在《论语·子路》篇里提出"君子和而不同"的观念作为对"礼"、"和"关系的补充,但无论在中国还是日本,"和"(和谐)的结果往往倾向于"同"(一致),孔子儒学,尤其是宋明以后的理学,归根结底强调的是"同","大同"是目标,"和"只是手段,这是儒学整体的时代局限。日语有个非常特殊的词汇"同和",和中文词汇"统合"比较接近,"同"在"和"先,"和合"成"同",很能说明日本民族对"和同"关系的基本看法。以"不同"保持和强调"个性"的观念,是在相当晚近才兴起的,尤其在东亚各国,"个性"理论还依然是个崭新的概念。

"宪法十七条"里的"和",尤其是圣德太子从"相共"、"从众"和"同举"的视角所揭橥的"和",成为后世日本文化的价值取向,一直延续至今。"和"在日本既是一种普遍的集团关系准则,也是一种普遍的思维方式。

作为集团关系准则,不少日本学者提到"和"的本质就是一种"场的伦理"。"场"是个体所处的周围环境和人际关系的总和,是个体生存和活动的前提条件。本尼迪克特在《菊与刀》中比较欧美人和日本人行为方式的不同,指出欧美人出于"原罪意识",往往基于道德理念和正义观念行动,罔顾或者很少顾及周遭的反应;而日本人则出于"耻感文化",更多地视当时的状况以及周围的气氛,即基于对"场"的判断采取行动。和本集团内其他人"相异"的行为,往往是"耻感"发生的原因之一。当今的日本人还常常说"读空气"(空気を読む),"空气"就是指四周的"氛围",而不能"读空气"就是"可耻"的行为。"读空气"的最大目的就是维持"场"的"和"境界,同集团内的"竞争"乃至"斗争"是"和"的对立端"乱"之根源,所以维持"和"就是维持集团内部的秩序,是集团成员生存和发展的基础条件。很多学者指出"居中现象"(横並び現象)是日本人行为方式的特征,追根溯源,就是来自《论语》的"和"或者其延伸的"中庸"思想。

至于"和"的思维方式,也有很多学者指出日本人"兼收并蓄"的思维特征[5]。日本从绳文时代以来,一直是个"多神信仰"的国度,据说光各类神祇,就有800万之众。日本的传统祭祀,神鬼一同配飨。在飞鸟时代,从中国传入儒释道,一直并行不悖,儒学的"和"与佛教的"同"以及道家的"阴阳",从此互相掺和渗透,和本

---

[5] 见谷口照三《"和的精神"的历史变容及其课题》,载(《桃山学院大学经济经营论集》第48卷第4号,以及国内学者李朝辉《由模糊表达解读日本人的集团观念》,载《开放时代》2005年第6期。

地的神道一起构筑意识形态。这种以"和"为特征的思维方式,其实是一种糅合"阴阳"两极的思维态势,两极的"共生共存"在很多日本人看来,比明断"是非"的价值判断重要,"和"的主要功能就是将两极融和在一起,各致其用,所以儒释道自传入日本以来,基本上相安无事。到了近代,"兰学"和"洋学"涌进日本,和传统的"儒学"和"国学"之间也未发生尖锐冲突,这大概都是"和"的思维方式在发生作用。日本民族对来自《论语》的"和"的偏执,虽然有些偏离孔子的初衷,却是"和式"(日本式)的指标性特征。

四、《论语》与日式资本主义

幕末和明治初年,欧风美雨席卷日本,儒学受到了来自洋学新思想、新学问、新价值观的严峻挑战。不过明治政府实行"和魂洋才"的社会发展政策,作为"和魂"核心部分的儒学,虽然失去江户时代独尊的地位,但依然活跃于社会生活的各个领域,还发展成后来"国家主义"甚至"军国主义"的重要组成部分。攸关新时代人才培养的教育领域,明治政府在1890年颁布天皇的"教育敕语",规定国民的忠孝之心为"国体精华"和"教育渊源",强调"孝父母、友兄弟、夫妇相和、朋友相信、恭俭持己、博爱及众",呼吁"一旦有缓急,义勇奉公"。这是一部完全的传统儒学伦理纲常,几乎不见洋学的任何踪影。

在经济领域,被称为"日本资本主义之父"和"近代化之父"的涩泽荣一(1840—1931年),沿着"水户学"的理论思路,倡导"道德经济合一说",认为经济应该和道德齐头并进。他在儒学经典命题"义利之辩"上,主张"利为义之和",不能"以利牟利",而当"以义谋利"。涩泽称"致富之根干在仁义道德,无道之富,不能永续"。他将自己的主张形象地表述为"依据《论语》把握算盘",即后来成为日本儒教资本主义的招牌话语:"右手算盘,左手《论语》。"他称"算盘一拨而利归,《论语》一诵而德至",由道德主导的利益才是应该索求的"无垢之利"。其"算盘"是指计算的可能性和合理性,而其《论语》当然象征社会的安定性和秩序性[6]。盈利是一种社会行为,应该将群体和国家利益优先考虑。他先后创办了500余家民族企业,几乎涵盖各行各业,当他面临决策时,常常遵奉《论语》,据他在晚年总结自己的创业经验而著的《论语讲义》称是屡试不爽。

战后的日本大企业家和实业家几乎都和《论语》结有深缘,经营的背后都有《论语》的踪影,从儒学的伦理道德移植改造的企业伦理(家庭式的人际关怀)大概是战后日本企业高速发展的秘诀之一。"松下电器"的创始人松下幸之助(1894—

---

[6] 所引均出自涩泽荣一的《论语和算盘》,大和出版,1992年,此文所引均为笔者所译。

1989年),便是涉泽荣一在战后的复生,他创办"松下电器"的初衷是希望对社会繁荣、和平和幸福做出贡献。他在20世纪50年代初揭橥的"人的宣言",是他在1972年出版的《人的关怀》的原型,其思路毫无疑问是沿着涉泽《论语和算盘》的途径发展而来的。他还创办"松下政经塾",以儒教伦理和价值观培养政经人才。他故世之后,追随其左右长达22年的江口克彦将其生平语录整理出389条,仿效孔门弟子编纂先师语录,以《松翁论语》结集出版,遗训人间⑦。和松下经营理念非常相近的著名实业家稻盛和夫(1932—　),将"敬天爱人"作为一生信条,先后创办了"京都陶瓷"和"第二电电"(现KDDI)等成功企业,晚年仿效"政经塾"而创办"盛和塾",以儒学的恕道和诚信培育年轻经营人才。稻盛氏以77岁高龄,仍然活跃于商界和政坛,他后来被聘为鸠山民主党政府的"行政刷新会议"成员,继续以《论语》话语进言。

畅销小说《青年社长》的社长原型渡边美树(1959—　)是一位新生代实业家,少小皈依基督教,还当过专职牧师。他在1987年创立"和民食品服务",1998年"和民"居酒屋连锁业上市,五年后扩展成在全国拥有300多家分店的大型企业。他和涉泽、松下、稻盛等前辈企业家一样,热心教育,收购"郁文馆学园"以实践其教育理念,因而被政府任命为智库"教育再生会议"的委员。他的经营指南书也是《论语》,平时将其置于枕边和座车上,以备随时咨询。2007年他还出版了第11本书《使用"论语"吧!》,总结自己应用《论语》于经营实践的心得和经验。

从1873年涉泽荣一接手经营国立第一银行起,日本资本主义走了一条不同于欧美的发展道路,其强调国家和民众利益优先、诚信原则、义利并行、经营者的修身自律,通过在企业中实施以仁义忠孝为核心的家族伦理,以弭平粗放型资本主义不可避免的劳资对立冲突。从这种温情式的伦理型资本主义发展模式中,我们随处都可以窥见《论语》的姿影,因此将日式资本主义称为"儒教资本主义",以和西方"基督教资本主义"相抗衡,是一点儿也不为过的。

五、市场资本主义的逆袭

冷战时代结束后,美国成为世界一极,由其发源的美式自由市场经济,在全球化的大旗之下,开始席卷世界。日本首当其冲,开始从引领世界经济发展的硕大"引擎",陷入经济发展的停滞困境,日本人将这一灰暗阶段称为"失落的十年"。"失落的十年"是20世纪80年代出现的词汇,原指拉丁美洲和非洲一部分国家的经济在快速发展之后无以为继,而进入长期停滞状态的现象。日本从1955年开始

---

⑦ 江口克彦编《松翁论语》,PHP研究所,2006年。

至1973年19年间,以年平均9.1%的GNP增长率经历了经济高速成长期;接着又从1974年至1990年16年间,以年平均4.1%的GNP增长率经历了经济稳定增长期。1990年开始进入所谓的"失落的十年"(严格来说应该是"十余年"),也被称为"泡沫经济崩溃期",其指标便是日经平均股价从前一年攀升至38000余日元,跌至低于25000日元,跌幅接近40%,稍后更跌穿10000日元线,比峰顶时缩水70%。房地产价格也应声而倒,全国平均指数从1991年的高峰148跌至2003年的80,跌幅超过40%。同期GNP平均增长率在1%上下徘徊,完全失业率从1991年的2%攀升至2002年的5.3%,消费物价指数从1990年的超过3%下跌到2001年的-1%,加上为了处理银行坏账,政府大举借债,1999年的公债发行额接近40兆日元,差不多占了政府年度预算的一半,为当时主要工业国家中财政赤字扩大最为严重的国家。

经济犯罪因而成了"失落的十年"后期的重要新闻。平成时代一度成为最显赫的信息产业巨子、"活力门"社长崛江贵文,被日本的媒体酷评为"将恶智慧发挥到极致"。他驰骋于法律的灰色地带,利用其高效集资手段,将所持股票炒热,然后在买进卖出之间,以非正当手段将公司的巨额财产转为己有。他和"乐天"的三木谷浩史社长、"软体银行"的孙正义社长之间"全无仁义"利益争夺战,一度被戏谑为"商业战国时代的平成三大武将:崛江信长、三木谷秀吉、孙家康"⑧。另一位东京大学出身、在投资界呼风唤雨、被称为"拜金精英"的前财务省官僚村上世彰,其统率的"村上基金"运用额一度接近4500亿日元,在被以"违反证券交易法"罪名逮捕前七年间,投资超过60余家上市企业,其基金炙手可热,连稍后成为金融沙皇的日本央行总裁福井俊彦也参与上千万元的投资,媒体曾详细披露其前无古人的敛财手段。以崛江和村上为代表的转型时期经济新贵们,凭借着小泉政府"产业结构改革"的风浪裹挟,不择手段地疯狂敛财,屡屡碰触经济秩序的底线,引起民众侧目。

在"失落的十年"里反复出现的传统失守、道德底线失落、教育失格、拜金主义横行的局面,让很多立场不同的社会有识之士和普通民众焦虑,尤其是在其后半时期,指斥时局、分析时弊、为社会顽疾诊断、标示解决之道的声音大量涌现。

---

⑧ 详见宫崎哲也《商业战国时代的平成三大武将:崛江信长、三木谷秀吉、孙家康》,三修社,2005年。作者可谓颇有远见,次年崛江氏被捕入狱并被判刑,"活力门"股价一泻触底,已无东山再起的可能。三木谷氏的"乐天"也因经营违例引起业界高度警戒,似乎难以突围。孙氏新近在携带电话开发上转入一片新天地,跃为行业第三名,但是能否如德川家康兼并战国、一统天下,尚属未知。

六、《论语》与新保守主义思潮

"失落的十年"让日本的自由主义"福祉型"经济、余裕式教育和自由开放式文化露呈破绽,保守势力开始全面清算战后社会的思想文化,形成一波非常强势的"新保守主义"思潮。新保守主义主张传统文化的复权,在历史观上摒弃"自虐史观"(即战后从历史和文化方面对战前军国主义、国家主义旧传统的清算)而高扬民族自信心,在经济上主张缓和规制和国营事业民营化;在教育上主张改定教育基本法,注重纪律和道德教育;在外交上强调日美同盟,结成所谓"欧亚自由和民主之弧",遏制朝鲜和对抗崛起的中国。

新保守主义的文化旗帜便是旧典翻新的武士道,其论客认为武士道精神就是所谓"日本民族精神"(亦称"大和魂")的核心。主题直接和武士道有关的书籍,上世纪90年代开始明显增多,1997年以来10年里共出版了200余种。我们谈及武士道,总会将其和日本军国主义相联系,是一种野蛮和狰狞可怖的存在。不过和传统保守主义不同,新保守主义并不注重传统武士道的尚武精神,而比较注意发掘身处和平时代的江户武士之人性和精神面貌。有关武士道研究当然得首推新渡户稻造(1862—1933年),他1900年在美国用英语出版了"Bushido: The Soul of Japan"(《武士道:日本之魂》),稍后译成日语版《武士道》,流传日本国内,100余年来仍是最权威的有关武士道的论著,至今仍无出其右者,被誉为"唯一一本将武士道系统化的思想之著"[9]。

新渡户断定武士道来源于神、佛、儒三教,神道和佛道让武士等闲生死、视死如归,而更重要的是儒道塑造了武士道的灵魂,即《论语》给予武士道"道德律",而阳明学的"知行合一"是武士道的行为特征。他具体论述了《论语》的德目和武士道的关系,认为"义"(正义)是武士道的基础,由"义"生"勇"(勇气和忍耐);"仁"(慈悲心)转化为"武士之情怀",即强者非必诉诸武力,武士常有诗人情怀;"礼"是"仁义"的外形化,而"礼"的最高形态便是"爱",既可以显示于茶汤的仪式,也可以显示于随人悲喜;"诚"是不食言,武士的承诺不需要立言存照,说谎是"心智孱弱"的征兆;"名誉"对武士而言,重于生命,由此产生耻感,一旦被拂逆,便有舍命的觉悟;武士为"忠义"而生,奉公为职;武士"克己",喜怒哀乐不形于色,以臻心灵平静;在面临生死抉择关头,武士不惜"切腹",舍身成仁。很多日本人认为,武士道作为日本理想人格的原型,可以解决当今社会诸多棘手问题。2004年一年

---

[9] 详见岬龙一郎译《武士道》,PHP研究所,2005年,"解说"。岬氏对武士道研究甚深,著述亦丰,他的现代日语体译本配以解说,非常便于阅读。

间,共有47册直接以"武士道"命题的书籍出版,这一年正是"失落的十年"结束后所谓"日本病"的症状暴露无遗的一年,那么多有识者开出相同的处方,大概不是偶然吧。

新保守主义另一大津津乐道的话语便是《论语》,所以日本研究《论语》的学者中不乏各类保守主义者,如战后《论语》研究最具影响的安冈正笃(1898—1983年),他的《活学〈论语〉》(PHP研究所,2002年)和《人的生存方式》(黎明书房,2006年)是有关《论语》的畅销书。安冈和战前军政界领导人过从密切,还出任过战时大东亚省顾问,直接参与制定战时的外交政策。因此战后他被联合国军最高司令部(GHQ)解除公职,其所创设的各类学校、团体也被视作"右翼团体"而遭强制解散并财产充公。稍后他改道思想领域,组织"师友会",通过发行刊物、全国巡回演讲和电台讲座等普及东洋古典思想,恢复影响力,逐渐成为财、政界的精神指导者,战后历代首相如吉田茂、池田勇人、佐藤荣作、福田赳夫和大平正芳都仰其为师。他认为东洋古典、尤其是《论语》一书毕备解决当代各类问题的方案。另一位元老级的《论语》研究者宇野精一(1910—2008年),战后致力于反对GHQ主导的国语改革,呼吁恢复和活用战前通行的汉字及其假名。他在《〈论语〉和日本政治》(明治书院,2002年)中,在第十八节"恶居下流"里,他以"子张第十九"的"君子恶居下流,天下众恶皆归焉"的子贡言论,附会战时"南京大屠杀"、"从军慰安妇"和日本殖民扩张行径等定罪为"众恶皆归"的结果,批判"东京裁判史观"(即对日本战争犯罪的裁决)[⑩]。他甚至非议1972年中日恢复邦交仪式时周总理赠田中首相的"言必信、行必果"六字手书,称其有暗贬田中首相为"三流人物"(小人)之嫌,若他随行的话,一定会建议田中第二天回敬"言忠信、行笃敬"[⑪]。拘泥古义的宇野显然并不理解古典随时代而生的新意,恶意曲解周总理的厚意,就有点逾越儒者的恕道风范,而像罗织罪名、刻深断狱的法家老吏了。

著名作家阿川弘之(1920—)战时曾从军,在中国从事谍报工作,战后根据自己的战时经历开始创作小说,并作为保守派论客活跃于学界,其《读〈论语〉而不知〈论语〉》(PHP研究所,1999年)以幽默的笔致,通过身边琐事,阐发《论语》的高迈理念和风趣言辞。他又以"亲台派"闻名,兼任"日本李登辉之友"的名誉会长。

[⑩] 见《〈论语〉和日本政治》,第84—87页。宇野氏的论辩之辞都非其首创,如日本兵杀人只砍首级、不剖胸膛,因此破膛的照片一定是残败的中国兵所为;战地慰安妇的存在,是世界共通现象,只是一种商业行为,军医检诊,也只是为了兵士和民众的健康安全,不能作为军方或政府参与的证据;至于大东亚战争,是日本解放东亚殖民地的正义之战,不能以成败作判断,等等,缺乏说服力,都是日本右翼的代表言论,宇野氏只是将《论语》与其牵强附会起来而已。

[⑪] 同上,第11—12页。

当今最具影响的《论语》学者加地伸行(1936——　)，政治立场极端保守，甚至称其为"右翼"也不为过。他属于强硬的"靖国神社参拜推进派"，据说还是大阪大学唯一自发参加旨在修正中学历史教材"自虐史观"的"つくる会"成员。他经常在右翼保守论坛"诸君"、"正论"、"论座"上发表言论，时常以中国古典、尤其是《论语》评论时政。他对自由主义史观从来不假辞色，主张"慰安妇"的历史正当性，反对接受移民，主张"恢复自国的正史"和"作为日本人的骄傲"。朝鲜在2002年10月和2003年8月先后两次派出大型"美女应援团"到韩国参加区域性运动大会，引起轰动，让韩国和日本媒体大为惊艳。加地于是援引"永远的古典"《论语》，称朝鲜的举动犹如当年齐国向鲁国赠送"女乐"，让执政的季桓子食髓知味、"三日不朝"，于是孔子"去鲁"，鲁国没落。发现这一惊人相似的加地，便悟出《论语》解决朝鲜之策"⑫。

"日本《论语》研究会"是新保守主义的重镇，2004年开始以庆应大学为据点，定期举行有关《论语》研究的报告会和演讲会，受邀演讲的不乏"右翼"论客，因此其演讲的特点是超越单纯的学术或者文化研究，而与时政挂钩，通过《论语》，为保守主义思潮提供思想资料。研究会还基于演讲内容，以《人的品格：从〈论语〉汲取人道》为题，于2007年出版首集，2008年出版续集，并有逐年赓续的架势⑬。其续集共四章，第三章"日本的课题"分为"日本人与靖国神社"、"自卫队与国际贡献"、"日本的战略"三节，论述《论语》精神与这些重大国际国内问题的渊源关系，得出《论语》为日式"民主主义"来源之一的结论。第四章"中国、韩国和台湾地区"，由旅居日本的学者执笔，在颂扬留存于日本的"《论语》和儒教之心"之余，比较中(含台湾)、日、韩之间《论语》以及儒教精神的分歧点。研究会的演讲以及出版物，在较大程度上反映出日本新保守主义的立场及其言说。

七、重归《论语》的精神原乡

新保守主义论客大多希望复活战前的道德规范教育，作为其代表论著《国家的品格》一书的作者藤原正彦认为，西方式的"民主主义"在日本的土壤不可能真正实施，而应该代之以"真精英"(具备武士道精神的精英)统治。"真精英"须具

---

⑫ 见2003年9月25日"产经新闻"专栏"正论"加地氏文章。
⑬ "日本论语研究会"将14次演讲录编成一册，以《人的品格：从〈论语〉汲取人道》(内外出版，2007年)为题作为政府刊物出版。选录的演讲基本围绕政治和经济命题，首章以"当今为何需要《论语》"为题展开，然后以三章的篇幅，分别论述《论语》的人学、政治领袖论和如何找回失去的"日本人之心"，终章提议通过更为普及《论语》以塑造序章提出的"人的品格"。

备两个条件,一是拥有广泛的文史哲、艺术和科学教养背景,有常人缺乏的"大局观"和"综合判断能力"。二是具有在一旦缓急时为国民舍生赴难的气概。他断言现时的教育制度培养不出这样的人才,而战前的旧制中学和高中,就是此类优秀人才的"养成机关"⑭。有趣的是并不限于保守派的论客会做出这样的结论,左翼自由派论客如森田实等也有非常相近的论述。森田指控美国在战后全面摧毁了日本的道德规范系统,使得日本沦落到今日的"灭茶苦茶"(一团糟)境地。他称"战前对青少年进行以《论语》等为中心的儒教教育,授导道德规范,由此背景之故,战前很少凶恶犯罪,公务员也秉性清廉,很少污职事件"⑮。显然他也希望回到战前的道德规范教育。

著述丰富、伦敦大学经济学院以及大阪大学名誉教授、著名经济学家森岛通夫(1923—2004年)在其《日本何以走进死胡同》(岩波书店,2004年)中对日本的发展停滞做出分析。他指出日本在上世纪80年代由国家型资本主义(即由上而下型)转入竞争型资本主义(即由下而上型),其时战前出生、深受儒教教育影响、将日本成功带入繁荣时代的老一代政界、财界指导层开始向战后出生的一代移交主导权,而新生代的政、财界充斥无宗教、个人利益优先、回避风险、缺乏责任感以及癔病患者,"日本 ethos"(气质、民族精神)开始坏灭,所以上世纪90年代以后走入发展的死胡同。他甚至悲观地预言这一停滞将是长期的,可能需要50年以上,等到新一代人才培育出来后才能恢复。他的断言被称为"森岛遗言",引起媒体的强烈反响。很显然,森岛亦对战前儒学教育情有独钟。

这些论客的论述表明,平等、人权、自由和民主这些来自欧美的所谓具有普世意义的价值观,尤其是由下而上的竞争式市场资本主义,并没有让全球化过程中的日本社会更为繁荣、安定、安全和幸福,相反战后对这些价值观的过度强调让日本沉沦,尤其是"失落的十年"以来,使得社会秩序动摇,价值系统混乱。回到"武士道精神"也好,回到战前旧制学校也好,归根结底就是回到适合日本国情的道德规范系统,即回到作为旧制学校德育之基础、以《论语》为核心的道德伦理教育。

20世纪90年代后半期以来,民间自发的《论语》讲习活动不断增加,并引起注意。除了老牌的如"汤岛圣堂"传统悠久的"《论语》素读"、"儒学文化研究所"的

---

⑭ 《国家的品格》,新潮社,2005年,第84页。

⑮ 《月刊日本》2006年7月号特集"五年小泉政治的总清算",森田文《日本精神·文化坏灭的五年间》。藤田在《品格》中也提到,战后美军占领当局为了让日本永远无法再和美国打一次太平洋战争,制定了一部和平宪法,然后通过新的教育基本法,将战前的教育体制完全加以摧毁。笔者案:日本保守主义和新保守主义的最大意愿就是改宪和改定教育基本法,恢复成为正常国家。这一运动从战后的岸信介首相开始,历半个世纪无所成就,前首相安倍不仅在血脉上是岸信介的外孙,而且在政治上发誓继承乃祖遗愿,尝试在其任上完成教育基本法改定和改宪。

年例演讲会和"日本《论语》研究会"的月例报告会之外,其他如"《论语》学习会"、"《论语》普及会"、"孔子故里"、"素读不器会"、"劝学堂《论语》普及会"、"儿童《论语》塾"等成百上千的社区组织相继涌现。如前所述,日本大企业素来有尊奉孔子、将《论语》奉为经营和育才宝典的传统。再举一个例子来看中小企业的情况。"三相电机"是关西地区一家拥有500名职工的中型企业,从平成十四年(2002年)开始举办"干部研修讲座"(亦称《论语》研修会),每月一次,也邀请公司所在地姬路市的市民参加。其80余回的演讲题目有:"《论语》之心和经营之心"(第14回)、"天助自助者"(第17回)、"关于武士道"(第25回)、"跟着孔子学"(第39回)、"'而立'和'不惑'"(第41回)、"朱子学和阳明学"(第47回)、"孔子和《论语》"(第89回)等,几乎全为修身立德的主题,其中半数和儒学有关。

八、永远的畅销书——《论语》

以《论语》为代表的儒教,因其和战前日本国家主义有着千丝万缕的联系而被视为旧传统的象征,虽然一时从主流话语的前台销声匿迹,但始终未从日本文化精神的底流里消失。从20世纪50年代经济和文化复兴时代起,《论语》一直在出版,不仅被广泛阅读,而且还如前述,作为文化和伦理背景,默默地对战后日本经济发展模式的塑造和形成发挥过积极的作用。根据《日本书籍总目》和其他主要书目的统计数字,战后从1946年到1996年的50年间,光是关于孔子和《论语》的书籍,不包括一般儒学以及儒学流派如朱子学、阳明学等,就接近200种。其间涌现的一批建树卓著的学者专家,如武内义雄、安冈正笃、宫崎市定、吉川幸次郎、贝家茂树、井上靖、白川静、加地伸行、金谷治等,他们的著述受到专家和普通读者的广泛欢迎,为沉潜在日本精神文化深流中的儒学源源不断地注入活水,也对战后日本社会的重建以及此后长期安定和繁荣的局面起着积极作用。

不过"论语热"作为一种显眼的校正时弊的文化现象,作为向传统回归的保守主义文化指标,越向前台重执话语权,在战后确实只是最近十余年的事情。从1998年以来的12年,先后出版和重版的书题和《论语》有关的书籍,据不完全统计,已接近300种。如果将同时期谈教养、论人生、说时政等类书籍中有专门章节涉及《论语》的也排列在内,如栗田亘《指导者的礼节》、守屋淳《"不败"比"获胜"更好》和《加藤周一演讲集》等,其数字估计会扩大到上千种。最近12年出版的直接有关《论语》的书籍,其数字按年列表如下:

表一：有关《论语》书籍的出版统计（1998年—2009年11月）

1998	1999	2000	2001	2002	2003	2004	2005	2006	2007	2008	2009	总计
23	19	28	22	17	22	19	19	25	28	38	37	297

12年来，平均每年新增25种有关《论语》的书籍，而且从近三年的数字来看，《论语》之热还在持续升温。《论语》读物的再版、改版率较高，涉泽荣一、安冈正笃、宫崎市定、贝冢茂树和加地伸行等老辈学者的《论语》著述，被一再以单行本或丛书文库本的形式再版，销售良好。

如果将12年来初版或者再版的《论语》书籍按内容分类，大体可以划归六类，另将漫画和小说体裁不分内容归入一类，详见表二：

表二：《论语》书籍的分类及其代表作品（1998年—2009年）

	种数	代表作品
翻译注释	56	《论语征》（荻生徂徕原著 小川环树今译 平凡社）、《新译论语》（久米旺生 PHP研究所）、《论语》（金谷治 岩波书店）、《论语》（贝冢茂树 中央公论）、《论语》（加地伸行 角川书店）、《孔子全书》（吹野安等 明德出版社）
导读鉴赏	66	《素读〈论语〉》（深泽中斋 明德出版社）、《现在就学〈论语〉》（山下龙二 研文社）、《〈论语〉的读法》（山本七平 文艺春秋）、《〈论语〉新读法》（宫崎市定 岩波书店）、《从〈论语〉而学》（安冈正笃 PHP研究所）、《现代人的〈论语〉》（吴智英 文艺春秋）、《男人的〈论语〉》（童门冬二 PHP研究所）
学术专门	30	《〈论语〉考索》（泽田多喜男 知泉书馆）、《〈论语〉再说》（加地伸行 中央公论新社）、《何为孔子哲学之"仁"》（石川忠司 河出书房出版社）、《〈论语〉的译注和考究》（五十岚晃 明德出版社）、《孔子神话——作为宗教的儒学之形成》（浅野裕一 岩波书店）
教养人生	75	《回归〈论语〉》（守屋淳 平凡社）、《左手〈论语〉右手〈韩非子〉》（守屋洋 角川书店）、《从〈论语〉思考教育》（新宫弘识 みらい）、《心镜〈论语〉》（桥本秀美 岩波书店）、《上司的支撑：〈论语〉入门》（青柳浩明 中经出版）、《从〈论语〉穷尽人生》（谷泽永一等 PHP研究所）、《亲炙〈论语〉》（今泉正显 PHP研究所）、《人生歧路则〈论语〉》（井上宏生 河出书房新社）、《感动高中生的〈论语〉》（佐久协 祥传社）
评传历史	23	《孔子传》（白川静 中央公论新社）、《孔子的一生》（三户冈道夫 荣光出版社）、《孔子的一生和〈论语〉》（绿川佑介 明治书院）

续表

	种数	代表作品
企业经营	16	《涉泽荣一〈论语与算盘〉所教导的人生繁荣之道》（渡部升一　致知出版社）、《商场的处世术——〈论语〉》（根本浩　大和出版）、《〈论语〉和算盘：从涉泽荣一学日本资本主义的明天》（童门冬二　祥传社）、《人生、经营、思索和〈论语〉》（守屋纯　文艺社）
漫画小说	25	《男人不自远方来：女人的〈论语〉》（小林光惠等文　松田洋子画　PHP研究所）、《孔子和〈论语〉》（猪原赛文　李志清画　メディアファクトリー）、《绘画〈论语〉》（安冈定子　日本能率协会マネジメントセンター）、《图解速习〈论语〉：礼之卷》（ハイブロー武蔵　总合法令出版）、《孔子》（桃成高等　讲谈社）、《小说〈论语〉物语》（三宅昭　鹤书院）、《孔子》（井上靖埼玉福祉社）

　　占五分之一的"翻译注释"类主要围绕"读什么"，有以各类读者群为对象的翻译注释解说本，如上一段提及的诸家译注本都各有侧重，可以参照阅读。其中《孔子全书》，尤以征引浩瀚、内容翔实见长。吹野安和石本道明编纂的《孔子全书》（明德出版社）在1999年底出版第一卷，以朱熹《论语集注》为底本，每卷成一册，2008年底已刊出12卷，2000余页，采录古注以及能够收集到的所有关联文献，并逐卷逐条加以和译，堪称《论语》研究集大成的著述。

　　第二大类的"导读鉴赏"类以一般读者为对象，指导"怎么读"以及"能读出什么"。如中野孝次《〈论语〉智慧50章》（潮出版社，1998年）和童门冬二《〈论语〉智慧一日一话》（PHP研究所，2006年）等，将《论语》作为汲取智慧的宝典。也有当故事和文学来读（福岛久雄《孔子所见的星空》、坂田新《故事谚语读〈论语〉》等），当杂学读（狩野直祯《杂学〈论语〉》、本吉光隆《欢愉书法〈论语〉》等），精读细读（深津胤房《简约〈论语〉细读》等），要点式阅读（福田晃市《超要点解说、关键词理解、即读即用的论语》等），闲暇式阅读（中岛孝志《休日悠闲读〈论语〉》、加地伸行《〈论语〉顺畅读》、公庄博《游戏读〈论语〉》等），从男人的角度读（童门冬二《男人的〈论语〉》等），从完全门外汉的角度读（谷泽永一《从零知识开始的〈论语〉入门》等），从现代人的视角读（吴智英《现代人的〈论语〉》等），从专业到业余，从功利到闲适，从一星半点到包罗万象，几乎囊括了各种读法。

　　"教养人生"类是《论语》读物中数量最大的一类，也是最为重要的一类。如果说"翻译注释"类解决"what"即"读什么"，"导读鉴赏"类解决"how"即"如何读"的话，"教养人生"类则解决"why"即"为何读"的问题。相对"导读鉴赏"类普遍从方法论泛泛而谈，"教养人生"类则不乏具有针对性、旨在解脱当下所面临的人生和社会困境之作。如今泉正显的《亲炙〈论语〉》(PHP 研究所，2001 年）就以"人生之道备于此"作为副标题，强调《论语》的现实意义。作者表明自己写作动机时称，当今社会处于"moral hazard（伦理危机）"，"正值向《论语》讨教之秋"，于是这位年近 80 的地方实业家便命笔草写此书。在名门庆应高中教了 35 年汉文（即中国古典）后，佐久协出版了本类读物的畅销书《感动高中生的〈论语〉》（祥传社，2006 年）。作者从"褒贬方法"、"礼仪作法"、"贤愚优劣"、"努力精进"、"利益欲得"、"仁知善恶"、"爱国乡土"、"出处进退"等近 20 条目重新编排翻译《论语》，认为当前日本遭受西方合理主义的过度侵蚀，缺乏的就是《论语》的德目和儒教的精神，因此他推荐年青一代人手一册《论语》，精熟其训诲便会处世顺利、增添朋友和增加声望。

"评传历史"类亦不乏优秀之作，如内野熊一郎《孔子》（清水书院，2000 年）、三户冈道夫《孔子的一生》（荣光出版社，2005 年）和白川静《孔子传》（改版本）（中央公论新社，2003 年）。白川静（1910—2006 年）是世界著名的汉字学家，以殷周社会的宗教为背景，通过实证手段解析草创时期的甲骨文汉字，先后出版了《字统》（1986 年）、《字训》（1987 年）和《字通》（1996 年），成为日本汉字研究的权威。除汉字文化之外，白川在神话、诗经、楚辞等中国上古文学研究方面造诣精湛，还对各类杂学有独特的研究，被称为"现代最后的硕学"。他的《孔子传》一反以《史记》为主要史料来源的传统，除了《论语》之外还大量采用同时代的其他史料，大概是同类评传中写得最为出色的一部。全传从孔子出生到《论语》的"文体论"等，共五章。在第二章"儒之源流"中，他提出"儒"的字源来自"男巫乞雨"的象形，而儒教则是基于"天人相交"祭礼发展而来的思想。在第四章"儒教之批判者"里，不采学界一般认为庄子所代表的是与孔子相反的先秦文化之成说，主张庄子其实是沿着孔子高徒颜回的路径，其批儒的锋芒只是针对后世的堕落儒者，希望儒学能返归初衷，所以也可算作孔子的"理解者"。从诸子百家互相补益的思路出发，白川认为韩非子对儒学的批判，其实也是一种相互影响的见证，正是诸子百家之间的互动成就了先秦思想的博大精深。这些别有洞天的见识，可以拓展读者的眼界。但他在评传中有时标新立异，骛之过远，譬如他在第一章"东南西北之人"中认定孔子为女巫的私生子，不知其父姓氏，其母尼山祈祷感念而孕的传说违反常理，不可置信。20 世纪 70 年代初本书初版以来，这一说法为日本很多的孔子传记所采纳，不过后来有学者批评白川的论断是基于有伪书之嫌的《孔子家语》，缺乏说服力。

"企业经营"类是《论语》读物中最具实用价值的一类，作者多为第一线的实业家和经营者，如涉泽荣一（东京海上、王子制纸等 500 企业创始人）、渡边美树（和民食品服务社社长）、井原隆一（日本光电工业社社长）、增田周作（日新出版社社长）、一条真也（サンレー社长）等。其内容多介绍成功的企业家如何运用《论语》精神于企业经营，这类书籍在日本企业中被广为阅读，具有很大的影响，其概况已经在"《论语》和日式资本主义"一节做过较为详细的介绍,不再赘述。

"漫画小说"类则是日本《论语》热的一种奇特的景象。众所周知,日本是世界漫画大国,凡历史、文学、哲学、文化、宗教等领域的知识,都有以漫画的形式加以传播,不仅青少年儿童通过漫画接受文史哲熏陶,而且相当数目的成人也或多或少从漫画中汲取知识。讲谈社的孔子漫画系列(1999年)、明治书院、学习研究社、广济堂出版的《论语》漫画,都拥有比一般严肃读物更为广泛的读者群。连日本漫画界的泰斗手冢治虫生前也创作过孔子的画传,而且像"PHP研究所"这样专门出版学术、政治书籍的出版研究机构也出漫画本《论语》,可见《论语》题材所受欢迎的程度。由于漫画类读物一直居于畅销榜顶部,近年来漫画版《论语》也一再出版,2008年以来两年间共出版十余种,为《论语》初级读物中最为畅销的部分。

日本多家出版社还出版《论语》习字集,可以印证《论语》的普及程度,是《论语》热的另一个侧面。日本的小说家几乎将从《左传》、诸子百家到《史记》的中国古典都创作成小说,在各大主流报纸连载,其中跃上畅销榜和获奖的并不少见,相当大一部分日本读者正是通过这些小说了解中国和中国古典文化。井上靖的三卷本小说《孔子》(埼玉福祉会本,2006年),是这位多产作家的封笔小说。这位创作过巨制《天平之甍》(1957年)和《敦煌》(1959年)的小说家花了八年时间,亲自探访孔子故里及其周游列国的路线,反复吟味《论语》之后,才写作了这部小说,表述自己对孔子的无上崇敬和对《论语》的理解。小说出版次年(1989年)获得第42回"野间文艺赏"。小说在上世纪90年代曾发行百万册,卷起过一阵《论语》旋风。中国大陆和台湾地区两地也都有译本(人民文学出版社译本和"时报文化"译本),都拥有大量的读者和书评。不过日本的读者对其评骘两极,赞者誉之为"杰制",而毁者贬之为"晚年歹作"(见"亚马逊书网"的书评)。不过不论好歹,其以通俗小说为《论语》热添柴加薪却是不争的事实。

结　语

岛国日本既是一个文化开放的社会,又是一个文化保守的社会。由于游离大陆的地理位置,日本从中古以来,一直怀着焦虑注视海外的发展及其对岛国的影响,并克服地理障碍,主动引进海外的物质和精神文明(如遣唐使)。由于大海的天然屏障,日本从古以来很少受到异族入侵的威胁(仅蒙古和黑船袭来两次),同时也缺乏大陆国家百族冲突共处所带来的文化挑战和文明融合的动力,常常趋于完足封闭型的文化倾向。这种开放和保守、焦虑和闲适、期待变动和渴望秩序之间的矛盾张力作用,形成日本民族的文化性格和心理定式。

孔子在周游列国时曾感慨"道不行,乘桴浮于海"(《论语·公冶长第五》),但终其一生,孔子既不曾归隐,更不曾乘桴去国,不过他一定没有想到800年后,移居朝鲜半岛的汉人子孙王仁会携着他的《论语》浮海,来到日本,布下儒教社会的种子。六七世纪之交,日本选择了来自大陆的佛教和儒教,作为其社会意识形态的主要组成部分;而到了长期稳定的江户时代,儒教的朱子学更受到官方尊崇,强调秩序、调合和礼节的保守型岛国文化最终成形。此后,虽然经历了明治维新后西方近代文化自然涌入和第二次世界大战战败后欧美现代文化强行嵌入的重大变革,儒教文化依然是岛国文化的主要部分,《论语》依然是日本人道德教养的主要来源。《论语》学者井上宏生在他的《人生歧路则〈论语〉》(河出书房新社,2004年)里提出一个问题,即"《论语》是否排列在日本人的遗传组合里"?毋庸置言,他的答案当然是肯定的。

在长期战国纷争之后,德川家康意识到法律对一个抱持野望的大名无可奈何,而其本人和家臣的道德意识,才能阻遏其"下克上"式的越位篡权,他于是选中朱子学来建立道德规范。一个社会光有法律尚不足以维持秩序,还需要有自律来参与维持秩序,没有自律的基础,法律的实施就十分困难,而具备高度自律的社会,法律的实施常常没有必要。日本文化被认为是一种"耻感文化",以相对于基督教的"罪感文化"。"耻感"更多滋生于自律和道德的缺失,而主要不是来自对于法律的畏惧和触犯。"罪感文化"注重现世的"救赎",而"耻感文化"则注重人生的道德修养。日本人大多认为《论语》讲究人生之道,完整地提供了自律和道德原则的选择。

最近十多年以来日本又处在一个发展的歧路口,如何应对经济全球化所带来的挑战,如何稳定社会转型期所引起的秩序震荡,成为当务之急。小泉政权(2001—2006年)尝试市场经济改革,结果加速"人的资本"的"劣化"和流失,并扩大社会的贫富差距⑯。在种种社会乱象泛起背景里,以《论语》热为标志的《论语》方案又被重新提出,并引起注意。笔者认为当今的《论语》热是日本社会保守思潮运动的一个重要组成部分,也是日本社会对外来激进的全球市场资本主义和自由主义的一种自发式抵抗。随着全球化运动的日益扩展,以《论语》为代表的道德规范、教育教养原则,还将长期作为日本社会的醒目话语,引领人们适应激荡的社会变革,并熨平过渡时期的不安和焦虑。

(作者单位:日本常磐会学园大学)

---

⑯ 参见佐和隆光《致国家未来——持续可能的丰裕社会》(筑摩书房,2007年),作者认为"失落的十年"里产生的最大问题是"人的资本的劣化",即人的道德品质的低下倾向,因而主张教育和环境是日本适应"后工业社会"的两大核心论题。

中外文化交流

法显《佛国记》与中外文明交流
——标志中国与印度陆、海两通的千古巨碑

□陈信雄

内容摘要:《佛国记》记载法显的神圣而壮伟之行,远至印度,追求精神层次的文明。法显发现佛经、佛像可得,开启魏晋到唐宋之间蓬勃的求法风潮。法显陆行前往,在荒野中踏出一条步道,为丝绸之路建立一座巨大的指示标;海路返国,在茫茫汪洋中指出一条航路,为海外航行树立一座巨大的灯塔。后来中国僧人依法显模式,陆上交通蓬勃发展;唐末五代中国商人泛舶贸易,到宋元而开展蓬勃的海外贸易。法显以六七十之龄,15年求法,成就了修行者的最高境界。就西行求法的贡献而言,法显的贡献是重大的突破;对于后人,影响之大,无人可以比拟。法显是一位求法忘身的最佳典范,是无畏无惧的探险家。在佛教求法的历史之中,在交通史的冒险开拓的历史之中,同样前无古人,后无来者。

关键词:法显 中印交通 佛教交流

Abstract: *A Record of Buddhist Kingdoms* details the Buddhist monk Fahsien's sacred and spectacular journey from China to distant India in search of "a civilization of the spiritual level". Fahsien (339A.D.—420A.D.) was a pioneer in bringing Buddhist scriptures and paintings from India and Sri Lanka to China, resulting in waves of "search for the dharma" between the early third century and the late thirteenth century in China. Fahsien traveled overland to India, leaving his footmarks in the great northern wilderness and carving out an unmistakable route for the Silk Road. He returned to

China by sea, establishing a navigable route in the vast expanse of the uncharted seas, and erecting a giant beacon for China's subsequent maritime exploration. Later, many Chinese monks followed Fahsien's footsteps to India, and Sino-Indian land travel thus became prosperous. Between the early 10th century and the late 13th century a large number of Chinese merchants also emulated Fahsien's courageous maritime endeavor and sailed to the Indian Ocean, giving rise to a historic peak in China's foreign trade between A. D. 960 and A. D. 1368. Fahsien set out for India in his sixties, spending a total of fifteen years on this single journey, and taking no shortcut in his search for the dharma. With regard to bringing back the true teaching of Sakyamuni Buddha to China, Fahsien's contribution must be seen as a monumental breakthrough and his influence, unprecedented.

Key Words: Fa Hsien   Sino-India Communication   Buddhism Communication

《佛国记》是中外交通史的重要著作，作者法显是中外交通史的重要角色。历来学者都推崇法显此书之重要性，但若论斯人斯作之历史地位，法显《佛国记》似乎并未受到应有之重视。

笔者曾经旅行于新疆喀什到塔什库尔干的历史古道，知道法显从塔什库尔干县（竭叉国），越过葱岭，走一个月，进入北天竺的陀历国，是第一位走通这条路的人，按照地理学的伦理，这条路应当叫做法显之路，可是导游说这条路叫做中巴公路——中国—巴基斯坦公路。笔者也曾前往山东的崂山，寻觅法显航海返国登陆的"长广郡界牢山"，探寻与法显有关的庙宇或遗迹，但是什么也见不着。笔者曾经拜访斯里兰卡（锡兰）北部法显住过两年的寺院遗址——狮子山国无畏山伽蓝，这里总算有一座以法显为名的博物馆 Abhayagiri（Fa Hsien）Museum——馆舍是新建的中国式建筑，但是馆内与法显有关的只有一幅白描的和尚画像，注明为法显像，但是这画中人似乎少了法显的内敛与气宇。

法显的作风不忮不求，不在乎别人如何看他。但是历史学界对法显的评价，是许多认知或误导的源头。2003 年，在山东青岛开了一场"法显与中国佛文化"研讨会，20 余位学者与会，对法显的贡献深入探讨，高度推崇，对于法显历史地位的探讨迈出了一步，但法显的历史地位仍有待于探索的空间。

笔者不敏，细读《佛国记》，逐条研读，逐字琢磨，试图寻找隐藏其中的历史宏旨。

一、法显生平、《佛国记》与西行活动

1. 生平

法显俗姓龚,生于五胡十六国时期的后赵,地当今山西境,其时代约当东晋咸康五年(公元339年);卒年约为东晋亡后一年,刘宋开国之年,公元420年,得年82。另有一说得年86。

法显有三位兄长,都在幼年夭折。龚家为免再遭不幸,法显在三岁之时剃度为沙弥,居于家;后来因为重病,再送寺院,遂留寺中。十岁时父逝,叔父要求法显还俗,以侍奉母亲,法显坚持远离尘俗。母丧,尽人子之义,即还寺。

法显少时,尝与诸沙弥刈稻田中,遇饥贼夺穀,众皆奔逃。法显独留,语贼云,穀可取去,但不布施所以饥贫,若再夺人财物,恐来世更甚。贼未取而去,众僧数百人皆叹服。"二十岁受大戒,志行明洁,仪轨整肃"。[①]

法显60岁以前的生涯几乎没有资料记载,但知在长安等地修行,深知戒律之重要,深感律藏极为残缺。

年六一,誓志西行求法,六年至中天竺,辗转求法天竺各地,经多摩梨帝国、狮子国返回汉土,在外15年。返国后,译经于扬州、建康、荆州,年八二逝于荆州新寺。

法显携回佛经11部,亲自翻译其中五部,皆重要佛经。自记求法过程成《佛国记》一书,乃佛教史与中外交通史之巨构。

2.《佛国记》的流传

东晋义熙八年(412年)法显回国便着手记述15年的游历见闻,义熙十年(414年)完成初稿,后二年(416年)修补定稿。此书载长安出发,经河西走廊、新疆、葱岭、北天竺、中天竺,经多摩梨帝国、狮子国,从海路返国,15年间所见、所感、所得、所悟。全书字数一般都作9500余言,据宋思溪藏本,计861行,每行17字,共有14000余字。[②]

法显著作成书60年后,480年,僧佑《出三藏记集》便有引用。其后百年间,颇见引用,如530年郦道元《水经注》,594年法经《众经目录》,597年费长房《历代三宝纪》。隋、唐间著录与引用更为普遍。所见书名甚多,作《佛游天竺记》、《历游天

[①] 梁僧佑:《出三藏记集》,收于《大藏经》,第55册,台北,文丰出版社,1983年,卷15,第111页。

[②] 足立喜六、贺昌群、长泽和俊都说是9500余字,但统计宋思溪本,有861行,每行17字,总计14000余字。转引自吴玉贵编译《佛国记》,佛光山宗教委员会,1999年,第320页。

竺记》、《法显传》、《佛国记》、《释法显游天竺记》等12种,宋代以后逐渐采用《法显传》,明代以后多用《佛国记》之名。

《佛国记》的早期雕版印本主要有七种,年代最早的是北宋元丰三年(1104年)福州东禅寺雕造的崇宁万寿大藏本,藏日本京都。另外有南宋雕版印本三种藏日本,南宋雕版印本一种藏北京,金代雕版印本一种藏台北,南宋雕版印本一种藏韩国。抄本则有南宋二种,元代一种。③

道光十六年(1836年)以后,这本书得到西方学者的重视。首先,1836年,法国学者雷慕沙(Jean Pierre Abel-Rémusat,1788—1832)加以译注,接着,50年间三位英国学者先后译注此书。西方学者的研究,使法显事迹为各国学者所关注,而西方学者以不同立场、不同方法,其研究成果颇具启发性。但西洋学者所选版本欠佳,译文间有错误,则美中不足。1935年日本学者足立喜六利用日本所藏北宋、南宋雕印版,参照其他几种重要版本,校勘整理,出版《法显传考证》颇得称誉。后来日本学者长泽和俊进一步研究。清末民初,李光廷、丁谦、岑仲勉、陈垣等人做过一些考证。④ 二战后,贺昌群著《古代西域交通与法显印度巡礼》。⑤ 章巽则做校注,出版《法显传校注》,颇能利用足立喜六的成果,参考晚近学者研究成果,订正前人的若干错误。⑥ 在台湾流行较广的是吴玉贵译注的《佛国记》,乃以章巽校注本为基础,参考足立喜六的校注本以及南宋绍兴的思溪圆觉藏本,附白话译文并增补不少注译,便于阅读。⑦

3. 法显西行大要

后秦弘始元年,当东晋隆安三年(公元399年)法显61岁,自长安出发,与四僧同行,前往印度寻求律藏;途中遇到六位僧人,11人结伴同行。其行程可分为四部分:从长安到葱岭,北天竺与中天竺,东天竺与狮子国,海路回国。

(1)从长安到葱岭

法显与慧景、道整、慧应、慧嵬,经甘肃、青海,转入张掖,遇见五位同志,五人为智严、慧简、僧绍、宝云、僧景。出敦煌,度沙河,历17日。

入鄯善国,留一月,其地有僧四千,皆小乘学。转往焉夷国(焉耆),其地亦为小乘学,其人不修礼仪,遇客甚薄,智严、慧简、慧嵬返向高昌,欲求行资。法显得到

---

③ 吴玉贵编译:《佛国记》,佛光山宗教委员会,1999年,第10—16页。
④ 同治间李光廷有《汉西域图考》,民国丁谦有《晋释法显佛国记地理考证》,岑仲勉有《佛游天竺记地理考释》、陈垣《释氏疑年录》。
⑤ 贺昌群:《古代西域交通与法显印度巡礼》,湖北人民出版社,1965年。
⑥ 章巽:《法显传校注》,上海古籍出版社,1985年。
⑦ 吴玉贵编译:《佛国记》,第365页。

施主照料,居住两个月。

离焉夷国(焉耆)进入中国第一大沙漠——塔克拉玛干沙漠,35天走出人间至险。到于阗,其地佛法盛,多大乘学,留三个月。

经子合国(今新疆叶城县),到于麾国(今新疆境),已是第三年夏坐。

途经竭叉国(可能是今新疆塔什库尔干县),此国"当葱岭之中",走一个月,度过葱岭,此地冬夏有雪,当地人称此地为雪山。

(2)北天竺与中天竺

过了葱岭,入北天竺之陀历国;渡新头河,感慨"汉之张骞、甘英皆不至"。续至北天竺之乌苌国,传言佛陀到过此国,有佛足迹,佛陀足迹因各人心念不同而尺寸不同。法显在此夏坐,为出发后之第四年。至宿呵多国,乃"佛割肉贸鸽处";至犍陀卫国,乃佛以眼施人处;竺刹尸罗国,佛以头施人,投身喂虎处。

到达弗楼沙国之前已有三位同伴离开,不再前进,在弗楼沙国期间变化更大:一人前往罽宾,三人返回汉地;一人在弗楼沙国佛钵寺亡故。剩三人,一人(慧景)生病,一人(道整)往看;法显一人独进。

那竭国,有佛顶骨精舍、佛齿塔、佛锡仗、佛僧伽梨、佛影石室等圣迹。法显留此三月。石室佛影至为神妙,"如佛真形,金色相好,光明炳着,转近渐微"。离开那竭国,度小雪山,慧景体力不耐,口出白沫而逝。同行只剩道整与法显二人。

到罗夷国夏坐,为第五年。再渡新头河到毗荼国,当地人见法显等人,感慨"边地人"出家为道,"悉供给所需"。

进入摩头罗国便是中天竺地区。中天竺佛教信仰最盛,法显称其地为"中国"。摩头罗国国王与人民笃信佛法,威仪法则,相承不绝。

僧伽施国有佛陀为母说法处,记佛自忉利天下,有七宝阶、白银阶、金阶佛迹。记阿育王起精舍,有丈六佛像,柱上作石雕狮子,曾对外道大鸣吼;佛剪发、爪处,坐处,皆起塔。法显在此夏坐,为西行第六年。僧伽施国之罽饶夷城有佛为弟子说法处,说无常、苦,说身如泡沫。

沙祇大国,佛陀以杨枝插地,生长七尺,诸外道斫而拔之,续生如故。

拘萨罗国舍卫城,有长者须作修建的精舍,有祇洹精舍,佛陀在此居留25年,附近有98所寺院。法显与道整同访,僧人问所从来,云:"边地之人乃能求法至此","我等诸师和上相承以来,未见汉道人来到此也"。迦维罗卫城甚为希荒,仅有僧人、居民数十户,佛陀圣迹遗留甚多。

蓝莫国拘夷那竭城,世尊般泥洹处。

摩竭提国巴连弗邑,为中天竺最大城,每年二月举行佛像游行活动,装点种种华丽饰物,美妙庄严。有小孤石山,佛曾坐山中石室。

王舍新城,城中空荒无人。其地耆阇崛山,佛曾坐禅;窟前有四佛坐处,有佛说法堂。法显备香、花,趋耆阇崛山,虔诚礼佛。西行五六里至车帝,乃佛泥洹后,舍利佛、目连等五百罗汉结集处。

伽耶城,城内空荒,城郊有佛陀苦行六年处,佛浴后食糜处,佛陀成道处。附近的鸡足山,乃大迦叶住处,其地榛林茂盛,多狮、虎、狼等猛兽。

巴连弗邑附近有旷野精舍,是佛居住之所。迦尸国波罗奈城,有鹿野宛精舍,乃佛始转法轮处。拘睒弥国,瞿师罗园精舍,有佛住处。达嚫国,昔有迦叶佛寺院,其地偏远难寻,法显未得至。

回至巴连弗邑住二年,学梵书、梵语,写律。昔在北天竺诸国皆师师相传,无本可写。在中天竺,得《摩诃僧祇众律》、《萨婆多众律》、《杂阿毘昙心》、《綖经》、《方等般泥洹经》、《摩诃僧祇毘昙》。道整见"中国"(中天竺)众僧威仪,叹汉地边地,戒律残缺,遂停止不归。法显独还。

瞻波国,有佛精舍,经行处及四佛坐处,皆起塔。

(3)东天竺与狮子国

东行至多摩梨帝国,有 24 寺,佛法兴;法显住二年,写经并画像。离开多摩梨帝国,乘商人大船,14 日到狮子国。

狮子国多珍宝珠玑。佛陀曾至狮子国度化恶龙,王城之北有大塔。塔边伽蓝叫做无畏山,有僧五千,有青玉佛像,高二丈,闪烁着七宝光芒,崇高庄严得无法以言语形容。法显看到玉像旁一件来自汉地的白绢扇,"不觉凄然,泪下满目"。

在狮子国得到四部经典,《弥沙塞律》、《长阿舍》、《杂阿舍》、《杂藏》,皆汉土所无。

(4)海路返国

乘商人大船离开狮子国。船载 200 余人,大船系着一小船,以备逃生。出海两天遇到大风,船漏水入,商人争往小船。小船人多,船上人斫断系船之索,以免人多船沉;大船上面的人将船上粗货弃掷水中,法显也抛弃君墀与澡罐。法显一直担心佛经、佛像的安全。大风 13 日后,船漂到一座岛屿,潮退后补好漏处,得以再航行。

离开船只补漏之小岛,到耶婆提,其国盛行婆罗门教,佛法不太发达,留五个月。

再搭乘另一艘商人大船,载 200 人左右,携 50 日粮;4 月 16 日出发,东北行往广州。行一月余,夜遇强风暴雨,船客惶怖,船上的婆罗门教徒认为船上载了佛教沙门法显,所以陷入险境,打算寻找一座岛屿,把法显丢弃,以脱离险境。一位施主以身相护,要生死与共,一同留在海岛;并且说,中国国王敬重佛法,看重僧人。商人踌躇,不敢把法显抛弃。

到广州原本需 50 天,但天多阴霾,方向不辨,航行 70 余日,粮、水将要用尽,改以海水做饭,每人分得淡水二升。改向西北航行,漂航 12 天,到达陆地。入山遇樵夫,知为青州长广郡(山东半岛的崂山),为东晋辖地,时为 7 月 14 日。

长广郡太守遣人迎接法显到郡治崂山,法显留住一冬一夏。夏坐结束,前往建康,找到禅师共同译经。

法显回想西行求法,经历15年,游历将近30国,所见众僧威仪法化之美,难以言传。因此不顾危险浮海回国,记录经历见闻,愿贤者同其闻见。⑧

二、几项突出的特色

《佛国记》约有万言,言简而精,却有突出的特色。兹举其荦荦要者四端:行文简扼、精确而真诚;历经地理、气候、人性考验;陆往天竺,海上归来第一人;忘身求法一圣徒。

1. 行文简扼、精确而真诚

《佛国记》行文记事高度扼要简约,同时十分精确、真诚。

法显描述景观,叙述事件,叙述心情,若非重要之事,便只载地名,或以少数几个字记述,难得用上一二句,对于重要的事项则作长篇细述。述西行动机只用五个字,"慨律藏缺残";记西行目的只用七个字,"至天竺寻求戒律"。记张掖情势,用六个字,"大乱,道路不通"。记敦煌城塞,用十三个字,"有塞,东西可八十里,南北四十里"。勾勒要旨,惜墨如金。

另一方面,法显的描述相当精确。记各地所在,必言方向,载距离。记沙漠,必记所费时日。描述宗教信仰,必载寺院多寡,僧人多少,大乘、小乘类别,礼佛方式。记海航,则描述船只性质,载客数量,航行方向,航行时日,天候状况,辨识方向准则。记述敦煌与鄯善之间沙漠:"多有恶鬼、热风,遇则皆死。上无飞鸟,下无走兽。遍望极目,欲求度处,则莫知所拟,唯以死人枯骨为标志耳。"所述沙漠特征相当完整而精确。若是遗忘具体内容也必清楚交代,例如在狮子国听天竺道人叙述佛钵在各地留滞年数只记概数,但注明,"闻诵之时有定岁数,但今忘耳",忠实记述,毫不含糊。

法显描述抽象意象,笔法简练而传神,例如描述那竭国的"佛影"云:"去十余步观之,如佛真形,金色相好,光明炳着,转近转微,髣髴如有。"百年后有《宋云行纪》,描写同处佛影,用更多的字,反而描述失真;两百多年后玄奘同样描述佛影,用字更多,记述却欠清楚。⑨

记载心情,十分诚挚。记载参拜王舍新城的心情,携带"华、香供养",临其地,

---

⑧ 以上内容大要,摘取于《佛国记》原著,取其西行重要见闻,并多用原文。
⑨ 《佛国记》的这一段记述用26字,《宋云行纪》用55字,《大唐西域记》用96字。转引自吴玉贵编译《佛国记》,第318页。

慨然悲伤,收泪而诵《首楞严》。记载死别:慧景体力不支,法显抚之悲号:"本图不果,命也奈何。"记述生别:"道整见众僧威仪,遂停止不归,法显欲令戒律流通汉地,是独还。"记载内心的凄苦:在狮子国感念:"去汉地积年,所与交接悉异域人,山川草木,举目无旧,又同行分析,或留或亡,顾影唯己,心常怀悲。"见"晋地一白绢扇供养,不觉凄然,泪下满目"。情真意切,至为感人。

2. 历经地理、气候、人性考验

西行求法,极为艰难,历受地理险阻、气候严酷与心性煎熬。

(1) 地理险阻

出敦煌,度沙河,其地"上无飞鸟,下无走兽"。以死人枯骨为标志,历 17 日。法显离焉夷国(焉耆)进入塔克拉玛干沙漠,35 天走出人间至险,"所经之苦,人理莫比"。这是有史可考穿越塔克拉玛干的第一人。

从狮子国航行出发两天之后遇到大风,13 天后发现船破水漏,船客争夺逃生,救生船人满为患,大船进水险象环生。从耶婆提出航,预定 50 日的航程,却航行 90 日,生还渺茫,成功的机会只有"万一之冀"。

(2) 气候严酷

出竭叉国(今新疆塔什库尔干),度葱岭,费时一月,此地冬夏有雪,有毒风、雨雪、飞沙、砾石。遇此难者,万无一全。自竭叉国而南,度小雪山,此处冬夏有雪,慧景体力不耐,口出白沫而逝。

(3) 心性煎熬

周围人群,遇居心不善者,便陷入险境。焉夷国(焉耆)人不修礼仪,遇客甚薄,同行三人折向高昌。法显回国的航路上,船行多故,船上婆罗门教徒认为是"异教徒"法显所导致,打算找一座岛屿,把法显丢弃。

最难调养的是自己的心。11 人同行,七人折返,二人病故,一人滞留印度,每一次发生事故,都难以面对。慧应途中病殁,法显独进;慧景因冷致死,法显抚之悲号。道整见中天竺众僧威仪,停止不归,法显独还。在狮子国无畏山佛殿见晋地白绢扇,"凄然而叹,泪下满目"。

3. 陆往天竺,海上归来

中国文献记载印度的最早资料,为人提及者,乃张骞遣使"身毒",[⑩]但张骞遣使所至之"身毒"是否为印度,论证薄弱,乃是疑问。曹魏朱士行为中国人西行求经之第一人,止于阗。

---

⑩ 班固:《汉书·张骞传》。

法显之前,或有人到达印度,但事迹未为人知,或是去而不返。⑪ 中国人到达印度,史有明证者,以法显为始。法显经竭叉国,过了葱岭,进入北天竺陀历国,喟然而叹:"汉之张骞、甘英皆不至。"

渡新头河到毗荼国,当地人见到法显,感怀"边地人"出家为道,"悉供给所需"。法显与道整到达佛教圣地拘萨罗国舍卫城,当地僧人问法显来处,云:"边地之人乃能求法至此……我等诸师和上相承以来,未见汉道人来到此也。"说明法显是印度人第一次看到来自汉地的人。

法显之时立志前往印度的僧人不止一人,与法显结伴前往印度者便有 11 人。其中与法显一同从长安出发的有四人(慧景、道整、慧应、慧嵬),在张掖遇而结伴同行的有五人[智严、慧简、僧绍(韶)、宝云、僧景],另有一人(慧达)相遇于于阗。这 11 人都有机会成为赴印第一人,但是要完成心愿,需通过种种严峻的考验。智严、慧简、慧嵬从焉夷国折向高昌,欲求行资,不知所踪;僧绍由于阗前往罽宾,不知所踪;慧达、宝云、僧景到达北天竺乌苌国之后,返回中土。慧应病逝于弗楼沙国;慧景在弗楼沙国染病,经那竭国,度小雪山之时,体力不支,口出白沫而殁。道整到达中天竺巴连弗邑,感佩众僧威仪,停止不归。唯法显欲令戒律流通汉地,独还。

法显取经任务完成之后,知道可以海路归国。两段海航行程,当时航海的情况是,"海中多抄贼,遇则无全;若值伏石,亦无活路;大海弥漫无边,不识东西,唯望日月星宿而进,若阴雨,不知所向,天晴乃知东西"。两段航行都遇到了严重的情况。第一段遇到暴风,漂到小岛,修复船只再度航行;第二段航行,50 天的航行却漂荡了 90 天,还险遭异教徒暗算。这种航行的成功率是"万一之冀",但有机会活着返回汉地,乃毅然"投命于不必全之地"。

就可信记录而言,法显是第一位到达印度的中国人,更是搏命航行、海路返国第一人。

4. 忘身求法一圣徒

法显西行,本意在于求法取经,追仰圣迹。

从新疆到北天竺,一路留心宗教信仰情况。

中天竺佛教最盛,是法显求法之主要地区。记摩头罗国,国王与人民笃信佛法,众僧以功德为业。

记僧伽施国佛陀为母说法处,佛自忉利天下的种种神迹。

拘萨罗国舍卫城的城外祇洹精舍,佛曾住 25 年,有说法、度人、经行、坐处等圣迹。迦维罗卫城有太子骑白象入母胎处、太子堕地行七步处等佛陀圣迹。蓝莫国

---

⑪ 章巽:《法显传校注》,认为只有二人,慧叡与昙猛。序,第 3 页。后者未见资料,前者《高僧传》有传,只云到过南天竺。另,《高僧传》,卷 4,载康法朗前往天竺,但语焉不详。

拘夷那竭城,有世尊般泥洹处。

摩竭提国巴连弗邑,为中天竺最大城,每年二月举行佛像游行活动,美妙庄严。

王舍新城,有佛说法堂。法显备"香、花供养,燃灯续明。慨然悲伤,收泪而言:'佛昔于此住,说《首楞严》。显生不值佛,但见遗迹处所而已。'即于石窟前诵《首楞严》。停止一宿,还向新城"。

访伽耶城,佛陀苦行六年处,佛浴后食糜处,佛成道处。

狮子国王城有佛齿精舍,三月间,迎出佛齿,道俗云集,种种法事,昼夜不息,满90日。跋提精舍有僧二千,有大德住石室40年。摩诃毘诃罗精舍有僧三千,有一罗汉终,国王以罗汉法葬之,极为敬重慎事。

法显莅临圣迹,满怀感动。法显看到佛法盛行,总是感佩"庄严妙好"、"威仪齐肃"、"威仪法则"、"众僧威仪法化之美"。[12]

法显"慨律藏残缺"而"至天竺寻求戒律"。为了这项心愿,走了6年到达目的地中天竺。前在北天竺诸国皆师师相传,无本可写。在中天竺巴连弗邑住二年,学梵书、梵语,写律。至中天竺,得《摩诃僧祇众律》,佛在世最初大众所行也;《萨婆多众律》,七千偈,秦地所行,但乃师师相授;《杂阿毘昙心》,六千偈;《綖经》,二千五百偈;《方等般泥洹经》,五千偈;《摩诃僧祇毘昙》。

有《婆鹿富罗律》者,法显得于摩竭提国巴连弗邑,抄写携回,义熙十二年始译于道场寺,但《佛国记》未载此本律藏。[13]

在多摩梨帝国,住二年,写经并画像,但法显未载所得经名。

在狮子国得四经,《弥沙塞律》、《长阿舍》、《杂阿舍》、《杂藏》,乃汉土无者。

法显本心欲令戒律流通汉地,这是当时中国佛教界的迫切需要。法显同时西来大师鸠摩罗什曾言:"汉境经、律未备。"与法显同时的道安法师也自制戒律,但未能适用。律藏是法显西行的首要目标。

法显所得佛经属于律藏者有三:得自巴连弗邑者二,《摩诃僧祇众》、《萨婆多众律》;得于狮子国者一,《弥沙塞律》。这三部律藏是印度小乘律藏五部之中的三部,而曾经传入中国的律藏不过四部,法显带回其三。这三部律藏之中的《摩诃僧祇众》,法显回国不久便在建康道场寺译出,《弥沙塞律》也在法显后不久由佛陀什等译出。法显对于戒律的贡献如此卓越。[14]

除了律藏,法显在道场寺还译出其他四种佛经:六卷《泥洹》、《方等泥洹经》、

---

[12] 载于《佛国记》于阗国、摩头罗国、巴连弗邑等国记述。

[13] 僧佑:《出三藏记集》,卷3,《婆鹿富罗律》,收于《大藏经》,台北,新出版公司,1983年,第55册,第20、21页。

[14] 章巽:《法显传校注》,第3、4页。

《綖经》、《杂阿毘昙心》。⑮

此外,法显也注意各地佛像,加以临绘,带回中土。一心向佛,是法显之志。

三、比较法显前后的西行活动著录

《佛国记》是高僧求法的心路历程,它同时是旅行家冒险辟路纪实,乃中外交通史之重大突破。兹以法显前后的相关著作比较,以探索此书之意义与价值。

《佛国记》前后的相关著作,其成书于法显之前者有三种:《穆天子传》、《史记·大宛列传》,以及朱士行西行求法记录。其后百年有北魏宋云、惠生的西域、印度行记。此四份西行史料皆有重要贡献,兹概述之,并其与《佛国记》作比较。后法显200年,唐代玄奘的西游求法,常见学者论述感佩,玄奘与法显活动模式颇有相同处,拙文另以专章讨论。

1. 先于《佛国记》者三种

《佛国记》之前,有关中外交通的史料不多,主要有三。

第一,《穆天子传》,原书五卷,记载西周第五位君王周穆王的西域之行。其事最早见载于《晋书·束晳传》,论者以为此书或出于魏晋学士,或为战国时代之作。所载周穆王西游所至之地,说法甚多,论者多论此书记述周穆王接受"玉石、酒、牛、羊、马"的地域可能是今新疆的南疆,或为和阗,其地应是周人活动的极西,但只是偶一为之,乃中国人向西方发展的重要里程碑。

第二,西汉张骞出使西域,其事载于《史记·大宛列传》。张骞在建元三年(前138年)与元狩四年(前119年)两次出使西域,先后到达大宛国与乌孙国,前者在今吉尔吉斯国费而干纳(Ferghana),后者在北疆。张骞的活动标志了中国到达北疆,超越新疆。从此,中国与西域之间,每年"使者多者十余,少者五六辈"。使者,含官使与商旅,"一辈大者数百,少者百余人"。⑯ 张骞之前中国与西域有间接贸易,自张骞始,中国人直接到达中亚;以往为民间少量贸易,自张骞始而有官方支持的贸易,因而发展成大量贸易,密切往来。张骞出使西域是中国向西方发展的重大突破,其意义在于政治与经济。

第三,曹魏佛僧朱士行的西行求法。佛教传入中国约始于西汉末,东汉到三国期间渐有一些佛教经典译成汉文,但这些汉文佛经并非译自梵文原本,而是梵文转译成的安息、月氏等国文字。而当时翻译的方式,多由一人诵读,再由另一人笔译,

---

⑮ 僧佑:《出三藏记集》,收于《大藏经》,台北,新出版公司,1983年,第55册,卷15,《法显法师传》,第111、112页。

⑯ 司马迁:《史记·大宛列传》,卷123,台北,启明书局,1966年,第1015页。

因此大部分译本文字欠精练,意义欠精确,甚至含义失真。在这种情况之下,学佛修行之士遂有西行求法之愿,寻求梵文佛经原本,并直接见识原本佛教形象。朱士行,"坚正方直,欢沮不能移其操,少怀远语,脱落尘俗","常谓入道资慧,故专务经典"。但读经之时,却常常觉得,"意义首尾,颇有格碍","译理不尽"。⑰ 景元元年(260年),朱士行循河西走廊,出敦煌到达于阗,习佉庐文和于阗文。得《放光般若经》原本,遣弟子送回洛阳,后来译成汉文二十卷;⑱还用于阗文写成佛学理论著作。朱士行在外二十多年,以80高龄卒于于阗,贡献极大:首先,是中国沙门西游之始;其次,西行目的不是丝绸买卖而是文化交流;再次,寻找佛教源头到达新疆;最后,得了一部佛经,并用于阗文撰述佛学。朱士行西行求法活动是法显西行求法的先导。

《穆天子传》、《史记·大宛列传》与朱士行西行求法记录,是法显西行求法活动的奠基工作,一步一步铺设法显西行求法之路的路基,从偶然到常态,从中原到达新疆,从现实的经济、政治提升到精神、文化的境界。

2. 百年后宋云、惠生行记

法显西行求法之后100年,北魏孝明帝熙平元年(516年),胡太后遣使者宋云、沙门惠生等人赴印度朝佛。宋云、惠生皆有著述,但其书后佚,赖北魏杨衒之撰《洛阳伽蓝记》引述,其事为后人得知。⑲

宋云、惠生一行,从今青海出发,经鄯善、于阗、汉盘陀,登葱岭,进入印度北部的乌苌国与干陀罗国,便折返回国,正光三年(522年)回到洛阳。这支僧俗混合的使节团带着大量北魏皇室赐献的礼物,如各种五色幡千口、锦香袋五百枚、王公乡土幡二千口,拜访各国王室与要人,所到处普遍受到礼遇,完成若干政治使命。他们带回大乘佛典170部,其行记记录了沿途地理、民族、社会情况。这支僧俗混合的使节团,有求法的行为,但主要目的似在政治与外交;只抵达北天竺,没有到达佛教信仰中心中天竺;来去匆匆,六年往返;携回之佛教经典未见太大的意义。

宋云、惠生的西行活动,遵循法显的模式,但求法的成果远不如法显,而其政治活动未见明显作用。

---

⑰ 僧佑:《出三藏记集》,收于《大藏经》,台北,新出版公司,1983年,第55册,卷七《放光经纪》,第47页。

⑱ 朱士行得《放光般若经》,遣于阗弟子送回洛阳,西晋元康间译成汉语20卷。

⑲ 杨衒之:《洛阳伽蓝记》,卷5。

四、玄奘西行求法

法显之后的印度求法活动，以玄奘西行求法成就最高，也最为人知。

玄奘俗名陈祎，河南人，年13出家。慕"昔法显……求法导利众生"，贞观元年（627年），年二十八，西行求法。经河西走廊，循丝路北道入天竺。遍游五天竺，寻师求法论学；受教于印度佛学最高学府那烂陀寺戒贤法师；游学天竺多年之后，回到那烂陀寺，替代戒贤主讲佛学诸论。归国前，以梵文著《会宗论》三千颂，僧众称善。羯利沙国戒日王闻玄奘声誉，举办辩论大会于曲女城，集18国王，以及佛僧、婆罗门、外道7000人；玄奘发表《制恶见论》，18日内无人破其一条，名震五天竺。次年辞18国王东归，越葱岭，循丝路南道返国。贞观十九年（645年）回到长安，太宗遣使迎劳，道俗出迎者数十万众。

玄奘携回佛经657部，以及大量佛像佛教文物，数量之多，超越其他取经人士。回国后得到唐太宗支持，译经19年，得75部；译经方式，由玄奘"出语成章，词人随写"，忠于原文，并顾及汉文词法，与鸠摩罗什、真谛并列为佛经三大翻译家之一。此外，玄奘开创唯识宗，并与辩机法师共同著作《大唐西域记》，记录7世纪中亚、印度的地理、宗教、社会、经济情况。[20]

玄奘的求法活动，论者多推崇为中国西行求法僧侣贡献最大之人。论者常谓，法显访问30国，玄奘到过138国；法显带回佛经11部，玄奘携回657部，法显译经5部，玄奘译经75部。季羡林认为《大唐西域记》的重要性超过其他同类著作，认为《佛国记》等西行著述，"同《大唐西域记》比较起来，无论是从量的方面比，还是从质的方面比，都如小巫见大巫"[21]。印度学者也说："到过印度的许多中国人之中，玄奘无疑是最伟大的一个。"[22]

笔者以为，玄奘当然有重大贡献。但若以玄奘为西行高僧之首要，此种看法未必客观。2003年，青岛"法显与中国佛文化"研讨会诸论文之中，论者谓玄奘"善巧"而法显"朴拙"，法显重"随信行"，玄奘重"随法行"，已经点到二位大师的不同。[23]

---

[20] 慧立：《大慈恩寺三藏法师传》十卷。
[21] 季羡林：《大唐西域记校注》，中华书局，1995年，第123页。
[22] 拉德利西南：《印度与中国》，转引自田卫疆《丝绸之路上的古代行旅》，新疆青少年出版社，1993年，第78页。
[23] 李志夫：《试还原法显大师在中国历史上之地位》，载《中华佛学研究》，第九期，2005年，第69、75页。

浅见以为,就整个历史视野,比较玄奘、法显二人之境遇,可以理解二位大师之不同贡献。兹从五个方面分析讨论:

1. 始创与模仿

法显是史料可知从中国到达印度的第一人,"创辟荒途",[24]一切摸索,备极艰辛,非常人所能完成。后来大量西行求法者,多受《佛国记》之影响,以及各种讯息,依样模仿,比较容易完成。

以旅行知识与方法而言,法显是闯入完全陌生的境地。以西行活动的目标而论,落实于取经、朝圣、译经、记游,后代西行求法之人都未超越这些范围。以西行行记而论,玄奘名著《大唐西域记》,其内容与字数超过《佛国记》;但《佛国记》为首创,其书写方式,以国家为序,从甘肃、新疆一路写到印度,然后回程阅历,《大唐西域记》一如《佛国记》;而所记重要项目多见于《佛国记》;甚至遣词用字多沿用《佛国记》,例如,《大唐西域记》记载沙漠"四远茫茫,莫知所指,是以往来者聚遗骸以记之",仿佛《佛国记》所描述的"沙河":"遍望极目,欲求度处,则莫知所拟,唯以死人枯骨为标志耳。"[25]而《大唐西域记》并非出自玄奘之手,乃玄奘主持,提供相关数据,由辩机法师加以整理、编纂、撰写。[26]

2. 两百年差距

法显出发于399年,玄奘出发于627年,相差226年,两个时代的知识条件与物质条件差距极大。以地理知识而论,法显之时,从无到有,一切摸索。以取经译经而论,法显之时,译成汉文的佛经不多。法显寻找佛经,经六年跋涉到达中天竺,才见到梵文经本,于是提笔写经,11本佛经每一本都不是轻易得到。玄奘之时,前往印度的讯息丰富,长安等地已有不少佛经,玄奘骑马步行之便,非法显时代可比,玄奘带回经本数量多,以《大般若经》最有贡献,但其他多是补充增益的佛经,有的则是国内已有之本。

3. 年龄悬殊

法显出发之时61岁,在这个年纪,体力、精神、适应力、意志力,远远不如年轻力壮之人,一般已逐渐淡出事业或志业,或从工作的岗位退休下来。玄奘出发时28岁,这个年龄,体力充沛,精神旺盛,可塑性高,意志力强烈,乃冒险旅行、学习新知、追求志业最方便岁月。法显以退休之龄,而开创前人未有之格局,较之年轻的玄奘,更难能可贵,其意义,乃天壤之别。

---

[24] 唐义净:《求法高僧传》开头语。

[25] 玄奘、辩机:《大唐西域记》,台北,地平线出版社,1978年,卷12,第305页;吴玉贵释译:《佛国记》,第42页。

[26] 玄奘、辩机:《大唐西域记》,"大唐西域记解题",第4、5页。

4. 陆地往返与陆往海回

玄奘是陆去陆回，法显是陆往海回，法显是海路从印度回中国第一人，而海路之险，远超过陆路。就交通的行经而言，两个人面对的难度以及付出的意志，甚为悬殊。

5. "朴拙"与"善巧"

法显作风是朴拙，十分低调，不求显达，不求方便，只以一名寻常和尚的姿态朝圣求法，这种作风会失去若干便利与效果，所取佛经会少一些，所译经典会少一些。法显寻找佛经，跋涉六年到达中天竺才见到梵文经本，于是提笔写经，11 本佛经的每一个字都是法显翻译的；回国以后，以一二人之力译成其中五本。

玄奘善巧，善于待人接物，出入国王、宰相、高僧之门，因而行事得到许多方便。取经之时，多被奉为上宾，在迦湿弥罗国之时，国王给书手 20 人协助抄写，返国时各国国王赠送马匹以及各种贵重礼物。回到长安之时，万人空巷以迎接，后来在李世民支持下，设译场，各地高僧参与，有证义 12 人，缀文 9 人，字学一人，证梵语梵文一人。后来有翻经院，专务译经。然则，善巧未必最优。善巧，有许多方便之处，可以助于志业之推动；但有时难免影响到相关人事之情境，或行事之本质。"朴拙"而"随信行"，使得志业推动比较费力，但也可以令修行者心境更单纯、更虔诚，境界会更升华，其意义可能远远超过外在成果的数据。

结　语

有人认为法显到过美洲，[27]也有人说法显从狮子国返国搭乘中国船，[28]此等说法没有依据，有损于历史真相，有损世人对于法显的认知与评价。持平之论才是纪念法显最实在的做法。

《佛国记》是一部神圣而壮伟之行的记载，中国人虚心求教于印度，追求精神层次的文明。法显发现佛经、佛像可得，开启魏晋到唐宋之间蓬勃的求法风潮。

法显陆行前往，在荒野中踏出一条步道，仿佛丝绸之路建立一座巨大的烽火台；海路返国，在茫茫汪洋中指出一条航路，仿佛在汪洋中竖立一座巨大的灯塔。法显的活动标志着中印文化交流，陆海两道直接通达的里程碑。后来中国僧人依法显模式，陆上交通蓬勃发展；唐末五代中国商人泛船贸易，到宋元而开展蓬勃的

---

[27] 1900 年法国人有此论，不久，章太炎作《法显发现西半球说》，20 世纪 60 年代台湾达鉴三撰《法显首先发现美洲》，20 世纪 80 年代台湾魏聚贤著《中国人发现美洲》，1992 年山西连云山著《谁先到达美洲》。

[28] 苏继庼校注：《岛夷志略校释》，中华书局，1981 年，"前言"，第 3 页。

海外贸易。

  法显以六七十之龄,15年求法,不求闻达于高官,不为方便而取巧,也没有高足为之宣扬。平实低调,纯净无瑕,成就了修行者的最高境界。另一方面,法显视生命鸿毛之轻,忘身求法,圆满其求法于佛国的宏愿,同时也完成中、印陆海两通的伟大事业。

  历来论述佛教史与中印交通史者,多推崇唐代玄奘以为成就最高之人。窃意以为,这种认知,对于法显的评价有欠公允;更严重的是,这种看法,对于历史发展的脉络,严重误判,影响吾人对中印交通以及佛教发展的理解。

  就西行求法的贡献而言,较之于前人,法显的贡献是重大的突破;较之于后人,法显的贡献,无人可以比拟。法显是一位求法忘身的最佳典范,是无畏无惧的探险家。在佛教求法的历史之中,在交通史的冒险开拓的历史之中,同样前无古人,后无来者。东晋慧远法师对法显的评价十分传神:"自大教东流,未有忘身求法如显之比……诚之所感,无穷而不通,志之所奖,无功业而不成。"[29]

(作者单位:台湾成功大学)

---

[29] 语出《佛国记》结尾之"跋",东晋义熙十二年慧远法师撰。

中外文化交流

让"朝圣精神"永远照耀中印关系
——纪念谭云山入印80周年*

□谭 中

> 雅利安人和非雅利安人,德拉维荼人和中国人,西徐亚人、匈奴人、巴坦人和莫卧儿人——融合成为一体消失了自己。
> ——泰戈尔:《印度的朝圣》

人生是旅途,"朝圣"是受高尚理想指引的旅行。印度"诗圣"、诺贝尔文学奖获得者泰戈尔说:"朝圣者以理想与纯洁的心灵朝圣,因此他们把朝圣变成真诚。"[①]谭云山人生之旅就是一个朝圣的过程。尚在长沙第一师范学校学习时,谭云山就受到以毛泽东为首的左倾同学的影响,立志要到法国去"勤工俭学",然后参加革命。恰巧当时从小被当做"猪仔"卖到东南亚去为殖民者当劳工的华裔变成解放的新富,他们希望国内的教师去教他们的子女,长沙是酝酿内地知识分子去南洋教华侨子女的热议中心之一,谭云山参入其中[②]。他计划先去南洋待上几年,然后继续西行去欧洲。1924年,他到南洋教书、办报,于1927年在新加坡见到印度"诗圣"泰戈尔,接受了泰戈尔

---

* 2008年11月23—24日,"纪念谭云山与师觉月诞辰100周年"国际学术研讨会在北京举行。此文和下一文是谭云山先生的儿子、旅美学者谭中先生在会上两次发言的发言稿。本文有删节——编者注

① 参见 Uma Das Gupta, *Rabindranath Tagore: My Life in My Words*. New Delhi: Penguin/Viking, 2006, p.199.

② 同时参入的还有长沙乡下两姐妹陈乃蔚和陈莱笙,后来陈乃蔚在南洋和谭云山恋爱结婚。

的邀请去印度教书,于 1928 年去到孟加拉邦"和平乡"的国际大学。

顺便说一说,泰戈尔是现代名人中最积极提倡中印友好的。他于 1924 年 4 月 13 日在上海慕尔鸣路 37 号园会上作访华第一讲时说:"我想起了印度把你们当做兄弟、把爱心送给你们的时日,我希望,那种关系仍然藏在我们心里……那通道在许多世纪中可能已经荆棘丛生,但我们仍然会找到它的遗迹。"③后来他到北京,当时在清华大学任教的著名学者兼政治家梁启超答应了去印度帮他开展中印研究却没有去。1927 年泰戈尔见到和他志同道合的年轻中国学者谭云山真是喜出望外,因此热烈邀请他去国际大学,虽然谭云山并没有大学学历,泰戈尔却毅然聘他为"教授"。

谭云山的赴印征途改变了他的人生计划。他效法苏曼殊,把入印比作"白马投荒"。1907 年,苏曼殊在从锡兰进入印度之前作了第二幅《白马投荒图》,并且在题字中引了友人"刘三"预祝他入印成功的诗:

早岁耽禅见性真,江山故宅独怆神。

担经忽作图南计,白马投荒第二人。④

毫无疑问,"刘三"诗中的"白马投荒第一人"就是玄奘,如果苏曼殊算是"白马投荒第二人",谭云山就是"白马投荒第三人"了。正是这"白马投荒"的典故把玄奘、苏曼殊和谭云山连成一个朝圣传统,换句话说,谭云山入印是抱着继承玄奘的"朝圣精神"而去印度的。

1930 年太虚法师访问国际大学中国学院时,亲笔题了一首诗相赠:

中华孔老释三家,次第曾开福慧花;

好译大乘还梵土,菩提树在茁灵芽。⑤

作为现代佛教泰斗的太虚法师,在这简短诗句中道出先是佛教由印度传到中国变成儒道释"三教合一"智慧结晶,后是谭云山到印度创办国际大学中国学院,把中国出版的各种珍本中文《大藏经》送还印度,是中印两大文明再发生智慧结晶的征候。这首诗也可以算是太虚法师对谭云山入印的高度评价。

比谭云山只年长九岁的太虚法师还是促成谭云山入印的动力之一。曾与泰戈尔在 1924 年 5 月在武汉佛化新青年会的欢迎会上谈过话的太虚法师也曾到长沙讲道。谭云山听过他的演讲,更从太虚法师那儿得到中印文明交融的灵感。1933

---

③ 参见 Sisir Kumar Das (ed),*Rabindranath Tagore:Talks in China*. Calcutta:Rabindra-Bhavana,Visva-Bharati,1999,p. 48.

④ 黄绮淑:《谭云山情系天竺》,见谭中主编:《中印大同:理想与实现》,第 255 页。中国社会科学院亚太研究所的薛克翘教授帮助谭中与黄绮淑夫妇解了"白马投荒"之谜。

⑤ 法师亲笔原件现存深圳大学谭云山中印友谊馆。

年4月,"圣雄"甘地在印度狱中绝食,谭云山在上海绝食响应,太虚法师还特地去探望谭云山。⑥ 谭云山于1933年发起成立"中印学会"时,太虚法师不但是积极赞助者之一,还把谭云山推荐给笃信佛教的考试院长戴季陶。先是戴季陶等政府要人捐助10万印度卢比(当时等于10万英镑)帮助在"和平乡"的国际大学校园内建立起"中国学院"⑦,后来名属印度国际大学一部分的"中国学院"1937年成立后,在谭云山的主持下,所有经费都由中国政府教育部拨给(没花泰戈尔一分钱),一直到1949年为止,都是得力于戴季陶和他在政府中友人的赞助。

唐朝玄奘法师去印度求法取经被明清小说《西游记》传奇化,但玄奘弟子慧立、彦悰所著《大慈恩寺三藏法师传》记述玄奘在走过大沙漠时自己和坐骑因为没有水喝难于前进,祈祷观音菩萨保佑时道出"玄奘此行不求财利,无冀名誉,但为无上正法来尔",然后得到神奇灵感而奋勇向前找到水源。⑧ 如果撇开神话的因素,这正是古语"精诚所至,金石为开"(《后汉书·广陵思王荆传》)的生动体现。与玄奘同时的唐朝著名佛教学者道宣,不但记录了玄奘赴印取经的事迹,还对中印两大文明之间的交往评述说:"或慨生边壤,投命西天;或同法扬化,振崇东宇;或躬开教迹,不远寻经;或灵相旧规,亲往详阅",又把这一切归之于佛教的"仁化"以及中印之间的"奉信怀道"。⑨

道宣在这些话中,用"西天"和"东宇"影射印度与中国。他说的"慨生边壤,投命西天",指的是像他那样的中国知识分子意识到自己的"边壤"国土不在"崇高文明"的主流,因而毕生致力于("投命")访问印度("西天")、吸取印度文明、开展中印文化交流等事业,包括"不远寻经"(路途再远也要去取经)和"亲往详阅"(亲自去瞻仰圣地古迹)。他说的"同法扬化,振崇东宇",指的是高僧无分国籍,都到中国参加一种高尚文明的建设,把中国文化振兴起来。总而言之,道宣这简练的评语已经清楚地为我们诠释了古人以崇高的中印文明交往的精神从事文化事业的各种行为。这就是我所要说的"朝圣精神"。

在这儿,我想纠正一种对中国文化发展的错误看法。古代东方文明把人类智慧看成不可分割的"整体",西方文明从古到今缺乏整体观念,所谓"科学"就是把人类智慧分成不同"学科"(政治学一套,社会学又是另外一套,后来行不通了,才提倡"跨学科"研究),采用"解剖"式思想逻辑。这种"解剖"式思想逻辑把人分割

---

⑥ 印顺法师著的《太虚大师年谱》中写到1933年4月"十三日,大师访随甘地绝食而绝食之谭云山"。参见 http://www.hhfg.org/xxsz/f73.html

⑦ 谭中:《谭云山与中印文化交流》,香港:中文大学出版社,1998年,第52页。

⑧ 慧立、彦悰:《大慈恩寺三藏法师传》,北京:中华书局再版,1983年,第17页。

⑨ 道宣:《释迦方志》,北京:中华书局再版,1983年,第96页。

成头颅、躯体、四肢、五脏(这样分割以后人还能活吗)。同样地,受到这种西方"解剖"式思想逻辑影响的人们(其中不乏中国学者),把中国文明传统分割成"儒教"、"道教"、"佛教"(很多人甚至不把佛教看成中国传统)。唐朝正值中国文明的黄金时代,却被某些从"新儒学"角度出发的现代学者看成"黑暗时期"。我们一定要摒弃这种受到西方文明毒害的错误观念,才能理解古代"朝圣精神"的崇高伟大。中国文化从头到尾是个整体,哪是"儒家"成分、哪是"佛家"成分是难以像淘金一般淘出来的。王阳明创造"心学",那"心"是先秦孔孟之道从来没有强调过的、从印度传来的"菩提心",如果用英文把"心学"说成"Neo-Confucianism"(新儒学)是错误的,应该说成"Bodhicitta school"(菩提心学)更为合适。

道宣在《释迦方志》中说到的"同法扬化、振崇东宇"妙语双关。这"法"指的当然是"佛法",它在中国"扬化"后,自己受到"振崇",也振兴了中国。这佛法在中国大地上建设的名胜大多叫做"兴国寺"、"隆国寺"、"安国寺"、"清国寺"、"护国寺"、"保国寺"、"宁国寺"等,突出中国的"国",明显地是为了中国的利益。我在别处对两千年来佛教使得中国繁荣昌盛所作的贡献有些论述[10],以后还将继续发挥。我们今天在北京纪念谭云山入印80周年,并不是要为个人歌功颂德,而是要肯定中印文明交往与激荡中产生的这种"朝圣精神"的重要意义,是这种"朝圣精神"不但促使中国持续繁荣发展,而且使世界四大古文明在东半球的一半没有像在西半球的那一半那样变成废墟。

两千年来,"朝圣精神"驱使成千上万的中国僧人去印度取经,成功回国变成高僧、名扬后世的不过百来人而已。北京大学耿引曾教授和我曾经做过粗略统计:从378年到1966年以"朝圣精神"从中国到印度的高僧(包括苏曼殊),有所建树的共有104人。[11]"朝圣精神"也把成百上千的印度和尚吸引到中国来传播佛法,他们之间成名的比例大于中国出国取经的和尚,耿引曾和我的统计是:从公元前50年到15世纪初共有226人[12],绝大多数人在中国受到敬仰(有些受到"国师"待遇),在中国寿终。这些印度高僧把印度"生活俭朴、精神高尚"的传统带到中国。385年被中国军队从库车"请"到中原的鸠摩罗什是个例外。那是因为后秦主姚兴珍惜鸠摩罗什的奇才,怕他圆寂后这一奇才在人世绝迹,就派美女服侍他,让他把

---

[10] 参见谭中与耿引曾:《印度与中国:两大文明的交往和激荡》,北京:商务印书馆,2006年;谭中主编:《中印大同:理想与实现》,第33—57页。

[11] 参见谭中与耿引曾著 Tan Chung & Geng Yinzeng, *India and China: Twenty Centuries of Civilizational Interaction and Vibrations*. New Delhi: PHISPC/Centre for Studies in Civilizations, 2006, pp. 449-476.

[12] 同上, pp. 385—448。

种子留在中国。⑬ 鸠摩罗什失节后经常把自己比作污泥池中的荷花,声明他那高尚的"朝圣精神"没受污染。这是个异常但令人感动的故事。

谭云山在人世"朝圣"旅行毕竟是在交通发达的现代,他从1928年去印度开始,到1962年中印关系恶化时止,也在中印两国之间穿梭十来次,是古人难以做到的。地理距离的缩短以及国界的容易跨越,使得谭云山能够把古人的"朝圣精神"进一步发扬。该精神可以分成三点来说明。第一点,谭云山在印度长住一直到寿终,不像古代到印度取经的高僧大多像候鸟一样回归——唐高宗为玄奘建"大雁塔",唐武后为义净建"小雁塔",就是"朝圣精神"和候鸟回归的永恒象征。玄奘"白马投荒"而去,"大雁"而返。泰戈尔办国际大学是要把它变成"世界鸟巢","白马投荒"的谭云山到了印度就变成飞进泰戈尔的"世界鸟巢"的中国鸟,在那儿永远栖宿。换句话说,谭云山是跨越国界、以宇宙为归宿,去而不返的"现代玄奘"。1950年印度和中华人民共和国建交,国民政府对"中国学院"的财政支持中断,从不拿国际大学一文钱的谭云山巧妇难为无米之炊,但想方设法把学院支撑下来。当时他吟了一首诗:

大千宇宙岂幽玄?聚合分离本夙缘。
难得此身作道侣,优游自在到人间。⑭

那时他在社会职责上仍然是一院之长,对"中国学院"学者、雇员都有"衣食父母"的责任,但在精神上却变成云游四海的僧侣了。正是那种看透红尘的乐观情绪帮助他克服了困难,渡过了难关。

第二,谭云山和先贤玄奘等人的不同点是:他不但到印度传播中国文化,而且在印度孟加拉邦建立了"中国学院","中国学院"可以说是印度领土上的一块中国文化试验田。这儿柜子里的图书都是中文,人们的谈话多半也是中文。4世纪印度高僧慧理游杭州灵隐寺,说那山峰是从他家乡比哈尔飞去的,人们信以为真,"飞来峰"因此得名。如果我们以此典故为注脚来评论,可以把"中国学院"比作从中国飞到印度去的"飞去峰"。浙江杭州有个"印度飞来峰",西孟邦圣地尼克坦有个"中国飞去峰",有来有往,是谭云山新"朝圣精神"的收获。

第三,谭云山入印后深受印度文化陶冶。泰戈尔属于印度教改良派,圣地尼克坦有个没有神像的"庙",泰戈尔诗中的"神"是属于全人类的精神结晶,但他敬仰佛教思想,要谭云山在"中国学院"大力开展佛学研究。谭云山的好友、印度开国总理尼赫鲁把佛教的"法轮"设计在印度共和国国旗的中央。在这样的精神环境

---

⑬ 同上,pp. 397—398.
⑭ 谭中:《谭云山与中印文化交流》,第127页。

中,谭云山宣扬"大同"思想,开创"Chindia"(中印大同)⑮事业。这"Chindia"的精神是谭云山融会贯通了泰戈尔的理想为"中国学院"制定的宗旨所明确表白的:

　　研究中印学术,沟通中印文化,

　　融洽中印感情,联合中印民族,

　　创造人类和平,促进世界大同。

这36个字表达的意思是:首先要深刻消化中国和印度这两大古文明的传统智慧与文化遗产,发掘泰戈尔指出的"藏在我们心中"的那条中印之间已经"荆棘丛生"的"通道",用古人"朝圣精神"在这条"通道"上走出中印两国的友好、合作伙伴关系,这样就能"创造人类和平,促进世界大同"。

---

⑮ Chindia 这个新英文字是深受尼赫鲁影响的印度国大党少壮派领袖、当今印度政府商务部长兰密施(Jairam Ramesh)创造的。这个字实际上总结了谭云山父子两代人的终生事业,谭中因此积极为它宣传,不知情者倒以为它是谭中的创造了。这事混淆不得。

中外文化交流

东方文明的气质与中印研究的灵魂

□ 谭 中

中印两国同立于亚洲大陆,天造地设,成为邻国。从人类全部历史来看,人类总共创造出来了四个大的文化体系,而中印各居其一,可以说是占人类文化宝库的一半,这是一件了不起的事实。①

这番话是中国的国学大师兼印度学大师季羡林教授说的,提醒我们三点:1.中印相邻并非偶然,而是"天造地设",超越了普通的地理规律;2.中国和印度不是平常的国家,而是有悠久历史的"文化体系";3.从"人类文化宝库"的角度来看,中国和印度的体积与含金量约占世界的一半,不能等闲视之。这样的评价是很新鲜的,很多当代学者(包括中印两国学者)、尤其是那些深受西方现代文明熏陶的人,是不会同意的。

季羡林有一个著名理论,他说:"我认为,东方文化和西方文化的关系是:三十年河东,三十年河西。目前流行全世界的西方文化并非历来如此,也绝不可能永远如此。到了21世纪,西方文化将逐步让位于东方文化,人类文化的发展将进入一个新的时期。"②

---

① 季羡林:《中印文化交流史》,北京:新华出版社,1991年,第2页。
② 季羡林:《三十年河东,三十年河西》,北京:当代中国出版社,2006年,第1页。

我和季老相识整整30年了,对他所有的观点基本上持欣赏与敬佩的态度——包括"三十年河东,三十年河西"。我认为他这句话的意思并不是从狭隘的"大东方主义"出发去搞"文明冲突",向西方逞强去夺取西方文明在世界上的统治地位,而是反馈西方文明用强霸手段把它的优越感强加于东方的知识分子头上。我认为季老是故意"矫枉过正"去灭西方文明的威风,长东方文明的志气,这样做也等于弘扬正义,遏阻中国"崇洋媚外"、捡起西方的鸡毛当令箭的不正之风。③

从整体观念来看,本不应该把文明分割成"东"、"西"两半的,但这种分割是西方文明强加于我们的。④ 印度"诗圣"泰戈尔是诺贝尔文学奖(1913年)第一位非白种、非西方的获得者,他既是东方文明的一部分,也是西方文明的一部分;他既崇拜西方文明,又看到西方文明的严重缺点。1924年泰戈尔在中国的演讲中说:"在别的(西方)国家有堆积如山的财富,生活好像是在古埃及国王的坟墓之中。那些财富凶恶地嚷道:'滚开。'当我在你们国家(中国)发现日常物资的魅力时并不感到它们在驱逐,而是听到它们的邀请:'来吧,请接受我们。'"⑤

泰戈尔十分羡慕中国人既重视物质文明(不像印度人那样偏重精神文明),又不像西方物质主义那么贪婪。他甚至说,"东方和西方的伟大文明"被"我们现代那种超前的小学生们碾死了"。他说的"小学生们"指的是西方的统治精英,说他们"都是些自作聪明的、吹毛求疵的自我崇拜者,利润和权力市场上的狡猾讨价还价者……他们本来想用金钱收买人们的灵魂,吸干了以后再把它丢进垃圾堆去。可是到了最后,他们那情欲的自杀力量在邻居的房屋上放起火来,终于把自己置于焰海之中"。⑥

泰戈尔说:"西方已经变成剥削者,已经尝到剥削的果实而丧失道德,我们却必须用人类道德和精神力量的信心来战斗。"他又说:"我们东方人既不能借来西方的头脑,也不能借来西方的脾气。我们要去发现我们自己生下来应该有的权利。"⑦1941年泰翁临终前写了《文明危机》(Crisis in Civilization)一文,结尾说:"我

---

③ 2008年9月我参加上海第三届"中国学"国际论坛就曾针对国内特别时兴的"软实力"理论进行批评,认为这是捡起哈佛大学教授约瑟夫·奈的"软强力"(soft power)理论,用一种为美国失去世界霸权而想亡羊补牢的观念来指导中国文化的发展的严重错误。

④ 最明显的例子是:英国作家吉卜林 Rudyard Kipling 的名言:"东方是东方,西方是西方,东方和西方永不相遇。"是他1895年写的《东方与西方民谣》(The Ballad of East and West)的开场白。

⑤ 参见 Sisir Kumar Das ed., *Rabindranath Tagore's Talks in China*. Calcutta: Rabindra-Bhavana, Visva-Bharati, 1999, p. 65。

⑥ 同上书,第94页。

⑦ 同上书,第53页。

环顾四面八方,看见一个骄傲的(西方)文明倒塌,变成一大堆枉费心机的垃圾。"又说:"可能从这地平线上、从太阳升起的东方,黎明将会来到。"⑧

听了泰戈尔这些话,我们一方面可以把季羡林的"三十年河东,三十年河西"看成和印度知识精英的共鸣;另一方面,又看到一贯温和、亲西方的印度先哲泰戈尔对现代西方文明横蛮统治全球、排斥"非西方"智慧的憎恨,远比季羡林强烈得多。今天我们趁纪念谭云山和师觉月诞辰 100 周年来推动中印研究是不能也不应跳过泰戈尔和季羡林的深刻感受而去另起炉灶的。他们所说过的金玉之言,都应该作为我们的指南。

我在本文中根据这一精神,不是盲目地排斥西方文明,而是用西方文明的唯物主义的辩证方法重新认识东方文明的伟大智慧。现在我们研究中国和印度是脱离不开国际研究的范畴的。当今在国际研究中时兴"现实主义",把西方文明中的物质主义、"我"字当头与斤斤计较利害看成重中之重,使得理想主义靠边站、冤枉地背上"脱离现实"的罪名。我们一定要为理想主义讨还公道,像泰戈尔所指出的那样,不做"吹毛求疵的自我崇拜者,利润和权力市场上的狡猾讨价还价者",像季羡林所指出的,把"占人类文化宝库的一半"的中印两国文明的智慧发掘出来,发扬光大。

中印两国文明的智慧很难深入浅出地总结出来,笼统地说,东方文明的气质包括三大内容:1. 超越狭隘民族主义的"大同"思想,演绎出中国的"天下为公"与印度的"vasudhaiva kutumbakam"(天下一家);2. 中国的"天人合一"与印度的"Brahmatmaikya"(梵我一体)交相辉映,从中发展出中国的"和谐"以及印度的"santi"(和平)与"ksanti"(容忍)美德;3. 提倡精神高尚的"清流",贬抑物质贪婪的"浊流"。现在简短地谈谈这三点。

第一,中国文化对人类智慧的一大重要贡献是"大同"概念,是一个无法翻译成外国语言的思想符号。阐述这一光辉概念的著名文献是《礼记·礼运·大同篇》,开宗明义地道出"大道之行也,天下为公"。我们把这句话移植到现代生活中来,意思就是:"如果全世界都被真理照耀的话,公共的利益就应该成为大家的普遍关注与行动指南。"

我们还没有看到印度学者对印度传统观念"vasudhaiva kutumbakam"(天下一家)的详细阐述,泰戈尔曾在著作中流露过这一思想。他说:"在印度历史上有客人不远千里而来,那时这个国家(印度)和世界联通。但是那间客舍早已关闭,基

---

⑧ 参见 Sisirkumar Ghose ed., *Tagore for you*. Calcutta:Visva-Bharati,1966,pp. 188—189。

础垮掉。我们必须从母亲的仓库中找出所有的物资来把它重建。"⑨他又说："在现代世界地理的边界已经丧失意义。世界不同民族更为接近。我们必须认识这点，同时懂得这种接近应该建筑在爱心之上。"⑩泰戈尔的这些话都折射出印度传统"天下一家"的思想，我以后还要回到这一点上来。

第二，中国的"天人合一"是两千多年前庄子明确地提出来的。他说："天地与我并生，而万物与我为一。"(《庄子·齐物论》)这和印度的传统观念"Brahmat-maikya"(梵我一体)相共鸣。季羡林对这一共鸣的解释是："印度与中国都把宇宙(自然)当做自己的亲密朋友。人类和大自然互相热爱、互相友好，和睦共处。"⑪

从中国"天人合一"和印度"梵我一体"的共鸣中，出现了中国的"和谐"以及印度的"santi"与"ksanti"的美德。中国古代哲学以一个"仁"字为核心。这"仁"字指出社会两大要素是"二人"——"己"(自己)和"人"(别人)，有"推己及人"、"己欲立而立人，己欲达而达人"等旋律。这是结构性地确定社会"和谐"的基本道德。

梵文中最响的音符是"santi"，汉译为"寂"，由佛教传到中国，在中国文学中增加了"寂定"、"寂寞"、"圆寂"、"禅寂"、"寂灭"等新的概念。印度"ksanti"的诉求最为突出，印度文明可称"忍"的超级文明，佛陀也叫"忍仙"或者"忍辱仙"。印度"忍"的诉求对中国精神修养贡献很大。许慎《说文解字》上的两个"忍"字，上部从"刀"的是"怒"的意思，从"刃"的是"能"的意思。孔子的"小不忍则乱大谋"(《论语·卫灵公》)和佛经的"忍不可忍者，万福之源"(《六度集经》3章)相比，那就是小巫见大巫了。

第三，中印两大文明都提倡精神高尚的"清流"，贬抑物质贪婪的"浊流"。中国的"真善美"概念来自印度，是印度一种理想境界"satyam、shivam、sundaram"的意译："satyam"是真理，"shivam"是神的纯真，"sundaram"是美感。中国民间流传的"世上好言佛说尽，天下名山僧占多"，说明印度古文明的诉求对中国文化影响极大。关于这一点，我们应该再回味一下泰戈尔1924年在中国讲演的一段话：

> 在中国你们并不是个人主义者。你们的社会本身是你们合群的灵魂的产物，不是物质主义和利己主义头脑的结晶——不是无限止竞争的混合而拒绝承认对别人的义务……诚然你们对这个世界、对你们周围的物质的东西有着深厚的感情，但是从来不用独占的高墙把你们的财产围起来。你们和别人分

---

⑨ Uma Das Gupta, *Rabindranath Tagore: My Life in My Words*, New Delhi: Penguin/Viking, 2006, p. 197.

⑩ 同上书，第199页。

⑪ 参见谭中与耿引曾：《印度与中国：两大文明的交往和激荡》，北京：商务印书馆，2006年，第3页，季羡林"序"。

享财富,你们热情招待远朋远亲。你们并不是富得不得了。这些都是因为你们不是物质主义者。⑫

泰戈尔这样深刻地了解中国的文化气质是因为这种文化气质在印度是很强烈的,也证明东方文明气质的共同性。

读了泰戈尔的这段话,不禁想起1938年4月10日尼赫鲁写给谭云山的信中的一段话:

> 中国和印度在过去的许多世纪中对人生持有一定的理想。在今天的世界上,这些理想应该对不断变化的环境有所适应……我相信我们两国会在世界和平、自由的大业中共同合作,但无论是幸运还是倒霉的时候,我们谁也不会为了寻求暂时的好处而把自己的灵魂抛弃。⑬

这就帮助我们继续讨论如何把东方文明气质变成中印研究灵魂的问题。我认为有三方面:1.把中印两大文明的传统发扬光大;2.把中印关系当做特殊关系,当做国际关系中重中之重;3.中印两国联合全世界共同缔造"地缘文明范式"来取代"地缘政治范式"。

关于第一点,把中印两大文明的传统发扬光大,上世纪50年代已经开了好头。印度前总统纳拉亚南于2004年6月14日在北京庆祝"和平共处五项原则"宣布50周年的大会上演讲说,这"五项原则"是中国传统"在人们行为中实现和谐"的原则在现代的发扬光大,是中印两国谈判西藏贸易问题时,中国代表团先提出而为印度代表团接受的。尼赫鲁总理在印度国会欢迎这"五项原则",举了佛教"五戒"(Panchsheel)为例,又说,他在印度尼西亚看到这"潘查希拉"(Panchsheel)被政府宣布为施政原则,他因此觉得这是个"吉祥的词"(happy phrase)。⑭纳拉亚南在1954年是印度政府外交官,他说出的这一经过很有意思,是东方文明的气质变成现代中印关系良好发展精神的生动事例。

关于第二点,把中印关系当做特殊关系,当做国际关系中重中之重,这是贯彻季羡林所说的中印比邻"天造地设",超越了普通的地理规律。"中印研究"Sino-Indian studies 这个概念是泰戈尔和谭云山在圣地尼克坦(和平乡)⑮共同创造的。前面谈到泰戈尔的言论折射出"vasudhaiva kutumbakam"的观念,泰戈尔更在自己的事业中试图把"天下一家"的观念付诸实施。1920年12月11日,泰戈尔在纽约

---

⑫ Das, *Rabindranath Tagore's Talks in China*, pp. 63-64.
⑬ 参见谭中与耿引曾:《印度与中国》,第47页。
⑭ 参见 CV Ranganathan(任嘉德)ed., *Panchsheel and the Future: Perspective on India-China Relations*. New Delhi: Samskriti & Institute of Chinese Studies, 2005, p. xxii.
⑮ "和平乡"(Santiniketan)是泰戈尔办学的地方。

写信给中国文学家许地山说:"让我们使地理障碍的幻景消失,至少在印度的一块土地上——让圣地尼克坦成为这块土地。"⑯泰戈尔说:"圣地尼克坦应该是没有地理界限的地方,这一感觉在我心中早就有了。"早在1916年他就写道:"在人和神的公路上,我们漫步,唱着超人的歌……我们把那个伟大世界的路上当做自己的国家。"⑰

泰戈尔的国际大学名叫"Visva-Bharati",是根据《吠陀经》引语"yatra visvam bhavati ekanidam"(全世界在一个鸟巢中聚会)⑱,谭云山效法玄奘"白马投荒",进了泰戈尔这"世界鸟巢"就无法像玄奘那样变成"大雁"飞回去了。相反地,印度土地上却多了一所"中国学院",我们把它比作"中国飞去峰"。历史向前发展了,我们希望在印度土地上出现更多的像圣地尼克坦这样的"世界鸟巢",有更多的像"中国学院"这样的"中国飞去峰"。我们也希望在中国土地上也出现像圣地尼克坦那样的"世界鸟巢",也建立像"中国学院"那样的"印度学院",变成一个又一个新的"印度飞来峰"。

关于第三点,中印两国联合全世界共同缔造"地缘文明范式"来取代"地缘政治范式",这应该被看做当务之急。"地缘政治"理论是20世纪初的英国人麦肯德(Halford Mackinder)在他和英国海军少将马汉(Alfred Mahan)的一场辩论中提出的把政治与地理环境联系起来的思想逻辑,其"政治"是一种"social relations involving authority or power"(牵涉到统治机制或强力的社会关系)。"地缘政治范式"的主要逻辑之一就是:每个国家要发展就要扩大自己的生存空间,就必然会侵犯别国的生存空间或势力范围,地球就变成寓言中的"阿拉伯人帐篷",不能让骆驼进去取暖,骆驼进去了必然会把帐篷主人赶走。

我们要建立起以立体扩散、"上善若水"、柔能克刚的"文明"来代替西方"政治"对"强力"的诉求,削弱"领土"观念的这样一种"地缘文明范式"。两千多年来,中国和印度保持了一种"背靠背"的和平共处关系,印度佛教到了中国不是进行文化扩张,而是先有中印文化重叠,然后化二为一,印度文化完全融入中国文化之中,像王阳明的"菩提心学"被人视为"新儒学",这就是"地缘文明范式"。

我们特别需要"地缘文明范式"来改变当今"文明冲突"的国际秩序,这就使我们想起了泰戈尔的诗句:

<blockquote>
今天的世界变成仇恨发疯的荒野,

残酷的冲突,永不终止的苦楚,
</blockquote>

---

⑯ Ghose, *Tagore for you*, p. 132.

⑰ 同上, Ghose教授的注释。

⑱ Das Gupta, *Rabindranath Tagore*, p. 199.

......
>　　啊，你那无穷的生命，
>　　救救他们，唤醒你那永恒的希望的呼声，
>　　让爱的莲花的取之不尽的蜜的财富
>　　在你的光芒照耀下张开花瓣。[19]

今天我们中印两国学者欢聚一堂在师觉月教授曾经访问过的北京大学纪念谭云山和师觉月诞辰100周年，我们要把"中国—南亚国际论坛"当做一个永久性的学术机制，推动中印研究，发扬东方精神气质。

---

[19] Ghose, *Tagore for you*, p.155.

"文献与书目"栏目说明

  基础文献的译介与研究书目的调研是学术研究的基础。在国际汉学领域,各国学者已经整理出版了大量的基础性文献著作和被国际汉学界公认为经典的汉学书目,但由于语言隔膜和出版年代较早的原因,这些文献与书目在国内很难找到。因此,我们将秉承本刊一贯重视基础性学术工作的宗旨,译介原典、刊布书目,力图经过数年努力,基本涵盖西方从16世纪至20世纪关于中国的最重要文献资料与全部的书籍目录。——编者

文献与书目

康熙朝欧洲天文学的回归[①]

□ [比]南怀仁(Ferdinad Verbiest, S. J.) 著
□ 余三乐 译

前 言

虽然安文思神父在给被驱逐到广州的我们的神父伙伴的一封信中(这封信被殷铎泽神父从葡萄牙文翻译成意大利文,并寄到了罗马,他当时担任教会代理人职务),曾经描述了欧洲天文学在北京得到恢复初期的情况,虽然后来又有其他谈到此事的信件从不同的路径寄到了欧洲,但是没有一个人能够综述这一事件的全部发展进程,能够按照事件本身发生的时间顺序,原原本本地将它描述清楚,也没有任何一个人能够有序地描述出在恢复名誉后,欧洲天文学在中国受到了怎样的尊重和喜爱,也没人能说清楚钦天监有几个科,每个科的职能是什么,以及与此相关的诸多问题。

为此,我认为将这一事件从总体上描述清楚,是有价值的。最起码以一个生动的历史概要的形式,使后代人从中得到教益,以便使他们在以后发生类似的事件时知道应该怎样去做。除此

---

① 本文选自南怀仁著《欧洲天文学》(1687年德林根版)的前言和第一至第七章。原书共有28章,用拉丁文撰写,后经比利时学者高华士(Noel Golvers)先生将其译成英文,以 The Astronomia Europaea of Ferdinad Verbiest, S. J. (Dillingen, 1687)的书名由德国华裔学社于1993年出版。本文根据英译本译出,省略了英译者所作的注释,只是在必要的地方以"中译者注"的形式,做了简略的注释。——译者注

· 206 ·

之外,得益于天文观测和数学仪器的所谓"天文学革命",是无法由一个对天文学和数学不熟悉的人来讲述的。也就是为了这一缘故,我想,只有我才有资格做这件事。我制造了这些仪器。我亲手操作这些仪器进行了多次天文观测,我不仅是一个旁观者,而且是这出戏的主角,我也始终生活在北京——这出戏剧的舞台上,扮演着钦天监领导者的官方角色。

如果我有时间提笔,并且有机会寄出我的手稿的话,我希望能够尽快地将这些事件转告欧洲。而且,中国与欧洲之间如此遥远的路途,将不可避免大大增加邮寄的时间!无论如何,现在我已经准备好再次扮演这一角色。如果我打算从总体上表述这一事件,就不得不简要地回顾一些事情的细节,尽管这些事情在前几年已经被报道过了;如果我省略了这出戏剧的序幕和幕间的插曲,那么就好像仅仅是交代了戏剧的尾声。另外,如此热诚地盼望着圣教能在中国得到恢复的欧洲的天主教国王们和所有的欧洲人,将可以满怀深情地看到欧洲天文学的这些生动的场面。如果他们认识到,我们天文学的复兴对我们的宗教的复兴来说,既是它的开端,又是它除了天主之外的唯一动因,那么他们就会明白:天文学成为保持我们宗教在整个中国生存的最为重要的根。本书中的内容将会非常清楚地证明上述的观点。

当动机不纯的造谣中伤者和魔鬼的仆从,也就是我们的敌人杨光先,开始发动旨在从中国彻底根除天主教的攻击的时候,他同时也使出了全部力量来根除我们的天文学。当然从中国铲除我们的宗教并不困难,但是要铲除我们的天文学却是非常的困难。因为已故的先皇[②]曾庄严郑重地介绍了她,而她在整个中华帝国已经被接受了20年甚至更长时间。除此之外,多少年的经验已经证明,当中国的天文学明显地与实际发生的天象相背离时,而她则是如此精确地与天象相符合。虽然我们的敌人也清楚地知道这一事实,但还是扔出每一块石头砸向欧洲天文学,以达到最终将她逐出中国的目的。的确,在杨光先所写的反对我们宗教的书中,他明确地宣示说,欧洲的天文学是在中国孳生天主教的根。他控告汤若望神父(即当时的钦天监的领导人)是在中国的天主教的煽动者和总头目,即使汤神父是如此全神贯注地投身于钦天监的事务中,以致他被迫将照顾天主教社团的整个工作都交给了他的神父伙伴们。汤若望被控告在天文学的掩护下将神父们引入中国,并且在这一借口下在帝国到处建设教堂。就是为了这个原因,后来汤若望神父被以"在中国传布天主教的煽动者和罪魁祸首"的特别罪名,公开地判处了死刑。作为汤神父伙伴的我们,虽然也传播了我们的宗教,仅仅被判处了鞭笞和放逐到鞑靼地区。事实上,杨光先的指控是对的,正是由于汤若望神父和他所领导的钦天监的威望,我们的神父们才能分散地居住在不同的省份,开办教堂;并且一次又一次将新

---

② 即顺治皇帝福临。——译者注

来的传教士们带入中国内地。确实是这样的,在我到达中国那一年,我们一行 14 名,甚至更多的传教士,就是以传播天文学的借口同时进入中国的。也正是这一批传教士们,现在正支撑着整个中国的福传事业。

在过去,当利类思神父和安文思神父在中国西南省份四川时,有 1000 多名佛教僧侣合谋,企图将天主教赶出四川,当那个负责处理这案子的地方官打算惩办传教士神父时,他的朋友劝告他不要这样做,其唯一的理由就是,"这些居住在我们省的欧洲人,是在北京城里担任钦天监掌印官的汤若望的同伴"。就因为这个理由,地方官克制了他自己,使一场将要来临的风暴平息了。

就是因为提到了这个名字,我们修会的副省神父阳玛诺,从众多麻烦中解脱出来;李方西神父在鞭笞和驱逐的惩罚将要来临时,得到拯救;安文思神父也曾在死神就要降临时,突然化险为夷。这些事例,以及其他相关的事例,都可以在 1665 年于维也纳出版的《中国传教史》(*Historia Missionis Sinicae*)一书的第十三章中查到。

但是如果我们手中就有现成的最近发生的事情,为什么还要去回顾过去的例子呢?在我们的天文学得到平反昭雪的第二年,住在帝国都城北京的我们,给皇帝上了一份奏折,结果导致了因为天主教而被驱逐到广州的 24 名传教士(其中包括 3 名多明我会士和 1 名方济会士)全部被召回。我们在奏折中陈述的理由之一就是天文学。就是这样,我们的愿望实现了,他们回到了原来的住地,恢复了教堂和他们的尊严。在这之后不久,当山西和陕西两个省份缺少管理教民的神父的时候,我们在两个不同的时机向皇帝上奏,从而使毕嘉神父和恩理格神父先后安全地到达了陕西和山西。

因为每一个月都有很多新的官员从帝国首都北京被派往地方各个省份——一份长长的名单在公共场合公布——我们在钦天监供职的神父就会带着一名传教士,或者几名教徒赶紧去作私人的拜访。他首先对他们获得了新的官职表示祝贺,献上一些小礼品以及关于天主教教义的书籍,然后向他们强烈地推荐住在他们即将任职的地方的传教士神父们和教徒们。如此,我们的圣教就像一位非常美丽的女王一样,依靠着天文学的帮助,正式合法地进入该地方,并且很容易地就吸引了异教徒的注意。更进一步说,穿上一件缀满星辰的长裙,她就能轻易地获得各省的总督和官员们青睐,而受到异常亲切的接待,依靠这些官员的同情心,她就能够保护她的教会和神父们的安全。因此当我以这本简略的著作展示欧洲天文学在中国的复兴时,也就同时展示了我们宗教的复兴。

不仅如此,本书似乎也恰当地揭示了,那个特殊的"培训学校",即整个钦天监——也包括它下属的不同的科——的详细职责,它们出现在公共场合时所伴随着的盛大的仪式,他们观测行星的位置、日食和月食,以及其他任何一种天文现象时所遵循的严格规定。天是他们的目击证人,也是帝国的监管人。

我希望我做的全部工作,可以使任何一个来到这个省③的我的继承人,能够及时地认识到,什么是我们必须精通的首要课题,这样他就将承认天文学的光芒会清晰地反射在我们的宗教上。事实上,在为讨论从广州的流放地召回我们的神父们而举行的王公贝勒九卿科道会议上,一位满族大员曾公开地说:"既然南怀仁的天文学能够如此精确地与天象相吻合,正如我们都亲眼看到的那样,为什么还要怀疑他的宗教呢?"

最后,我还要为我们的天文学添加几位最迷人的数学女神,作为她最美丽的侍女,以便以她们平和的表情和笑容将天文学严厉的面孔变得稍微柔和一点,也使天文学能够更加容易地接近皇帝和其他权贵。不仅如此,作为神圣宗教的女仆,她们还必须服从她的意志,因为她庄严的风度令异教者敬畏更胜于爱慕,所以当她打算要进入高贵的殿堂时,她们必须先走一步,为她打开入口的大门。

依靠了从耶稣会佛兰德—比利时省来的神父、北京城里的天文学官员南怀仁的努力,欧洲天文学被中国满族的康熙皇帝召唤回身边,从此告别黑暗,重见光明。

第一章　向皇上禀报中国历书中的错误

1664 年,在北京的天主教和我们几名传教士一起被多次送上法庭,她被锁上了九条锁链。虽然六个月后这些刑罚减轻了些,但仍然在我们的居住地④被软禁了四年。这样教堂就变成了一座监狱。有一个严厉的卫兵看守着大门,以防止她越雷池半步。

沉重的铁索套在了她的脖子上,给洁白无瑕的颈项留下许多深深的伤痕。但是这丝毫没有损害她那美丽的容貌。相反,却使她更加光彩动人,就好像她的脖子上戴了一颗珍贵稀有的红宝石。

在漆黑的夜晚笼罩下,就在这同一间牢房里,我们的欧洲天文学与我们同在。然而夜色越是黑暗,天空的星星就显得愈加璀璨明亮。这星光甚至照进了皇帝居住的紫禁宫内,使得自从我们遭受迫害的第四年之后,年纪很轻的满族的中国皇帝——康熙得知在北京这个帝国的都城里,住着一些精通天文学的欧洲人(在这之前,康熙皇帝对我们的遭遇一无所知)。他立即派了被称作"阁老"(即当时朝廷中最高层级的官员)的四人来到我们的住所,询问中国现在正在使用的历书,以及来年将要使用的历书是否存在错误。这一历书是根据中国自己的天文学理论计算出来的。

---

③ 耶稣会总会的下属机构。——译者注
④ 即东堂。——译者注

我是被现在的康熙皇帝的父亲从中国西部省份召进北京朝廷的,目的是做汤若望神父的继任人,负责欧洲天文学。那时候欧洲天文学已经被介绍到了中国。针对阁老们的提问,我立即回答说:"这部历书的确有很多错误,其中最大的错误就是在明年(即康熙八年)的历书里设置了 13 个月。"当时来年的历书已经印制完毕,并颁布到帝国的各个省份了。可是根据天文学规律,只应该有 12 个月,不应该在中间添加一个闰月(中国人的日历是根据月亮的圆缺周期来确定月份的,即"月亮—月份"法则。他们把黄道十二宫的每一个宫与一个月份相对应。如果太阳在既定的月份中没有进入那个月对应的宫的位置,他们就增加一个被称之为闰月的月份,由此这一年设定为 13 个月)。

当那些大臣听说历书中存在的这个天大错误,而且是近百年来他们所耳闻的最大的错误之后,认为这是一件十分重要的事情。因此他们立即向皇上做了全面的呈奏,包括我在他们面前列举的历书中的一些其他错误。

没过多久,这些大臣又来到我们的住所,并且带来了皇帝的圣旨,命我们第二天早晨到紫禁城去。在长达四年的处于卫兵严密监视之下的软禁日子里,来自科隆的汤若望由于年老多病已经去世了,现在这里只剩下利类思神父,西西里人;安文思神父,葡萄牙人以及我自己,比利时的佛兰芒人。

第二天,我们一起进入紫禁城宫墙之内,走进一个宽敞的大殿内。在大殿里还有许多钦天监的官员,他们也是奉皇帝之命,在这里等候我们的。此外,大殿内还有两位阁老(一位是满人;一位是汉人,他们是我们的反对派),以及其他一些官位相近的大臣。经过辩论,我们的对手所编著的历法中的许多错误越来越清楚、明显了。最后,那些撒谎的人开始哑口无言,无法为自己辩解,尤其是为所有这些错误负责的那两个人:第一个是罪恶至极的杨光先,四年来他一直坚持排斥我们的宗教和天文学。第二个是傲慢专横、不知廉耻的穆斯林吴明烜,他曾因为诬告汤若望神父而入狱被判死刑,但不久就由于赶上国家大赦,而与其他罪犯一同获释。

第二章 皇上隆重地召见南怀仁和他的神父同伴,而对他们的反对派不屑一顾,并下令观测天象

可耻的无知被戳穿

在那两个反对者的眼前,我指出了历书中的许多错误。我猛烈地当面抨击他们,迫使他们因羞愧而沉默不语。简言之,就在那一天,在皇帝仔细地了解我们的争端的产生过程和结论(对其中的每一个问题,那些阁老和官员都立即向皇上做了禀报)之后,他令我们进入紫禁城里一间大殿,走到他的眼前。事实上,此前康熙皇帝从没有接见过欧洲人。钦天监的高级官员们,包括满人和汉人,他们在第一

排。他们按照中国传统礼仪,在皇帝的面前行跪拜礼。我们在第二排,我作为我们中间最年轻的一个,站在后面,就好像是我藏在其他人的后面一样。但是由于皇帝此前曾对我非常了解,特命我走上前去,进入他的视线,站在第一排的首席位置,位于其他所有人的前面。

他面带十分慈善的表情,问了我一些问题。他问道:"是否能有任何一种明显的征兆,可以直观地向我们证明,现有的历法的计算方法与天体的运行规律相符,或者不相符?"我迅速回答道,这一点很容易证明,因为我们用天文仪器已经验证了多少次了,也可以在北京的观象台上再次验证。只是那些忙于帝国重大公务的人,没有时间去了解天文学,去清楚地观察现有的历法计算是否与天体的运行相符合。

我还说:"因为太阳是人们可以观察得最清楚的星体,所以我准备在高贵的皇帝陛下您的面前通过计算来做一预测。只要做简单的准备,即将任意一根标杆,或桌子,或椅子立在院子中央,阳光照射在标杆(或桌子、椅子)上,就会产生阴影。标杆阴影的长度是由太阳的高度来决定的,因此每一天阴影的长度是不同的。但却是可以准确推算出的。请陛下您确定一个日子、一个时间,我就可以准确地预测投影的长度,并且根据特定时间上太阳的高度,清楚地了解太阳在黄道带中的位置。因此判断历法的计算是否与天体的运行相一致。"

我的回答令皇帝龙颜大悦,但对我的对手来说却是悲哀的,而且是致命一击。当皇帝问他们是否懂得这种(欧洲的)日影计算术时,那个轻率而又鲁莽的穆斯林人回答说他懂。他说,这是一个非常可靠的明辨是非的方法。当皇帝再次问他们,是否赞成欧洲天文学时,最厚颜无耻的杨光先立即回答说:"皇上求助于欧洲科学以及欧洲科学家的行为与我们大清帝国的好运一点也不相符。"随后,从他那亵渎神灵的嘴巴里,喷涌出了许多侮辱天主教的话。

这时,皇上勃然色变,令他住嘴,并厉声喝道:"在今天这个特别的日子里,你奉诏来研究商讨天文学规律,举荐最为精确的历法,本应完全抛弃以往的成见。而你竟敢说出这些话来,甚至还当着我的面!"停了一会儿,他继续说:"你经常上奏折给我,要求在全国范围内招募精通天文历法之人。可是历时四年了,你却一无所获。现在尽管南怀仁——一位具有极高才华的天文学家——就住在北京城里,你却隐瞒他的名字,不向我禀报。显然,你是个不诚实的、内心充满嫉妒和阴谋诡计的卑劣小人!"皇帝的这些话,深深地刺痛了坐在皇帝面前的两位帝国的辅政大臣。他们一直是我们反对者的后台。这时他们仍然大权在握。说完上述那些话,皇帝转而和善地向我个人询问了很多有关天文学方面的问题。在他退朝返回内宫之前,他下旨给一直跪在下面的"阁老"和其他大臣,命在紫禁城宫墙之内,安排一次测验日影的活动。那个厚颜无耻的穆斯林确信这是根本无法做到的,因此他公开表示,他不懂这种计算日影的技术。

这一情况立即被报告到皇帝那里。皇帝对这个人如此不知羞耻和善于说谎而非常愤怒。他要把他重新送回监狱里去。皇帝认为,这桩公案不能再拖延了,天体的运行本身已经清楚地揭示出历书中所有的错误,并对它的起草者做出了宣判;对那些不顾一切地强烈支持杨光先等人、甚至违反自己意愿地纵容他们、因此也犯有相同罪行的朝廷中的辅政大臣,也已经到了应该让他们得到应有惩罚的时候了。这样,在决定了进行日影测验之后,皇帝命令我单独地预测出日影长度,下令第二天中午阁老和其他官员们到北京的观象台,去进行实地的观测。

第三章 在北京观象台进行的三次日影观测

第一次观测

北京观象台位于城市的东部。在观象台里立有一根青铜的四方形柱子,8英尺3英寸高,立在一方18英尺长、2英尺宽、1英寸厚的、也是由青铜铸造的水平平台上。平台上刻有尺、寸和1/10寸的度量刻度。在青铜的平台的四周,设有一圈半英寸宽、半英寸深的小沟,里面充满了水,以保证平台处于水平状态。那根柱子,或称作标杆,树立在那里,为每日测量日影之用,已经有很多年了。由于多年的风吹雨打,柱子已经有点倾斜了,它与水平平台之间的角度也不正确了。

于是,我受命以一根8.49英尺的标杆来测日影。在刚才说到的柱子的顶端,我固定了一木制十字架,其横向的一根,在确定的高度上,并且严格地保持水平。我设置了一根垂线,从柱子的顶端下垂到水平平台。我确定了一个点,从该点开始度量标杆的长度。我画了一道横线,表示第二天中午日影应达到、但又不能超越的极限。可以在我的《天文观测》一书的第一幅图中看到这一装置。那时太阳正在接近"冬至"日,会给物体投下很长的阴影。运用三角法,我计算得出上述标杆的影长应该是16.665英尺。

第二天,皇帝在圣旨中要求参与观测的官员们一齐聚集到观象台,等待那个时刻的到来。当太阳达到中午的最高点时,那根标杆的影子正好达到我前一天在青铜水平平台上画下的那条线上。这一精确的预测引起在场的人发出一阵惊讶的赞叹。

第二次观测

当首次观测的结果报告给皇帝之后,他很高兴,并下令第二天再进行一次观测。这次要在紫禁城内的一个大院子里进行。这次标杆的高度由阁老决定。他们确定标杆的高度,用我随身携带的1英尺的标准尺子来度量,为2.2英尺。

在这一次和之后的第三次观测中,我的两位神父同伴也来陪伴我。他们是西西里人利类思神父和葡萄牙人安文思神父。这样做是依据了皇帝的命令。皇帝推测他们两人也熟悉天文学。但是他们回答道,他们已经太老了,虽然他们在学哲学的时候也知道一些天文学的理论,但是从来没有详尽、透彻地研究过这门学问。许多年来,利类思除了肩负着管理天主教教徒社团的重任之外,他全神贯注于将一些书籍从欧洲文字翻译成中文。除了一些其他的书之外,他的一个极其辉煌的成就是花了几十年的工夫将圣·托马斯的《神学纲要》[5]翻译成了中文。在另一方面,安文思神父作为一名助理神父,经受了 30 多年的艰难困苦,将《复活论》翻译为中文。除此之外,他还经常忙于制作一些巧妙的机械仪器和玩具。这就是为什么他能够博得皇帝和整个朝廷的高官显贵们如此开心的原因。

当得到了阁老给出的测验标杆的高度之后,我回到我们的住所,和两位神父同伴一起,立即开始运用三角法则计算相应的日影长度。在这天的晚上,我锯了一块厚木板,根据所需要的长度,做了一个水平平台。在这之上,我树立了一根垂直于平台的、长度与阁老要求的高度相符的标杆。在水平平台上刻画了尺、寸的刻度。我还在平台的下面安了三个螺丝,以便使我能够方便地调节平台,使之保持水平。

第二天,我在那两位神父的陪同下进入紫禁城,到达指定地点——一个十分宽敞的大院子的中央。我安装好我的水平平台和垂直测影标杆,使之正对着太阳。在这之前,我根据计算,在正午标杆日影应达到的位置上,即 4.345 英尺处,画了一道横线的标志。前一天出席观看观象台日影测验的阁老和多名大臣们都来了,以我的测影标杆为中心站了一圈。

当太阳接近正午的位置时,标杆的影子还没有落在院子里我刚刚调整好水平位置没多久的木板上。换句话说,当日影似乎要偏离院子里我设置的平台,要超越平台上我预先刻画的横线的时候,那位汉人阁老和我们的对手就认为,我的计算是错误的。于是,他们开始窃窃私语,发出讥讽的嘲笑声。但是,当太阳越来越接近它在正午的那一点位置时,标杆的影子就爬上了我的平台,突然缩小偏离,走向我预制的那条横线。最后,太阳达到了它在正午的位置,日影严丝合缝地落到我画在平台上的横线上。一位曾带头反对我们的满人官员,出人意料地大喊:"真正的大师在这里!千真万确啊!"这时候我的对手们脸色灰白,面面相觑,心中充满了嫉妒。即使在这之后,他们想要迫害我的打算也没有停止,就像影子永远伴随着标杆一样。这一观测的结果立即就上奏给了皇帝,甚至测日影用的标杆和标有预先画出日影长度的横线的水平平台也被送到皇帝那里。这套装置是仅仅用了一个晚上做成的,还要感谢安文思神父灵巧的双手。他带着经常表现出来的仁慈表情,聆听了这全部的故事。

---

⑤ 中文版书名为《超性学要》。——译者注

第三次观测

为了避免过于草率地做出一项有关中国人生活的重大决定的嫌疑,皇帝下令在接下去的一天里,在观象台再做一次日影长度的观测,并规定了这次用于观测的标杆的长度。我于是将一条新的木制水平横条,根据新规定的 8.055 英尺的测影标杆的高度,固定在我在记述第一次观测时描述过的青铜柱子上。我运用三角法则计算出,这一次日影相应的长度应该是 15.83 英尺。就像在前一次阁老和大臣们聚集到观象台亲自观看测验时我所做的那样,我在青铜的水平平台的这一点上,画了一条横线。当太阳到达正午的位置时,日影的顶端正好接触到我预先画的那条线上。这样即使是对我充满嫉妒的对手们——在皇帝的命令下,他们亲眼目睹了全部三次观测——也对我们的高超技术交口称赞起来!

我必须公正地说,我经常在我们住所的院子里研究日影问题,尤其是几个不同长度的标杆的影长,我常常会观察到我所计算的结果与实际日影发生误差,有时是算少了,有时则是算多了。我推测这些误差的原因是由于我的设备的不精确而造成的。在眼下这种重要场合,如果我的预测发生错误,天主和我们的宗教的荣誉显然就要面临危险。引导万事走向其应有归宿的我主的仁慈天意,指导我的双手在上面提到的几次观测中获得成功,也同样保佑我在经受日后的考验时一路顺风。人们认为这简直是奇迹!事实上,这确实是完全超越了我自己的刻苦与勤奋!

第四章 皇帝把中国历书交给南怀仁审核,南怀仁上奏历书中存在的错误。亲王贝勒九卿科道会议决定,此公案必须由亲眼所见的天象来判决

前面提到的那个穆斯林自称是个占星家。他曾经说过,他根据从祖先继承下来的阿拉伯星表,可以计算少数一些事情。一年多以前,在皇帝的命令下(当时皇帝还不知道我们的存在),或者说是在为皇帝管理一切政务的辅政大臣的命令下,他重新修订中国的历书。这一历书明显地与天象不符。一年之后,他将经他修改的历书呈献给了皇帝。他认为他的计算方法是正确的。当时有两种历书:一种包含着按月亮运行的规律确定的月份、每个月的日子和月亮朔、望的时辰,以及与太阳有关的月象中的上弦和下弦,等等,都依照中国的旧习惯。第二种历书,表示了日、月及五大行星的位置,用阿格鲁斯[6]和其他欧洲天文学家的历算方法进行每一天的计算。

当皇帝看到在三次正午日影的观测中,我们的天文计算是如何完美地与天象相符合的事实,就像正午的光线那么清楚之后,他马上就交给我两本历书。这是那

---

[6] Argolis,欧洲天文历算学家,当时南堂图书馆收藏了他的著作。——译者注

个穆斯林先前呈献给他的,皇帝让我检验是否有错误。这书显示出,这个穆斯林根本不懂历法计算,毫无天文学知识,而且说话不计后果。因为他的书中显然不能自圆其说,而且自相矛盾。比如说,他混淆了中国和阿拉伯的天文理论,所以他的历书只能叫做"中国—阿拉伯"历书。

通过对一年中每个月不同行星的位置的计算,我写了一份奏折,将那位穆斯林的历书中的主要错误汇集起来,呈递给皇帝,请他审阅。皇帝立刻下令召开亲王贝勒九卿科道会议,仅仅为了这一公案,召开一次帝国官方的协商会议。除了很多帝国的亲王——他们是皇帝的男性亲属——之外,还有最高等级的王公贵族、最重要的大臣们、各部的尚书,相当多的人都聚集在这里。皇帝把我写的奏折递给他们看,以便他们能够就这一公案发表意见,最终对此做出决定。我相信中国以前从没有过这样的事情,即亲王贝勒九卿科道等重要官员会如此正式地被召集起来讨论有关天文学的事务。将整个帝国最重要的问题付之于如此郑重、严格的审查之下,这也给我留下深刻的印象。

在这一时刻,皇帝还未成年,尽管这一时期他对已故父亲任命的、替他统治帝国的辅政大臣们的所作所为已经长期不满,但是皇帝并没有亲政。虽然他已经向一些官员咨询过意见了,可是仍保守着秘密。当欧洲天文学,已经被仍然大权在握、并且特别宠信我们对手的辅政大臣所拒绝的时候,皇帝听从了他最亲密的心腹大臣的极其周密的建议,以隆重的仪式召集亲王贝勒九卿科道会议,因为他想一举夺回辅政大臣的权力,和结束依附于他们的其他种种弊端。

亲王们和与会的王公大臣们,在正式地阅读了我的奏折后,做出了一项全体一致同意的决定:"重新重视天文学的作用,给予只有极少的人,或者说几乎没人懂得的天文科学以重要的地位。那些错误,即我在奏折中指出的,应该在观象台上使用仪器加以公开的检测。"

第五章 在观象台进行的新的一次对太阳和其他行星的观测

皇帝立即批准了亲王贝勒九卿科道会议的决定,并且下命令,除了目睹了前几次观测的阁老和其他官员之外,六部的尚书,以及 20 名最高等级的大臣也要出席以后的每一次天文观测。

钦天监本来是礼部的下属机构,但是从现在起已经比较有独立性了。钦天监有两部分,一部分是由穆斯林掌管,另一部分就是由我们掌管。礼部要求我们提前很长一段时间就决定出应该观测哪些天象,用什么方法观测,并且把这一切写下来。于是我就把注意力集中在太阳、月亮和当时的几个因太阳的光线能够照射到其表面而在夜间能够容易观察到的行星上面。于是，在预先确定了的某月中的某日和某日中的某一时刻之后，我用我们欧洲的方法计算出太阳、月亮和这些行星那时在天空中将要到达的黄道十二宫中的位置是几度、几分，并记录了下来。当然，我选择了根据阿拉伯的方法计算将会发生严重错误的那些日子。

稍后，我和礼部的官员们一起登上观象台。根据一个提前预报的时间表，我们一道宣布在我们的仪器上显示的是几度几分。先将这仪器小心调整到直指天空，然后我们一起在仪器上贴上签有我们名字的封条。

第一次观测选定在太阳进入宝瓶座 15 度的那一天。由于多种我很难用简单的几句话解释清楚的原因，这一天对于中国人来说，有着极大的重要性。那天我操控巨大的青铜象限仪测定出太阳的子午线高度，换句话说，就是测定出在那个时间点上太阳应该达到的位置在北京的子午线高度是几度几分。我将象限仪瞄准器指向南方，角度就是上述 18 天之前我们签名封存的那个度数。预先确定的那一天的那个时刻越来越逼近了，看，太阳将光线投射进了微小的第一道游标中的狭缝，进入第二道的中心，没有一丝一毫的偏差！

用完全一样的方法，日光也落在了六分仪上。该仪器半径为 6 英尺，上面也封存了 18 天之前我写的关于太阳赤道经度的预测。太阳投射的光线穿过中心管孔精确地落在立在外围的游标的狭缝中间，真是一点不多，一点不少，恰到好处。而且日影的偏角也与太阳的偏角完全一致。

间隔了 15 天之后，在同样的阁老和大臣的见证下，我用同样的象限仪和六分仪观测太阳进入双鱼座的入口处。结果同样是非常成功，并赢得了一片欢呼和掌声。这一观测受限制于一个基础性的难题，也就是说，前面提及的那个"闰月"是否应该从"中国—阿拉伯历书"中删除。那天中午所观测到的太阳的子午线高度和偏角非常清楚地表明，那个"闰月"确实应该被删除。

其他行星此刻（即预先确定的时辰）在天空中处于哪个位置，先前呈献给皇帝的"中国—阿拉伯历书"与实际天象偏离有多远，全部问题都依靠夜间的观测来解决。我想，以测量那些行星与恒星的距离的方法，这可以更清楚地在阁老和大臣眼前证明上述问题。为了这一原因，我在好几天之前，就确定了一份详细的数据，其中有：月亮与大角星的距离，另一个是木星与阿里阿德涅[7]王冠上最亮的星[8]的距离，最后还有火星与飞马座的一颗叫做"室宿一"的恒星的距离。所有的这些，根据我的计算，在那一天的那个确定的时辰，将到达天空。我在很多天之前就向礼部的官员们宣布了这些数值。首先，我操作我在观测中常用的黄道经纬仪，转动屈光

---

[7] Ariadne，希腊神话中的仙女。——译者注
[8] 即仙女座的 α 星。——译者注

镜,调到根据我预测每一个天体之间应有的距离那样远。然后我将屈光镜固定下来,用封条封好,并签上我的手书,比如说,写下"圣母玛利亚"的名字。我把黄道—赤道浑天仪、天球仪、象限仪和六分仪,这所有的仪器都调试到观测所需要的恰当的、精确的状态,在观测之前好几天,就运到观象台。

一旦确定观测的那天到了,人们看到整个北京城都动起来了,那些由皇帝指定来观看的阁老、大臣官员、六部的尚书,包括汉人和满人,在众多随从的簇拥下,人声嘈杂地登上了观象台。他们行走的样子的确给我留下深刻的印象:满人大员们按照他们自己的方式,骑着高头大马,带着一大队扈从;而汉人则是被佣人们用肩抬的轿子抬到观象台。那一年的冬天天气特别寒冷,太阳像个衰弱的老人,步履蹒跚地走向冬至点,厚雪严霜覆盖着大地。正因为如此,这些大臣分散在观象台附近的寺庙或其他房子里,躲避无情天气带来的严寒,等候着预定在那天晚上某一时刻的天象观测。

由于我已经出版了中文的《测验纪略》,论及了在这次观测前前后后的多次观测的情况,后来,又以拉丁文写了相同题材的一个非常简要的版本。在本章的结尾,我只想仅用几句话描述这次有重要意义的观测:被皇帝派来看我观测的阁老们和其他大臣们可以清楚地验证这一事实,即通过应用这些仪器,在预先要求我观测的所有项目中,我通过计算而预报的那些数据,都与实际天象完美地符合了。他们在一份公开的奏折中正确地报告了这次观测的全过程。

第六章 亲王贝勒九卿科道会议决定,一切有关天文学的事务都委托给南怀仁办理,反对和诋毁他的人应该被关进监狱

在阅读了上述几次天文观测全体目击者递交的联名奏折之后,皇帝下令,将这一公案提交给前面提到的亲王贝勒九卿科道会议讨论处理。

那两位帝国的辅政大臣——我们的反对派和全部争论的始作俑者,一反常态地坚持要参加这次会议。于是,亲王贝勒九卿科道会议的成员们分裂成两派。一派是支持辅政大臣的,因为这些人看到辅政大臣仍然掌握着大权,也不相信他们会辞去职务。支持者被认为是(起码有重大的嫌疑是)由各省的总督、文官和武将组成的小集团。差不多参加亲王贝勒九卿科道会议的全体汉人大臣都强烈地支持辅政大臣。因为他们非常傲慢,他们不能容忍欧洲天文学再次被介绍进中国,不能听任一个来自从未听说过的国家的陌生人来教导中国。正如他们宣称的那样,所有的外国已经采用了中国的政府机构形式、儒家圣人的学说和法律法规。这的确是事实,我们提到的中国周围的一些国家(中国只与它们建立了友好关系)以及日本人,他们自己都承认这一点。这是日本人亲口对沙勿略神父说的。

反对我们的辅政大臣们宣称:"他们古老而智慧的帝国要坚持和保护他们从祖先那里继承下来的古老的天文学,当然不是什么不名誉的事情。即使它有时会出现一些差错,但是也比允许欧洲人把外国的天文学介绍进中国要好!"因为他们嫉妒的眼睛不能承受我们天文学的灿烂光辉,所以他们充满了偏见,强烈地支持我们的反对派,就好像这些反对派是为了祖国的荣誉和古老的尊严而战斗的勇士。而另外一方面,是支持帝国亲王一派的满人中最优秀的分子,他们崇拜康熙皇帝,称他是正在升起的太阳。

中国的天文学家们将每一个自然天划分为若干时辰,时辰之下还有分,又将一天划分为 100 等分,就像将一个圆周划分为度和分。我认为这种划分的方法一定要改变。因为只有这些改变了,在使用天文仪器时才会有很多有利条件。因为我自己的测量平台和已经出版的 100 多部天文学著作,都是遵循着 60 进位制,都是把一天划分为 96 刻的。而他们则是为保留那种从远古继承下来的划分方法做斗争,就像是在保卫他们神圣的家园和祭坛。

由于这些和与此类似的原因,亲王贝勒九卿科道会议召集了四次会议,换句话说,就是会议延长到了四天。会议上经历了长久的和激烈的争论。骗子杨光先,这个在自夸能预测未来凶吉的算命先生和占星家中享有极高威望,又有辅政大臣为后台的人,走到会议厅的中央,狂暴地大声预言道:"如果废除了一天划分为 100 刻的传统,满人就站在了南怀仁和欧洲人一边,那么大清帝国就不可能延绵长久!"绝大多数满人对此不考虑后果的断言非常愤怒。其中的一名亲王冲到杨光先的面前,回答说:"如果这是真的,那么一天不只应该分成 100 份,而是应该分成 1000 份,甚至更多!"

很快,杨光先不计后果的断言被报告给了皇帝。在皇帝的命令下,可恶的空想家杨光先被五花大绑着再次带上了亲王贝勒九卿科道会议的会场。辅政大臣和所有的汉人大臣徒然地小声抱怨着。随后,在其他成员的一致赞同下,杨光先和那个穆斯林的占星家⑨一起被送进了监狱。最后决定,把编写整个帝国的历书和重建这起源于 4000 多年前而令中国为此自豪的天文学工作,交给了我,任命我为钦天监的负责人。后来又加封给我好几个荣誉称号。我曾经四次写奏折谢绝这些荣誉称号,但是没有任何结果。

---

⑨ 即吴明烜。——译者注

第七章　在递交几份奏折之后,南怀仁神父删去了由他的对手添加在历书中的那个闰月

在接管了数学局(即钦天监)之后,我立即给皇帝递上了一份奏章,要求下令从当前的历书中取消那个由我的对手加进去的闰月,因为它与天象运行的规律相矛盾。这种天象的发生,要感谢天主非凡的意志和威力。我的对手将13个月的"月相—月份"法则引入了他们制订的下一年的历书。当时这历书已经印制完毕,而且已经散发到了整个帝国。这导致了此前几百年都没有发生过的重大错误,因为即使是按照中国的天文计算体系,这个闰月也应该是属于下一个年度的!

在读了我的奏折之后,皇帝将此公案交给礼部衙门会审。然而,对参与会审的全体成员,特别是对汉人来说,从这一年的历书中删除这个闰月似乎是非常困难的一件事。因为它已经被如此庄严和隆重地颁布了。另外,重新修改历书的内容和有关文件,让朝廷的六个部都重新编写和更改整个帝国和各个行省根据原来的历书而制订的全年各项工作计划的官方文件,更是难上加难。

由于国家和所有的行省都按照"月相—月份"的历书行事,所以说,全世界没有一本书像中国的历书发布得那样隆重。在此之前,皇帝已有告示,胆敢印发另外一种历书,或者擅自更改官方发布的历书,哪怕仅仅是增删一个字,也是要判死刑的。如果什么人见到一本没有数学局(即钦天监)印章的历书,那他一定认为这是伪造的。在数亿人口的大国里,人人都要买一本新的历书。最后,我的名字作为作者被印在了历书上,我的头衔是"钦天监的监正"。

这样,参与会审的几名官员向皇帝递上了几份反对我的奏章,但都是徒劳的。他们再三地传唤数学局的官员(他们也是我的学生,当时有大约160名)到会,向他们询问有关闰月的问题。他们中间没有人敢于,或者说有能力反驳我的主张。最后,亲王贝勒九卿科道会议的首席长官,一名汉人(由于有关科学问题,满人不依靠他们自己而是依靠汉人)以另外的名义单独地召见了我。他用柔和的、恳请的语调,私下里秘密地询问我,是否再考虑考虑,是否能找到一个方法,来掩饰这一事件,他说:"因为,这将是一件非常可耻的事情。当周边的那些敬重中国的历书,遵循中国的历书行事的外国人,得知中国的历书存在如此之重大的错误,以致这年的整整一个月不得不被删除。这肯定将会损害中国的威望!"这些就是他说的话,但是他的话没有使我改变态度。我回答说:"依我看,如果掩饰这件事,只有一个严重的后果,就是中国的历书与天象不符。"当他听到我这样的话,就说:"既然如此,那么,这个闰月就应该必须删除掉了。"

由于这一原因,一则皇帝的圣旨以最快的速度传播到帝国的各个角落。圣旨

说,为了与我的历书相一致,下令删除原历书中来年的那个闰月,或者说,在来年的月份中不要计算它。难以想象,将有多少麻烦会随之而来,将因此而产生怎样重大的影响!此外,对众多不了解天文学的民众来说,这也是难以理解的,什么原因使这整整一个月的所有的日子被从日历中删除掉了?它们什么时候消失的?跑到哪里去了?

　　的确,是天主仁慈的神意,以它的非凡的计划,通过它所安排的机会,挑选出这一个特殊的发生错误的年份——而不是另外一年——以扭转以前对我们不利的形势,借助一个在整个帝国具有崇高威望的伟大的当权者的力量,致使一个傲慢的民族现在接受了,甚至是在违反他们自己的意愿情况下,接受了一个显然是有损于他们的主张。这一主张是:"如果欧洲的天文学——而对中国人来说,正像他们自己偶尔承认的那样,天文学仅仅是被置于次要地位的一种乐事——能够如此精确地说明天体运行的规律及其形成原因,那么天主教将一定是更加完美地与这些真实的规律和起因相适应!这就是这一穿越了半个地球之后才来到中国的宗教,所恳切表达的意图,也是这一宗教唯一的宗旨,正像它所再三声言的那样。"

(译者单位:北京行政学院国际交流合作部)

卡罗·瓦兰齐亚尼收藏的汉学研究的词典及图书

□ [意]玛丽娜·巴达里尼(Marina Battaglini) 著
□ 邹雅艳 译

　　从16世纪末开始,传教士们已经迫切地感觉到了编辑用于汉语学习的词典和手册的必要性了。出于传教的需要,同时也出于欧洲国家政治和商业上需要,这种必要性变得越来越紧迫了。18世纪末期,他们开始越来越明确地表现出想要逾越澳门岛,这块当时中国领土上仅有的可以允许外国人定期停留的土地①的界限。

　　如果说1670年由耶稣会传教士基歇尔②(Athanasius Kircher,1602—1680)撰写的法文版的关于中国的名著算作第一个尝试的话,那么,像编写词典这样一个如此复杂的工作,它的准备和出版则仍需要一段时间。第一本双语词典是由德经(C. Louis Joseph de Guignes)于1813年在巴黎编辑出版的③,紧随其后的

---

① 许多欧洲图书馆都保存有词典的手写本和词汇简表,它们见证了18至19世纪在中国活动的传教士们在这个领域内不断向前推进的杰出工作。一个既包括手写本,也包括印刷出版的用于语言研究的词典和文献的目录,见 Henri Cordier(考狄), *Biblioteca Sinica: dictionnaire bibliographique des ouvrages relatifs à l' Empire chinois*. Paris: E. Guilmoto, 1904-1908, 4 v.; v. III, col. 1588—1641; *Supplement*; Paris, 1922—1924, v. V, col. 3906—3911。

② Federico Masini(马西尼), Notes on the first Chinese dictionary published in Europe(1670), *Monumenta serica*, 51(2003), pp. 283-308.

③ 关于作品的相关情况参见:Giuliano Bertuccioli(白佐良). Brollo, Basilio, in: *Dizionario biografico degli Italiani*. Roma: Istituto della Enciclopedia Italiana, 1972, v. 14, pp. 454-456。

则是新教传教士马里逊（Robert Morrison, 1782—1834）的杰作。

这些资料，再加上其他数量众多的常有价值的汉学研究文献，如：巴耶（Gottlieb S. Bayer, 1694—1738）第一部关于汉语的著作，或者是傅尔蒙（Etienne Fourmont, 1683—1745）和雷慕沙（Abel Rémusat, 1788—1832）的语法研究，艾都瓦尔多·维达莱（Edoardo Vitale）④的意大利语语法，都被列入了国家图书馆一份特别保存的编目中，它们都源自卡罗·瓦兰齐亚尼（Carlo Valenziani, 1831—1896）⑤的私人藏书。

在维多利奥·艾马努埃拉二世（Vittorio Emanuele II）图书馆落成仪式（1876年3月14日）举行之后不久，卡罗·瓦兰齐亚尼⑥，首位担任罗马大学远东语言文学课程主讲教授⑦的自学成才的汉学和日本学学者，就向图书馆建议从他的私人藏书中购买了第一批中文图书（1877年3月）。这是国家图书馆最终得以获得瓦兰齐亚尼全部藏书过程的开始，这批丰富的收藏大约包括了450种中文和日文书籍⑧，以及750种关于远东的西文著作。不过，得到这些书籍的过程则是在不同时

---

④ 生平简介参见：Gli studi orientali in Italia durante il cinquantenario (1861—1911), *Rivista degli studi orientali*, 5 (1913), p. 317.

⑤ 大部分细节参见：Marina Battaglini（玛丽娜·巴达里尼），Libri cinesi e giapponesi alla Biblioteca nazionale, in: *Pagine dall'Oriente. Biblioteca nazionale centrale, Roma 13 marzo-30 aprile 1996*, Roma: Bardi, 1996, pp. 7-14.

⑥ 生平资料详见：

（1）Antelmo Severini, Studi e scritti del Prof. C. Valenziani, *Giornale della Società Asiatica Italiana*, 8 (1895), pp. 83-91;

（2）Ignazio Guidi, Necrologio, *Rendiconti della Reale Accademia dei Lincei. Classe di Scienze morali, storiche e filologiche*, ser. V, 6 (1897), pp. 333-335;

（3）Carlo Valenziani, in: *Dizionario biografico degli scrittori contemporanei*, diretto da Angelo De Gubernatis, Firenze: Le Monnier, 1879;

（4）notizie biografiche insieme alla bibliografia delle sue pubblicazioni, in: *Gli studi orientali in Italia durante il cinquantenario* (1861—1911), *Rivista degli studi orientali*, 5 (1913), p. 316;

（5）Henri Cordier, Les études chinoises (1895—1898), *T'oung Pao*, 9 (1898), Supplement, pp. 30-31.

⑦ 1870年瓦兰齐亚尼被聘为编外教授，转年被聘为临时教授，并最终在1892年成为正式教授。在国家中心档案馆保存着他职业晋升的证明文件。（A. C. S., Ministero Pubblica Istruzione-Serie del personale 1860—1880-Busta 1276。）

⑧ 这个从档案卡片和瓦兰齐亚尼自己出版的第一个目录中得到的数字并不是最终的［Catalogo di libri cinesi e giapponesi acquistati di recente dalla Biblioteca Vittorio Emanuele di Roma, *Bollettino Italiano degli Studi Orientali*, 1 (1876—1877), p. 159 ss.; 2 (1878), p. 59 ss.］，更加确切的核对已经是不可能的了，因为当时来自瓦兰齐亚尼的中文和日文图书被和一些其他来源的没有注明所有者和藏者印戳的书放在了一起，对它们进行辨别已经不是很容易了。

期以不同方式实现的。从 1876 年到 1896 年去世,瓦兰齐亚尼相继以捐献或出售的方式献出了他收藏的全部图书⑨。1881 年,瓦兰齐亚尼被授予了"中文和日文书籍荣誉收藏者"的称号,正因为有了这个头衔,使他从此开始了对自己所献出的图书的整理工作。他把它们与图书馆原有的那些主要来自耶稣会传教士的书籍合在一起,与此同时,继续建议收集新的书籍和文献,以丰富这批备受重视的收藏。这些书籍被安置在国家图书馆的第一个所在地——罗马传教士寄宿学校(Collegio Romano)的一个房间里,当时并没有区分中文、日文或西文,只是做了一个目录编号 72,和它们所存放的房间号一样。毋庸置疑,在随后的那些年里,不管是原文书,还是那批瓦兰齐亚尼在 1878 年出售的 143 种西文书⑩,它们的价值都在不断地增加。继瓦兰齐亚尼之后担任罗马大学主讲教授并继承"荣誉收藏者"称号的人是诺全提尼(Ludovico Nocentini)⑪,他不仅继续着书籍的整理工作,同时还尤其致力于丰富中文藏书的工作。通过他不知疲倦的努力,1901 年到 1903 年期间,图书馆又收集到了一批原保存在意大利驻北京公使馆里的来自意军驻京司令部的中文图书。1902 年,图书馆接受了瓦兰齐亚尼的最后一批图书,是由他的遗孀出售给图书馆的,这批未经整理的图书与先前得到的那批书一起被放在了 72 号房间。诺全提尼把用东方语言写的原文书和西文书加以区分,并为后者做了一个新的书目,很可能他一直都在进行着这项工作,直到 1910 年去世。这个新选编的书目显然是对图书馆原有藏书的一个补充,它汇集了瓦兰齐亚尼的西文图书,一部分罗马传教士寄宿学校收藏的曾经和中国和日本有联系的耶稣会传教士的书籍,以及从罗马书市上和私人处购得的图书。就这样,一个用于中国和日本研究的专业参考文献集诞生了,它们被存放到了另外一个房间,以区别于那些原文书。这批书籍的编目和存放它们的房间号一样,被定为 56 号。至今,图书馆仍延用这一编号。诺全提尼去世后,没有再指定"荣誉收藏者",而是由年轻的图书馆实习馆员圭多·派里

---

⑨ 数量众多的洽谈交涉的证明文件,部分保存在国家图书馆档案中心(Archivio della Biblioteca nazionale centrale,Busta 10B-cartelle 1876—1896),部分保存在国家中心档案馆[l' Archivio Centrale dello Stato-Ministero della Pubblica Istruzione(1860—1881) - Divisione Istruzione Superiore-Biblioteche-Busta 78;l' Archivio Centrale dello Stato-Ministero della Pubblica Istruzione(1860—1881) - Divisione Istruzione Superiore-Biblioteche-Busta 78]。

⑩ 第一批 143 部西文书购于 1878 年,在档案中心保存有瓦兰齐亚尼自己编纂的目录(*Nota di opere utili allo studio della storia*,*della letteratura*,*della lingua*,*della religione e delle arti di popoli dell' Asia Orientale*,Archivio Biblioteca nazionale centrale-Busta 10B-1878)。

⑪ 生平资料参见:Giuliano Bertuccioli(白佐良),Per una storia della sinologia italiana:prime note su alcuni sinologhi ed interpreti di cinese,*Mondo cinese*,74(1991),pp. 19-23;关于来自北京的图书的相关情况参见:Battaglini(巴达里尼),*op. cit.*,pp. 12-13.

斯(Guido Perris)⑫负责整理东方语言的书籍,他专心致力于书籍的整理和目录卡片的编写⑬,而没有再继续丰富西文书收藏的工作。在这项需要付出相当努力的工作中,派里斯得到了乔万尼·瓦卡(Givanni Vacca,1872—1953)教授⑭的帮助,瓦卡继诺全提尼之后担任罗马大学远东语言文学专业的主讲教授,通过和他在学术上的合作,终于结束了这样一个时期,其间,国家图书馆实现了它的东方藏书的编选,它见证了西方对东方所表现出的意义重大的关注。它不仅起因于那些年里意大利和欧洲对东方在政治、经济和文化上所产生的显著兴趣,也源于作为新首都的文化象征的国家图书馆与学术界,以及在相当程度上与经历了从统一到一战的意大利政治界建立起来的一个有益的和成果显著的关系:虽然有时这种关系是动荡多变的,但每一方都感到自己在国家建立过程中扮演着重要的角色,在诞生了一切的那个年代里,不同程度地都做出了自己的贡献。同时,值得称赞的是,出于对如此遥远的文化和文明表现出来的不同寻常的情感,多米尼克·尼奥里(Domenico Gnoli,1838—1915)和朱里安诺·波那齐(Giuliano Bunazzi,1863—1956),维多利奥·艾马努埃拉二世图书馆的两任馆长,在他们任职期间,都积极地支持和促进对这批书籍的收集和整理工作,前者于1881—1909年,后者于1909—1933年曾先后担任馆长。这种关注不仅是出于对那些文化的认识,更是出于对国家图书馆在新国家建立和成长过程中应承担的角色的认识。很多批评家,甚至是权威都不知道,他们关注这批藏书并花费精力投入其中,为的是能让国家图书馆所提供的服务可以和伦敦或巴黎的国家大图书馆相媲美。值得强调和赞扬的是馆长波纳齐在1913年写给公共教育部部长路易吉·克莱达诺(Luigi Credano)信中说过的一段话:"为了通过购买短缺的重要书籍使藏书不断丰富和充实,我从来自副本拍卖所得款项中拨给派里斯和瓦卡教授一部分钱,同时每年也从捐献的基金中拨出一部

---

⑫ 关于这位"东方学者"的生平资料较少,他生于1890年,1911年受雇于维多利奥·艾马努埃拉图书馆做"实习馆员",后离开图书馆。20世纪30年代,曾作为国际农业组织的官员到中国和日本工作过。他的收藏中,有很多日文书,于50年代末期被国家图书馆收购。参见:Marina Battaglini(玛丽娜·巴达里尼),*op. cit.*,p. 13。

⑬ *La Relazione presentata al Direttore Bonazzi dal giovane bibliotecario Guido Perris, incaricato del riordinamento del Fondo cino-giapponese, con l' assistenza del prof. Vacca*(Dicembre 1912-30 giugno 1913),现存于国家图书馆档案中心(Archivio Biblioteca nazionale centrale-Busta 10B-cartella 1913)。

⑭ 生平资料参见:Andrea Campana, *Sino-yamatologi a Firenze fra Ottocento e Novecento*, in: *Firenze, il Giappone e l' Asia Orientale: atti del Convegno internazionale di studi*, Firenze, 25—27 marzo 1999, a cura di Adriana Boscaro e Maurizio Bossi, Firenze: Leo S. Olschki, pp. 342-345。

分款项用于购买书籍,为的是使藏书保持一个有规律的,哪怕是微弱的增长。"⑮

在接下来的几年里,则不再有这样的显著成果了,图书馆对那个遥远世界的兴趣下降了,而 56 号房间和存放在里面的那些关于远东的书籍也失去了它的主题特色,在那些首批在欧洲出版的中文经典著作的译本和关于日本的重要著作旁边,堆放了一批新的来源和主题的图书。

但是,罗马东方学家卡罗·瓦兰齐亚尼的私人藏书所产生的魅力和吸引力没有失去。一个私人收藏好比一面镜子,从独特的表象能反映出收藏者在寻找、购买、浏览和注释这些书籍的过程中体现出的兴趣、好奇心和激情。它也是一面能还原真实的镜子,它既真实地反映出了哪些书是他真正想要的,同时也能看出那偶然收集到的、被放在角落里的书,他收集了它们,但却不是必要的,可以想见,它们被放在那些精心注释过的书旁边,但是很少被查阅。浏览瓦兰齐亚尼私人收藏的书目,不但能发现他出于个人和职业原因对语言文学和哲学所产生的兴趣,同时也能看到在罗马,这样一个在教皇势力影响下的城市里,遥远的东方所激起的他的好奇心。即使仅仅依靠文字和想象,他也开始超越了那些几年前随着比亚门(Porta Pia)的突破就已经被象征性地突破了的界限。

在这里,我们仅提供一个来自瓦兰齐亚尼藏书中用于汉语研究和翻译的工具书书单。比例不断增长的工具书的数量见证了瓦兰齐亚尼对哲学和语言研究的兴趣和热爱,其中一部分被他投入到了汉语研究中,而其他在相当大程度上被他投入到了日语研究中,在这个领域内,他是一位造诣很深的专家和重要的文学作品的翻译者⑯。作为在那个时代里成长起来的人,他对汉语和日语这两种语言的研究和对它们的文化的研究始终保持着平行的发展历程。瓦兰齐亚尼频繁地在书市上购买图书,既包括那些在欧洲出版的,也包括来自中国的天主教和基督教传教士们编写的:从叶尊孝(Brollo)的词典,到马里逊(Morrison)的词典,再到他任教期间出版的,如顾赛芬(Courreur)1884 年和翟理斯(Giles)1873 年的词典,即使是数十年后,这些词典仍是汉语翻译者可以信赖的工具书。同样,对于语言研究来说,瓦兰齐亚尼的丰富收藏让我们在今天看到了那些具有开创性的著作,如巴耶 1730 年的著作,或者傅尔蒙(Fourmout)1742 年的语法,以及其他一些著作,它们共同奠定了 19

---

⑮ Archivio Biblioteca nazionale centrale(国家图书馆档案中心)-Busta 10B -cartella 1913。

⑯ (1)Teresa Ciapparoni La Rocca, Japanese studies in Italy: a century of literary translations, *Rivista degli Studi Orientali*, 71(1997), n. 1-4, pp. 257-262;

(2)Piero Corradini, Le conoscenze e gli studi giapponesi in Italia dal secondo Ottocento al primo Novecento, in: *Italia e Giappone. 450 anni*, a cura di Adolfo Tamburello, Roma: Istituto Italiano per l'Africa e l'Oriente; Napoli: Università degli Studi l'Orientale, 2003, 2 v.; v. I, pp. 268-272.

世纪欧洲汉学研究的基础：1831 年马若瑟(Prémare)的 *Notitia linguae sinicae*,意大利人卡莱里(Calleri)的 *Systema phoneticum*,或者是雷慕沙的 *Eléments de la grammaire chinoise*。

  作为结论,可以说,对 19 世纪后半期罗马东方学家的私人藏书的研究,和罗马国家图书馆在它存在的最初十年里对这批收藏的重视,直到设想建立一个中国和日本文化主题收藏的实现,它们的贡献不仅是对意大利和东方文明的关系的认识,同时也促进了政治文化环境的重塑,在这样一个环境里形成了意大利汉学研究和日本学研究这样一个具有开创性的领域。

附录：

一、用于汉语研究的词典

1. Basilio Brollo da Gemona. *Dictionnaire chinois, français et latin: publié d' après l' ordre de Sa Majesté l' Empereur et Roi Napoléon le Grand par M. de Guignes*. Paris: Imprimerie impériale, 1813.

  (56.3.I.2)

2. Callery, Joseph M., Giuseppe Maria Calleri. *Dictionnaire encyclopédique de la langue chinoise*. Paris: Firmin Didot, 1842.

  (56.4.I.13)

3. Callery, Joseph M., Giuseppe Maria Calleri. *Dictionnaire encyclopédique de la langue chinoise*. Macao: [s.n.], 1845.

  (56.3.H.19)

4. Chalmers, John. *An English and Cantonese pocket dictionary: for the use of those who wish to learn the spoken language of Canton province*. 2 ed. Hongkong: Printed at the London missionary society's press, 1862(1° ed. 1859). Altro titolo in caratteri cinesi.

  (56.2.A.14)

5. Couvreur, Séraphin. *Dictionnaire français-chinois contenant les expressions les plus usitées de la langue mandarine*. Ho kien fou: Imprimerie de la mission catholique S. J., 1884. Altro titolo in caratteri cinesi.

  (56.2.E.10; 56.3.E.9)

6. Couvreur, Séraphin. *Dictionarium sinicum et latinum ex radicum ordine dispositum selectis variorum scriptorum sententiis firmatum ac illustratum*. Ho Kien Fou: ex Missione catholica S. J., 1892. Altro titolo in caratteri cinesi.

(56. 3. G. 26)

7. *Dictionarium linguae Sinicae latinum*, *cum brevi interpretatione gallica*, *ex radicum ordine dispositum.* Ho Kien Fou: in Missione catholica S. J. , 1877.

(56. 3. E. 8)

8. Doolittle, Justus. *Vocabulary and hand-book of the Chinese language in two volumes*: *romanized in the Mandarin dialect.* Foochow: Rozario, Marcal and company, 1872, 2 v. Altro titolo in caratteri.

(56. 1. H. 4—5)

9. Giles, Herbert A. *A dictionary of colloquial idioms in the Mandarin dialect.* Shanghai: A. H. De Carvalho, 1873.

(56. 3. G. 29)

10. Gonçalves, Joachimo A. *Diccionario portuguez-china*: *no estilo vulgar Mandarini e classico geral.* Macao: impresso no Real collegio de S. Jose, 1831, 2 v.

(56. 1. D. 13—14)

11. Gonçalves, Joachimo A. *Diccionario china-portuguez.* Macao: impresso no Real collegio de S. Jose, 1833, 2 v.

(56. 1. D. 11—12)

12. Gonçalves, Joachimo A. *Vocabularium Latino-Sinicum*: *pronuntiatione Mandarina Latinis literis espressa*, Macao: a Lauriano Hippolyto typis mandatum, 1836. Altro titolo in caratteri cinesi.

(56. 2. A. 26)

13. Gonçalves, Joachimo A. *Lexicon magnum latino-sinicum*: *ostendens etymologiam*, *prosodiam et constructionem vocabulorum.* Macao: in collegio Sancti Joseph, 1841. Altro titolo in caratteri cinesi.

(56. 4. K. 8)

14. Klaproth, Julius von. *Supplément au Dictionnaire chinois-latin du P. Basile de Glemona*: *publié d' après l' ordre de sa Majesté le Roi de Prusse Frédéric Guillame III.* Paris: Imprimerie royale, 1819. Altro titolo in caratteri cinesi.

(56. 3. I. 8)

15. Lobscheid, William. *English and Chinese dictionary*: *with the punti and mandarin pronunciation.* Hongkong: the "Daily Press" office, 1866-1869, 4 v. Altro titolo in caratteri cinesi.

(56. 2. I. 3—6)

16. Lobscheid, William. *A Chinese-English dictionary.* Hongkong: Noronha and sons,

1871. Altro titolo in caratteri cinesi.

(56.3.H.13)

17. Maclay, Robert S. – Baldwin, Caleb C. *An alphabetical dictionary of the Chinese language in the Foochow dialect.* Foochow：Methodist episcopal mission press, 1870.

(56.1.H.26)

18. Medhurst, Walter H. *Chinese and English dictionary：containing all the words in the Chinese imperial dictionary, according to the radicals.* Batavia：printed at Parapattan, 1842, 2 v. in 1.

(56.1.E.16)

19. Morrison, Robert. *A dictionary of the Chinese language in three parts：Part the first：containing Chinese and English, arranged according to the radicals; Part the second：Chinese and English arranged alphabetically; Part the third：English and Chinese.* Macao：printed at the honorable East India company's press; London：Kingsbury, Purbury and Allen, 1815—1823, 6 v.

(56.2.I.17—22)

20. Morrison, Robert. *Vocabulary of the Canton dialect.* Macao：printed at the honorable East India company's press, 1828. Altro titolo in caratteri cinesi.

(56.1.H.28)

21. Morrison, Robert-Montucci, Antonio. *Uhr Chih Tsze Teen Se Yin Pe Keaou：being a parallel drawn between the two intended Chinese dictionaries.* London：Cadell and Daries, 1817.

(56.1.I.9)

22. Perny, Paul H. *Dictionnaire français-latin-chinois de la langue mandarine parlée：précédé d'une grammaire très pratique.* Paris：Firmin Didot, 1869-1872, 2 v.

(56.2.I.15—16)

23. Perny, Paul H. *Vocabularium latino-sinicum：ad usum studiosae juventutis sinicae.* [s. l.：s. n.], 1861.

(56.3.H.18)

24. Rémusat, Abel. *Plan d'un dictionnaire chinois avec des notices de plusieurs dictionnaires manuscrits et des réflexions sur les travaux exécutés jusqu'à ce jour par les Européennes, pour faciliter l'étude de la langue chinoise.* Paris：Pillet, 1814.

(56.3.B.8)

25. Schott, Wilhelm. *Vocabularium sinicum.* Berolini：ex Officina academica, 1844.

(56.3.G.9;56 Misc.C.4/7)

26. Stent, George C. *A Chinese and English pocket dictionary*. Shanghai：Kelly；Hongkong：Lane and Crawford,1874.

(56. 2. A. 17)

27. Stent, George C. *A Chinese and English vocabulary in the Pekinese dialect*. Shanghai：Custom press,1871.

(56. 2. B. 5)

28. Williams, Samuel W. *Ying wá fan wan' ts' üt iú'：tonic dictionary of the Chinese language in the Canton dialect*. Canton：at the office of the Chinese repository,1856.

(56. 1. D. 16)

29. Williams, Samuel W. *A syllabic dictionary of the Chinese language：arranged according to the Wu-fang yuen yin, with the pronunciation of the characters as heard in Peking, Canton, Amoy and Shanghai*. Shanghai：American Presbyterian mission press, 1874.

(56. 4. I. 11)

二、汉语学习的语法和手册

1. Aguilar, José de. *El intérprete Chino：coleccion de frases sencillas y analizadas para aprender el idioma oficial de China*. Madrid：Imprenta de Manuel Anoz,1861.

(56. 2. D. 30)

2. Alvarus, Emmanuel. *Emmanuelis Alvarez Institutio grammatica ad sinenses alumnos accomodata auctore P. Angelo Zottoli, S. J*. Shanghai：A. H. De Carvalho,1869.

(56. 3. E. 17)

3. Baldwin, Caleb C. *A manual of the Foochow dialect*. Foochow：Methodist Episcopal mission press,1871.

(56. 2. D. 26)

4. Bayer, Gottlieb S. *Museum sinicum in quo Sinicae linguae et litteraturae ratio explicatur*. Petropoli：Ex typographia Academiae Imperatoriae,1730,2 v.

(56. 1. D. 22—23)

5. Bazin, Antoine P. L. *Mémoire sur les principes généraux du chinois vulgaire*. Paris：Imprimerie royale,1845.

(56. 1. H. 31)

6. Bazin, Antoine P. L. *Grammaire mandarine, ou principe généraux de la langue chinoise parlée*. Paris：Imprimerie royale,1856.

(56. 1. I. 1)

7. Callery, Joseph M. *Systema phoneticum scripturae sinicae*. Macao: [s. n.], 1841.

   (56. 2. E. 2-3; 56. 3. F. 5, vol. 1).

8. *Chinese conversations translated from native authors*. Shanghai: printed at the mission press, 1852.

   (56. 2. B. 25)

9. *Chinese manual: recueil de phrases chinoises composées de quatre caractéres et dont les explications sont rangées dans l'ordre alphabetiques français*. London: Harrison and Sons, 1854.

   (56. 4. K. 2)

10. Edkins, Joseph. *Progressive lessons in the Chinese spoken language with lists of common words and phrases and an appendix, containing the laws of tones in the Peking dialect*. 3. ed. Shanghai: Presbyterian mission press, 1869 (1° ed. 1862).

    (56. 1. D. 25.)

11. Edkins, Joseph. *Introduction to the study of the Chinese characters*. London: Trübner, 1876.

    (56. 2. E. 23.)

12. Edkins, Joseph. *A grammar of the Chinese colloquial language, commonly called the Mandarin dialect*. 2° ed. Shanghai: Presbyterian mission press, 1864 (1° ed. 1857).

    (56. 1. I. 10)

13. Endlicher, Stephan F. L. *Anfangsgründe der Chinesischen Grammatik*. Wien: C. Gerold, 1845.

    (56. 3. F. 37)

14. Fourmont, Etienne. *Linguae sinarum mandarinicae hieroglyficae grammatica duplex, Latine et cum characteribus sinensium: item Sinicorum regiae bibliothecae librorum catalogus: Denuo, cum notitiis amplioribus et charactere sinico*. Lutetiae Parisiorum: Ex typographia Josephi Bullot, 1742.

    (56. 1. K. 23)

15. Gabelenz, Georg von der. *Chinesische Gramatik: mit Ausschluss des niederen Stiles und der heutigen Umgangsprache*. Leipzig: T. O. Weigel, 1881.

    (56. 2. H. 10)

16. Gabelenz, Georg von der. *Anfangsgründe der chinesischen grammatik, mit Uebungsstücken*. Leipzig: T. O. Weigel, 1883.

    (56. 3. E. 10)

17. Giles, Herbert A. *Chinese without a teacher: being a collection of easy and useful sen-

tences in the Mandarin dialect, with a vocabulary. 2° ed. enlarged. Shanghai：Kelly and Walsh, 1887(1° ed. 1872). Altro titolo in caratteri cinesi.

(56. Misc. B. 10. 6)

18. Gonçalves, Joachimo A. *Arte China：constante de alphabeto e grammatica：comprehendendo modelos das differentes composiçoens.* Macao：impressa no real collegio de S. Jose, 1829. Altro titolo in caratteri cinesi.

(56. 1. D. 7；56. 2. C. 5)

19. Gonsalves, Joachimo A. *Grammatica latina ad usum sinensium juvenum.* Macao：in Regali Collegio Sancti Joseph, 1828. Altro titolo in caratteri cinesi.

(56. 2. A. 23)

20. Gonsalves, Joachimo A. *Phrases Sinicae stylo vulgari*, Macao：s. n. , 1841.

(56. Misc. B. 8. 12)

21. Hernisz, Stanislas. *A guide to conversation in the English and Chinese languages for the use of Americans and Chinese in California and elsewhere.* Boston：J. P. Jewett, 1854.

(56. 2. A. 29)

22. Hervey de Saint-Denys, Leon d'. *Recueil de textes faciles et gradués en chinois modèrne, avec un tableau des 214 clefs chinoises et un vocabulaire de tous les mots compris dans les exercices, publié à l'usage des élèves de l'Ecole spéciale des langues orientales.* Paris：Maisonneuve, 1869.

(56. 1. F. 32)

23. Hess, Emil. *Sprechen sie chinesischen?：Chinesischen phraseologie：nebst ausführlicher Grammatik, Dialect von Canton.* Leipzig：C. A. Koch, 1891.

(56. 2. C. 1)

24. Jannet, Pierre. *De la langue chinoise et des moyens d'en faciliter l'usage.* Paris：Libraire A. Franck, 1869.

(56. Misc. B. 4. 9)

25. Julien, Stanislas. *Exercises pratiques d'analyse, de syntaxe et de lexicographie chinoise.* Paris：B. Duprat, 1842.

(56. 1. G. 26)

26. Julien, Stanislas. *Sintaxe nouvelle de la langue chinoise, fondeé sur la position des mots：suivie de deux traités sur les particules et les principaux termes de grammaire et d'une table d'idiotisme.* Paris：Maisonneuve, 1869—1870, 2 v.

(56. 1. I. 2—3)

27. Kainz, Carl. *Praktische Grammatik der chinesischen Sprache für den selbstunterricht, mit lesestücken, einem chinesischen-deutschen und deutsch-chinesischen Wörterbuch.* Wien: A. Hartleben, [s. d.].

(56. 2. A. 7.)

28. Kleczkowski, Michel A. *Cours graduel et complet de chinois parlé et écrit.* Paris: Maisonneuve, 1876.

(56. 4. I. 17)

29. Lanctot, Benoni. *Chinese and English phrase book: with the Chinese pronunciation indicated in English, specially adapted for the use of merchants, travelers and families.* San Francisco: A. Roman & Company, 1867. Altro titolo in caratteri cinesi.

(56. Misc. A. 1. 2)

30. *A lexilogus of the English, Malay and Chinese languages: comprehending the vernacular idioms of the last in the Hokkeen and Canton dialects.* Malacca: at the Anglo-Chinese college press, 1841.

(56. 3. H. 29)

31. Martin, William A. P. *The analytical reader: a short method for learning to read and write Chinese.* Shanghai: Presbyterian mission press, 1863.

(56. 3. F. 26)

32. Medhurst, Walter H. *Chinese dialogues: questions and familiar sentences, literally rendered into English, with a view to promote commercial intercourse and to assist beginners in the language.* 2° ed. Shanghai: Printed at the London mission press, 1863 (1° ed. 1844).

(56. 3. F. 38)

33. Möllendorff, Paul G. *Praktische Anleitung zur Erlernung der hochchinesischen Sprache.* 2. aufl. Shanghai: Kelly and Walsh, 1891 (1° ed. 1880).

(56. 3. B. 16)

34. *Dialogues and detached sentences in Chinese language: with a free and verbal translation in English: collected from various source.* Macao, Honorable East India company's press, 1816.

(56. 3. G. 28.)

35. Perny, Paul H. *Grammaire de la langue chinoise orale et écrite.* Paris: Maisonneuve - Leroux, 1873—1876, 2 v.

(56. 4. I. 14—15; 56. 3. G. 10, 2 v. in 1)

36. Prémare, Joseph-Henri de. *Notitia linguae sinicae.* Malaccae: cura collegii anglo-sini-

ci, 1831.

(56. 2. H. 6;56. 4. I. 1.)

37. Prémare, Joseph-Henri de. *The Notitia linguae sinicae of Premare translated into English by I. G. Bridgam*. Canton：Office of the Chinese repository, 1847.

(56. 3. B. 18)

38. Rémusat, Abel. *Eléments de la grammaire chinoise：ou Principes généraux du kou wen et du kouan-hoa*. Paris：Imprimerie royale, 1822.

(56. 2. B. 12.)

39. Rémusat, Abel. *Eléments de la grammaire chinoise：ou Principes généraux du kou wen ou style antique et du kouan-hoa c' est à dire de la langue commune généralement usitées dans l' Empire chinois*. Nouvelle édition. Paris：Maisonneuve, 1857. Altro titolo in caratteri cinesi.

(56. 3. G. 8)

40. Rémusat, Abel. *Essai sur la langue et la littérature chinoise：avec cinq planches, contenant des textes chinois, accompagnés de traductions, de remarques et d' un commentaire littéraire et grammatical*. Paris：Treuttel et Wurtz, 1811.

(56. 3. B. 9)

41. Rochet, Louis. *Manuel pratique de la langue chinoise vulgaire：contenant un choix de dialogues familiers, de différents morceaux de littérature：précédes d' une introduction grammaticale et suivis d' un vocabulaire de tous les mots renfermés dans le texte*. Paris：M. Legrand, 1846.

(56. 2. E. 24)

42. Rosny, Leon de. *A grammar of the Chinese language*. London：Trübner, 1874.

(56. Misc. B. 8. 24)

43. Rosny, Leon de. *Textes faciles en langue chinoise：publiés à l' usage des éleves de l' Ecole spéciale des langues orientales*. Paris：chez Chauvin lithographe, 1864.

(56. Misc. A. 1. 3)

44. Rudy, Charles. *The Chinese mandarin language after Ollendorff' s new method of learning languages*. Geneva：H. Georg, 1874.

(56. 3. E. 26)

45. Schott, Wilhelm. *Chinesischen Sprachlehre：zum gebrauche bei vorlesungen und zur selbstunterwesung*. Berlin：F. Dümmler, 1857.

(56. 2. H. 1)

46. Severini, Antelmo. *Tavole pittagoriche per comporre e scomporre speditamente i tipi ci-*

nesi. Firenze: Tipografia orientale del R. Istituto di studi superiori pratici e di perfezionamento, 1894.

(56. Misc. B. 6. 21)

47. *Chinese manual: receuil de phrases chinoises composées de quatre caractères et dont les explications sont rangées dans l' ordre alphabétique français*. London: printed by Harrison and sons, 1854.

(56. 4. K. 2)

48. Summers, James. *A handbook of the Chinese language: Part I and II: Grammar and chrestomathy prepared with a view to initiated the student of Chinese in the rudiments of this language and to supply materials for his early studies*. Oxford: University press, 1863.

(56. 2. D. 6)

49. Summers, James. *The rudiments of the Chinese language, with dialogues, exercises and a vocabulary*. London: B. Quaritch, 1864.

(56. 1. A. 2)

50. Thom, Robert. *The Chinese speaker: or, Extracts from works written in the Mandarin language as spoken at Peking*. Ningpo: Presbyterian mission press, 1846.

(56. 2. E. 28)

51. Vitale, Eduardo. *Grammatica cinese: con temi, letture e piccolo vocabolario nonché tavola delle 214 chiavi*. Napoli: Tip. L. Gargiulo, 1888.

(56. 1. I. 5.)

52. Wade, Thomas F. *The Peking sillabary: being a collection of the characteristics representing the dialect of Peking: arranged after a new orthography in syllabic classes, according to the four tones designed to accompany the Hsin Ching Lu, or Book of Experiments*. Hongkong: [s. n.], 1859.

(56. 4. K. 4)

53. Williams, Samuel W. *Easy lessons in Chinese: or progressive exercises to facilitate the study of that language*. Macao: printed at the Office of the Chinese repository, 1842.

(56. 1. I. 7)

54. Zottoli, Angelo. *Cursus litteraturae sinicae neo-missionariis accomodatus*. Shang-hai: Ex typographia missionis catholicae, 1879—1882, 5 v.

(56. 2. D. 1—5)

（译者单位：南开大学汉语言文化学院）

1867年以前中籍西译要目*

□ [英]伟烈亚力（Alexander Wylie） 著
□ 马　军　译

《易经》

拉丁文本：

Y-KING antiquissimus sinarum liber quem（《易经：中国最古之书》），耶稣会士雷孝思（Regis）① 译，摩尔（Julius Mohl）② 编辑，斯图加特、图宾根1834年版。

《书经》

英文本：

ANCIENT CHINA , The Shoo king , or the Historical Classic：

---

* 本文译自英国近代传教士、汉学家伟烈亚力（Alexander Wylie，1815—1887年）所撰《中国文献记略》（Notes on Chinese literature，上海美华书馆1867年版）第 xiv 至 xxviii 页，原标题为 Translations of Chinese Works into European Languages，现标题是译者所加。原文无注释，注释是译者所加。翻译过程中，对国内学者熟知的汉籍背景材料作了删节。读者要更详细、更全面地了解近代汉书西译的情况，还可参见一、法国汉学家高第（Henri Cordier，1849—1925年）所著《西人论中国书目》（Bibliotheca Sinica，1878—1924年版）；二、王尔敏编：《中国文献西译书目》，台湾商务印书馆1975年11月版；三、马祖毅、任荣珍：《汉籍外译史》，湖北教育出版社1997年10月版等。——编者注

① 雷孝思（1663—1738年），法国耶稣会士，1689年来华。
② 摩尔（1800—1876年），德国汉学家，长期旅居法国。

· 235 ·

Being the most ancient authentic record of the annals of the Chinese empire(《古代中国：最古的真实记录》)，麦都思(W. H. Medhurst, Sen)③据最新注释本译，上海1846年版。

法文本：

　　LE CHOU-KING, un des livres sacrés des Chinois, qui renferme les Fondements de leur ancienne Histoire, les Principes de leur Gouvernement & de leur Morale(《书经：中国圣书之一，包含着古代历史的建立、政府和道德的基本原则》)，已故在华传教士宋君荣(Gaubil)④译注。德经(De Guignes)⑤对中文原文作了审订，附有新注、铜版画插图、有关《书经》遗漏之历史人物的许多材料，以及对《书经》所述时代的一个扼要研究和对《易经》等其他中国圣书的介绍。巴黎1770年版。

《诗经》

拉丁文本：

　　CONFUCII CHI-KING, sive Liber Carminum(《孔夫子〈诗经〉》)，孙璋(Lacharme)⑥译，摩尔编辑，斯图加特、图宾根1830年版。

《礼记》

法文本：

　　LI-KI ou Mémorial des Rites(《礼记》)，加略利(J. M. Callery)⑦首次译自中文，附有注释、评论和原文，都灵1853年版。

《春秋》

拉丁文译文：

　　巴耶尔(Bayer)⑧将其译成拉丁文，连同汉文，刊发在《彼得堡学术评论》(*Commentaira Academiae Petropolitanae*)第7卷，第398页起至末页。

---

③ 麦都思(1796—1857年)，英国伦敦会传教士、汉学家。
④ 宋君荣(1689—1759年)，法国耶稣会士、汉学家，1721年来华。
⑤ 德经(1721—1800年)，法国汉学家。
⑥ 孙璋(1695—1767年)，法国耶稣会士，1728年来华。
⑦ 加略利(1810—1862年)，法国外交翻译官、汉学家，原籍意大利，1836年首次来华。
⑧ 巴耶尔(1694—1738年)，德国东方学家，曾受彼得一世邀请，入俄国科学院主持古代和东方语言教研室。

《周礼》

英文本：

THE CEREMONIAL USAGES OF THE CHINESE（《中国礼仪的用法》），金执尔（William Raymond Gingell）⑨据中文译注，伦敦1852年版。

法文本：

LE TCHEOU-LI ou Rites des Tcheou（《周礼》），已故的毕瓯（Edouard Biot）⑩首次译自中文，有图表分析，巴黎1851年版。

《大学》

英文本：

TRANSLATION OF TA-HIO（《〈大学〉译文》），马礼逊（Morrison）⑪译，收入其于1812年在伦敦出版的《中国女神》（Horae Sinicae）。蒙蒂西（Montucci）⑫后来将该书与伦敦1817年版的 A Parallel drawn between the two intended Chinese Dictionaries 一同重刊。

TA-HYOU（《大学》），有练习集和每个字的注释，收入马士曼（Marshman）⑬的《汉语要素》（Elements of Chinese Grammar），赛兰布尔（Serampore）1814年版。

The Great Lesson of Life（《人生大课》），奚礼尔（C. B. Hillier）⑭译，刊《皇家亚洲文会中国支会报》（Transactions of the China Branch of the Royal Asiatic Society）第三册，香港，1851—1852年。

法文、拉丁文、中文合刊本：

LE TA HIO, ou la Grande Etude（《大学》），鲍狄埃（G. Pauthier）⑮译，包括完整的朱熹注等多种注释，巴黎1837年版。

拉丁文、中文合刊本：

CONFVCII TA HIO sive Philosophia cum interpretatione et scholiis qui busdam（《儒学〈大学〉》），最早的一个汉、拉丁文对照译文，刊于拜耶尔的《中国博物》（Museum Sinicum）第2卷，第237至256页，1730年版。

---

⑨ 金执尔，英国外交官，曾任驻厦门和汉口领事。
⑩ 毕瓯（1803—1850年），法国汉学家。
⑪ 马礼逊（1782—1834年），英国伦敦会传教士，汉学家，1807年来华。
⑫ 蒙蒂西（1764—1829年），意大利汉学家。
⑬ 马士曼（1768—1837年），英国浸礼会传教士。
⑭ 奚礼尔（？—1856年），英国商人、外交官。
⑮ 鲍狄埃（1803—1873年），旧译"颇节"，法国汉学家。

《中庸》

拉丁文、中文合刊本：

TCHUNG YUNG(《中庸》)，殷铎泽(Prosper Intorcetta)⑯译，果阿1676年版。1672年收入泰维诺(Thevenot)的《各种奇异旅行的叙述》(Relations de divers Voyages curieux)时略去了汉文，题为《中国政治道德学》(Sinarum scientia politico-moralis)。同样的译文又载《维也纳残羹》(Analecta Vindobonensia)，以及卡略里(Carheri)的《中国杂记》(Notizie varie dell Imperio della China)，1687年版，题为《中国孔子主张的平衡学说》(Scientiae Sinicae liber inter Confucii libros secundus)。

中文、满文、拉丁文、法文合刊本：

L' INVARIABLE MILIEU(《不变的中道》)，雷慕沙(Abel Rémusat)⑰译注，卷首有"四书"的提要，巴黎1817年版。

《论语》

德文本：

WERKE DES TSCHINESISCHEN WEISEN KUNG—FU—DSU UND SEINER SCHULER(《孔子与其学生的对话集》)，芍兑(Wilhelm Schott)⑱译注，哈雷(Halle)1826年版，2卷。

英文、中文合刊本：

THE WORKS OF CONFUCIUS(《孔子著作》)，文前有一篇关于汉语言文字的论文，马士曼译，塞兰布尔1809年版。(此书仅译出了《论语》的前半部分。)

《孟子》

拉丁文、满文、中文合刊本：

MENG-TSEU vel Mencium inter Sinenses philosophos, ingenio, doctrina, nominisque claritate Confucio proximum(《孟子的哲学、才干和信条》)，儒莲(Stanislas Julien)⑲译注，巴黎1824年版，2卷，中文原文在第1卷。

---

⑯ 殷铎泽(1625—1696年)，意大利耶稣会士。
⑰ 雷慕沙(1788—1832年)，法国汉学家。
⑱ 芍兑(1807—1889年)，德国汉学家。
⑲ 儒莲(1799—1873年)，法国汉学家。

儒经合编

拉丁文、中文合刊本：

Ta-hio(《大学》)，附有《论语》的第一部分，郭纳爵(Ignatius da Costa)[20]译，江西建昌府 1662 年版。

法文本：

TA-HIO(《大学》)、*TCHONG-YONG*(《中庸》)，韩国英(Cibot)[21]译，刊于《中国杂纂》(*Mémoires concernant l'histoire, les sciences, les arts, les moeurs, les usages, &c. des Chinois*)，第一册，第 432—497 页。

CONFUCIUS ET MENCIUS(《孔子和孟子》)，鲍狄埃译，"四书"合编，巴黎 1841 年版。

LES LIVRES CLASSIQUES de l'empire de la Chine(《经书》)，这是卫方济《中国六经》拉丁文本的法译，书前有他对中华帝国的起源、自然情况、道德哲学的作用以及政治的观察，巴黎 1784 年版，7 卷。

LES LIVRES SACRES DE L'ORIENT(《东方圣书》)，收有《书经》、"四书"、《摩奴法典》、《古兰经》，鲍狄埃译，巴黎 1841 年版。

拉丁文本：

CONFUCIUS SINARUM PHILOSOPHUS(《中国哲学家孔子》，又名《西文"四书"直解》)，耶稣会士殷铎泽、恩理格(Christiani Herdtrich)、鲁日满(Francisci Rougemont)、柏应理(Philippi Couplet)[22]译，作为郭纳爵《大学》译本和殷铎泽《中庸》译本的新版对开本，收有《大学》、《中庸》、《论语》译文，无中文原文，附有柏应理所作中华帝国编年表，巴黎 1687 年版。

SINENSIS IMPERII LIBRI CLASSICI SEX(《中国六经》)，耶稣会士卫方济(Fr. Nöel)[23]译，布拉格 1711 年版，收"四书"及《孝经》、《小学》。

英文本：

THE CHINESE CLASSICAL WORKS(《中国经书》)，牧师库利(David Collie)[24]译，"四书"合编，马六甲 1828 年版。

---

[20] 郭纳爵(1599—1666 年)，葡萄牙耶稣会士，1634 年来华。

[21] 韩国英(1727—1780 年)，法国耶稣会士，1759 年来华。

[22] 恩理格(1624—1684 年)，奥地利耶稣会士。鲁日满(1624—1676 年)，比利时耶稣会士。柏应理(1623—1692 年)，比利时耶稣会士。

[23] 卫方济(1651—1729 年)，比利时耶稣会士，1687 年来华。

[24] 库利(？—1828 年)，英国伦敦会传教士。

俄文本：

SY CHOU GHEI, to iest' Tchetyre Knighi[25]（《四书解义》），列昂季耶夫（Alex. Leontief）[26]译自汉、满文，圣彼得堡科学院，1780年。

英文、汉文合刊本：

THE CHINESE CLASSICS（《中国经典》），伦敦会理雅各（James Legge）[27]译注，计划出7卷，1861—1865年间已出3册。第1卷收有《论语》、《大学》、《中庸》，第2卷收有《孟子》，第3卷收有《书经》。一个未收中文原文的简略译本由屈布纳（Trübner）先生出版，标题为《孔子的生活和学说：带注释》（The Life and Teachings of Confucius, with explanatory notes）。

《孝经》

英译文：

裨治文牧师（Rev. Dr. Bridgman）[28]译，刊《中国丛报》（Chinese Repository），第4册，第345—353页。

法文本：

HIAO-KING, OU Livre Canonique sur la Piété Filiale（《孝经》），作为《古今中国人关于孝的主张》（Doctrine ancienne et nouvelle des Chinois, sur la Piété Filiale）一文，收入《中国杂纂》第28—76页，巴黎1779年版。

《竹书纪年》

英文本：

THE ANNALS OF THE BAMBOO BOOKS（《竹书纪年》），理雅各译，插入其所译的《书经》序言中，第105—183页，香港1865年版。

法文本：

TCHOU-CHOU-KI-NIEN, ou Tablettes Chronologiques du livre écrit sur bambou（《竹书纪年》），毕瓯译，巴黎1842年版。此前曾连载在《亚洲报》（Journal Asiatique）1841年12月和1842年1月。

---

[25] 此处伟烈亚力用英文字母替写俄文，俄文书名应为 Сы шу гэи, то есть четыре книги。
[26] 列昂季耶夫（А. Л. Леонтьев, 1716—1786年），俄国传教士、汉学家，1742年来华。
[27] 理雅各（1814—1897年），英国伦敦会传教士、汉学家。
[28] 裨治文（1801—1861年），美国公理会传教士，1830年来华。

《通鉴纲目》

法文本：

HISTOIRE GENERALE DE LA CHINE(《中国通史》)，北京传教士冯秉正(J. A. Marie de Moyriac de Mailla)㉙，巴黎 1777—1785 年版，13 卷。

《洛阳伽蓝记》

德文本：

PILGERFAHRTEH BUDDHISTISCHER PRIESTER von China nach India(《由华赴印朝圣的佛徒》)，内曼(C. F. Neumann)㉚译自《洛阳伽蓝记》第 5 册，柏林 1833 年版。

《佛国记》

法文本：

FOE KOUE KI ou Relation des Royaumes Bouddhiques(《佛国记》)，雷慕沙译注，未完成即去世，后由克拉普罗特(Klaproth)和兰德雷斯(Landresse)㉛增补修订，巴黎 1836 年版。后收入夏赫东(Charton)的《古今旅行者》(*Voyageurs Anciens et Modernes*)第 1 卷，加插图，巴黎 1862 年版。

英文本：

THE PILGRIMAGE OF FA HIAN(《法显的朝圣》)，赖得利(J. W. Laidley)译自雷慕沙、克拉普罗特、兰德雷斯的《佛国记》法文本，加注释和插图，加尔各答 1848 年版。

《大慈恩寺三藏法师传》

法文本：

HISTOIRE DE LA VIE DE HIOUEN—THSANG(《玄奘生平》)，儒莲译自中文，巴黎 1853 年版。

㉙ 冯秉正(1669—1748 年)，法国耶稣会士，1703 年来华。

㉚ 内曼(1793—1870 年)，德国汉学家，1829 年来华。

㉛ 克拉普罗特(1783—1835 年)，德国东方学家。兰德雷斯，生卒年不详，法国汉学学者，雷慕沙的学生。

《大唐西域记》

法文本：

MEMOIRES SUR LES CONTREES OCCIDENTALES(《西方的国度》)，儒莲译自中文，巴黎 1857 年版，2 卷。

《真腊风土记》

法文本：

DESCRIPTION DU ROYAUME DE CAMBOGE(《柬埔寨王国概述》)，书前有取自中文材料的该国编年，雷慕沙译，巴黎 1819 年版。此前曾刊发在《旅行编年消息》(*Nouvelles Annales des Voyages*)第 3 卷，和《新亚洲论集》(*Nouveaux Mélanges Asiatiques*)第 1 卷，1829 年版。

《卫藏图识》

俄文本：

OPISANIE TIBETA v' nynechnem' ego sostoianii㉜(《西藏志》)，比丘林(Father Hyakinth)㉝译，圣彼得堡 1828 年版。

法文本：

DESCRIPTION DU TUBET(《西藏概述》)，克拉普罗特根据比丘林的俄文本，经核对中文原本精译而成，巴黎 1831 年版。

《海岛逸志》

英文本：

THE CHINAMAN ABROAD(《海外华人》)，麦都思译，1849 年收入上海《中国杂录》(*Chinese Miscellany*)第 2 册。

《异域录》

英文本：

NARRATIVE OF THE CHINESE EMBASSY TO THE KHAN OF THE TOURGOUTH TARTARS(《中国使臣晋见吐尔扈特汗的经过》)，小斯当东爵士(Sir George Thomas

---

㉜ 此处用英文字母替写，俄文书名应为 Описание Тибта в нынешнем его состоянии。

㉝ 比丘林(Н. Я. Бичурин，1777—1853 年)，俄国传教士、汉学家，1807 年来华。

Staunton)㉞译自汉文,附有多种译文,伦敦巴塞洛谬 1821 年版。

俄文本:

*POUTECHESTVIE KITAISKAGO poslanika Kalmuitskomou Aiouke Khanou se opisaniemm zemell i opuitchaeff Rossiiskikh*㉟(《图理琛异域录》),列昂季耶夫译,莫斯科 1782 年版。

《靖海氛记》

英文本:

HISTORY OF THE PIRATES(《海盗史》),内曼译,有注释和图表,伦敦 1831 年版。

英译本:

TSING HAI FUN KI(《靖海氛记》),施赖德(John Slade)译,刊《澳门杂录》(*Canton Register*)第 11 卷,第 8 期起。

《大清律例》

英译文:

TA TSING LEU LEE(《大清律例》),小斯当东译,附有原始文件和注释,伦敦 1810 年版。

法文本:

TA TSING LEU LEE(《大清律例》),小斯当东英文译著的法译,克鲁瓦(Felix Renouard de Sainte Croix)译注,巴黎 1812 年版。

《小学》

英文本:

裨治文选译第一、二册,连载《中国丛报》第 5 卷第 81—87、305—316,第 6 卷第 185—188、393—396、562—568 页。

《三字经》

英文本:

A TRANSLATION OF SAN-TSI-KING(《三字经》),马礼逊译,收入《中国女神》

㉞ 小斯当东(1781—1859 年),英国汉学家、外交官。

㉟ 此处用英文字母替写,俄文书名应为 *Путешествие китайского посланника Тулишения к калмыцкому Аюке-хану*。

(*Horae Sinicae*),1812 年版。蒙蒂西 1817 年重版。

SANTSZE KING(《三字经》),裨治文译,刊《中国丛报》第 4 卷,第 105—118 页。部分译文后收入裨治文 1841 年版的《汉文文献》(*Chinese Chrestomathy*)第 9—16 页。

THE SAN-TSZE-KING(《三字经》),马兰(Rev. S. C. Malan)选译,伦敦 1856 年版。

英文、中文合刊本:

SAN-TSZE-KING(《三字经》),附有一表收 214 个汉字部首,儒莲译,巴黎 1864 年版。

德文、中文合刊:

DIE ENCYCLOPADIE DER CHINESISCHEN JUGEND(《中国青年百科词典》),内曼译,收入《中国学堂》(*Lehrsaal des Mittelreiches*)第 19—26 页,也收有中文,慕尼黑 1836 年版。

俄文本:

SAN-TSEUI-TSEENG㊱(《三字经》),有中文原文及俄文简明注释。

《千字文》

英文、中文合刊:

THE THOUSAND-CHARACTER CLASSIC(《千字文》),基德(S. Kidd)㊲译,作为附录收入 1831 年《英华书院报告》(*Report of the Anglo-Chinese College*),中文在最后。

英文本:

THE 1000 CHARACTER CLASSIC(《千字文》),麦都思译,作为附录收入他的《汉语、朝鲜语、日语对应词汇》(*Translation of a Comparative Vocabulary of the Chinese, Corean, and Japanese languages*),巴达维亚 1835 年版。

TSEEN TSZE WAN(《千字文》),裨治文译,刊《中国丛报》第 4 卷,第 229—243 页。

德文本:

TSIAN DSU WEN(《千字文》),霍夫曼(J. Hoffmann)㊳译,莱登 1840 年版。是书亦为谢博德(Siebold)㊴和霍夫曼《日本图书馆》(*Bibliotheca Japonica*)的第三册。

㊱ 此处用英文字母替写,俄文书名应为 *САНЪ-ЦЗЫ-ЦЗИНЪ*。
㊲ 基德(1799—1843 年),英国伦敦会传教士、汉学家。
㊳ 霍夫曼(1805—1878 年),荷兰汉学家、日本学家。
㊴ 谢博德,生卒年不详,荷兰日本学家。

法文、中文合刊本：

THSIEN-TSEU-WEN(《千字文》)，儒莲译注，巴黎 1864 年版。

《京韵幼学诗题》

英文本：

KEENYUN YEWHEO SHETEE(《京韵幼学诗题》)，裨治文译，刊于《中国丛报》第 4 卷，第 287—291 页。

《圣谕广训》

英文本：

THE SACRED EDICT(《圣谕》)，米怜(Rev. William Milne)⑩，译自汉文，伦敦 1817 年版。

TRANSLATION of a portion of the Emperor Yong-tching's Book of Sacred Instructions (《雍正皇帝圣谕选译》)，小斯当东译，刊《中国杂录》(Miscellaneous Notices relating to China)第 1—56 页，伦敦 1859 年版。

英文、汉文合刊本：

FIRST CHAPTER OF THE SHENG YU KUNAG HSUN(《圣谕广训》第一章)，威妥玛(Thomas Francis Wade)⑪译，收入他的《寻津录》(Hsin Ching Lu)第 45—60 页，香港 1859 年版。

俄文本：

MANJOURSKAGO I KITAISKAGO KHANA KAN'-SHA KNIGA⑫(《世祖圣训》)，阿加福诺夫(Alexis Agafonof)⑬译，彼得堡 1788 年版。

《孙子》

法文本：

LES TREIZE ARTICLES(《十三篇》)，钱德明(Amiot)⑭译自满文，收入他的 Art Millitaire des Chinois(《中国军事艺术》)，巴黎 1772 年初版。1782 年收入《中国杂

---

⑩ 米怜(1785—1822 年)，英国伦敦会教士，1813 年来华。

⑪ 威妥玛(1818—1895 年)，英国外交官、汉学家，1840 年来华。

⑫ 此处用英文字母替写，俄文书名应为 Манжурско и китайского Шунь—Джихана книга。

⑬ 阿加福诺夫(А. Агафонов，1751—1794 年，另一资料为 1758—1793 年)，俄国东正教驻北京传道团第六届学员、汉学家。

⑭ 钱德明(1718—1793 年)，法国耶稣会士、汉·满学家。

纂》第 7 册。

《吴子》

法文本：

LES SIX ARTICLES(《六篇》),钱德明译自满文,收入《中国军事艺术》。

《司马法》

法文本：

LES CINQ ARTICLES(《七篇》),钱德明译自满文,收入《中国军事艺术》。

《洗冤录》

荷兰文本：

GEREGTELIJKE GENEESKUNDE,德理格斯(C. F. M. de Grijis)⑮译,收入 Verhandelingen van Het Bataviaasch Genootschap van Kunsten en Wetenschapen 第 30 卷,巴达维亚 1863 年版。

法文本：

Notice du livre Chinois Si-yuen(《洗冤录提要》),收入《中国杂纂》第 421—440 页,巴黎 1779 年版。

英文本：

Chinese Medical Jurisprudence(《中国法医学》),刊《皇家亚洲文会中国支会报》第 4 册,第 87—91 页。

Se Yuen Luh(《洗冤录》),哈兰(W. A. Harland)译注,附有一系列案例,香港 1855 年版。

《农政全书》

英文选译本：

DISSERTATION ON THE SILK-MANUFACTURE(《丝的制作》),麦都思译自《农政全书》第 31—34 卷,刊《中国杂录》第 3 册。

《桑蚕辑要》

法文本：

RESUME DES PRINCIPAUX TRAITES CHINOIS sur la culture des Muriers et l'edu-

---

⑮ 德理格斯,荷兰东方学者,生卒年不详。

cation des Vers a Soie(《关于桑蚕种植的中国资料》),儒莲奉公共工程部(Ministre des Travaux publics)之命,译自《授时通考》(Cheou-chi-thong-kao)的第72至76册,巴黎1837年版。德理文(d'Hervey-Saint-Denys)[46]为此书所列的提纲,作为附录刊在其所著的《对中国人的农业及园艺的研究》(Recherches sur l'agriculture et l'horticulture des Chinois)第221—258页。

意大利文本:

DELL'ARTE DE COLTIVARE I GELSI(《养蚕技艺》),博纳福(Mattes Bonafous)转译自儒莲的法译本,都灵1837年版。

德文本:

UEBER MAULBEERBAUMZUCHT und Erziehung der Seidenraupen(《桑蚕种植》),林德尔(Ludwig Lindner)转译自儒莲的法译本,斯图加特和图宾根1837年版。1844年重版时加一副标题 Zweite Auflage vermehrt mit Zusatzen und Anmerkungen von Theodor Mogling(《重版及西奥多·穆格林所作的附录和注释》)。

英文本:

SUMMARY OF THE PRINCIPAL CHINESE TREATISES upon the Culture of the Mulberry and Rearing of Silkworms(《关于桑蚕种植的中国资料》),此书是儒莲法文本的英文转译,华盛顿1838年版。

俄文本:

O KITAISKOM CHELKOVODSTVE izvletchenno iz podlinnikh kiaiskikh sotchinenii(《中国的桑蚕种植》),这是儒莲法译本的俄文转译,圣彼得堡1840年版。

《图注脉诀辨真》

拉丁文本:

SPECIMEN MEDICINAE SINICAE(《中医临床》),索斯-卡赛拉努斯(Andreas Cleyer Has sos-Casselanus)编,法兰克福1682年版。完整收有卜弥格(Michael Boym)[47]所译的这部托名于王叔和的伪作。

法文本:

SECRET DU POULS(《脉经》),赫苍璧(Hervieu)[48]节译自中文,收入杜赫德(Du halde)[49]的《中华帝国全志》(Description Geographique, Historique, Chronologique,

---

[46] 德理文(1823—1892年),法国汉学家。
[47] 卜弥格(1612—1659年),波兰耶稣会士。
[48] 赫苍璧(1671—1745年),法国耶稣会士,1701年来华。
[49] 杜赫德(1674—1743年),法国耶稣会士。

Politique, et Physique de l'Empire de la Chine et de la Tartarie Chinoise)第 3 卷,第 384—436 页,巴黎 1735 年版。

英文本:

收入杜赫德《中华帝国全志》英文本 8 开本第 3 卷第 366—465 页,伦敦 1736 年版;对开本第 2 卷第 184—207 页,伦敦 1741 年版。

《周髀算经》

法文本:

TRADUCTION ET EXAMEN D'UN ANCIEN OUVRAGE CHINOIS intitulé Tcheou—pei(《对中国古书〈周髀〉的译注》),毕瓯译,巴黎 1842 年版。此前曾刊《亚洲报》(Journal Asiatique)1841 年 6 月号。

TEXTES DU LIVRE, ou Fragment du livre Tcheou-pey(《周髀片段》),这是对此书最初部分的翻译,收入宋君荣的《中国天文学史》(Histoire de l'Astronomie Chinoise),载《耶稣会士书简集》(Lettres Edifiantes et Curieuses)第 26 卷,巴黎 1781 年版,图卢兹 1811 年版。

英文本:

Jottings on the Science of the Chinese(《中国算学笔记》),伟烈亚力译,刊《北华捷报》(North-China Herald)1852 年,《上海年鉴与杂录》(Shanghai Almanac and Miscellany)1853—1854 年、《中日丛报》(Chinese and Japanese Repository)1864 年重刊。

德文本:

Die Arithmetik der Chinesen(《中国算学》),比尔纳茨基(K. L. Biernatzki)译,刊格勒(Grelle)的《理论和应用数学杂志》(Journal für die reine und angewandte Mathematik),1856 年。

《钱志新编》

英文本:

CHINESE COINAGE(《中国铸币》),奚礼尔选译,收有原著全部 329 幅中国及邻近国家的货币图解,刊于《皇家亚洲文会中国支会报》第 2 册。

《景德镇陶录》

法文本:

HISTOIRE ET FABRICATION DE LA PORCELAINE CHINOISE(《中国陶瓷制作史》),儒莲译,附有赛夫勒帝国瓷器制造化学家萨勒维塔(Alphonse Salvétat)所作

的注释和补充,以及霍夫曼译自日文的《关于日本瓷器的一篇论文的增补充》,巴黎 1856 年版。

《天主实义》

法文本:

ENTRETIENS, d'un Lettré Chinois et d'un Docteur Européen, sur la vraie idée de Dieu(《中国文人与欧洲学人关于神之真实含义的对话录》),雅克神父(Father Jacques)译,刊《耶稣会士书简集》第 25 卷,第 143—385 页,图卢兹 1811 年版。

《三国演义》

法文本:

SAN-KOUE-TCHY(《三国演义》),帕维(Théodore Pavie)[50]译自皇家图书馆(Bibliotheque Royale)所藏的满、汉文本,2 卷,仅收有该书的前 44 回。

《正德皇帝游江南传》

英文本:

THE RAMBLES OF THE EMPEROR CHING TIH IN KEANG NAN(《正德皇帝游江南》),马六甲英华书院(Anglo-Chinese College)学生金生(Tkin shen,译音)译,该院院长理雅各作序,2 卷,伦敦 1846 年版。纽约重版。

《好逑传》

英文本:

HAU KIOU CHOAAN(《好逑传》),附有:一、中国戏剧的情节和故事。二、中国谚语集。三、中国诗歌片段。4 册,伦敦 1761 年版。此书译者不详,译稿发现自一个叫威尔金斯(Wilkinson)的绅士的文稿中,他偶尔到广州,学习中文,文稿的时间是 1719 年,这是他留在中国的最后一年,他死于 1736 年。前 3 册书用英文,第 4 册用葡萄牙文。德罗莫尔主教(Bishop of Dromore)帕西(Dr. Percy)[51]将最后一册译成英文,并编辑了此书。

THE FORTUNATE UNION(《幸福姻缘》),德庇时(John Francis Davis)[52]译注,有图,附有一出中国悲剧,伦敦 1829 年版,2 卷。

---

[50] 帕维(1811—1896 年),法国东方学者,儒莲的学生。
[51] 帕西(Dr. Percy,1729—1811 年),英国传教士、东方学者。
[52] 德庇时(1795—1890 年),英国外交官、汉学家。

法文本：

HAO-KHIEOU-TCHOUAN(《好逑传》)，基尧得·德阿赫西(Guillard D'Arcy)，巴黎 1842 年版。

德文本：

德·穆尔(De Murr)转译自英文本，莱比锡 1776 年版。

荷兰文本：

CHINEESCHE GESCHIEDENIS(《中国的离婚》)，阿姆斯特丹 1767 年版。

《玉娇梨》

法文本：

IU-KIAO-LI, ou les Deux Cousines(《玉娇梨(双堂妹)》)，雷慕沙译，序言收有中、欧小说对照表，巴黎 1826 年版，4 卷。小斯当东所译的《异域录》第一个附录，即 227—242 页中收有《玉娇梨》前四回的摘要。

YU-KIAO-LI(《玉娇梨》)，儒莲新译，具有历史感和哲理性的评论，巴黎 1864 年版，2 卷。

英文本：

THE TWO FAIR COUSINS(《双堂妹》)，伦敦 1827 年版，2 卷。

《平山冷燕》

法文本：

PING-CHAN-LING-YEN(《平山冷燕》)，儒莲译，巴黎 1860 年版，2 卷。

《白蛇精记》

法文本：

BLANCHE ET BLEUE(《白和青》)，儒莲译，巴黎 1834 年版。

《王娇鸾百年长恨》

英文本：

WANG KEAOU LWAN PIH NEEN CHANG HAN(《王娇鸾百年长恨》)，斯罗思(Sloth)译，广州 1839 年版。斯罗思是罗伯聘(Robert Thom)[53]的笔名。

德文本：

WANG KEAOU LWAN PIH NEEN CHANG HAN(《王娇鸾百年长恨》)，冯·阿道

---

[53] 罗伯聘(1807—1846 年)，英国外交官、汉学家。

夫·波特格(Von Adolf Böttger)转译自英文本,莱比锡1846年版。

《三舆楼》

英文本：

SAN-YU-LOW(《三舆楼》),德庇时译自中文,广州1816年版。一个题为"The Three Dedicated Chambers"的修订本1822年出版于伦敦,收入在《中国小说：译自原文》(Chinese Novels, translated from the originals)第153—224页。

《合影楼》

英文本：

THE SHADOW IN THE WATER(《水中影》),德庇时译自中文,收入《中国小说：译自原文》第51—106页。

《夺锦楼》

英文本：

THE TWIN SISTERS(《孪生姐妹》),德庇时译自中文,收入《中国小说：译自原文》第107—151页。

《行乐图》

法文本：

HING-LO-TOU(《行乐图》),儒莲译,作为附录收入其译的《赵氏孤儿》(Tchao-chi-kou-eul)第193—262页,巴黎1834年版。后又收入《印度寓言神话诗歌杂译集》(Les Avadanas Contes et Apologues Indiennes)第3卷,第62—174页,巴黎1859年版。

《刘小官雌雄兄弟》

英文本：

TSE-HIONG-HIONG-TI(《雌雄兄弟》),儒莲译,作为附录收入其译的《赵氏孤儿》第263—322页。后又收入《印度寓言神话诗歌杂译集》第3卷,第175—272页,巴黎1859年版。

《范鳅儿双镜重圆》

中文、英文合刊本：

FAN-HY-CHEU(《范希周》),有注释及一个简短的中文语法,魏斯顿(Stephen Weston)译,伦敦1814年版。

《宋金郎团圆破毡笠》

英文本：

THE AFFECTIONATE PAIR(《恩爱伴侣》),托马斯(P. P. Thomas)译,伦敦1820年版。

《四十二章经》

英文本：

THE SUTRA OF THE FORTY—TWO SECTIONS,随军牧师毕尔(S. Beal)[54]译,刊于《皇家亚洲文会报》(*The Journal of the Royal Asiatic Society*),第19卷,第337—349页。

《金刚般若波罗密经》

英文本：

VAJRA—CHHEDIKA(《金刚经》),毕尔译自中文,刊于《皇家亚洲文会报》新刊第1卷,第124页,伦敦1865年版。

德文本：

施密特(Schmidt)[55]译自藏文,刊于《圣彼得堡科学院论文集》(*Mémoires de l'Academie des sciences de Saint Petersbourg*),第6辑,第4册,第126页起至末页。

《摩诃般若波罗密多心经》

英文本：

THE PARAMITA—HRIDAYA SUTRA(《摩诃般若波罗密多心经》),毕尔译自中文,刊于《皇家亚洲文会报》新刊第1卷,第25—28页,伦敦1865年版。

《阿密陀经》

英文本：

BRIEF PREFATORY REMARKS TO THE TRANSLATION OF THE AMITABHA SUTRA(《阿密陀经》),毕尔译自中文,刊于《皇家亚洲文会报》新刊第2卷,第136—144页,伦敦1866年版。

---

[54] 毕尔(1852—1889年),英国佛学家。

[55] 施密特(И. Я. Шмидт,1779—1847年),俄国蒙、藏学家。

《壹输庐迦论》

英文本：

A BUDDHIST SHASTRA（《一篇佛经》），艾约瑟（J. Edkins）[56]译自中文，有注释，刊于《上海文理学会报》（*Journal of the Shanghai Literary and Scientific Society*）第 107—128 页，上海 1858 年版。

《语林》

法文选译本：

LES AVADANAS Contes et Apologues indiens inconnus jusqu'a ce jour suivis de Fables, de Poésies et de Nouvelles Chinoises（《印度中国寓言神话诗歌杂译集》），儒莲译，巴黎 1859 年版，3 卷。

《佛门源流录·教理问答》

英文本：

THE CATECHISM OF THE SHAMANS（《沙门教理问答》），内曼译自中文，有注释和插图，伦敦 1831 年版。

《道德经》

法文、汉文合刊本：

LAO TSEU TAO TE KING（《老子道德经》），儒莲译注，巴黎 1842 年版。

法文、拉丁文、汉文合刊本：

TAO-TE-KING, ou Le Livre de la Raison Supreme et dela Vertu（《道德经：至理与善》），欧洲首刊本，收有薛蕙的完整注释，鲍狄埃译，第 1 分册，巴黎 1838 年版。

《太上感应篇》

法文本：

LE LIVRE DES RECOMPENSES ET DES PEINES（《报应和苦难》），雷慕沙译注，巴黎 1816 年版。

TRAITE DES RECOMPENSES ET DES PEINES（《报应和苦难》），克拉普罗特译，收入其编的《满文文献》（*Chrestomathie Mandchou*）第 211—221 页，满文原文在该书的第 25—36 页，巴黎 1828 年版。

---

[56] 艾约瑟（1823—1905 年），英国伦敦会传教士、汉学家。

英文本：

Kàn Ying Pèen（《感应篇》），刊于 1830 年版《广州纪录报》（Canton Register）。

法文、汉文合刊本：

LE LIVRE DES RECOMPENSES ET DES PEINES（《报应和苦难》），儒莲译注，巴黎 1835 年版。

《文昌帝君阴骘文》

法文本：

LE LIVRE DE LA RECOMPENSE DES BIENFAITS SECRETS（《秘善报应》），德·罗西尼（Léon de Rosny）译，巴黎 1856 年版。首刊《基督教哲学编年》（Annales de Philosophie Chrétienne），第 4 卷，第 14 期。

《愚公遇灶神记》

法文本：

LA VISITE DE L'ESPRIT DU FOYER A IU—KONG，儒莲译，巴黎 1854 年版。首刊儒莲译的《太上感应篇》第 18—27 页，巴黎 1835 年版。

《楚辞》

德文本：

DAS LI-SAO UND DIE NEUN GESANGE（《离骚》和《九歌》），普菲茨迈尔（von Dr. Aug. Pfizmaier）[57]译，维也纳 1852 年版。

《御制盛京赋》

法文本：

ELOGE DE LA VILLE DE MOUKDEN（《盛京赋》），钱德明译自满文，巴黎 1770 年版。

ELOGE DE LA VILLE DE MOUKDEN（《盛京赋》），克拉普罗特译自满文，载《满文文献》第 235—273 页，满文原文载第 63—69 页，巴黎 1828 年版。

《花笺记》

英文本：

CHINESE COURTSHIP（《中国的求婚》），托马斯译，1824 年伦敦版。

---

[57] 普菲茨迈尔（1808—1887 年），奥地利汉学家。

湛约翰(J. Chalmers)[58]，刊于《中日释疑》(Notes and Queries on China and Japan)1867 年。

荷兰文本：

由巴达维亚的施古德(Gustave Schlegel)[59]出版。

《喜春光前众乐和》

英文本：

THE CONQUEST OF THE MIAO—TSE(《苗子的征服》)，魏斯顿译自中文，伦敦 1810 年版。

《御定全唐诗》

法文本：

POESIES DE L'EPOQUE DES THANG(《唐诗》)，德理文首次选译，有注释及对中国诗歌的研究，巴黎 1862 年版。

《赵氏孤儿》

法文本：

TCHAO-CHI-COU-ELL, ou le petit Orphelin de la Maison de Tchao(《赵氏孤儿》)，马若瑟(Prèmare)[60]译，刊杜赫德的《中华帝国全志》第 339—378 页，巴黎 1735 年版。

TCHAO-CHI-KOU-EUL, ou l' Orphelin de la Chine(《赵氏孤儿》)，儒莲译自中文，附有一些相关的历史材料，巴黎 1834 年版。

英文本：

Tchao-chi-cou-ell, or, the Little Orphan of the Family of Tchao. A Chinese Tragedy(《赵氏孤儿》)，载杜赫德《中华帝国全志》英文 8 开译本，第 3 卷，第 193—237 页，伦敦 1736 年版。又载该书对开版第 2 卷第 175—182 页，伦敦 1741 年版。

THE LITTLE ORPHAN OF THE HOUSE OF CHAO(《赵氏孤儿》)，译自法文本，载《中国杂录》(Miscellaneous Pieces relating to the Chinese)，第 1 卷，第 101—213 页，伦敦 1762 年版。

---

[58] 湛约翰(1825—1899 年)，英国伦敦会传教士、汉学家。

[59] 施古德(1840—1903 年)，荷兰汉学家。

[60] 马若瑟(1666—1735 年)，法国耶稣会士，1698 年来华。

《老生儿》

英文本：

LAOU-SENG-URH(《老生儿》)，德庇时译，伦敦 1817 年版。

《汉宫秋》

英文本：

HAN KOONG TSEW(《汉宫秋》)，德庇时译注，伦敦 1829 年版。又作为附录刊于《幸福姻缘》(*The Fortunante Union*)第 2 卷，第 213—243 页。

《灰阑记》

法文本：

HOEI-LAN-KI(《灰阑记》)，儒莲译注，伦敦 1832 年版。

《元人百种曲》

法文本：

THEATRE CHINOIS(《中国戏剧》)，巴赞(Bazin Ainé)[61]首次译注，巴黎 1838 年版。此书仅收有原著中的四种，即第 66、8、94 和 64 种，其中第一种《㑇梅香》(*Tchao-mei-hiang, ou Les Intrigues d'une Soubrette*)已经在 1835 年单独刊发。

《合汗衫》

英译文：

THE COMPARED TUNIC(《合汗衫》)，卫三畏(Dr. Williams)[62]转译自法文《元人百种曲》第 2 种，刊《中国丛报》第 18 期，第 116—155 页。

《琵琶记》

法文本：

LE PI-PA-KI(《琵琶记》)，巴赞译，巴黎 1841 年版。

---

[61] 巴赞(1799—1863 年)，法国汉学家。
[62] 卫三畏(1812—1884 年)，美国传教士、外交官、汉学家。

《借靴》

英文本：

TSEAY-HEUE(《借靴》)，艾约瑟译自《缀白裘》第 206 页，收入《汉语会话》(Chinese Conversations)第 1—56 页，上海 1852 年版。

《清文启蒙》

英文本：

TRANSLATION OF THE TS' ING WAN K' E MUNG(《清文启蒙》)，介绍满文语法的中文书，伟烈亚力英译汉，有一个满文文献介绍，上海 1855 年版。

《三合便览》

德文本：

MANDSCHU-MONGOLISCHE GRAMMATIK(《满蒙语法》)，甲柏连孜(von H. C. v. d. Gabelentz)[63]译出了该书的第二部，这是一个简略的蒙语语法，刊《蒙古学杂志》(Zeitschrift für die kunde des Morgenlandes)第 1 卷，第 255—286 页，哥廷根 1837 年版。该书第一部分有关满语语法，被选译为《满汉语法》(Mandschu sinesische Grammatik)，刊同一杂志第 3 卷，第 88—104 页，哥廷根 1840 年版。

（译者单位：上海社会科学院历史研究所）

---

[63] 甲柏连孜(1807—1874 年)，德国满、蒙学家。

《1579—1724 年耶稣会士中国传教团的东方之旅》简评[①]

□ [美]约翰·德鲁尔(John Delury)[②] 著
□ 观 鑫 译

利亚姆·马修·布罗基(Liam Matthew Brockey)的新著《1579—1724 年耶稣会士中国传教团的东方之旅》(*Journey to the East: The Jesuit Mission to China, 1579—1724*),[③] 利用欧洲(特别是葡萄牙)档案馆中的传教士文献,以生动的细节和精心的论证,再现了广为人知的耶稣会士中国传教团的故事。传统观点认为,耶稣会士专门采取侧重于高层的"涓滴皈依"策略(trickle-down conversion strategy),更乐于同精英打交道。作者否决了这种观点。他认为耶稣会士的真正目的是劝说省级城市和贫困农村的大众信教。为得到皇帝保护,他们将有限资源中的相当大部分投向学者—外交官型的"北京神父"们(Peking Fathers)。在 16 和 17 世纪激烈的政治变动中,尽管他们奉行但从未完全实现的康斯坦丁主义策略(Constantinian Strategy)[④] 保护了传教团,但未能使中国天主教广泛传布以致幸免于 18 世纪的教禁。

---

① 本文原载美国《亚洲研究杂志》,66 卷第四期(*The Journal of Asian Studies*, vol. 66, No. 4),2007 年 12 月。题目为译者所加。——译者注
② 约翰·德鲁尔(John Delury),美国布朗大学历史系助理教授,主讲中国历史。——译者注
③ 该书 2007 年 5 月由哈佛大学出版社出版。——译者注
④ 即宗教与政治的联合。——译者注。

《1579—1724年耶稣会士中国传教团的东方之旅》简评

该文以同等篇幅分为叙事与主题两部分。第一部分回溯1590年代传教团在中国"立足点"的发源,经过1600年代有争议的成功,直到1700年代传教受禁。第一章以澳门资深中国传教士范礼安(Alessandro Valignano)的故事开头,随着他1607年的去世而结束。在时间安排上,作者没有考虑将传奇人物利玛窦(Matteo Ricci)1582年的到来作为开端,也没有将其1610年的去世作为终结,而是选择了上述年代,这正是其修正主义的意义所在。第二章发掘了另一表面看来较为次要的事件:北京著名官员徐光启回到上海家乡。对布罗基来说,这是一个分水岭,因为徐邀请了一位北京神父同行,表明利玛窦"利用中国官僚推动传教"的策略发挥了效验(P.50)。该章随着1633年徐的去世而结束,其意义正好在于它并不重要。因为那时传教士们不再关注高官的政治庇护,而是不受限制地集中于他们的真正使命:将在欧洲蔓延的反宗教改革运动(Counter-Reformation)的各种虔敬形式介绍给中国村民。

第三章表明,1630年代耶稣会士的牧师们是如何以更加积极的布道行为填补随着明朝消亡而出现的政治真空。满族抵达北京这件事在该章中甚至连个副标题的位置也没有占到。布罗基力图使读者相信,"1644年一个新王朝在北京宣告成立并没有显著改变指导传教士使命的策略"(PP.110—111)。考虑到布罗基对传教士原始资料的精通,人们倾向于相信他的观点。但是通过对传教士的工作直接施加压力,1644年肯定"显著改变"了传教士的政治动力和文化心理。的确,如果耶稣会士没有转变策略以适应已经到来的异族政权统治,那就可能值得人们引起比布罗基更大的关注。

布罗基在第四章叙述了1644至1671年耶稣会士的"广州流放",既描绘了他们流放途中使人着迷的谈话,又探索了他们缺席期间基督教团体的演变。第五章紧紧围绕1705年康熙皇帝与教皇使节之间的冲突,并以充分理由预言了1724年康熙之子禁止传教的结果。布罗基这本书的一大突破是将耶稣会士的故事从陈腐的、以北京为中心的外交和知识分子层面转移开去。最后一章集中于朝廷,但缺乏其前之叙事的活力与创意。

在第二部分,布罗基对通过叙述已经熟悉的主题增加了分析力度:传教团的根基在于耶稣会士的学术训练和欧洲的牧师工作;传教士传布福音时对中文的应用;以及主要依赖于"本土"传道师、公会和虔诚团体的教堂内部结构。最后一章认为,来华耶稣会士以虔诚的热情广泛汲取全世界传教团的实践经验。各主题章节独立阅读亦能获益匪浅。然而,该文本身也存在"成功问题":叙述部分完成得非常成功以致分析部分显得有点累赘。

布罗基巧妙地从寄往里斯本和罗马的信件,从传教士和公会规则手册、教义读本、人员目录册、研究者笔记以及祈祷物品中发掘材料,汉学家只能寄希望于将来某一天他再向著作中直接增加从汉语翻译的材料了。但即使没有这些材料,他仍然描绘了一幅中华帝国晚期生活的生动肖像,并为明清历史学家提出了许多值得思考的问题。在此仅举一例,布罗基指出中国天主教在成熟阶段有两种转型模式:亲属与社团。那么,贯穿于谱系、社区与官僚国家之间的权威主线是如何互动的?三种模式之间通过何种方式彼此强化?它们何时开始冲突?《1579—1724年耶稣会士中国传教团的东方之旅》无疑会为中国和欧洲的历史学家开辟许多研究和思考的路径。

(译者单位:北京市朝阳区委党校)

味—淡—味
——试论法国汉学家弗朗索瓦·于连《淡之赞》中的中国诗歌思想

□李 璞

弗朗索瓦·于连(François Jullien),1951年出生,法国哲学家、汉学家。在其著作《淡之赞——论中国思想与美学》[1]中,他系统梳理了中国诗歌思想的发展演变过程。

一、从"味"到"淡"

众所周知,魏晋时期中国文学逐渐从史学、哲学中独立出来,开启了为艺术而艺术的时代。故于氏指出,"淡"在当时文学界是不被推崇的,诗歌之淡意味着文学美的缺失。如倡导"诗缘情而绮靡"的西晋陆机的《文赋》曰:"或清虚以婉约,每除烦而去滥。阙大羹之遗味,同朱弦之清汜。虽一唱而三叹,固既雅而不艳。"显然,"艳"较之"雅"与"淡"更具价值,甚至是当时评判文学作品优劣的最高标准。但随着玄学的兴起,"淡"的意识也开始萌生,尽管当时的创作更注重言辞的艳丽、形式的华美,但永嘉时代出现了空灵清淡,谈玄说理的玄言诗,令诗歌理性大于感性,正如稍后钟嵘《诗品序》所云:"永嘉时,贵黄老,稍尚虚谈。于时篇什,理过其辞,淡乎寡味。"言下对"淡"颇有不满,可见时人更推崇"味"。而诗人郭璞则被誉为"始变永嘉平淡之体"的功臣。尽管平淡在诗歌理论上是被否定的,但之后

---

[1] *Eloge de la fadeur: a partir de la pensée et de l' esthétique chinoises*/Francois Jullien, Paris: Philippe, Picquier, 1991. 以下原著内容均引自该书。

我们却看到了文学价值观逐渐由"味"到"淡"的转变:诗人不再热衷于写作质木无文的玄言诗了,而是通过打上其主观情感烙印的景物来表现玄理,以有来表现无,于是,"淡"成为弥漫于诗中的一种氛围,若隐若现,朦胧迷离。其代表就是我们所熟悉的以平淡见长的陶渊明的田园诗风。

终于,之后出现的两部文学理论巨著《文心雕龙》和《诗品》肯定了"淡"的价值,但却是由"味"引导出来的,"文质附乎性情","辩丽本于情性"[2],情感真挚方能有"味",而情感又与外界感通,所谓"岁有其物,物有其容;情以物迁,辞以情发,"[3]这就是"兴"。而兴感之情味又含而不露,通过"淡"表现出来,所谓"深文隐蔚,余味曲包"[4],诗歌至淡而有"余味"或"遗味"。

于是,在接踵而至的唐代,"淡"这一术语便自然而然地出现在文论中。皎然的《诗式·淡俗》率先界定了这种风格并有意倡导之:"此道如夏姬当垆,似荡而贞;采吴楚之风,然俗而正。古歌曰:'华阴山头百尺井,下有流泉彻骨冷。可怜女子来照影,不照其余照斜领。'"以此来说明"淡"表面看似俚俗无味,实则内涵丰富深远。由此,唐代诗歌,特别是山水田园诗,继承并发展了陶渊明的平淡诗风,相应的理论也随之而来。晚唐司空图的《二十四诗品·冲淡》就全面肯定了"淡":"素处以默,妙机其微。饮之太和,独鹤与飞。犹之惠风,荏苒在衣。阅音修篁,美曰载归。遇之非深,即之愈希。脱有形似,握手已违。"指出"和"在"道"中,存在于万物生成之前的原始阶段,超脱于万象之外;并通过微风拂衣、竹林琴音等现象所显示的平淡之美表现出来,当我们与个体保持一定的距离,或当个体从其形中脱离出来,回归其本源时,即"载归",我们就能感受到这无处不在的"太和"。

那么这就提出了一个问题:何为"和"?既然它存在于无形的道中,那是否可以借助符号,用一种具体可感的形式将其表述出来呢?对此,于氏有其独到的见解,他认为,正是这种有与无的矛盾导致了"淡"不可捉摸的特性。"淡"是可感知的,它介于有形事物与无形的道之间,是通向"和"的必由之路,只在寻求平和超脱时才出现,这是道家的齐物论思想:当一切回归无为,"淡"才生意盎然,它令事物趋同,消融其分歧,并使之浑然一体。正因为"淡"这种不可估量的重要性,所以它扑朔迷离,捉摸不定,正如诗歌末二句所言:它无法追寻,甚至"握手"即逝。

于氏指出,中国文学批评很少从概念出发,也不着眼于理性分析,而更注重文学的价值及由其辐射覆盖的相关领域,从而最大程度地去欣赏作品。如上引诗歌题为"冲淡",由两个字组成,互不关联,却相互补充,所代表的诗风是对前一种诗

---

[2] 南朝·刘勰《文心雕龙·情采》。
[3] 《文心雕龙·物色》。
[4] 《文心雕龙·隐秀》。

风和后一种诗风的过渡与调和,这其中有明显的理论诉求,尽管它没有运用相应的理论化的模式,而是有意识地通过文字组合来完成的。每种诗风既是对前一种诗风的补充又是向后一种诗风的延伸,如此一来,始终保持着中和之道。

可以说,这近乎道家的"损有余以补不足"的天道观,以一种形象生动而非概念分析的方式,告诉我们什么是"和"。比如,"冲淡"在司空图的《二十四诗品》中位列第二品,介于第一品"雄浑"与第三品"纤秾"之间,如果"雄"太过,会成为暴力,"浑"太过则不纯,于是"冲淡"调和之,同理,"冲"太过则无情,"淡"太过则无味,于是又用"纤秾"来重新吸引眼球激发兴趣,从而开启下一种诗风,如此,二十四种诗风构成了一个圆,周而复始,循环往复,生生不息,因此,与其说"淡"是一个概念,不如说它代表了一种调和与平衡,它同时也存在于其他二十三种诗品中,并将它们联系在一起,如"绮丽"曰:"浓尽必枯,淡者屡深。""淡"是意蕴最丰富悠长的诗风,需慢慢品味,如"清奇"曰:"神出古异,淡不可收。"而且,"淡"使人超脱,即"典雅"所谓的"落花无言,人淡如菊"。

总之,于氏认为,"淡"是一个我们应该走入的"境"。"无言味最长",对"淡"无须界定,最好的评价就是不置可否。

二、从"淡"到"味"

"淡"的文学思想最终定型于北宋。梅尧臣《读邵不疑学士诗卷》曰:"作诗无古今,唯造平淡难。"诗人业已意识到平淡之中包蕴大美,即"平淡邃美"[5],此后,"平淡"成为诗歌理论中的重要术语。如魏庆之《诗人玉屑》中就专论"平淡",认为这是诗风成熟的标志。吴可《藏海诗话》提到唐代大诗人杜甫年轻时诗歌华美,随着年龄的增长则渐趋"平淡",充满激情的诗风来自原始冲动的生命力,张扬着个性与表现欲,随着时间的推移,这种生命力逐渐滤清内敛,"大凡为文,当使气象峥嵘,五色绚烂,渐老渐熟,乃造平淡","欲造平淡,当自组丽中来;落其纷华,然后可造平淡之境……今之人多作拙易诗,而自以为平淡者,未尝不绝倒也"[6]。指出"平淡"不同于"拙易"与"枯槁",不可混为一谈,又"凡文章先华丽而后平淡,如四时之序,方春则华丽,夏则茂实,秋冬则收敛"[7],春秋的代序影响着中国人的思想感情,秋冬之季正如平淡之征,外枯而实腴。

这种追求平淡的文学思想首先源于儒家思想。如宋初欧阳修《读张李二生文

---

[5] 宋·梅尧臣《林和靖先生诗集序》。
[6] 宋·魏庆之《诗人玉屑》。
[7] 宋·吴可《藏海诗话》。

赠石先生》诗曰："辞严意正质非俚,古味虽淡醇不薄。"尽管于氏不同意儒家这种将道德与文章挂钩的观点,但是他也指出我们应该理解中国人的这种思维逻辑,因为它也给我们提供了另一种看待事物的视角,即最真挚的情感往往意味着人性之善,因为"正"在这儿并不仅仅意味着对异端思想的谴责和对美德的孜孜以求,它也含有丰富的情感因素,并非道貌岸然,麻木不仁,而是人类共有的集体无意识,德之愈厚,则情之愈深,正是在这个意义上,德也创造了美,这就是似"淡"但却至真至纯的"古味"。

但这种"淡"之"古味"却不易体会,"近诗尤古硬,咀嚼苦难嚼。又如食橄榄,真味久愈在"。⑧"硬""苦",是"淡"给人的第一印象,甚至是带"刺"的,如梅尧臣《和晏相》诗曰:"因今适性情,稍欲到平淡。苦词未圆熟,刺口剧菱芡。"可见,品读淡诗并非易事,需长时间的咀嚼玩味,方显诗歌真味。这种貌似可恶,极大刺激我们审美快感的平淡诗风,恰因其强大的审美张力,凸现了自然人生之理,正如钟楼怪人卡西莫多,丑陋无比的外表下是一颗金子般的心灵。"诗本道性情,不须大厥声,方闻理平淡,昏晓在渊明"⑨说明"淡"是对形象和生命的超越,使人回归至淡而有真味的根本——"理",抑或"道"。在这一点上,儒道思想有相似之处,于氏认为对于"超越",可以有两种理解:一是摒弃感官诱惑,超越自身极限,力返性情之正;一是超越各种现象,返回先于生成的静止初始状态,从而追求绝对精神自由的超然物外的精神。一为人之性,一为人之情,尽管指归不同,但共性均表现为"淡"。因此,"淡"本身就是"味","味"就是"淡",如水一般,至清至纯。

"真味"与饮食一样,需细嚼慢咽,方能逐渐体悟,所以,它也即是"味外之味"。司空图《与李生论诗书》曰:"江岭之南,凡足资于适口者,若醯,非不酸也,止于酸而已;若鹾,非不咸也,止于咸而已。中华之人以充饥而遽辍者,知其酸咸之外,醇美者有所乏耳。彼江岭之人,习之而不辨也。"咸酸是表面之味,即第一个"味",江岭之南的人仅满足于这种短暂刺激的浓味,殊不知,品味的艺术当如中华之人,要适时而止,目的不是辨别不同的味道,如酸、咸等,而是要品出第二个"味",即"味外之味"。第一次接触到的味是假象,只有停箸缓品时,味外之味才会潜滋暗长。这同样适用于诗歌写作,"近而不浮,远而不尽,然后可以言韵外之致耳"。⑩ 司空图称王维与韦应物是这种诗风的最佳代表,其诗"澄淡精致",其味"若清风之出岫"⑪。而与味外之味最相适应的诗歌形式就是短小精辟的绝句,"盖绝句之作,本

---

⑧ 宋·欧阳修《水谷夜行寄子美圣俞》。
⑨ 宋·梅尧臣《答中道小疾见寄》。
⑩ 唐·司空图《与李生论诗书》。
⑪ 唐·司空图《与王驾评诗书》。

于诣极,此外千变万化,不知所以神而自神也"⑫,事物的真正滋味是要在感官接触并停止接触之后才缓缓出现的,同样,诗之真味也是在超越了语言物质外壳后才逐渐呈现的。

此外,第一个"味"是"边"之"味",第二个"味"则是"中"之"味"。"佛言譬如食蜜,中边皆甜。人食五味,知其甘苦者皆是,能分别其中边者,百无一也"⑬。"边"之"味"即浅表之味,仅刺激感官,而"中"之"味"即真味,对"中"可有两种理解,一为内在实质,一为执中之道。19世纪初出现于印度的佛教中观派强调"中"与"空"的价值:"中道"凌驾于生与灭、是与非、乐与苦等两极之上,由于"中",真理是绝对的,不容置辩的,一旦真理是相对的并由人推导出来,那就存在着主体与客体,错与对的差别。但我们一旦超越了事物的现象看到其"空"的本质时,那么,泯灭事物差别的绝对的真理,即"中道"就出现了。当这种思想传入中国后,便与道家思想结合,主张行近一步中道,消泯一分执著。⑭告诫人们在追求虚无寂灭的同时,也不要陷入厌弃人生的另一极端,因为追求虚无寂灭,并不意味着要"涤除万物,杜塞视听,寂廖虚豁"⑮,一切现象的成就,都来自无限因缘的凑泊,缘生缘灭,一切现象随因缘牵动而产生变异,由于因缘瓦解而消散,所以,没有一法可以永远存在,没有一法不仗他缘而独自存在,这就是"空"性。而"空"也不是绝对的,所谓"虽有而非有、有者非真有。若有不即真,无不夷迹,然则有无称异,其致一也"⑯。中道不会将事物本质与现象混为一谈,它不偏不倚,能泯灭一切矛盾与差异,使各极如:有与无,真谛与俗谛,涅槃与轮回,佛与众生,达成共识与一致。

"淡"亦同理,其极是各种不同的味形成的"边",而其"中"则超越了一切差异,如苏轼说"咸酸杂众好,中有至味永"。咸酸即"边"之"味",只有执"咸"与"酸"之"中",不执著于一种味而去限制破坏其他味时,才能产生出绵延不尽的"至味",而"淡"正代表了这种中立的态度,它消泯各味之极,以至"人间有味是清欢"⑰。

综于氏所述,我们可以得出这么一个有趣的结论:中国诗歌之"淡",是一种综合了儒释道学说的文学思想,它泯灭一切相对概念的差别,把我们从纷繁芜杂的肤浅甚至刺激的"味"中解脱出来,从而回归大道之"味"。或者说,"淡"和"味"本无

---

⑫ 唐·司空图《与李生论诗书》。

⑬ 宋·胡仔《苕溪渔隐丛话》卷十九《柳柳州》。

⑭ 僧慧《中论》。

⑮ 僧肇《不真空论》。

⑯ 同上。

⑰ 宋·苏轼《浣溪纱》。

差别,"淡"就是"味","味"就是"淡",正如"中"空无一物,却也不是"空","有"不存在,但也并非"无",我们无须去界定它。《维摩诘经》就很好地回答了这个命题,当众菩萨回答了他们所理解的入道的"不二法门"后,维摩诘默然无言。文殊师利叹曰:"善哉!善哉!乃至无有文字语言,是真入不二法门。"

(作者单位:上海外国语大学国际文化交流学院)

鸦片、帝国与近代历史*

□［美］何伟亚（James Hevia）　著
□管永前　译

　　艾伦·博伊姆勒主编：《近代中国与鸦片：一个读本》（以下简称《近代中国与鸦片》）。安阿伯：芝加哥大学出版社，2001。

　　蒂莫西·布鲁克和鲍勃·若林忠志主编：《鸦片政权：中国、英国和日本，1839—1952》（以下简称《鸦片政权》）。伯克利：加利福尼亚大学出版社，2000。

　　格伦·麦兰松：《英国的中国政策与鸦片危机：权衡毒品、暴力与国家荣誉，1833—1840》（以下简称《英国的中国政策与鸦片危机》）。Aldershot，英格兰：Ashgate 出版社，2003。

　　卡尔·A.特罗基：《鸦片、帝国与全球政治经济学：亚洲鸦片贸易研究（1750—1950）》（以下简称《鸦片、帝国与全球政治经济学》）。纽约：Routeledge，1999。

　　在 19 世纪，鸦片是最为帝国赞赏并流通于全球经济中的商品之一。它能够平衡帝国的账目差额，仿佛引来无穷无尽的顾客；而且，在一个货舱——正如时间——即是金钱的世界，对于那些富商、走私犯和海盗的船只来说，鸦片占用的空间（如果有

---

* 本文原载 CHINA REWIEW INTERNATIONAL，Volume 10，number 2，Fall 2003，已经著者正式授权翻译并由本刊发表。著者何伟亚教授现为美国芝加哥大学国际研究项目主任。他最近发表的著作是：《英语课程：十九世纪中国的帝国主义教学法》。译文经侯且岸教授审校。——译者注

的话)也是微不足道。如同所有帝国真正欣赏的产品一样,鸦片在新环境下用途广、适应性强。但是,长期以来的实际情形是,鸦片通常与中国、中国人以及令人毛骨悚然的毒品滥用联系在一起。无论如何,近来已经更加清楚的是,到19世纪,毒品对地区经济和文化的重要性已经远远超出"东方":①鸦片已经变成了一种事实上的全球现象。要想理解它的历史意义,就要求史家们既用全球性又用区域性的话语去考量。

这里评论的四部著作中的三部涉及鸦片在近代历史中的作用,对鸦片在中国和亚洲殖民主义政治经济学中的重要作用提出了新见解。第四本书由格伦·麦兰松(Glenn Melancon)所著,它提出的问题是一个多世纪以来有关鸦片与中国的学术中心即第一次鸦片战争(1839—1842)的起因。假如那次冲突对撰写19世纪中国历史特别重要的话,我将首先探讨麦兰松的作品以修正我们对1839年英国为什么开战的认识。只有先通过重新探讨那次冲突原因的争论,然后才可能使我们关注本文涉及的其他学者做出的重要贡献。

19世纪的观察家及其后的学者们,对解释鸦片贸易在第一次鸦片战争中的重要作用存在分歧。中国学界的观点十分明确:当清政府严惩鸦片贸易时,战争发生了。② 一些英国历史学家赞同这种见解。该观点认为,一个居支配地位的商业—工业阶级,在英国刚刚成功地结束了政治斗争,改变了国会的组成(1832年改革法案),结束了东印度公司在亚洲的垄断,坚持大力扩张英国在全球的经济利益,尤其是在中国。该群体强烈倡导自由贸易,要求充分利用国家军事力量改变中国的局面,以扩大国家和个人利益。历史学家们认为,政府更乐于帮忙,因为它是这些阶级的奴隶。③

这种解释的重要性在于明确强调经济和阶级利益是鸦片战争的主要原因。经济原因论模式,在自由主义者和马克思主义者关于19世纪欧洲扩张和帝国创立的描述中都能找到倡导者,而且在全球化时代仍然流行。它也是一种与现代化的宏大叙述巧妙吻合的解释,战争显得不可避免。

在《英国的中国政策与鸦片危机》一书中,格伦·麦兰松对上述经济原因论模式提出了挑战。尽管他不否认英国的行为存在经济动机,但并不认为它们是墨尔

---

① Virginia Berridge 和 Griffith Edwards,《鸦片与人民》,New York:St. Martin's,1981;Kathryn Meyer 和 Terry Parssinen,《烟网》,Lanham and Oxford:Rowman and Littlefield,1998;Barry Milligan,《欢悦与苦痛》,Charlottesville:University Press of Virginia,1995;以及 Terry Parssinen,《秘密受难,秘密救赎》,Philadelphia:Institute for the Study of Human Issues,1983。

② 例如,参见胡绳《从鸦片战争到五四运动》,人民出版社,1991,第一册,第三章。

③ 例如,参见 Michael Greenberg,《英国贸易与中国的开放:1840—1842》,Cambridge:Cambridge University Press,1951,该书是基于对 Jardine Matheson 档案的深入研究。

本勋爵（Lord Melbourne）内阁选择战争的主要原因，也不认定战争本身是"英—中商业接触的不可避免的结果"（P.133）。这一主张是基于对英国社会、经济和政治发展的许多新研究，其中一些研究认为现代化模式的基本因素在19世纪早期的英国还不存在。因此，该模式本身是一种错误的对往事的推测。英国仍是一个主要的农业社会，贵族价值观念继续占优势。通过对墨尔本勋爵内阁成员私人文献的研究——而不是费力编纂的英国官方报告——麦兰松得出结论：正是这些价值观念，特别是"荣誉"观念——个人的与国家的——解释了1839年开战抉择的原因（PP.105—108）。冒犯国旗、侮辱女王陛下的臣民——并非商业问题——是"最重要的动机"（P.99），导致墨尔本政府——以外交大臣帕默斯顿勋爵（Lord Palmerston）带头——做出战争的决定。麦兰松强调，应认真对待荣誉观念，不能将其理解为只是掩盖了卑鄙动机的花言巧语。

对此我没有异议。事实上，我认为对1839—1842年英—中冲突更宽容的文化理解有特殊意义，正如在本例中，如果我们离开"西方文化"的具体化范畴回到维多利亚女王时代英国的复杂文化环境中，就尤其重要。我们知道，荣誉不仅招致冲突，还能使战争持续下去（如第一次世界大战），并意味深长地影响公众对冲突的记忆。当然，在1856年发动第二次鸦片战争时荣誉也发挥了作用。据说，当箭号（Arrow）帆船上的英国国旗被中国官员们随便扯落时，国家荣誉遭受了公开侮辱。

然而，关注荣誉并不是墨尔本内阁成员留下的唯一内容，这也是事实。尽管麦兰松没有这么说，但对主要配角之一的詹姆士·马西森（James Matheson）来说，荣誉看来也非常重要。作为著名的鸦片商和战争经济原因论主要来源的马西森，在纳皮尔（Napier）大溃败刚刚结束后发表的令人悲哀的故事中，直接指出地方官员滥给英国商人的"国家荣誉"带来日常"伤害和侮辱"，而对女王代表纳皮尔勋爵本人的"无礼举动"只字未提。④ 马西森认为，荣誉问题与国家和个人的商业利益融为一体，二者互相依存。在马西森看来，没有认识到这一关联正是东印度公司误入歧途之处——因商业的缘故而牺牲了荣誉。⑤ 结果是代表英国的东印度公司和私商们连续遭辱蒙羞，被中国皇帝和官员们视为"虔恭而顺从的纳贡者"。⑥ 那么，怎样改正事态？如何使私利与国家一致呢？对马西森和其他人如约翰·昆西·亚当

---

④ James Matheson,《英国对华贸易的现状与前瞻》,London:Smith, Elder and Co., 1836, pp.5-6, 51-55.

⑤ 同上,p.19。

⑥ 同上,p.73。

斯(John Quincy Adams)来说,⑦战争的原因在于中国人坚持要求磕头而使外国人感到羞辱,解决办法是一旦有必要,就以荣誉的名义,靠武力支撑,强加条约协议于清朝,换句话说即炮舰外交。

说史家们无视荣誉在冲突中的作用也有点误导。例如,彼得·费(Peter Fay)关于墨尔本内阁的战争决策曾作如下说:"因此女王陛下的政府准备开战以抹去不公正的羞辱行为,补偿某些财产和损失的价值……并几乎顺便将英国与中国的关系置于一个新的合适的地位。"⑧这些原因与约翰·罗素勋爵(Lord John Russell)对1840年3月政府目标的总结非常相似(麦兰松引用,P.123)。换句话说,荣誉重要,但开战还有更多的理由。

麦兰松本人承认还有其他动因影响决策。政府在议会中仅占微弱多数,战争开始后不久本已失势,当1842年《南京条约》签订时大部分阁员已被排斥在决策过程之外。还有其他地区性和国际性麻烦:爱尔兰动乱,近东列强竞争,俄国在印度边境的诡计,法国在墨西哥和阿根廷的冒险(PP.88—93)。这些都对反对派有利,因而要求政府做出某些回应。如果墨尔本内阁面临许多问题和压力,那么内阁可能会对以国家荣誉为由与中国开战的决定施加一些不利影响。然而,说也奇怪,政府把决策秘密一直保持到战争开始之后(P.123)。1840年3月在国会对政府行为进行辩论时,大多数指责集中于其优柔寡断和贻误时机;只是在此时,帕默斯顿(Palmerston,1784—1865,英国政治家,曾两度任首相——译者注)和国会上议院年长的惠灵顿勋爵(Lord Wellington)在内的其他人才停止批评,举起了国家荣誉的旗帜。⑨

麦兰松以一个主要原因(荣誉)取代另一个主要原因(经济)的努力看来可疑,在考量因果关系的复杂性时已引起其他史家们(例如费)的关注。正如J. Y. Wong在中肯地分析第一和第二次鸦片战争原因时所示,历史记录提供的证据充分表明存在多种极其重要的动因,所有单个原因都冒着过于简化复杂历史现象的危险。⑩在该例中,在近来精心设计的学术里,帝国首都与殖民地外围的动态互动,被一种所有行动都置于帝国中央最高政务会议的解释取代了。

如果说优先考虑一种原因会模糊帝国主义的多面特性[根据大卫·坎那定

---

⑦ John Quincy Adams,《亚当斯论鸦片战争》,*Proceedings of the Massachusetts Historical Society* 43(1909—1910):295-324。

⑧ Peter Fay,《鸦片战争:1840—1842》,New York:W. W. Norton and Co.,1976,p. 195。

⑨ 同上,pp. 202-205。

⑩ J. Y. Wong,《致命的幻想:鸦片、帝国主义与箭号之战》,Cambridge:Cambridge University Press,1998,pp. 31-39。

(David Cannadine)⑪]和决策通常涉及的矛盾因素,然而,J. Y. Wong 也认为关注一个主要原因可能会包含有价值的见解。这就是麦兰松集中于荣誉的例子。通过强调严肃对待荣誉,麦兰松有助于把外交关系和外交史置于文化历史学领域。尽管他在这里没有继续深入主题,我们仍可容易地认识到这一分析的潜力。看来特别值得进一步探讨的是贵族伦理通过非贵族群体普遍化的那些独特方式。换一种方式思考,如果我们重视帕默斯顿勋爵,那么同样没有理由不重视马西森。因而问题就变成如何用贵族价值定义国家和个人(特别是那些商人)的利益,以及它们如何与英帝国主义、广泛的商业活动和历史上男子气概的独特形式紧密结合。对这些范畴的研究,将探索浮现出一种截然不同的英帝国文化,并展现全球冲突是如何有助于该文化的转变与再生的。

无论如何,将复杂历史过程化约为一个最主要的动因只是麦兰松对问题解释的一个部分。在从边缘到中心、从全球构架到伦敦政治的焦点位移中,鸦片贸易和英帝国主义的本性已包藏其中。⑫ 麦兰松在前例中提出,对英国在印度的商业机构来说贸易并不是至关重要的全部,终止印度政府垄断的考虑在战争开始前已有所计划。⑬ 关于英帝国对毒品的依赖我想过一会儿多说几句。现在可以充分指出,在英国历史学家们当中,麦兰松此刻冒了再造可疑争论的危险,即战争与鸦片根本无关(被怀疑的商品只是一个装饰物),相反倒是中国对商品的限制和抵制。

当然,一个时期以来,努力把焦点从专一的鸦片移向更宽广的议题是中西冲突原因争论的一部分。在鸦片冲突中,有些学者已经注意到在传统和现代性之间有一个紧张不可避免的好例子。易扩张、充满活力的西方遭遇孤立隔绝、为传统所束缚、自身不能与国际交往新方式相调适的中国[费正清(John K. Fairbank)⑭];再一次,战争不可避免。在该主题的不同版本中,有些人认为冲突在于不可调和的文化差异和文明碰撞。⑮ 有人仍认为是自由贸易与垄断之间的传统对抗。这里评论的

---

⑪ David Cannadine,《帝国的反击》,*Past and Present* 147(1995):182。

⑫ Wong 简要评述了帝国主义论辩;参见《致命的幻想》,pp. 472—478。

⑬ 麦兰松提交的证据包括印度总督 Aukland 勋爵致鸦片管理委员会负责人 John Hobhouse 信中的一段话,其中忽略了东印度公司机构。似乎是出于一厢情愿和糟糕计算的结合,Aukland 认为,没有鸦片税收印度政府也能生存(pp. 99101)。麦兰松没有提及同意 Hobhouse 和 Aukland 及其他英国官员的意见。

⑭ 这是费正清在其最受欢迎的著作《美国与中国》中对冲突的看法。在最后一版,费正清补充说,鸦片贸易也是"延续时间最长的近代国际罪行之一"。参见费正清,《美国与中国》,第四版(Cambridge:Harvard University Press,1979),p. 162。

⑮ 对于这一点和其他关于鸦片战争原因解释的总看法,参见 Tan Chung 的讨论《中国与无畏的新世界:鸦片战争起因研究》,Durham,NC:Carolina Academic Press,1978,pp. 1—12。

其他作品,离开了那些带有宏大文明推断和极度经济主义动机的广义概说,相反却聚焦于鸦片散布的网络和多种行为、话语附着的复杂含意。同样,作者们反对移植冲突的观点,拒绝将"鸦片统治"的复杂性缩小为"亚洲问题"或"东方显著罪恶"的倾向。[16] 更加重要的是,这些研究公开探讨的是今天极少受到关注的话题。除了战争本身以及偶尔有关鸦片在中国消费的情况外,我们对鸦片在帝国政治中的作用,对更广泛贸易的商业状况,对许多根除或控制鸦片消费的不同努力了解得非常之少。

或许更为重要的是,本研究表明否定鸦片或鸦片贸易在近代全球史中的超常意义并非似是而非。因此,从中国学术集中于刺激物和致瘾品对创立欧洲帝国和发展资本主义的重要性入手展开对鸦片的讨论或许有所裨益。在这方面西德尼·闵慈(Sidney Mintz)的作品值得推崇。在《甜蜜与权力》一书中通过描绘食糖的商品线索,闵慈在大西洋奴隶贸易、美洲殖民地经济、蔗糖生产与欧洲新的大量消费方式之间建立了联系。蔗糖的历史表明一种新商品是如何引起文化、社会和政治变化,真实地改变了整个大西洋世界。咖啡、茶、烟草,当然还有鸦片及其他南半球和东半球的刺激物和致瘾品,引起跨区域规模变化。

这些最初真正大量生产、大规模销售的全球性商品,改变了沿着它们生产、移动和消费轨道的所有权力和权威的基本关系。社会生态学的变化,土地使用的新方式,新统治者与政治构成,政府—农民关系的新形式(例如,商品税与农业收益),现金经济制度最终导致了殖民地结局。[17] 在帝国的大都会里,新的社会阶层、新的社会模式及各种各样的依赖性出现了(例如,对英美饮茶者来说,无糖茶是不可思议的)。[18] 在两极之间出现了资本积累与流通的新奇网络,[19]以及新的交通运输技术,二者改变了物流方式,产生了新的人口流动(例如,白银从美洲流向亚洲以偿还中国茶叶款,非洲人流向大西洋海岸和加勒比海,中国"苦力"流向古巴)。这些变化依次以新的表达形式整理和传播(例如,商业地图和字典,以及统计图表)。正如因特网今天激发了一个全球性想象一样,代表18和19世纪的新奇形式创造的想象已经开始浓缩时空了。在这个过程中,大量财富被创造出来,对其控制与渴求的欲望驱使欧洲以国别为基础的商业企业彼此间展开激烈竞争,包括战争、

---

[16] 卡尔·特罗基,《鸦片、帝国与全球政治经济学》,New York: Routledge, 1999, p. 6;和 David E. Owen,《英国在中国和印度的鸦片政策》,New Haven: Yale University Press, 1934, p. 2。

[17] 特罗基在《鸦片帝国与全球政治经济学》一书中列举了这些在印度和东南亚发生变化的实用例子;特别参见 pp. 137—159。

[18] 西德尼·闵慈,《甜蜜与权力》(New York: Viking, 1985), pp. 157—159。

[19] 这种网络的例子参见特罗基《鸦片》, p. 55。

海盗行径和秘密交易。从这些斗争中产生了第一个真正的全球帝国,那就是大不列颠,在长长的19世纪的大部分时期维持着霸权地位。

在全球史中一个反复提及的问题是如何解释英国对其他欧洲竞争者的胜利。经济史对该问题有许多解答:较好的如,首屈一指的新教职业伦理,工业化,精明的规模经济,优越的垄断惯例,以及最前沿的自由贸易者。这种文化与经济因素的混合通常蕴涵着改变国家机构与商业企业间的互动关系。例如,没有蔗糖和茶叶贸易提供的财政资源的注入,英国皇家海军能够支配大西洋航线吗?没有印度基地英国能够在拿破仑战争(Napoleonic War)后建设并维持一个全球帝国吗?没有鸦片印度殖民地能够运转吗?

在回答这些问题的研究中,刺激物和致瘾品具有重大意义。到19世纪上半叶,英国的印度鸦片已经阻住新世界银币(New World silver)流向中国,作为商品替代了用来交换中国茶叶和其他货物的银币。到1830年代,白银正从中国流向印度以及更远的地方。由于中国鸦片进口稳步增长,其政治和经济后果对印度、英国和广大帝国意义深远。如上所述,茶叶和蔗糖税有助于补偿帝国海军的维持和发展费用。[20] 印度的鸦片收益不仅维持殖民当局运转,而且向英国输送大量银条。结果是英镑在全球一直统治到第一次世界大战为止。

在这方面,约翰·理查兹(John Richards)在印度鸦片收益研究中汇编的数据有启发意义。[21] 通过东印度公司的垄断经营,到1839年,鸦片大约占英国在印度商业机构总收入的11%,该数字保持到下一个十年期。1850年后,鸦片带来16%—17%的收入,到1880年代高峰时每年达1亿多卢比银(1000万英镑)。这一时期,鸦片收入大约等于英国统治的另一个主要财富来源地价税的42%。尽管1890年后逐渐减少,鸦片在随后的两个十年期间仍然达到总收入的大约8%,平均每年约7500万卢比银。通过向中国出售毒品引致白银流入,鸦片补充了在印度产生的直接收益。1839年的数字是2260万卢比银,1865—1875年十年间平均每年稳步增长到大约4100万卢比银。此后下降,但在1890年代中期,大约每年2200万卢比银仍然流入印度。除这些资金外,还有一些银条从在华的英国贸易公司,如怡和洋行(Jardine and Matheson)流向伦敦的银行。

---

[20] 1860年代早期,茶叶和食糖大约每年带来1070万英镑税收(分别达450万和620万英镑)。政府支出大约6700万英镑,其中1150万拨给皇家海军。参见Sidney Buxton,《金融与政治:一项历史研究,1789—1885》(1888; reprint ed., New York: Augustus M. Kelly, 1996), vol. 1, pp. 293, 305-309, 324-330。

[21] 约翰·F. 理查兹,《英国在印度的鸦片产业》,The Indian Economic and Social History Review 39, nos. 2 and 3(2002):149—180。理查兹利用为期140年的官方政府数字,对鸦片税收及与其他税收和白银流动的关系进行了全面描述。

正如特罗基所主张并为理查兹的数据所支持的,没有鸦片,大不列颠全球帝国事实上是不可思议的。以小规模人口,有限的自然资源,英国利用鸦片收益获得全球竞争优势,直到19世纪最后四分之一时期,拥有更多资源和技术的更大实体(德国和美国)才赶上英国。即便那样,鸦片继续使英国保持在游戏规则当中,为管理东南亚新领地提供资金,并使帝国的全球账簿赢利。

因而,似乎不太惊奇,特罗基指出大不列颠鸦片帝国最好被理解为全球毒品卡特尔,其存在的目的或理由是使利润最大化,不惜任何代价保护在印度的收益。虽然大不列颠帝国并非为鸦片贸易而创设,但贸易是其生存的中枢。在做出关键决策时,从来没有一项直接反对贸易或鸦片收入。1839年以及再次在1856年英国政府决定对中国动武时,那的确是实际情况。即便晚至1918年,在轰动一时的烧毁鸦片作物之后,印度政府对前往新加坡和香港的"未经证明的"鸦片仍然会意地熟视无睹。当一桩丑闻起因于日本人卷入跨船倒运贮藏的部分鸦片去天津时,印度政府宣称对第三方走私印度鸦片进入中国,尤其是对"损害印度税收"的行为不负责任。[22] 无论领导者面对公众及自身怎样证明这些决策是正当的,其决策与特罗基对鸦片在帝国形成、维持,和以商品为基础遍及东南亚与东亚的商业资本主义传播中发挥的"根本"作用的估价相一致。[23]

《鸦片政权》中的文章和博伊姆勒的资料来源正是在这种全球性背景中产生的。在下文中,我将详细论述《鸦片政权》的贡献。读完这些文章后,我要指出的是,博伊姆勒收集的资料似乎与布鲁克(Brook)和若林(Wakabayashi)所编书籍中某些篇章的主题一致。在本文结尾,对博伊姆勒的读本我还要作更多说明。

在时间跨度100多年、地点覆盖特定区域的《鸦片政权》中,篇章被用政权的新概念联结起来。布鲁克和若林将该实体定义为一种权威,"宣告其权力以控制某些实践,制定政策,形成机制以在其范围内行使权力"(P.4)。这种定义的优点是它允许关注政府单位、国际组织(如国联)、非政府组织(如反鸦片联盟)、企业(如自身拥有陆军、海军和行政官僚机构的独特的东印度公司)的活动。他们断定,"使用这一概念,允许我们突出鸦片控制体系的综合、系统特征,强调它们在政治领域内运转的能力,以及对这样做必要性的认识"(P.5)。鸦片政治化的要害是在官方垄断和违禁商品之间的频繁形态转换。[24] 本书之长处在于对这些运转中的政权的详尽细微探究。

《鸦片政权》在介绍性评论后分成四部分:国际背景,流通与消费,中国控制与

---

[22] Gregory Blue,《供给中国的鸦片》, in *Opium Regimes*, p.43。
[23] 特罗基,《鸦片帝国与全球政治经济学》, pp.58—59, 86, 164。
[24] 事实上,鸦片的复杂历史可能在学者们中间导致相互矛盾的看法。

结束贸易的努力,日本入侵危机和共产主义者掌权后对鸦片的成功查禁。第一部分从布鲁·格雷戈里(Blue Gregory)开始,他巩固了鸦片在不列颠帝国中起支配作用的上述观点。鸦片战争后的条约及与之密切相关的印度农民,英国与印度治理实体,数量庞大的中国消费者和一批欧洲、美洲、帕西人、西班牙系犹太人以及中国的商人,在极大的税收增值体系中产生了一个复杂重叠的网络。如果有人提出关于贸易道德的问题,作为该复杂关系网络的结果,大量代表多方利益的"权威"则准备为其辩护。可以预料到当代文化相对主义者的论点,支持者们争论说鸦片之于中国人与烈酒之于英国人无异:经过一天劳累后使人放松。如此理论解释几乎不能平息批评和反鸦片运动,有些还联合了中外人士,长期坚决反对并要求结束贸易。然而,通常阻碍废止鸦片的是布鲁(Blue)所辩明的鸦片流通体制的二分特点:在印度"正式的殖民主义"和"在中国的自由贸易帝国主义"(P.45)。

当然是存在收益。像鸦片贸易那样有利可图的事情不能不引起关注。殖民政权和现存的国家行政机关为获得新资金利用了网络的财富。尽管清朝在1830年代晚期引入了强有力的禁止鸦片政策(博伊姆勒,"鸦片合法化的争论,1836"),但禁律最终被终止了(《上海关税协定,1858》),毒品进入中国接近于征税。其间,走私犯试图发现新的鸦片源以回避控制,许多中国农民和地方行政单位认为鸦片生产是解决资源和税收稀缺问题的办法。尽管一些清朝官员努力从中国社会清除鸦片(博伊姆勒,"清政府与鸦片禁止"),鸦片消费还是增长了。事实上,在中国以及欧洲、美国要求结束鸦片贸易的压力增长了(博伊姆勒,"传教士与鸦片"),各种各样的调查团寻找有关鸦片问题范畴的确切数据。第一次世界大战后,部分原因是通过"国联"制定的战后国际秩序,开始了限制鸦片及其派生物吗啡和海洛因的贸易。这些国际管理的效果大约与1920年代、1930年代直至今天的水平相当——也就是说,并不非常有效。

鲍勃·若林(Bob Wakabayashi)对日本人关于中国鸦片贸易的反应并最终卷入的分析为布鲁的讨论做了补充。面对英国的军事挑衅和欺诈贸易,特别是在预感到英国可能会在日本扩张的情况下,日本最初是同情中国的困境的,但1860年后态度改变了。部分原因是日本在同欧美列强签署的最初条约中能够禁止鸦片贸易,以及明治时代初期强烈的反鸦片政策。在这种背景下,清政府较之而言似乎软弱无能。像其他殖民列强一样,明治政府得手台湾后,确立了大获其利的鸦片垄断,并纵容其国民在中国进行鸦片贸易。中国对付鸦片祸患的持续无能是福泽谕吉(Fukuzawa Yukichi)认为日本除了脱亚入欧外别无选择的一个原因(pp.70—73)。

该书的第二部分是关于流通与消费,首先以卡尔·特罗基的一篇文章开始,部分论述了他的上述主要观点。然而,特罗基在此的主要兴趣是使东南亚资本主义、殖民政府与鸦片之间的关系变得有血有肉。由政府发起的鸦片生产扩张中的主要角色是移居该地的中国人。其中一些人管理着种植园一样的鸦片农场,为殖民政权带来巨额税收,在泰国的个案中还产生了现代化的国家机构。在新加坡、槟榔屿、暹罗和印度支那,中国人把鸦片利润转化为商业资本,开办银行和其他企业,同时从鸦片缠身的贫民那里获取土地。由于担心在农村地区引起无法解决的社会和经济问题,殖民政权被迫终止农场经营体制,建立国家垄断。与此同时,却似乎无人考虑放弃贸易——它对政府税收和商业增长实在太重要了。

因此,毫无疑问,鸦片在香港也发挥着重要作用。不过,从殖民政府当时的观点看,效果更加不肯定。正如其他英国殖民政府所为,期望从税收金牛身上榨取奶汁,香港政府选择的经营体制是把年收成的垄断权拍卖给出价最高的投标者。然而,该体制未能产生预期收益,因为唯一的参与者中国商人形成了辛迪加,有效地控制了殖民当局的鸦片价格。正如克里斯多佛·曼恩(Christopher Mann)指出的,尽管做出了许多努力以削弱辛迪加的影响,税收在政府允许外部投标者进入之前仍然不足。结果是,1914年后税收大幅增长。在反鸦片运动的压力下,作为抑制毒品计划的一部分,香港当局建立了垄断(一种此后三十年来中国大陆历届政府重复使用的"控制"方式),将税收提到前所未有的高度,取得了惊人效果。和印度一样,香港殖民政权很快感到自己已经沉溺于从鸦片垄断中获得税收以平衡帝国账目了。

19世纪末,香港还继续扮演着其非法鸦片主要输入场所的传统角色。可是,走私问题不单单发生在清帝国的东海岸。在一篇基于约瑟夫·弗莱彻(Joseph Fletcher)观察资料的文章中,大卫·贝洛(David Bello)涉及了来自中亚可汗王国(kingdom of Kokand)鸦片贸易商的参与活动。他探讨了帝国东部边界产生的毒品需求,沿着后来成为新疆的边境,是如何激起冒险家的尝试活动的。引人注目的是,该贸易与导致第一次鸦片战争的交易扩张同时发生。贝洛指出,正如在东部一样,鸦片贸易渐渐广泛地腐蚀了清朝的政治构架和平民百姓。或许胜过其他任何单一存在物,鸦片把那种架构的薄弱面暴露到一种使人可以理解的程度,即为什么清政府不能实现本可挽救王朝命运的政治和军事动员。

如果清王朝在帝国边境对违禁品的销售和生产活动控制不力的话,在1842年后建立的条约港口里则被证实更加薄弱。例如在天津,日本和朝鲜移民流入该港以逃避本国内的机会缺乏或贫困的经济状况。许多移民开始参与出售鸦片和吗啡(1920年代日益增多)。小林本广(Motohiro Kobayashi)估计大概70%的在天津日本人可能已经参与了贸易。㉕ 到 1937 年中日战争爆发时,单是朝鲜移民在日占区就经营着 200 多家鸦片馆。当领事警局(consular police)制裁贸易时,贩子们只是以中国挂名负责人为幌子继续运营。对那些处于帝国边缘的人来说,鸦片已经变成了一种原始积累的方式。

但是消费情况又怎么样呢?亚历山大·迪斯·佛吉斯(Alexander Des Forges)首先从集中关注上海入手,而马克·S. 艾克侯尔特(Mark S. Eykholt)通过对南京的研究,后来在书中增加了一些观察资料(pp. 361—363)。有趣的是迪斯·佛吉斯的研究取向,他坚持认为在有关毒品使用的话语和社会实践中,鸦片应被视为一个可变的"能指"符号(mutable signifier)。这使他能够解释下列现象:毒品在一些作家中的浪漫使用,毒品在上海精英社交聚会中的寻常露面,毒品作为个人之无节制和最终民族退化的浮现信号,以及毒品与 1870 年后在上海出现的闲暇话语的紧密联系。后者尤其重要,因为它标志着至少中国的一部分已经进入了国际消费者文化(博伊姆勒,"鸦片与奇异的东方:陈家鸦片馆")。迪斯·佛吉斯还引用了几句秦荣光(Qing Rongguang,音译)的诗,描述 19 世纪末 20 世纪初的上海:

鸦片烟管是条枪,杀人狠毒无血光;微微星火烟斗闪,只把海洋尽炙干。渐渐吞噬万贯产,精神灵魂全抽完。民变弱来国亦穷,欲亡华夏倾刻中。(P. 178)㉖

不考虑政治意识形态,类似这样的观察材料,使鸦片如何能够变成 20 世纪反帝民族主义运动的振作点(rallying point)变得容易理解了(博伊姆勒,"鸦片与新中国","鸦片与帝国主义")。

《鸦片政权》的第二部分留给读者一个不可抗拒的感觉:到 20 世纪初期,鸦片已经巧妙地使自己潜入到晚清帝国政体的每一裂缝中。事实上,鸦片从上到下玷污了清朝的社会和经济关系,并使中国人变成了"东亚病夫"。然而,仅仅是政体自身如此虚弱以致无法摆脱鸦片奴役吗?第三部分紧紧围绕这个问题,从王国斌(R. Bin Wong)的分析开始,探讨鸦片对清政府自身动员改革重生能力的影响。他的结论是,鸦片负担是如此之重,以致让王朝创立新的制度性构架,引导其向明治时代的日本看齐,事实上是不可能的。可是,与此同时,当清政府 1906 年确实再次尝试性地转向禁止鸦片时,它却可能动员各阶层支持并显著深入地方社会(博伊

㉕ 对于日本卷入在华鸦片贸易的类似观点,参见 John M. Jennings,《鸦片帝国:日本帝国主义与亚洲的鸦片贸易,1894—1945》,Westport, CT: Praeger, 1997。他指出,从管理上讲,帝国政府占领台湾后不得不处理鸦片问题。如今他们常见的解决办法是登记嗜毒者和建立国营垄断,该模式与不久之后清朝的成就相似。类似的管理在朝鲜也建立了。

㉖ 该诗由译者据英文回译。——译者注

姆勒,"光绪皇帝1906年关于鸦片的诏书:实施中的新政策")。

换句话说,聪明的政治是反对鸦片,特别是当大部分公众和有教养的青年把对民族的渴望、反对帝国主义和中国的许多弱点与鸦片瘟疫联结到一起时。朱迪思·维曼(Judith Wyman)和乔伊斯·马丹茜(Joyce Madancy)分别着眼于四川和福建,评估清政府查禁努力的效果。维曼表明四川省一级强而有力的领导促成了一场显著运动。在福建,清政府从士绅和城市精英中找到了心甘情愿的拥护者,而他们却试图利用并指导当地出现的反鸦片组织。

无论如何,清朝还意识到,查禁鸦片消费的地方化努力只能是方程式的一半。供应问题也必须涉及。在帝国朝廷1906年发布了一项查禁鸦片的诏书后,政府开始与英国谈判,目的是结束印度鸦片贸易。在一项煞费苦心的协定中,规定每年进口将减少1/10,直到1917年全部完结。1911年,英国同意将不向已经停止种植和进口鸦片的省份输入鸦片(马丹茜,pp. 239—240)。这是英国做出的受欢迎的承诺,表示鸦片查禁应为共同努力。此外在福州,由于国家和非政府组织的共同努力已经清除了本地生产和进口,也意味着结束了印度进口。然而,这些查禁活动的积极成果未能持续下去。辛亥革命导致了软弱的中央权威和各省的竞争性派系。到1920年,军阀们发现鸦片是一个偿还军队和武器的可靠收入来源(博伊姆勒,"鸦片与军阀主义")。

大约与此同时,控制麻醉剂特别是鸦片剂的国际势力重新复兴。甚至在第一次世界大战前,外国医生和基督教传教士在中国建立了国际反鸦片协会(IAOA)。可是,它吃了苦头,因为大部分可利用文献只是英文。紧随着孙中山对鸦片的强烈谴责(博伊姆勒,"孙中山论鸦片,1924"),缺口很快被中国基督徒填平了。他们创立了自己的组织,翻译、传布国际反鸦片协会的文献资料,但是政局的混乱阻止了活动的有效开展。在随后的1924年,500多名中国人在上海聚会并成立了全国反鸦片协会(NAOA)(博伊姆勒,"反鸦片协会"),它的首项业务是选举代表参加国联主办的日内瓦鸦片大会(1924年11月—1925年2月)。正如爱德华·斯莱克(Edward Slack)在其文章中指出的,全国反鸦片协会面临的问题是,在外国传教士与中国民族主义者之间如何驾驭。该组织在国内和国际层面的成功,显然来自保持力量并动员平民参与反鸦片活动的能力。全国反鸦片协会开展了大量活动,其中包括出版许多杂志、书籍、小册子和招贴画(斯莱克的文章提供了极好的范例)。这些出版物向国内、国际报道了关于中国鸦片状况的研究。它们确认条约港口租界中的鸦片馆,揭露军阀参与贸易,批评欧洲列强在亚洲的鸦片垄断。全国反鸦片协会还在国内发起了一个全国反鸦片日,并逐步变成了反鸦片周。它对付鸦片瘟疫的方略是如此显著以至于其地方分会从1924年的188个增加到了1930年的450个。

1927年上台的国民党新政府显然不能忽视这个潜在的力量,特别是当它的初始计划是——表面上为期三年,作为鸦片查禁第一步——使国营鸦片垄断合法化的时候(博伊姆勒,"国民党与鸦片,1927")。全国反鸦片协会激烈反对该计划。然而,情形比全国反鸦片协会所想到的甚至还要糟糕。正如艾伦·博伊姆勒在其文章中所证实,蒋介石及其同僚已经下定决心,认定鸦片税收是建设国民党国家机构的一个关键来源。他们遇到的问题是,鸦片被太多只手掌控着,其中许多只手几乎不是新国民政府的支持者。类似洛克菲勒家族,国民党创立的垄断计划是控制沿长江走廊的鸦片运动和流通,直至最终消除竞争(博伊姆勒,"长江鸦片贸易")。国民党还创建了中国农民银行为购买和抵押鸦片公债提供资金。

国民党设计了一项策略,即把最终根除鸦片消费的管制措施,作为手段轮流出现,通过这一办法,以分散来自全国反鸦片协会和国联一类组织的批评。然而,后者维持着压力。为转移国内和国际批评,蒋政府不断卷入欺骗性管制。最终于1934年,蒋宣布了一个6年计划以彻底根除鸦片(博伊姆勒,"1936年根除鸦片的6年计划"[27])。同年发起的新生活运动为鸦片查禁活动作了补充。这两项活动都始于国民党领导层的大张旗鼓和对声明的郑重承诺,暗示着改革的长期努力。批评被有效地排斥了。随着1937年的日本入侵,可以理解的是,鸦片查禁活动在抗日斗争期间转入了后台。

即便有国民党的主要努力,单是在多大程度上查禁成功仍是一个未决问题。毕仰高(Lucien Bianco)提醒我们,一旦小佃农接受鸦片生产——无论是被迫还是自愿——就难以放弃高利润商品作物而重返仅能维持最低生存的生产。当官员们试图榨取农民赖以存活的不稳定的一点点盈余时,包括公开造反在内的多种形式的抵抗出现了。在开展鸦片查禁活动时,相对于简单地告诉农民们种什么,或者冷嘲热讽地对他们的罂粟生产征税罚款,还有更多的工作要做。政府必须完全承诺在农村地区促进一种新的生活。显然,这些教训在今日的拉丁美洲未必更不贴切,或者在阿富汗,塔利班倒台后那儿罂粟种植已经彻底重现。

随着全球战争的到来,变化出现了,但是根除鸦片却不是其中的一项。反而正如蒂莫西·布鲁克(Timothy Brook)和其他人在书的最后部分证明的,鸦片税收继续推动国营事业。当日本军队侵犯并占领了华东大部时,鸦片流动的正常渠道——合法的和非法的——被打断了。虽然至少在原则上"大东亚共荣圈"的目

---

[27] 包括1935年下列统计数字:分省登记吸毒成瘾者;医院治疗中心;含海洛因、吗啡、可卡因及鸦片在内的毒品没收;因毒品交易被判死刑者。参见 pp. 154—156,158。

标是结束鸦片生产和消费,但没有鸦片税收,日本占领军㉘和南京汪精卫卖国政权都无法做到。双方还承认,他们需要控制供应和消除走私。然而,至于这些目标如何实现,双方并无明确协定。在日本方面,军队开始产生供应和分配垄断,几乎正如国民党所为。这包括得到一条来自伊朗的新供应来源。至少是为了表达一点独立性,汪精卫政权仿造国民党的做法设立了一个鸦片查禁局,但是日本占领者寻找各种手段保证自己占有优势。像小林本广在该书的第二篇文章中所解释的那样,在大部分地方,日本人不得不保持鸦片支配,因为到1941年他们日益依赖鸦片税收以获取军品维持其在中国的战争成果。汪精卫政权在查禁上做了一些姿态(博伊姆勒,"满洲国的鸦片控制"),但一个日本联盟组织继续控制毒品分销一直到1943年学生反鸦片示威爆发。然后,引人注目的变化发生了。

到1943年晚期,汪精卫政权在中国占领区已经开始接管鸦片垄断,企图增强急需的税收,并在一定程度上维护摆脱日本的自治。显然得到南京政府宣传部门的支持(可能还有些鼓动),学生们受到鼓舞发动了一场反鸦片运动。称自己为"青年净化运动",学生们捣毁了鸦片馆,将毒品及其随身用具装上人力车运走销毁。运动逐步扩大并蔓延到下游的上海。似乎毫无疑问,日本官员们被这个活动,特别是其公然的民族主义者言辞震惊了。到1944年春,鸦片垄断已经移交给了中国政府,并做出了根除鸦片的清晰承诺。这一点当然不会发生;与日本占领军、国民党及它们之前的欧洲殖民政权完全一样,南京政权依赖鸦片税收为国家机构供给经费。似乎中国没有一个政治(组织)配置,特别是把国家统一作为最终目标的(组织)配置能够戒除吸毒恶习——更确切地说,直到1949年中国共产党开始掌权。㉙

该书最后一篇文章由周永明(Zhou Yongming 音译)所做,论述中国共产党如何完成100多年来其他中国政治实体未能完成的工作。利用一直持续到目前的有关对中共和鸦片的长时段研究,㉚周首先分析了中共的反鸦片言辞,其中毒品被归

㉘ 大约20年前,日本历史学家 Euchi Keiichi 发现并随后发表了隐藏的侵略文献,证实了战争期间在华日军深深卷入鸦片贸易。参见 Kobayashi 在本卷(pp. 153—154)对 Euchi 著作的讨论。

㉙ 即使中国共产党似乎也不能不受鸦片税收的吸引。在1941—1943年的陕甘宁边区财政危机中,共产主义者好像参与了把本地出产的鸦片卖给中国其他地方的活动。1945年后该业务停止。参见 Chen Yung-fa,《红太阳下盛开的罂粟:延安之路与鸦片贸易》, in Tony Saich and Hans van de Ven, eds., New Perspectives on the Chinese Communist Revolution. Armonk, NY: M. E. Sharpe, 1995, pp. 263-298。

㉚ Zhou Yongming,《中国二十世纪的反毒品运动:民族主义、历史与国家建设》, Lanham, MD: Rowman and Littlefield, 1999。

属于资本主义—封建制度的过去,鸦片的根除联结着新文化的创立。然后周迅速转到发生在1950至1952年间的第一次群众运动(博伊姆勒,"共产主义统治下的鸦片查禁")。其成就范围包括从使嗜毒者身体康复到清除罂粟种植和毒品交易。尽管这些创意不协调和低效率——大部分是因为中国那时正在朝鲜与美国进行战争——凡是成功清除鸦片生产的地方都紧紧依赖于土地改革。1952年后,反鸦片运动与其他众所周知的群众运动,例如"三反"(反贪污、反浪费、反官僚主义)和"五反"(反行贿、反偷税漏税、反盗骗国家财产、反偷工减料和反盗窃国家经济情报)捆在了一起。第二项成就不仅以最小的生命伤亡消除了鸦片生产和消费,还是加强国家建设、使群众和党紧密结合的有效手段。

然而,当时几乎没有关于这些成就的公告。假设晚清以来,在视所有罪恶与政府、社会为一体的过程中,鸦片首当其冲,则似乎有理由发问为什么中国共产党对其成就如此谨慎。周觉得官方保持沉默的主要原因是,党不愿给美国宣传机构任何素材,以这样或那样的方式,可能用来败坏中华人民共和国的声誉。虽然这种解释从表面判断似乎有点阴险,但我们必须回想起1950年代早期,美国政府和媒体曾忙于开展全球反共产主义诽谤运动,更不用说摆样子公审和对可疑共产主义者的公开污辱了。欧文·拉铁摩尔(Owen Lattimore)的《诽谤的考验》证实,任何声明,无论多么无辜,像梦幻一样,都突然显露出并似乎变成了严重堕落的反美阴谋的一部分。顺藤摸瓜,大量额外的灾祸正在酝酿中。参议院司法委员会举行的听证,在操作中等同于我们目前大量存在的行政和立法恐惧散布、歇斯底里症发作和奥威尔语言的运用[31]。并且,联邦麻醉药品局(Federal Bureau of Narcotics)的负责人H. J. 安斯林格(H. J. Anslinger)写了一本关于毒品地缘政治学的书。司法委员会和安斯林格所做的结论,被美国劳动联盟在亚洲的代表理查德·德夫罗尔(Richard Deverall)(我不是在杜撰),巧妙地摘要成一个标题为《毛泽东:停止这肮脏的鸦片交易!红色中国怎样出售鸦片和海洛因为中国的战争机器创收》的小册子。在这本小册子中,作者指责红色中国已经变成国际鸦片和海洛因交易中心,以毒品毒害西方作为手段实现全球霸权目标。[32] 只有上帝才知道美国宣传机构利用共产主义中国鸦片根除运动的鲜明姿态做了些什么;或许不给它机会真是最好。

无论如何,二十年后阿尔佛雷德·麦科伊(Alfred McCoy)推翻了在国会和这

---

[31] 指为达到宣传目的而篡改并歪曲事实。——译者注
[32] 1955年美国参议院第84届国会司法委员会促进联邦刑法典小组委员会听证,特别是v. 3:739 和 v. 8:3894—3899;H. J. Anslinger 和 W. F. Tompkins《麻醉剂交易》,New York:Funk and Wagnalls,1953;以及 Richard Deverall,《毛泽东:停止这肮脏的鸦片交易!红色中国怎样出售鸦片和海洛因为中国的战争机器创收》,Tokyo:Toyoh Printing and Book-Binding Co.,1954。

些著作中的指控。在他的权威研究《东南亚海洛因政治学》中,麦科伊指出,安斯林格—德夫罗尔的抨击不仅是反共产主义的宣传,更可能是中央情报局谋划的故意假情报运动的一部分,以保护其间谍网络,因为其中一些碰巧正从事毒品贸易。[33] 部分受保护者是命运多舛的蒋介石国民党军队的小分队。他们一路前行进入缅甸,建立了自己的鸦片政权,用今天的术语叫"金三角"。(人们同样也有模糊的回忆,多年后不知何故将这些黄金般的商品与反伊朗事件建立了某种联系,但那是另外一个故事了。)

对布鲁克和若林收集的这些杰出论文我完全没有异议。但我还愿意看到关于第二次世界大战期间东南亚毒品和性旅游的文章,或者美国和欧洲大众传媒进入1950年代关于"东方"和毒品肖像的一些描述。但这些是期望而非批评。还应当明确的是,通过上述正文内注释,艾伦·博伊姆勒的读本很好地完备了《鸦片政权》中的文章。前书所选作品强化了后者的主要论点:(1)在创建并维持欧洲对亚洲的统治、向该地区传播资本主义和消费者文化中,鸦片发挥了中心作用;(2)新、旧帝国统治和国家建设政权都依赖于鸦片剂;(3)任何无能力清除毒品的政治实体,都引起了中国国内和国外的义愤;(4)自第一次鸦片战争以来,鸦片在促进中国民族主义、激发东南亚各种冲突中起了支配作用;(5)只有中国的共产主义者,乐意并最终能够结束中国的鸦片瘟疫。考虑到这一问题的真正难度,似乎毫无疑问,反鸦片运动是共产主义者建立并维持其合法性的一个重要方式。大概这一点不应被忽略。

放到一起来看,《鸦片政权》、《近代中国与鸦片》和《鸦片、帝国与全球政治经济学》改变了我们对兴奋剂和致瘾品在近代全球历史中的地位的理解。对一直为地方、区域和全球历史提供重要叙述性构建的整个一连串想当然的假设,它们正击中其要害。例如,当鸦片进入场景后,现代化理论(近来在全球化标志下复兴)看来几乎就像漫画一般。归根结底,其范型是19世纪的英国不仅是一个全球性帝国,还是一个离开毒品贸易就无法运转的帝国。对殖民官僚、商人和声称以道德为基础导致"西方"至高无上、"东方"退步落后的其他人的解说,鸦片政权可轻易地向其发出挑战。并且,鸦片在英帝国重生中的重要性,彻底要求置疑冲突不是文化碰撞就是贸易战争的阐释观点。关于市场资本主义的效力,以及将以某种方式导致民主治理和更加健康社会的正统性,鸦片贸易还应当提出许多疑问。

透过这些视角,本文评论的著作并非纯粹修正主义的历史,而是对长期支配中西联系和冲突权威阐释的颠覆。这些论文和文献削弱了资本主义辩护学建立并不

---

[33] 参见阿尔佛雷德·W. 麦科伊,《东南亚海洛因政治学》,New York:Harper and Row,1973,特别是 pp.145—147。

断传播的真正根基(举例来说,文化误解,中国对西方开放的不妥协,以及相对主义者不同时代要求不同价值的论点)。这些著作共同把我们的注意力吸引到政权——而不是文明、总体性人口、普世性制度以及文化特征——及其组成、结构、目标的特异性,与其他政权的关联(或许最重要)方面来。它们大概首次使鸦片的探讨离开长期归属的道德话语而复归历史学。如果没有别的,这些作者的贡献应当在于激发大量反思,即我们如何理解19和20世纪的中国和全球历史,以及我们在课堂上如何讲授这些历史。

(译者单位:北京市朝阳区委党校)

书评与书介

《远西奇器图说录最》的当代国际化研究

□ 戴吾三

内容摘要：2001年夏天，中国科学院自然科学史研究所与德国马克斯·普朗克学会科学史研究所合作组建了"中国力学知识及其与其他文化传统的互动"伙伴小组，聚焦《奇器图说》这一在西学东渐史上的典型案例，协力进行跨学科与跨文化的力学知识史研究合作，在七年时间里，伙伴小组的成员对该书德国作者的出生地、知识来源、知识重构与会通和跨文化审视等方面进行了深入研究，取得了多项超越前人独立研究的学术成果，这种国际合作模式对新的汉学研究有启示意义。

关键词：《奇器图说》 伙伴小组 知识来源 知识重构 跨文化审视

Abstract: The Partnership Group of Max Planck Institute for the History of Science and CAS Institute for the History of Natural Science, built in the summer of 2001, have been carrying out the research project of *Qi Qi Tu Shuo*, a typical case in the history of Western learning spreading to the East. During the past seven years, researchers of the group have conducted thorough studies of the birth-place of the German author, his sources of knowledge, the understanding and reconstruction of knowledge and cross-cultural examination of the text. This international endeavour is significant for the formulation of a new mode of sinological research.

Key Words: *Qi Qi Tu Shuo* partnership group sources of knowledge reconstruction of knowledge cross-cultural examination

在西学东渐史上,《远西奇器图说录最》(以下简称《奇器图说》)占有重要的地位,这部由耶稣会士邓玉函(Johannes Terrenz, 1576—1630 年)和中国学者王徵(1571—1644 年)于 1627 完成的书稿,被评价为"第一部系统地介绍欧洲力学和机械知识的中文著作"①。

"奇器"二字是中国古代常用的表示奇巧、新奇之器的一个术语,"图说"是中国古代表达技术和知识的传统方式。奇器与图说合用,再加"远西"(当时中国对欧洲之称),准确地表达出该书的特点,即西方新奇、精巧机械之选录绘图和注释。

自 1628 年至 19 世纪中叶,《奇器图说》一直是中国学者认识西方力学和机械知识的主要文献。该书先后被收入《古今图书集成》、《四库全书》等丛书、类书中,而那些漂亮的机械绘图更是以不同的方式刊印,得到了广泛的传播。

《奇器图说》的独立研究

20 世纪上半叶,《奇器图说》受到科学技术史、天主教中国传播史等领域的学者的关注,这些学者对书中的力学知识、机械技术部分内容的西方来源及其作者邓玉函和王徵的生平等做了较为详细的分析。其中,西方学者耶格尔(Fritz Jäger)专注于《奇器图说》的版本问题,首次断定此书前两卷主要出自斯蒂文(Simon Stevin,旧译西门)和圭多巴尔多(Guidobaldo del Monte,旧译末多,1545—1607 年)等人的著作,第三卷出自贝松(Besson)、拉梅利(Ramelli,旧译剌墨里)、宗卡(Zonca)、蔡辛(Zeising)和微冉提乌斯(Veranzio)的机械著作。曾任北京天主教北堂图书馆馆长的惠泽霖(H. Verhaeren)查阅了北堂图书馆收藏的耶稣会士带到中国的西文书籍,再次确认斯蒂文的书是《奇器图说》前两卷的一种底本,并辨识出其第三卷部分图说出自拉梅利的著作。中国机械史家刘仙洲认为《奇器图说》是中国第一部机械工程学专书,从机械原理的角度审视了该书的技术内容。20 世纪 60 年代,科学史家李约瑟(Joseph Needham, 1900—1995 年)综合前人对《奇器图说》第三卷的研究,进一步辨认了某些机械图的西方来源。20 世纪 90 年代,中国学者张柏春强调欧洲钟表技术对王徵的影响,考察了《奇器图说》第三卷的机械技术及其影响。这时期,意大利学者杨纳科内(Isaia Iannaccone)详细查阅资料,撰写出《邓玉函传》(*Johannes Schreck Terrentius*),系统描述了邓玉函在意大利和中国的经历与科学工作。

应当肯定以上学者(还有其他未列举者)对《奇器图说》研究的贡献,他们为后

---

① 张柏春、田淼等:《传播与会通——〈奇器图说〉研究与校注》,江苏科学技术出版社,2008 年,第 6 页。

续的深入研究奠定了基础。不过也要承认,这种各自独立的研究难免因文化、语言、学科知识等所限而功力不逮,以致研究存在疏漏甚至偏差。特别是涉及跨文化、综合性的研究,仍留有许多空白。事实也的确如此,比如,究竟《奇器图说》中的哪些知识出自西方传统,哪些源自中国传统,其具体来源是什么?西文知识是如何转换为中文知识的,中西知识是如何互动、会通的?将西方知识转变为中国知识的困难及解决困难的路径是什么?为什么《奇器图说》没有产生应有的较大影响,近代西方科学技术在中国文化与境中生根成长需要何种条件?等等。这些问题都不能企望独立的研究者在短期内很好地解决。

《奇器图说》的国际合作研究

现代科学技术史越来越倾向于将对象置于宽广的文化与境中,进行跨学科的知识史研究。显然,涉及多种文化和语言、跨学科的学术研究需要超越单个学者能力范围的国际合作。正是基于相同的认识,2001年夏,中国科学院自然科学史研究所与德国马克斯·普朗克学会科学史研究所(Max-Planck-Institut für Wissenschasgeschichte)合作组建了"中国力学知识及其与其他文化传统的互动"伙伴小组(Partnership Group of Max Planck Institute for the History of Science and CAS Institute for the History of Natural Science),建立了一个广泛协同研究的学术平台,来自中国、德国、意大利、瑞士等国家和地区的物理学史、数学史、技术史、思想史、语言学、汉学、历史文献学等不同领域的专家,聚焦《奇器图说》这一典型案例,协力进行跨学科与跨文化的力学知识史研究。在七年时间里,小组成员真正形成了集体力量,大家共享学术资源,经常进行集体研究和讨论;为了解决学术疑难,鼓励充分发表个人见解,有时甚至为某一论点激烈争辩,终以理清问题,获得新知而分享愉悦。

在七年时间里,小组成员在世界范围内搜寻到多种《奇器图说》可能的前文本,认真比对和分析,确定成书的知识来源与作者的重构。同时收集到《奇器图说》的30个版本(含日文等译本),核查和梳理,厘清了数百年间的版本流变。小组成员充分发挥合作研究的优势,在分析和研究大量与《奇器图说》及其作者相关的原始文献和研究文献基础上,对该书的会通模式、传播与影响做出超越前人的全面而深入的研究。最后,小组成员集中数年的研究成果,形成了《传播与会通——<奇器图说>研究与校注》(以下简称《〈奇器图说〉研究》)一书,近由凤凰出版传媒集团、江苏科学技术出版社出版。

统观《〈奇器图说〉研究》全书,共分七章,各章(甚至到各节)至少由两位学者撰写,第三章竟由八位学者撰写,真正体现了紧密合作。这样的工作模式,是先前的独立学者不可想象的。从书中章节题目看,大多可独立成篇,而前后又体现逻辑联系,综论性见第七章"跨文化的科技知识传播:特点、局限与意义"。显然,这一宏大的题目绝非单一文化背景的学者所能胜任。

就《奇器图说》的研究而言,中德伙伴小组至少取得了三个突破,表现于前文本分析,知识重构与会通和跨文化审视②。

《奇器图说》的前文本分析

"前文本"是西方学者提出的用于文学作品分析的概念,具体指已成为可解释的起源材料,其分析方法是"从构思开始[笔记、原始计划、开头词等]一直到修改校样,中间经过提纲、资料性笔记、草稿、誊清和定稿手稿的过程"③。

前文本概念和分析方法完全适用于《奇器图说》内容的来源分析。因为《奇器图说》并非源自一部西文著作的翻译,而是集多种西文著作和内容摘编译成,并且也参考了一些当时已出版的传教士主撰的汉文著译。对此,先前已有多位专家如霍维茨(Horwitz)、费德豪斯(Feldhaus)、莱斯米勒(Reismüller)、耶格尔、惠泽霖、李约瑟等曾先后在这方面做过细致的研究,他们考证或推测了该书内容的部分具体来源。

以前人的研究为基础,发挥国际合作研究的优势,八位研究者共同撰写了"《奇器图说》的知识来源"一章。研究者辨识了《奇器图说》参照的多种西文文本,比对和分析了译文与原文的异同,用列表方式对照,可以说这是迄今最完整、最详尽的关于《奇器图说》内容的比对。

分析可见,《奇器图说》重解卷第一和卷第二有部分内容基本上是直译自斯蒂文和圭多巴尔多的原著,但是,多数情况下,《奇器图说》中的内容并非其西方文本的一一对应的直译,因此,要想准确认定《奇器图说》的各款的来源并非易事。研究者经过比对,辨认出《奇器图说》重解卷第一和卷第二与西文著作的相同之处,有些判断部分与耶格尔的相同,当然,也多有不同判断。如卷第二的 36、37、39、45—47 等款,研究者判断应出自圭多巴尔多的著作,而非斯蒂文的著作④。诸多判断异同,研究者以表的形式一一列出,其形式如下⑤,这为读者也为其他研究者带

---

② 实际上,中德伙伴小组取得的成果很多,如对《奇器图说》作者之一邓玉函出生地的实地考察、邓玉函入学档案以及奖学金申请的发现等都是值得称道的工作。

③ [法]皮埃尔-马克·德比亚齐著,汪秀华译:《文本发生学》,天津人民出版社,2005 年,第 29—30 页。

④ 《传播与会通——〈奇器图说〉研究与校注》,第 95 页。

⑤ 本文选取研究者所列表 3—2 的一部分。

来方便。

《奇器图说》卷第二的西文知识来源（节选）

卷第二	西文底本及其考辨	注释
第四十五款	Guidobaldo（1577），pp. 57-58；Propositio XII [Drake & Drabkin, pp. 302-303] 见：图3－65，图3－66	此款与圭多巴尔多的问题和示例及其数值都相同
第四十六款	Guidobaldo（1577），p. 59；Propositio XIII [Drake & Drabkin, pp. 303] 见：图3－67，图3－68	此款与圭多巴尔多的问题和示例基本相同。二者的差异是，圭多巴尔多在推算时采用一般性符号，而《奇器图说》作者采用具体数值

《奇器图说》卷第三为有关移动重物、提水等机械的图说，所描绘的装置要比卷第二的简单机械复杂得多。研究者也认真核查了卷第三的西文前文本，辨识出各图的具体来源，并纠正了前人的某些误辨。具体来说，研究者判断出《奇器图说》卷第三的50多幅图的出处：20幅图出自拉梅利的著作，13幅出自微冉提乌斯的书，七幅出自贝松的著作，11幅出自蔡辛的著作。另外，取水第八图和转磨第五图主要出自蔡辛的著作，但该图很可能还受到宗卡著作的影响。研究者也将考辨和比较列表（见下⑥），特别地，列出与《奇器图说》卷第三可比较的中国传统技术，由此使读者对当时中西技术的差异形成较强的印象。

《奇器图说》卷第三的图说来源及其与中国传统技术的比较（节选）

《奇器图说》中的图号	西文底本及其考辨者	卷第三各图与西文底本相比较的特点	与卷第三内容可比较的中国技术
转磨第十五图	Verantius（1615），pl. 15 见：图3—172，图3—173 考辨者：张柏春、田淼	画面较底本紧凑。磨盘的支架画得较乱。水轮的轮盘被简画成环形	一个水轮驱动多个磨的做法在中国古代是较常见的。这种水轮结构与转磨第十图的风车叶片类似，与中国传统的水轮不同
解木第一图	Zeising（1612），No. 17 见：图3－174，图3－175 考辨者：李约瑟	相较底本，此图顶部和右侧的机架上多画了一小部分。未画出水轮与大齿轮的共同卧轴以及墙的剖面轮廓	中国人熟悉水轮、齿轮、曲柄连杆等技术单元，但似未曾利用这些技术设计出一种同时实现木材进给、锯条往复运动的锯木机

在对《奇器图说》的前文本分析中，研究者也注意到王徵从中国机械技术传统和学术著作中吸收了很多术语及表述方式，以前这方面没有学者关注，新的研究填

---

⑥ 本文选取研究者所列表3—3的一部分。

补了空白。研究者揭示,为了注解《表性言》和《表德言》的"原解",王徵引用宋明理学的"格物"、"穷理"、"致物"等概念。在《表性言》"造诣"条注释里,王徵或引用中国先哲对匠人的巧与规等问题的见解,或据自己的经验加以阐释。他引用中国古代"思极而鬼神通"的观点,注解《表性言》的"传授"条中的"思极而通"。他在《表性言》中用内亲、益友之类的关系,来比喻重学与其他学科之间的关系。

《奇器图说》的知识重构与会通

在中国科学技术史及中西文化传播史的研究中,《奇器图说》一直被视为一部西方力学及机械技术向中国传播的经典。正是基于这一认识,前人的研究多关注于此书的成书过程、西方来源以及中译本是否能够正确反映西方前文本的内容等方面。以往研究中西科技传播的学者"不加怀疑"将这种传播视为单向的知识流传,由此,传入中土的西方科技的内容、程度及其被接受的情况便成为关注的焦点,而传播中发生的知识转化则通常被忽视,或者仅被作为接受一方尚未达到理解传入知识的水平的例证。然而,要认识跨文化的知识传播发生过程及个中缘由,传播中知识的转化甚至误解都值得研究者特别关注。《〈奇器图说〉研究》的作者指出,作为第一部用中文撰写的系统介绍西方力学的著作,《奇器图说》在结构和内容上却都与西方原著存在明显区别。

分析可见,《奇器图说》中重构了西方原著的内容,从而形成新的逻辑上自成体系的结构,如全书将其西方前文本中的定义(definitio)、定理(theorema)、命题(propositio)、假定(postulatum),甚至问题(problema)等不同性质与形式的内容全部并列排成地位一致的"款",并做了重新排序,每款的主题句为重新整理的各条的核心内容。再有,《奇器图说》放弃了原著中包含的所有数学证明,以与当时中国的技术传统及数学传统一致。这种删去数学证明的选择应是王徵所为,因为如他在序中所言,翻译该书的目的是为了介绍有利于民生的机器,他追求"简明易晓"的表述,以便"人人览阅"。

就《奇器图说》内容的会通以《表性言》和《表德言》为例,先前的研究者一致认为,《表性言》、《表德言》对欧洲力学做了总体描述,此两部分均译自西方著作。然而通过分析,中德伙伴小组的研究者认为其结构更为复杂,且前人一直忽视了王徵对这两段内容的贡献[7]。分析可见,《表性言》中,除来自西方的"表性言"、"表性言解"之外,还包括王徵所撰的"详注",再分析《表性言》与《表德言》的结构,就可以判断其中内容的不同层次。

---

[7] 《传播与会通——〈奇器图说〉研究与校注》,第164页。

中德伙伴小组的研究者指出,《表性言》与《表德言》的体制与耶稣会士著述传统相似,亦与中国学者的注释传统一致。西方传统中的"正"或"驳"通常需要符合经院传统推理模式的证明或证伪过程,《表性言》与《表德言》中王徵的详注则是以解释性的文字为主,更类于中国学者的注释方式。《表性言》与《表德言》的整体表现形式及其"详注"中的内容展现了王徵会通的努力。

《奇器图说》卷第三为机械图说,这是书中最具会通基础的部分。王徵统一将图排在"说"之前,形成了"图—说"的表达结构⑧。这与《武经总要》、王祯《农书》等中国传统技术著作的做法相同。

《奇器图说》各卷首页均标注:"邓玉函口授,王徵译绘。"可见,《奇器图说》稿本的图均是王徵绘制的。在这些图中,王徵既保留了西方原著的基本内容和画法,也采用了中国的某些绘画技法,并且将欧洲风格的附属景物改绘为中国式,石头、田野、树木、房舍等,无一不显现中国风格。最有趣味的,王徵把原图中的所有人物都改绘成中国人模样,使图的风格一派"中国化"。

在绘画技法上,王徵继承了中国古代技术插图的画法,以线条描绘机械及其零件的轮廓,以中国版画常用的技法画出树木、石头、云饰等景物。由画面效果可见,王徵较多地采用了中国技术绘图传统中相当于平行透视、散点透视等画法。正缘于此,在少数图中,他改变了图的透视方向,并导致视觉效果的改变。"代耕图"的轮辋被涂成黑色,这是典型的中国技术图表达法⑨。

《奇器图说》的跨文化审视

在《奇器图说》研究中,中德伙伴小组的研究者运用国际科学技术史研究的新理念、新方法,将研究对象置于宽广的文化与境中审视,从而构建了新的认识前提:中国和欧洲各有长期的力学知识积累,两大知识系统在经典力学体系形成的前夜相遇,《奇器图说》就是此相遇的一个成果。就欧洲的文化与境分析,当时的欧洲处于科学革命期,在经院知识系统中发生了亚里士多德与阿基米得力学传统的冲突与融合,在更宽的视野中,则有经院知识与工匠传统的冲突与结合,孕育了经典力学。来华耶稣会士是出于为了获得中国人的认同而介绍欧洲的力学知识。

作为国际合作研究的体现,笔者认为研究者对跨文化中科技知识传播的特点、局限性等问题所做的探讨值得重视。

《奇器图说》的绝大部分内容虽然来自欧洲,但其结构与术语却反映了两种知

---

⑧ 王徵:《远西奇器图说录最(序)》,1627年。
⑨ 《传播与会通——〈奇器图说〉研究与校注》,第171页。

识传统的影响,其中的机械及零件名称多来自中国的传统技术。对于比较理论化的术语,邓玉函与王徵以四种方式来处理:一是选择能够揭示原词含义的字组成新的中文术语(如杠杆、飞轮);一为采用含义相同或相似的来自中国知识传统的术语(如力);一为选取传教士的中文翻译著作中已经给出的术语;最后,对于人名等特殊名词,采取音译的方式(如"亚而几墨得"等人名)。实际上,前三种处理方式都会引发一个问题:由于中文术语或构成术语的单字在中国传统中都有特定的含义,以它们来界定欧洲力学术语,便存在改变原西文术语内涵的危险,并进而有改变原来知识的可能。通过对《奇器图说》内容的比对,研究者确信,邓玉函与王徵选择的译词基本上准确反映了原术语的含义。然而,部分基本力学术语,如力、能力、势等,虽然能够反映原文的含义,但原术语在欧洲与境中所蕴涵的全部知识则很难由相应的中文术语表述,同时,相应术语在中文与境中蕴涵的意义则不可避免地被带入对传入知识的理解中[10]。

特定历史阶段两种技术的优势比较,是跨文化审视的内容之一。《奇器图说》完成的17世纪20年代正是欧洲科学发生革命性转变的关键时刻,其内容又正是在近代科学产生的过程中具有先行和典范意义的力学,然而,该书的出版却未在中国产生相应的影响。实际上,虽然书中介绍的部分理论和实践内容被中国的学者所重视,但其学术体系却迟迟没有建立,一直等到二百多年后。这是因为在科技知识传播过程中,比较具有优势的技术确实可以被很好地吸收,但单凭图说形式的著作却不见得能实现复杂机械的仿制,如蜗轮蜗杆的制作就有一定的难度。另一方面,并非所有来自西方的科技知识都具有优势。实际上,中国与欧洲的机械技术经历了长期的平行发展,形成了各具特色的技术体系,明代时中国人使用的多种机械在功能方面与欧洲机械不相上下,中国传统机械基本满足了以家庭为生产单位的农业社会的需求。古代技术的进步经常表现为经验的积累,成功的技术会变成相对稳定的规则。而对外来技术的掌握、功效评判都需要一个尝试或示范的过程。真正发生历史性转折,使中国人痛感技不如人,是在西方实现了工业革命,用新技术打造的坚船利炮直逼国门之时。

通过中德伙伴小组的研究,使我们也认识到,跨文化传统的科学技术交流会受到多种因素影响,如参与传播的行动者的兴趣、价值取向、需求和知识背景等。在《奇器图说》涉及的科学技术传播中,由于语言的限制,中国人在传入知识的选择上没有完全的自主性。作为传授者的传教士的兴趣与行为受到天主教传教利益的决定性影响,而作为接受者与传播者的中国儒家学者的兴趣与活动则主要取决于中国社会的需要。不仅如此,科学知识能否在一个异质文化传统中存在与发展还

---

[10] 《传播与会通——〈奇器图说〉研究与校注》,第279页。

取决于它与异质的科学技术系统的相容性。

外来科学技术知识要通过翻译才能进入新的知识体系内,这实际上是一个转述过程。传播者很可能对选择、转述的知识进行重构与会通,带来知识的互动与转变,其结果很可能是形成具有新的表达结构的知识,而这一知识又要受到其进入的知识体系的再次筛选。如果受方的知识传统足够成熟与稳定,那么,知识的会通便成为传播的一个必然要经历的过程。

回顾17—18世纪,中、西文化在近代的首次直面相对,为我们提供了一个机会,去观察跨文化传统的知识传播发生和发展的条件与特点。正因为如此,对《奇器图说》的成书与传播方式的探究便具有了超出对该书及其所承载的知识本身的研究意义,而中德伙伴小组的工作模式也带给我们启示。

(作者单位:清华大学)

中美对峙时期中国研究机构的兴建

□吴原元

内容摘要：进入 20 世纪 50 年代后期，随着国际冷战局势的发展，尤其是 1958 年国防教育法的颁布，来自联邦政府、私人基金会及各高校的大量资金开始涌入中国研究领域，美国由此出现了兴建中国研究机构的热潮。在这一时期，美国不仅设立一批专门研究中国的机构，而且有关中国研究的全国性协调机构、资料搜集中心及海外培训服务机构等亦相继建立。

关键词：中美对峙时期 美国 中国研究机构 热潮

Abstract：In the late 1950s, as the international Cold War escalated, especially with the promulgation of the National Defense Education Act in 1958, a large amount of funds originating from the federal government, private foundations and universities began to pour into the field of Chinese studies. As a consequence, there emerged a boom in the founding of China Studies Institutions in the United States. During this period, established were not only a number of specialized research institutions in the United States, but also a national coordinating body, data collecting center and overseas training institutions of China Studies.

Key Words：Sino-US Confrontation the United States China Studies institutions Boom

20 世纪 50 年代中期之后，面对共产主义中国的不断发展壮大，走出麦卡锡主义阴霾的美国社会各阶层意识到应大力开展中国研究。费正清(John K. Fairbank)在中华人民共和国成立 10 周年之际发表演讲指出:"我们现在必须研究共产主义,除了苏联以外,还要研究中国"①;1964 年,美国历史学会主席博伊德(Julian P. Boyd)在第 79 届年会的主席演说中认为:"了解中国乃是当今人类面临最紧迫的思想上的和实践上的挑战,而且这一挑战必然会变得越来越紧迫"②;福特基金会则明确指出:"两大新的力量自第二次世界大战以来在兴起。第一个是强大的统一的欧洲。第二个是强大的敌对的中国。美国政府和人民以及整个自由世界对这两大力量兴起的政治、军事、经济、社会和科学含义需要有较好的理解。这两大力量都和美国的成长与活力密切相关,它们也和自由世界回应不发达国家要求和国际共产主义挑战的能力密切相关。"③另一方面,随着旨在加强非西方区域研究的 1958 年国防教育法的颁布,大量资金开始涌入中国研究领域。据统计,在 1958 年至 1970 年期间,美国联邦政府对中国研究的拨款总额为 1504 万美元、基金会对中国研究的拨款为 2593.3642 万美元、美国各高校亦投入了近 1500 万美元。④ 得益于此,美国出现兴建中国研究机构的热潮。众所周知,1949 年新中国成立之前,美国仅有哈佛燕京学社、华盛顿大学的远东和俄国研究所、哥伦比亚大学的东亚研究所、加利福尼亚大学的远东研究所等为数不多的几个以中国为关注对象或涉及中国的专业研究机构。但 20 世纪 50 年代中期至 70 年代初这段时间,美国不仅设立一批专门研究中国的机构,而且有关中国研究的全国性协调机构、资料搜集中心及海外培训服务机构等亦相继建立。

一、专门性研究机构

1958 年国防教育法第 601 款专门规定:"1958 年 7 月 1 日至 1962 年 6 月 30 日期间,授权联邦政府通过合同协商方式资助高等教育机构建立现代外语教学研究中心。由联邦政府资助建立的现代外语教学研究中心,必须是联邦政府、公司企业或社会急需的语言。任何一所现代外语教学研究中心,除提供语言教学外必须提供有关这门语言所使用地区或国家的历史、政治学、语言学、经济学、社会学、地理学和人类学等方面的教学,以使学员能全面理解使用这门语言的地区或国家。

---

① Elizabeth J. Perry, "Partners at Fifty: American China Studies and the PRC", *Harvard Asia Quarterly*, Autumn 1999.

② [美]朱利安·P. 博伊德:《应急浅见》,载王建华等译:《现代史学的挑战——美国历史协会主席演说集 1961—1988》,上海人民出版社,1990 年,第 183 页。

③ 韩铁:《福特基金会与美国的中国学》,中国社会科学出版社,2004 年,第 238 页。

④ Lindbeck, John. M. H., *Understanding China: An Assessment of American Scholarly Resources*. New York: Praeger, 1971, p. 79.

现代外语研究教学中心还应为到国外地区从事研究工作的成员或到研究中心从事教学研究的外国学者提供资助。"⑤ 基于这一条款,美国联邦政府在1959年至1964年期间,共拨款855.566万美元用于在大学设立语言和区域研究中心。其中,东亚部分占17.5%,仅次于苏联与东欧,居第二位。⑥ 在联邦政府的引导下,各大基金会积极为建立中国研究机构提供雄厚资金资助。1960年至1963年期间,福特基金会给予哈佛大学110万美元、哥伦比亚大学79.5万美元、加利福尼亚大学75万美元、密歇根大学60万美元、华盛顿大学48.2万美元、康奈尔大学80万美元,资助其建立中国研究机构、开展中国研究工作;另外,福特基金会还给予芝加哥大学98.8万美元、耶鲁大学61万美元、普林斯顿大学50万美元、斯坦福大学70万美元,资助其进行包括中国在内的东亚学研究。⑦

大量资金的投入,使得关于中国的研究机构如雨后春笋般涌现。1957年,加利福尼亚大学伯克利分校成立中国研究中心;1959年,哥伦比亚大学成立中国研究中心;1961年,密歇根大学专设中国研究中心;1962年,华盛顿大学设立中苏研究所;1964年,夏威夷大学亦设立中国研究中心等。除此之外,还成立了一大批以中国为主要关注对象的研究机构。1956年,哈佛大学设立东亚研究中心;1957年,斯坦福大学设立东亚研究中心;1958年,堪萨斯大学、南加利福尼亚大学成立东亚研究中心;1959年,俄亥俄州立大学设立东亚研究中心;1960年,匹兹堡大学设立东亚研究中心;1961年,耶鲁大学成立东亚研究中心;1963年,印第安纳大学、普林斯顿大学建立东亚研究中心等。当然,这一时期亦建立了众多涉及中国的研究机构。1959年,得克萨斯大学成立亚洲研究中心;1961年,哥伦比亚大学成立共产党事务研究所;1964年,伊利诺斯大学成立亚洲研究中心;1965年,罗彻斯特大学、圣迭戈州立大学成立亚洲研究中心;1966年,亚利桑那大学设立亚洲研究中心;1967年,印第安纳大学建立亚洲研究所等。⑧ 据林德贝克(John. M. H. Lindbeck)统计,1964年专门研究中国的机构为12个;1967年,上升到20个;1969年,则达到23个。⑨

这些专门研究中国的机构成立后,积极开展中国问题,尤其是现当代中国问题的研究。哈佛大学东亚研究中心在成立后的第一个十年(1956至1965年),不仅

---

⑤ *National Defense Education Act of 1958*. Public Law 85-864, September 2, 1958.

⑥ US State Department, *Language and Area Study Programs in American Universities*. Washington D. C., 1964; US. State Department, *Language and Area Centers, First 5 Years*. Washington, D. C., 1964.

⑦ 《福特基金会与美国的中国学》,第148页。

⑧ 孙越生、陈书梅主编:《美国中国学手册》(增订本),中国社会科学出版社,1993年。

⑨ *Understanding China*, p. 55.

· 295 ·

先后组织召开了"中国经济会议"、"共产主义中国武器控制"、"中国人的世界秩序"等学术会议,而且还出版了43部现当代中国的著作⑩。哥伦比亚大学亚洲教育研究中心,重点研究中国在现代化进程中的教育,其中包括解放后中国在社会、文化和教育方面的发展,也收集和分析现代中国教育的历史资料,并对中国、印度和日本的教育及文化变革进行比较研究⑪;加利福尼亚大学东亚研究中心,曾专门拨款10万美元用于购买香港友联研究所收集整理的剪报和报纸缩微胶卷、陈诚的收藏和来自台湾的有关中国共产党早期历史的其他文件的缩微胶卷、日本的羽田野文献收藏、国会图书馆收藏稀有的中国共产党省报的缩微胶卷⑫;密歇根大学中国研究中心,主要研究近代中国的经济史和社会结构、共产党中国的经济、中国共产党法律等⑬;南加利福尼亚大学的共产党战略与亚洲宣传研究所,以研究苏俄集团对外贸易形态、中共对外经济政策、苏俄对外传播与宣传、中共政权等为主要方向⑭。

二、全国性协调机构

麦卡锡主义的肆虐,曾使现当代中国研究遭受沉重打击,陷于沉寂状态。更为严重的是,受麦卡锡主义的冲击,中国研究这一学术共同体处于分裂状态。20世纪50年代初,美国国会举行有关太平洋学会和拉铁摩尔的听证会时,来自耶鲁大学的饶大卫(David Nelson Rowe)、华盛顿大学的戴德华(Edward G. Taylor)和魏特夫(Karl A. Wittfogel)等作为证人。在听证会上,他们对太平洋学会和拉铁摩尔(Owen Lattimore)进行各种攻击,提供诸多与事实不相符的证词。饶大卫认为,拉铁摩尔是"斯大林主义这一意识形态在美国的代言人"。⑮ 魏特夫回忆说,早在1935—1936年他还是一个公开的共产党员时,曾和欧文·拉铁摩尔谈过话,当时就认为欧文是一个秘密的共产党员。这些学者的证词不仅使很多自由主义的东亚学者感到厌恶,而且在中国研究学者之间点起了仇恨之火。整个美国中国研究学

---

⑩ John K. Fairbank,"Harvard University East Asian Research Center: Ten-Year Report of the Director", *Harvard university library*, 1971(3) pp. 12-15.

⑪ 《美国中国学手册》,第544页。

⑫ 《福特基金会与美国的中国学》,第153页。

⑬ 《密歇根大学中国研究中心》,载《外国研究中国》(第三辑),第151页。

⑭ [美]宋晞:《韩日美加四国汉学研究》,载陶振誉主编:《世界各国汉学研究论文集》(第二辑),台北:国防研究院中华大典编印会,1967年,第15页。

⑮ John N. Thomas, *The Institute of Pacific Relations*. Seattle and London: University of Washington Press, 1974, p. 149.

界充斥争论与冲突,中国研究的会议成为派别之争的战场。在筹备 1951 年远东协会年会的会议程序时,筹备委员会原本已把魏特夫和拉铁摩尔列入一次有关远东社会性质讨论的出席者名单。在魏特夫公开指责拉铁摩尔后,筹备委员会取消了这次讨论。来自华盛顿大学的一个学者团体了解到会议没有安排魏特夫参加远东社会性质的讨论后,表示极大抗议。他们的理由是个人和政治的因素不应该影响协会的学术活动,即使只有魏特夫一个人作为正式发言人,这场有关远东社会性质的讨论也应该举行;同样,当华盛顿大学梅谷(Franz. Michael)为参加关于近代中国改革与叛乱的学术讨论会而提交的论文被筹备委员会以不合适为由拒绝时,怀疑与对抗的局面更为恶化。西雅图在与远东协会委员会成员多次信件交涉后,远东协会委员会拒绝改变所做的决定,于是华盛顿大学的部分教授决定抵制 1951 年远东协会年会。[16]

到 20 世纪 50 年代后期,随着麦卡锡主义逐渐消退以及共产主义中国影响力的日益上升,越来越多中国学家意识到中国研究并不仅仅是各机构自身的事业,而且是一项事关国家利益的研究事业。克服中国学界存在的分裂,建立全国性中国研究协调机构以统筹研究成为必需。1959 年,费正清在给福特基金董事会的信中说:"过去 15 年在中国和美国所发生的事情使美国的中国问题专家在很大程度上受到了感情上的影响……在对现代中国问题进行研究这个新领域,我们所面临的一个重要问题在于如何搞好个人合作。我们必须在尽可能做到不偏不倚和切实可行这点上取得一致,并在此基础之上建立一种最起码的工作上的协作关系。总之,我们必须克服麦卡锡时代在中国问题上造成的分裂。"[17]为此,在费正清、鲍大可(A. Doak Barnett)等中国学家的倡议下,来自哈佛大学、华盛顿大学、哥伦比亚大学等 11 所大学的 16 位中国学学者以及国务院、国会外交委员会、兰德公司、福特基金会的代表于 1959 年 6 月 19 日至 21 日在纽约大学古德尔会议厅召开会议。[18]与会者在中国学研究人员的培养、中国研究资料文献的收集复制整理、如何开展共产主义中国研究、如何进行跨学科研究以及如何将社会科学理论方法引入中国研究领域等许多实质性问题上看法一致;并且,在建立当代中国研究联合委员会这一重大问题上,与会者也一致同意:1. 这样的委员会应该建立;2. 这样的委员会应该有代表性;3. 这样的委员会应该包括那些兴趣跟苏联研究和社会科学有关联的人;

---

[16] Charles O. Huker, *The Association for Asian Studies: An Interpretative History*. Seattle: university of Washington press, 1973, pp. 70—71.

[17] [美]费正清著,陆惠勤等译:《费正清对华回忆录》(*Chinabound: a fifty-year memoir.*),上海知识出版社,1991 年,第 447 页。

[18] 此外,还有 60 位学者在会后通过邮件的形式表达他们的观点与看法。

4. 这样的委员会应该着手承担会上提出的很多重大项目;5. 这样的委员会应命名为"研究当代中国联合委员会"。

但是,与会者在这一机构究竟由谁领导的问题上存在分歧。有些人支持由亚洲协会来主持,有些人则认为应建立一个由美国学术团体理事会和社会科学研究理事会共同领导的委员会。经过投票表决,9 票赞成由亚洲学会主持,2 票反对,4 票弃权,3 人在表决前退席。表决结果表明,如果由亚洲学会主持现当代中国研究联合委员会,将造成中国研究学界的分裂。为避免中国研究领域业已存在的分裂进一步加剧,集中全国力量推动现当代中国问题研究,作为此次会议的筹备委员,费正清、亚瑟·斯坦纳(Arthur Steiner)、韦慕庭(Clarence Martin Wilbur)决定支持少数派意见,建议亚洲学会研究与发展咨询委员会主席比尔·洛克伍德(Bill Lockwood)采纳少数派的提议。最终,会议决定由美国学术团体理事会和社会科学研究理事会共同领导管理"当代中国研究联合委员会"(Joint Committee on Contemporary China)。该委员会由华盛顿大学的戴德华担任主席,密歇根大学的艾克斯坦因(Alexander Eckstein)、哈佛大学的费正清和林德贝克、芝加哥大学金斯泊格(Norton S. Ginsburg)、加利福尼亚大学的盖伦逊(Walter Galenson)、哥伦比亚大学的韦慕庭、华盛顿大学的卫德明(Hellmut Wilhelm)、兰德公司的亚伯拉罕·哈尔本(A. M. Halpern)组成联合委员会。[19]

当代中国研究联合委员会的建立,意味着自麦卡锡主义以来中国学界存在的分裂趋于弥合。随着中国学领域全国性协调组织的建立,美国的中国研究开始揭开新篇章。1960 年至 1970 年期间,当代中国研究联合委员会共获得 200 万美元的资助。这笔资金被用于诸如资料建设、召开学术会议、资助学者研究等方面。在这十年里,当代中国研究联合委员会为来自 68 个研究机构的 119 位学者提供了总金额达 86.0815 万美元的研究资助金[20];在这十年期间,当代中国研究联合委员会及其下属小组委员会组织召开的学术会议、讲座达 30 多次,共有 662 名来自世界各地的学者参加了会议;当代中国研究联合委员会还致力于推动当代中国研究的资料建设。例如,它编制了由美国联合出版研究服务署和美国设在香港的领事馆翻译的资料索引;向亚洲协会提供 2.5 万美元用于购买一整套由香港友联研究所

---

[19] George E. Taylor, "Special Report: The Joint Committee on Contemporary China, 1959—1969". *Asian Studies Professional Review*, Vol. 1, No. 1 (Fall, 1971), pp. 42-46.

[20] 在获得当代中国研究联合委员会提供资助金的 119 位学者中,除 8 位来自华盛顿大学、7 位来自哈佛大学、6 位来自密歇根大学、5 位来自哥伦比亚大学以及加利福尼亚大学伯克利分校、芝加哥大学、弗吉尼亚大学各 3 位之外,其他绝大部分来自一些很难获得联邦政府和基金会资助的院校。资料来源:George E Taylor, "Special Report: The Joint Committee on Contemporary China, 1959-1969", pp. 58-59。

搜集的中国大陆报纸及其他资料的缩微胶卷;与联邦政府达成协议,复印分发由美国联合出版研究服务署翻译的有关中国大陆社会科学方面的资料,材料总计2.5万页,由美国和国外60所图书馆收藏;提供1万美元用于资助国会图书馆组织收集有关中国报纸,尤其是地方和小城市出版的报纸;将由林德贝克、卫德明以及其他团体所列的150种中国期刊目录交给国会图书馆和其他政府机构,希望政府部门能同意将其所拥有的期刊转交给国会图书馆制作缩微胶卷供大学图书馆购买;资助有关中国政治、法律、管理学词典的编纂出版等。[21]

费正清等中国学家意识到,应避免注重现当代中国研究而使传统中国研究遭到削弱,毕竟传统研究能够为社会科学家提供必不可少的背景知识。他说:"设想一下,有人正抱着尼采是个意大利僧侣,黑格尔是位诗人的糊涂思想在研究阿登纳和希特勒,而且不知道曾有过路德这个人。再设想一下,有人试图在没有得到《北部联邦同盟文件》原文的情况下分析美国革命时期的政治,并相信约翰·亚当斯和约翰·昆西·亚当斯是同一个,而汉密尔顿是个钟表匠。"[22]基于上述考虑,费正清等人提议建立全国性委员会以协调主持1911年以前的中国研究。1962年6月,中国文化研究委员会(Committee on Chinese Culture)成立。这一委员会由芮沃寿(Arthur F. Wright)担任主席,卜德(Derke Bodde)、狄百瑞(William Theodore DeBary)等学者担任委员,下设中国艺术、中国政治制度、中国文化、中国思想和中国宗教等五个小组委员会。中国文化研究委员会的职责,主要是监督拨款以促进研究人员的研究、为研讨会提供赞助、为主要的研究项目筹措资金、协调大学间的研究项目、发起新的翻译和专题研究计划等。1963—1969年期间,中国文化研究委员会为学术会议、著作出版、小型研究课题提供了19.8425万美元的资助。[23]

三、中文资料收集中心

20世纪50年代后期,美国中国研究学界还相继建立一批颇具影响的中国资料中心。这些资料中心专门负责收集中文资料,为美国各大中国研究机构提供服务,以推动其开展中国研究工作。

---

[21] George E. Taylor, "Special Report: The Joint Committee on Contemporary China, 1959—1969", pp. 60—63.

[22] [加]保罗·埃文斯著,陈同等译:《费正清看中国》(John Fairbank and the American understanding of modern china.),上海人民出版社,1995,第253页。

[23] George E Taylor, "Special Report: The Joint Committee on Contemporary China, 1959—1969". p. 59.

"中文资料和研究辅助服务中心"(The Chinese Materials and Research Aids Service),就是这一时期所建立的重要中文资料搜集机构。早在1949年,远东学会应美国图书馆协会的邀请,派出了国会图书馆的恒慕义(Arthur W. Hummel)、加利福尼亚大学伯克利分校的伊丽莎白·赫夫(Elizabeth Huff)参加远东图书发展研究委员会。为便于收集远东资料,远东学会在此后不久成立了"远东资料联合委员会"。1953年,"远东资料联合委员会"因为资金缺乏无法开展工作而被迫解散。1958年后,由于大量资金涌入中国研究领域,亚洲学会成立了新的"美国图书馆远东资料委员会"。[24] "美国图书馆远东资料委员会"成立后,积极在国内外收集有关远东的研究资料。其中之一,便是于1964年在台湾设立"中文资料和研究服务中心"。

20世纪60年代,由于美国对中文资料需求急剧上升,台湾书商为满足日益增长的市场需求,加大了著作的印刷或复印的数量。然而,台湾书商和美国需求者之间却缺乏有效的信息和市场机制。缘于此,在台湾求学的哈佛大学研究生艾文博(Robert L. Irick)在"美国图书馆远东资料委员会"的支持鼓励下,利用在台湾的有利条件,向美国图书馆和学者提供有关台湾中文书籍的出版信息。后来,他逐渐成为美国图书馆界和学者在台湾购买中文资料的代理商。1964年春季,亚洲学会召开会议正式成立由艾博文负责管理的"中文资料和研究服务中心",并拨款5 000美元作为中心的第一笔投资风险补助金。[25]

中国资料和研究服务中心成立后,亚洲学会每年向其提供约4.75万美元的资助,以供其向西方国家的图书馆和中国研究学界采购复制有关中文书籍、杂志、报纸及其他材料。到1969年底,中文资料和研究辅助服务中心向36个国家的图书馆和学者们复制或购买珍稀中文典籍、台湾最新出版图书以及其他各类出版物共计60多万册,比哈佛燕京图书馆多出一倍。该中心还提供文献索引、图书分类信息、目录和辞典等研究参考工具书。由于中文资料和研究服务中心的存在,一些教学参考图书馆和少数大型图书馆能够在短时期内迅速拥有丰富的中文图书收藏。澳大利亚堪培拉地区的一些图书馆就很快得到这些实惠。[26]

为满足学者对现当代中国研究资料的需求,在福特基金会提供50万美元的资助下,美国研究图书馆协会于1968年在华盛顿建立"中文研究资料中心"(Center for Chinese Research Materials)。该资料中心旨在"力求填补有关现代中国的中文出版物方面的空白,积极收集复制和散发收费低的有关现代中国的研究资料;并对从事中国研究的学生和学者提供书目服务、帮助图书馆进行有关中文资料的馆藏

---

[24] *The Association for Asian Studies:An Interpretative History*, p. 30.
[25] Ibid., p. 32.
[26] *Understanding China.*, p. 70.

建设"。基于上述宗旨和工作职责,中文研究资料中心成立后积极采取措施购买、复印、散发由联邦政府机构或其他个人收集的共产主义中国研究资料;同时,克服重重困难,尽最大努力将散落在世界各地的一系列中文期刊、报纸,特别是政府部门发行的一些内部刊物收集整理、装订成册,以便于学者查阅。1960年,北京出版的《新华月报》这份期刊,当时除中国和苏联以外世界其他地方都难以找到。中文研究资料中心为获得这份重要期刊,想方设法从一个英国学者手中获得莫斯科制作的缩微胶卷,从而使这份重要期刊的复制品得以出现在美国图书馆。根据中文研究资料中心主任余平峰的报告,在中心成立后的三年内共复制了344种材料。复制的材料中包括《申报》、《时报》、《华字日报》等报纸和《社会科学季刊》、《文摘》、《现代中国文学》等1949年以前的期刊和专著,以及1949年以后的期刊和专著,甚至美国国务院提供的红卫兵材料。中文资料研究中心的复制收费尽管低廉,但在三年内其销售收入仍达到138 226.24美元。

四、海外培训服务机构

在中美尚处于隔绝对峙状态之时,为使有志于从事中国研究的研究生及专职研究人员能够更好学习汉语、熟悉中国社会文化,20世纪60年代美国中国学界专门在台湾和香港设立培训服务机构。

设在台北的北美大学联合汉语培训班(The Inter-University Program for Chinese Language Studies,简称IUP)[27]便是其中之一。早在1959年,康奈尔大学在台北自建了名为"康奈尔中心"的语言学校。这所语言学校在办学上非常成功,其学员的汉语水平有相当大的提高。1963年,在福特基金会、卡内基基金会和卢斯基金会的资助下,加利福尼亚大学、密歇根大学、哥伦比亚大学、耶鲁大学、哈佛大学、斯坦福大学、普林斯顿大学、康奈尔大学等10所美国高校在"康奈尔中心"语言学校的基础上联合成立北美大学联合汉语培训班。为有效管理,联合汉语培训班成立了由参与这一项目的10所大学代表所组成的校董事会,采用美国大学办学思路。

创设北美大学联合汉语培训班的目的在于,为美国从事中国研究的学生或研究人员提供汉语口语及写作的高级培训服务,服务对象是在美国大学有两年汉语基础的学生或具有同等汉语水平的人。1963年至1971年期间,福特基金会、卡内基基金会和卢斯基金会为联合汉语培训班提供了总计约80.3万美元的资助,这意味着联合汉语培训班每年可得到大约10万美元的资助金。正是在这笔雄厚资金的资助下,共有295名学生得以参加汉语培训班(除10人外,全部是美国人)。事

---

[27] 北美大学联合汉语培训班现已扩展到14所北美大学,目前该班设于北京清华大学。

实上,美国各大学在20世纪60年代所培养的博士生中,一半以上都参加了联合汉语培训班。[28] 北美大学联合汉语培训班,不仅为美国大学生尤其是博士候选人提供了良好的汉语环境,还为那些无法到中国大陆的美国中国问题研究者提供了了解中国文化和社会生态的重要机遇。对于从事中国研究的美国学者而言,联合汉语培训班无疑是一个行之有效的海外培训基地。

除北美大学联合汉语培训班外,美国还在香港设立"大学服务中心"(Universities service in HongKong)。在中美隔绝对峙时代,对于从事当代中国问题研究的学者而言,毗邻大陆的香港具有独特魅力:不仅可以亲身体验华人生活方式、社会风俗和感受中华文化,还可近距离地观察与香港毗邻的大陆生活情景,包括同来自大陆的难民交谈等。因此,美国中国学界迫切希望在香港设立一个专为当代中国问题学者提供服务的机构。20世纪50年代后期,麻省理工学院的派伊(Lucian Pye)和教育与世界事务委员会主席比尔·马弗尔(Bill Marvel)开始酝酿成立一个为中国问题研究提供服务的中心。一开始,比尔·马弗尔设想将这一机构设立在哈佛大学或华盛顿大学,但派伊认为这样的机构最好设立在香港。[29] 经过向众多学者咨询,在卡内基基金会的资助下,教育与世界事务委员会于1963年在香港成立"大学服务中心"。服务中心由教育与世界事务委员会经营,负责人为国际顾问委员会主席威廉·海特(William Hayter)勋爵。

大学服务中心提供的服务包括资料借阅、语言培训、举办各类学术讲座等。由于基金会承担了服务中心运作的主要成本,因此从事中国研究的学者或研究生只需支付少量费用便可使用该服务中心所提供的各种服务和设施。一时间无法进入中国大陆的研究生、学者、专家开始从四方拥来,大学服务中心成为毗邻大陆地区从事当代中国问题研究的重要营垒。截止到1970年3月15日,大学服务中心共为来自16个国家的250名学生和专家提供服务,三分之二为美国人。在这250名博士研究生和专家中,超过一半是在此从事论文写作的博士候选人。其中,美国的研究生为109名,非美国研究生有17名。这些利用大学服务中心的资料和设施从事论文写作的美国博士候选人,其中绝大多数人的论文是关于当代中国问题。[30]

20世纪50年代中期至70年代初,可称为中国研究机构建设的跃进时代。这些新建的研究机构,对美国中国研究的发展起着不可替代的作用。举例言之,"中文资料和研究辅助服务中心"和华盛顿"中文研究资料中心"的建立,使美国中国

---

[28] *Understanding China*, pp. 62-63.

[29] Ezra F. Vogel, "The First Forty Years of the Universities ServiceCcentre for China Studies", *The China Journal*, No53, January2005, pp. 2-3.

[30] *Understanding China*. pp. 64-65.

学界得以在短时期内积累的丰富中文研究资料。林德贝克曾言,"应该感谢这两个机构组织,它们使得中国研究的学术研究资料得到极大的拓展。可资利用的红卫兵和'文化大革命'档案文献已存放在几个研究中心;各类学院和参考图书馆已拥有基本的辅助资料;经典的和近代材料已经复制;材料之间的交换在加速;成本已大大降低;世界范围内的图书馆员和图书馆已经被动员起来"。[31] 同样不可否认的是,中美对峙时期所兴建的这些研究机构,为美国中国学以后的发展奠定了学术研究的机构基础。正如哈里·哈丁(Harry Harding)所说,"在上世纪60年代,利用联邦政府和私人基金会提供的资金,奠定了一批学术机构的基础,这些基础性工作至今仍规定和影响着美国的当代中国研究:设在大学里的几个主要的当代中国研究中心,如哈佛大学的东亚研究中心、哥伦比亚大学、密歇根大学、华盛顿大学、伯克利加州大学和斯坦福大学的中国研究中心……也正是在这一时期,3个由美国出资的重要机构在海外建立起来,即编辑和出版都在英国的《中国季刊》、台北的中文研究中心、香港的大学服务中心"。[32] 总而言之,美国中国学之所以能够成为国际中国学界举足轻重的中坚力量,很大程度上缘于中美对峙时期所兴建的这些学术机构。

(作者单位:华东师范大学社会科学部)

---

[31] Ibid., p.71.
[32] [美]哈里·哈丁著,李向前译:《美国当代中国学的演变与展望》(The Evolution of American Scholarship on Contemporary China),载《国外中共党史研究》,1994年第6期,第30页。

机构与动态

延续传统　加固心桥
——俄罗斯圣彼得堡 2008 年"远东文学研究"国际学术讨论会散记

□李逸津

2008 年 6 月 24—28 日,正值举世闻名的俄罗斯圣彼得堡美丽的"白夜"期间,俄罗斯圣彼得堡国立大学东方系与我国复旦大学中文系在这里联合举办了纪念郑振铎诞辰 110 周年"远东文学研究"国际学术讨论会。

圣彼得堡历来是俄罗斯中国学的重要基地,自 1725 年彼得大帝聘请德国语文学家巴耶尔(Bayer,1694—1738)来彼得堡科学院从事古代史和东方语言研究,并于 1730 年在彼得堡出版欧洲第一部刊有方块汉字的《中文博览》为始,近 300 年来圣彼得堡凭借其当年俄罗斯帝京和现代俄罗斯文化首都的地位,收集了大量中国汉、满、蒙、藏文图书文献,成为世界知名的中国古典文献收藏中心。这里的俄国科学院东方文献研究所(其前身为 1818 年创办的亚洲博物馆)和圣彼得堡国立大学东方系(始建于 1855 年)的中国学家们,利用得天独厚的文献资源,秉承俄罗斯古典中国学研究的传统,主要从事中国古典文献的翻译、研究、校勘和出版工作,形成了在俄国中国学中独具特色的"圣彼得堡学派"。在这里学习和工作过的有可能是世界上第一部中国文学史的作者 В·П·瓦西里耶夫院士(汉名王西里,1818—1900),有现代俄罗斯新汉学的奠基人——В·М·阿列克谢耶夫院士(汉名阿理克,1881—1951)。有他们杰出的学术传人、中国古典诗词小说翻译家和敦煌学、西夏学研究专家 Л·Н·缅尼什科夫(汉名孟列夫,1926—2005),西夏学和日本学研究专家 Н·А·涅夫斯基(汉名聂历山,1892—1937),中国古典小

说翻译和研究专家 О·Л·费什曼(1919—1986),中国现代文学研究专家 В·В·彼得罗夫(1929—1987)。有至今仍活跃在教学和科研第一线的世界知名的老一代中国学专家,如俄罗斯科学院院士、中国古代神话、小说和民俗研究专家 Б·Л·李福清(1932—),圣彼得堡大学东方系教授、中国古典诗词研究专家 Е·А·谢列布里亚科夫(1928—),中国语言学和古汉语研究专家 С·Е·亚洪托夫(1926—),翻译家、中国通俗文学研究专家 Н·А·斯佩什涅夫(汉名司格林,1931—)。也有近年来涌现出的学术新秀,如圣彼得堡大学哲学系东方哲学与文化教研室主任、中国古代诗歌和文化研究专家 М·Е·克拉芙佐娃(汉名马丽),圣彼得堡大学东方系副主任、中国现代文学研究专家 А·А·罗季奥诺夫(汉名罗流沙),东方系副主任、中国唐代文学和文化研究专家 А·Г·斯塔尔茹克(汉名索嘉威),东方系讲师、中国当代文学研究专家 О·П·罗季奥诺娃(汉名罗玉兰)等。

圣彼得堡大学东方系举办远东和中国文学问题学术讨论会的历史也相当悠久。早在上世纪 60 年代末,他们就和东方学研究所列宁格勒(今彼得堡)分所一起,每两年举行一次"远东文学研究的理论及应用问题"学术讨论会,这个传统一直延续到上世纪 80 年代。苏联解体后,由于政局动荡、经济危机,这样的会议曾一度中断。但具有光荣学术传统的彼得堡中国学家们,一直坚守着自己的学术阵地。自 2004 年起,他们与中国友好院校合作,重开每两年一次的国际学术讨论会,为国际中国文学研究的交流,为各国人民心灵的沟通,搭建起新的桥梁。2004 年会议主题为纪念巴金诞辰 100 周年,2006 年为纪念鲁迅诞辰 125 周年,2008 年召开的这次,则是纪念我国现代著名作家、文学评论家、文学史家和文学翻译家郑振铎(1898—1958)诞辰 110 周年。

郑振铎先生生前在翻译介绍俄国文学方面,做出过巨大的贡献。他虽然在大学时代学过一点俄语,但他对俄国文学的译介,主要是通过英文来转译的。他从上世纪 20 年代起开始翻译俄国小说,据不完全统计,自 1920 年到 1923 年间,由郑振铎推荐、翻译的托尔斯泰、屠格涅夫、果戈里、契可夫、高尔基等俄国著名作家的作品、论文及论著等,共 20 多篇(部)。他与人合译过《俄国戏曲集》(商务印书馆 1921 年出版),在"五四"时期的读者中产生了积极的影响。他积极介绍十月革命前俄国的进步文学,主编过《俄国文学史略》(商务印书馆 1933 年版)和《俄国短篇小说译丛》(商务印书馆 1936 年版)等,为我国新文学运动提供了有益的借鉴,也赢得了苏联和俄罗斯文学界与学术界友人的尊敬和纪念。当 1958 年郑振铎先生出国访问途中因飞机失事而不幸遇难时,著名苏联中国学家艾德林就写下了情辞恳切的悼念文章《忆郑振铎同志》,发表在我国《文学研究》杂志上。在上世纪 60 年代后期中国"文化大革命"期间,苏联方面仍如期举行纪念郑振铎殉职 10 周年和诞辰70周年纪念会。在苏联科学院的大厅里,一直悬挂着郑振铎的巨幅照片。① 这次彼得堡大学召开"远东文学研究"国际学术讨论会又一次以纪念郑振铎为主题,是对郑振铎先生一生致力于中俄文化交流和中俄人民友好事业的最好回报,也表达了俄罗斯文学界与学术界进一步加固沟通中俄两国人民心灵的桥梁的良好愿望。

本次学术研讨会共收到来自世界各国学者的论文84篇,分为6个专题:(一)郑振铎与新中国文学的诞生;(二)现代中国文学的发展道路;(三)文化传统与中国古典文学研究的新问题;(四)远东文学在俄罗斯与俄罗斯文学在远东和东南亚各国翻译、接受和相互影响问题,比较文艺学在现代东方学中的作用;(五)远东与东南亚各国文学历史与现状;(六)远东与东南亚文学研究与教学的方法学。研讨会论文集现已由圣彼得堡大学出版社出版,分为上下两卷共800多页,展示了近两年多来俄罗斯圣彼得堡大学东方系、中国复旦大学中文系教师和科研人员,以及与会各国学者在东方文学研究方面的丰硕成果。

研讨会开幕式于2008年6月24日在圣彼得堡市大学河岸街11号亚非学院东方系大楼175室学术报告厅举行。俄罗斯国立圣彼得堡大学副校长 И·杰缅季耶夫首先致辞,他回顾了圣彼得堡大学与中国复旦大学多年来的友好合作关系,同时代表圣彼得堡大学校方,对大会的召开表示祝贺,对远道而来的各国学者表示热烈的欢迎。接下来由中国复旦大学代表团团长郜元宝教授和中国驻彼得堡总领事馆教育领事彭学刚先后发言,他们都肯定了中俄学术交流的重要性,表达了中国学术界与世界各国同行进一步加强合作与交流的良好愿望。

开幕式后,研讨会围绕"郑振铎和中国现代文学的诞生"、"中国现代文学的发展趋势"、"远东与东南亚文学:从过去到现在"、"继承与发展——中国古典文学研究中的热点问题透视"等专题进行分组发言和讨论。在主会场进行的第一分组研讨会:"郑振铎和中国现代文学的诞生",由新近当选俄罗斯科学院院士的世界著名中国学家、俄罗斯科学院高尔基世界文学研究所首席研究员鲍里斯·李福清主持。我国复旦大学教授朱文华,俄罗斯圣彼得堡大学博士生、美国宾夕法尼亚大学青年学者罗斯季斯拉夫·别列兹金,我国上海外国语大学教授陈福康和俄罗斯新西伯利亚国立大学教授谢尔盖·柯米萨洛夫先后做了大会基调发言。朱文华教授在他题为《郑振铎与"五四"以来的中外文化交流》的发言中,着重探讨了郑振铎在长期从事中外文学交流活动中所形成的鲜明的个性特点及其成因,为我们今天在新的历史条件下更好地开展中外文学交流,提供有益的启示和借鉴。罗斯季斯拉

---

① 参见陈福康文:《郑振铎对中俄文学交流事业的贡献》,《远东文学研究》(论文集),圣彼得堡大学出版社2008年版,第1册,第32—33页。

夫·别列兹金的发言题目是《郑振铎对宝卷研究的贡献》。他在发言中回顾了郑振铎对于宝卷研究的贡献，以及中外学者围绕宝卷研究同他的争论，指出："郑振铎对于宝卷及其表演是与佛教经文、仪式相关的观点是十分正确的。……当今宝卷研究领域的学者们还是坚持认同并回归到郑振铎的主要结论中来。"②陈福康教授的发言题为《郑振铎对中俄文学交流事业的贡献》，他通过大量史料，介绍了郑振铎在翻译、研究和传播俄罗斯进步文学与文学理论方面的巨大贡献，并代表郑振铎先生的家人，向至今仍不忘纪念和缅怀郑振铎先生的俄罗斯友人，表示衷心的感谢。谢尔盖·柯米萨洛夫教授发言的题目是《考古学家郑振铎》，介绍了郑振铎在考古学研究方面的贡献。

作为研讨"远东文学问题"的国际学术会议，各国学者提交的论文也包括对日本、朝鲜、越南、蒙古、印尼、菲律宾、柬埔寨、马来西亚、新加坡等远东国家文学的研究，但数量最多的还是中国文学研究，共53篇，占会上宣读论文总数的72%。其中尤以中国现当代文学方面的研究论文为热点，共34篇，占全部中国文学研究论文的64%。在围绕"中国现代文学的发展趋势"议题进行的分组讨论中，有对中国现当代文学的宏观研究，如我国复旦大学陈思和的《我们的学科：已经不再年轻，其实还很年轻》、李振声的《重溯中国新文学精神之源》、王东明的《在传统与创新之间：新诗的境遇》、李楠的《1940年代海派文学、现代文学的通俗化走向》、刘志荣的《荒诞现实主义：近二十年来中国小说的一个倾向》，日本早稻田大学千野拓政的《我们将要何去何从？》，俄罗斯远东国立大学H·列别杰娃的《中国东北的"五四"与新文化运动》、H·胡吉娅托娃的《作为对主流文学的负面补充的1980年代中国小说中的现代派》，印度尼赫鲁大学亚德拉克哈·谢曼特的《20世纪中国思想中的现代主义文学潮流》等；也有对现当代作家作品所做的个案研究，如我国复旦大学张业松的《晚年鲁迅的审美与政治》、郜元宝的《孙犁"抗日小说"的"三不主义"》、张新颖的《"内在于"时代的方式和时代性的精神分裂——从如何看〈兄弟〉看当下的文学观念》、严锋的《〈叔叔的故事〉与新时期主体性问题的演变》、梁永安的《海上灯火梦中月——读虹影小说〈上海魔术师〉》，台湾"中央研究院"陈相因的《"多余的人"在中国的发端与翻译：建构与解构早期的瞿秋白》、香港理工大学刘自荃的《透视张贤亮：从历史客观性到政治无意识》、韩国高丽大学张东天的《老舍与朴泰远世态小说的都市认识比较：以〈四世同堂〉和〈川边风景〉为主》，乌克兰谢甫琴科国立大学E·姆拉舍维奇的《闻一多诗歌中传统的与作者个人的象征》，俄罗斯圣彼得堡大学A·利沃娃的《中国现代文艺学家对作家张资平生平与创作的理解和评价》，圣彼得堡大学东方系O·罗季奥诺娃的《郑振铎与其在〈儿童世

---

② 《远东文学研究》（论文集），吴非译，圣彼得堡大学出版社2008年版，第1册，第17页。

界〉杂志的活动》,俄罗斯科学院远东研究所 H·杰米多的《作家的自画像:张洁的文艺随笔》、A·科洛波娃的《冯骥才小说中的"物质"世界细节和象征》、Г·科列茨的《当代中国是否有个性化社会的特点? 反映在中国当代文学中的今日中国社会发生着怎样的变化? (以铁凝的作品为例)》等。这些论文或材料新颖、概括全面,或分析透辟、观点独特。尤其是许多中外学者对当代中国文坛上正在发生的文学现象的紧密追踪和独到分析,极具现实性、前瞻性,对当代中国文坛有很好的参考价值。

在本届研讨会上宣读的有关中国古代文化和古典文学研究方面的论文,也推出了不少颇有价值的研究成果。其中尤其是外国学者的论文,以其占有材料的独特、分析视角的新颖,令中国学者有耳目一新之感。如俄罗斯科学院高尔基世界文学研究所首席研究员李福清院士的《武松故事与民间绘画》、俄罗斯国立莫斯科大学 И·谢缅年科的《"易"的时空》、乌克兰基辅谢甫琴科国立大学 Я·舍克拉的《第一部中国诗歌总集〈诗经〉诗歌中的空间概念》、俄罗斯国立远东大学 E·柯里廷科的《"桃"文化现象及其在中国社会精神生活中的反映》、俄罗斯国立圣彼得堡大学东方系 Б·多洛宁的《作为中国文化现象的历史编纂》、A·斯塔尔茹克的《稠禅师:依据唐代小说材料的关于力量的祈祷文》、E·米奇金娜的《黄景仁诗歌的基本意象》、俄罗斯东方公司 E·别尔维尔斯的《中国诗歌中用典与联想的作用(以对清代诗人吴伟业的诗歌创作的分析为例)》、俄罗斯科学院图书馆 Т·维诺格拉多娃的《中国的具象诗:从回文到民间绘画》、俄罗斯国立布里亚特大学 Д·马萨里莫娃的《〈全唐诗〉的内容和结构》、P·西尔图诺娃的《中国社会中的女人(以诗歌作品为例)》、韩国高丽大学崔溶彻的《朝鲜时代对〈红楼梦〉的翻译和续作》,等等。此外,我国武汉大学文学院教授李建中的《中国古代文论的叙事性言说》、辽宁师范大学文学院教授、俄罗斯圣彼得堡大学东方系汉语教师梁归智的《红学发展之反思》,以中国学者对本国文化的谙熟和丰富的材料积累,也得到外国学者的重视和好评。

在中外文学交流,尤其是中俄文学交流方面的论文,虽然数量不多,但也有一些颇具新意、值得重视的成果。如俄罗斯圣彼得堡大学东方系副教授 A·罗季奥诺夫根据他不久前到中国进行为期四个月的学术考察获得的第一手资料撰写的《20 世纪 30 年代初期中国民族主义报刊中的俄国与俄国文学》,马来西亚大学中文系潘碧华博士的《从七八十年代短篇小说看新马华人社会的变化》,我国著名俄罗斯学专家、北京大学俄语系教授、中俄比较文学研究会会长李明滨的《圣彼得堡大学谢列布里亚科夫教授中国文学研究的杰出成就》,天津师范大学文学院教授、国际中国文学研究中心副主任李逸津的《从俄罗斯中国古代文论研究看中国古代文学思想的跨文化阐释》,北京师范大学历史学院教授、世界史研究中心主任张建华的《王西里与世界首部〈中国文学史纲要〉》,都为这一领域的研究提供了新鲜的资料和今后发展的建设性意见。

2008年6月27日18点30分,历时整整四天的学术研讨会在彼得堡"白夜"金色阳光的辉映下,宣告胜利闭幕。来自印度尼赫鲁大学的H·亚德拉克哈、乌克兰科学院谢甫琴科文学研究所的Ю·阿萨德恰、中国复旦大学中文系的张业松和圣彼得堡大学东方系中国、朝鲜与东南亚语文教研室主任P·扬松,分别代表各国参会学者和东道主作了热情洋溢的告别演说。他们都对这次大会取得的学术成果做了高度评价,并相约两年后在美丽的涅瓦河畔再度相聚。

据悉,俄罗斯国立圣彼得堡大学东方系与中国复旦大学中文系联合举办的"远东文学研究"第四届国际学术研讨会于2010年6月29日—7月2日在圣彼得堡大学举行。下届研讨会的主题是"纪念中国南宋伟大文学家陆游逝世800周年及其对中国文学的贡献"。研讨会拟议的其他议题还有:"唐代文学的繁荣及其对多元文化的包容;唐宋社会转型与宋元文学的新变;全球化和信息化背景下中国古典文学研究的新问题;20和21世纪中国文学的发展道路及其前景;远东各国文学在俄罗斯与俄罗斯文学在远东及东南亚各国:翻译、理解、交流问题;比较文学研究在当代东方学上的作用;远东和东南亚各国文学:过去与现实;远东和东南亚各国文学研究和教学方法"。这里,我们谨预祝下届研讨会取得更丰硕的成果,获得圆满成功!

(作者单位:天津师范大学文学院)

后记

2010年5月21日是西方汉学的奠基人利玛窦逝世400周年,为了表达对这位中西文化交流史上的伟人的敬意,世界各地的学术界都在开会:4月的台湾辅仁大学会议、5月的巴黎会议与维也纳会议、10月的旧金山会议、年底的意大利的会议等等。利玛窦的文化价值在哪里呢?就在于他开启了不同文化之间的平等交流,尽管当时的西方世界并未认识到利玛窦的价值,并在东亚以外的地区仍在做着一些极其糟糕的事。但今天西方的知识界大体认同了文化之间要相互尊重、平等交流的道理。为了纪念这位西方汉学的奠基人,我们将在《国际汉学》第21辑专门开设一个专栏,以纪念这位西方汉学的奠基人。

汉学文献研究始终是本刊的重点,因为,学术之推进,学术之发展和深入,首先是对其学科文献的基本梳理。《国际汉学》从创刊以来,每辑都有极为重要的汉学基本文献的翻译文章,本期也是如此。梅谦立的《〈易经〉在西方的第一次介绍和翻译》、余三乐所翻译的南怀仁的《康熙朝欧洲天文学的回归》、年轻学者罗莹的《殷铎泽西译〈中庸〉小议》都是首次在中文学术界刊出,文献和研究价值极高。

北京外国大学的中国海外汉学研究中心依托北外拥有全国最多外语的优势,对中国文化在全球的传播展开研究,因而《国际汉学》每辑也都能发表一些只能在本刊看到的重要的非通用语种国家对中国文化的研究。如本辑李梅老师所翻译的捷克汉学家奥特日赫·施瓦尔尼的《普实克的潜在力量》、丁超老师所翻译的罗马尼亚汉学家鲁齐安·布拉加的《论道》、匈牙利汉学家郝清新、绍莱特的《中国哲学、宗教著作的匈牙利语翻译》都是不可多得的好文章。

本辑的两篇汉学家访谈也很有特点,一篇是对当代美国汉学家康达维的采访,一篇是对法国当代汉学家何壁玉的采访,两位汉学家都是中国文学的研究者,前者研究汉赋,后者研究中国近代文学,两篇采访互为呼应,使我们可以看到西方汉学界对中国文学研究的大体状况。

从知识论上梳理中国文化外传之轨迹、人物和著作,构建各国的汉学史,这是北外海外汉学研究中心对域外汉学把握的一个重要维度,本刊从这辑开始每辑将开辟一个"20世纪中国古代文化经典在域外的传播和影响"专栏,这既是我所主持的教育部重大攻关项目的一个学术成果发表的园地,也是我们一贯的学术追求。

北外海外汉学研究中心从建立起就将域外汉学的研究与中国文化在当代的重建看做一体两面的工作,我们不仅仅将域外汉学作为一个亟待开拓研究的领域、一个亟待完善的知识体系去研究和把握。同时,我们也将其作为理清中国近代思想和文化发展,重建当代中国文化价值的一个重要工作。在这个意义上,我们的工作是与当代的国学研究在学术理念上有许多相通之处的,是和当下中国学术界对国学的兴趣,中国文化的重建密切相关的。

5月我参加了两岸清华大学所举办的"杜希德与20世纪汉学典范的大转移"学术座谈会,会上汤一介先生、李学勤先生、乐黛云先生、陈来先生、张国刚先生都谈到了这一点,认为国际汉学是今天我们国学重新恢复的重要参照系,因为近代以来国学之兴起是与西方汉学进入中国学术界紧密联系在一起的。清华国学院院长陈来先生甚至认为,近代之国学是"汉学之国学",意在说明近代中国学术之发展是与域外汉学互动之结果,近代以来国学的恢复和发展已经不可能只在本土知识的构架中发展和重构。

基于对汉学和国学这样的认识,5月底北外海外汉学研究中心与台湾中研院文哲所、德国波鸿大学联合召开了"欧美汉学界对中国哲学的诠释:以罗哲海为中心"的国际学术研讨会,台湾中研院的李明辉先生、清华国学院的陈来先生、华东师大杨国荣先生、国际儒联的单纯先生等中国思想史研究的著名学者参加了会议。我们试图通过对德国汉学家罗哲海的《轴心时期的儒家伦理》一书的讨论,将对域外汉学的研究与当下中国文化的重建工作连为一体,在世界思想和历史的范围内重新认识中国文明的地位,中国文化所具有的普世性价值。

回想起来,我们已经是第二次召开这样的汉学与国学互动的国际学术会议了,1999年在我们出版了英国著名汉学家葛瑞汉的《中国的两位哲学家:二程兄弟的新儒家》后,海外汉学研究中心与国际儒联、社会科学院哲学所和大象出版社联合召开了"二程哲学国际研讨会",当时张岱年先生亲临会议,并做了重要的讲话。北京会议结束后,与会代表前往二程兄弟的故里河南参观访问。十余年后我们再次召开关于中国古代哲学思想价值的研讨会,这表明了我们的一贯的学术追求:在知识的考究中升华思想,在思想的追求中依据知识。

《国际汉学》到本辑止已出版了20辑,一个没有正式刊号的学术辑刊走过了15年的历程,有了20辑的积累,上个世纪90年代以来像《国际汉学》这样的民间

后 记

学术辑刊不少,但能像《国际汉学》这样坚持到今天的为数极少。《国际汉学》在日益商业化的中国坚守着自己的学术阵地和学术思想。15 年孜孜追求,20 辑篇篇华章。《国际汉学》的存在与坚守从一个侧面反映了学术界对中华文化复兴的期待,对 3000 年未有之变局形势下中国文化重建的信心。在《国际汉学》第十辑出版时,当时担任主编的任继愈先生亲自为《国际汉学》第十辑志庆写下了"广交天下学友,共促文教繁荣"的题词。在本刊二十辑志庆之际,《国际汉学》的学术指导委员会委员汤一介先生又为我们题词:"汉学是中西文化交流的一座桥梁,汉学是西方人了解中国文化的个窗口,汉学是中国人反观自身文化的一面镜子",这题词是学术前辈对我们的期待,是我们为之奋斗之目标。

张西平
2010 年 6 月 10 日写于北京枣林路游心书屋